제3판

재무 관리

**Essentials of
CORPORATE FINANCE**

이재하 한덕희

박영사

머리말

　재무관리는 기업가치 극대화를 목표로 기업이 어떻게 자금을 조달하고 어디에 투자할지를 다루는 학문이다. 기업은 기업가치 극대화를 달성하기 위해서 주식과 채권을 발행하여 적절한 자금을 조달해야 하고 또한 기업의 가치를 증가시키는 좋은 투자안을 채택해야 한다. 본서는 이와 같은 자금조달의사결정과 투자의사결정에 대한 이해를 도모하기 위하여 크게 다섯 개의 주제로 구성하여 되도록 알기 쉬운 문장과 사례들을 통해 직관적으로 설명하고자 노력하였다. 다섯 개의 주제는 재무관리 개요, 가치평가, 투자의사결정, 자본구조와 배당정책, 재무관리의 기타주제로 구성하였다.

　제1편 재무관리 개요에서는 재무관리의 목표인 기업가치 극대화와 기업가치에 영향을 주는 것으로 보이는 환경·사회·지배구조(ESG) 요인 등에 대해서 다룬 후, 영업의사결정, 투자의사결정, 재무의사결정 등의 기업정책의 효율성을 평가할 수 있는 다양한 재무비율에 대해서 설명한다.

　제2편 가치평가에서는 재무관리자의 의사결정에 필요한 기본 개념인 화폐의 시간가치에 대해서 다룬 후, 재무의사결정에서의 중요한 자기자본 조달 수단인 주식의 가치평가방법과 타인자본 조달 수단인 채권의 가치평가방법에 대해서 설명한다.

　제3편 투자의사결정에서는 기업이 투자안을 평가할 때 사용하는 순현가법, 내부수익률법 등의 다양한 투자결정기준과 투자의사결정이 어떻게 이루어지는지에 대해서 단계별로 설명한 후, 투자안의 할인율로 적용할 수 있는 자본자산가격결정모형(CAPM)과 투자의사결정에 유연성을 반영시킬 수 있는 실물옵션에 대해서 알아본다. 또한 판매량에 따른 이익의 변동을 분석하는 손익분기점 분석과 레버리지 분석에 대해서도 다룬다.

　제4편 자본구조와 배당정책에서는 주주와 채권자가 기업에 자금을 공급하는 대가로 요구하는 자기자본비용과 타인자본비용에 대해서 살펴본 후, 자기자본과 타인자본을 어떠한 비율로 구성할 때 기업가치가 극대화되는지에 대해서 자본구조이론을 통해 알아보고, 배당정책이 기업가치에 미치는 영향에 대해서 설명한다.

　제5편 재무관리의 기타 주제에서는 인수합병, 파생상품, 국제재무관리와 관련되는 여러 이슈들을 다룬다. 우선 인수합병의 이득과 비용을 분석하는 방법과 함께 인수합병기업의 공격전략과 인수합병대상기업의 방어전략에 대해서 살펴본다. 또한 위험관리 수단으로 활용되는 파생상품인 선물과 옵션에 대해서 학습한다. 끝으로 환율의 물가 및 이자율과의 관계와 환위험 헷지전략 및 해외 투자안의 평가방법에 대해서 설명한다.

　본서는 재무이론을 처음 접하는 대학의 학부 학생들을 위한 강의교재로 적합하며, 독자들이 많은 예제와 연습문제를 풀고 각 장마다 제공된 관련 주제에 관한 시사 뉴스를 읽음으로써 현실적인 재무 이슈와 연계하여 복잡한 기업재무이론을 쉽게 이해하고 경영인이 갖추어야 할 필수 재무지식을 자연스럽게 습득할 수 있을 것으로 확신한다.

　끝으로 사랑하는 가족들의 성원에 항상 감사하며, 박영사의 안종만 회장, 안상준 대표, 조성호 이사, 전채린 차장, 조영은 대리 및 임직원 여러분에게 감사의 뜻을 표한다.

2025년 2월
이재하 · 한덕희

차례

PART 01　재무관리 개요

PART 02　가치평가

PART 03　투자의사결정

PART

01

재무관리
개요

CHAPTER

01

재무관리의 개요

재무관리는 기업이 어떻게 자금을 조달하고 어디에 투자할지를 다루는 학문이다. 본 장에서는 현대 기업의 주를 이루는 주식회사의 특징과 함께 기업지배구조와 이해상충 문제에 대해서 살펴본 후, 최근 기업의 가치에 영향을 주는 것으로 평가되는 환경·사회·지배구조(ESG) 요인에 대해서 간략하게 다룬다. 또한, 재무경영자의 역할과 재무관리의 궁극적 목표인 기업가치 극대화에 대해서 설명한다.

- 기업지배구조
- 재무경영자의 역할
- 환경·사회·지배구조(ESG) 요인
- 재무관리의 목표

⋮ SECTION 01   기업

1. 개요

기업이란 영리를 얻기 위하여 재화나 용역을 생산하고 판매하는 조직체로 정의된다. 기업의 형태와 관련하여 우리나라 상법에서는 출자자가 어떠한 책임을 지느냐에 따라 합명회사(general partnership),[1] 합자회사(limited partnership),[2] 유한책임회사(limited liability company),[3] 유한회사(private company)[4] 및 주식회사

---

[1] 합명회사는 2명 이상이 공동으로 출자하여 전원이 무한으로 연대해서 기업의 채무에 대해서 직접 책임을 지는 기업형태이다.

[2] 합자회사는 기업의 채무에 대해서 무한책임을 지는 출자자와 출자금액을 한도로 유한책임을 지는 출자자로 구성되는 회사이다. 회사의 경영은 무한책임을 지는 출자자가 하며, 유한책임을 지는 출자자는 오직 회사의 감시권만 가지고 이익의 분배만 받는다.

[3] 유한책임회사는 출자금액을 한도로 기업의 채무에 대해서 책임지는 유한책임 출자자로 구성되며, 출자를 한 모든 사원은 소유와 경영의 주체가 되고, 출자금액과 상관없이 사원 한 명당 한 개의 의결권을 갖는다. 다만, 효과적인 업무를 위해 정관으로 업무상 대표자인 업무집행자를 선정(사원이 아니라도 업무집행자가 될 수 있음)하고 업무집행자가 회사를 경영한다. 한편, 유한책임회사의 사원은 다른 사원 전원의 동의 없이 지분을 양도할 수 없어, 폐쇄적인 운영 구조를 갖는다. 또한 유한책임회사는 사원총회가 필수 사항이 아니므로 업무집행자의 결정 및 사원 전체의 동의를 통해 의사결정이 이루어지고, 유한책임회사는 외부감사 의무가 없다. 유한책임회사는 펀드, 벤처기업 등에 적합하다.

[4] 유한회사도 출자금액을 한도로 기업의 채무에 대해서 책임지는 유한책임 출자자로 구성된다. 하지만 유한회사는 소유와 경영이 분리되어 있어 사원총회에서 선임된 이사가 업무집행(경영)과 회사 대표권한을 갖고, 나머지 사원은 출자금액만큼의 소유권을 갖고 의결권을 행사한다. 한편, 유한회사의 사원은 지분의 전부 또는 일부를 양도하거나 상속할 수 있다. 하지만 정관으로 다른 사원의 동의를 얻도록 하는 제한을 둘 수도 있다. 또한 유한회사는 주식회사와 달리 이사회가 없으며, 감사는 임의기관으

(corporation)로 구분하고 있다. 기업의 형태 중에서 주식회사는 자본의 증권화, 소유와 경영의 분리, 출자자의 유한책임 등의 장점을 가짐에 따라 대규모 자금 조달이 용이하고 자금운용이 효율적으로 이루어질 수 있어 가장 보편적인 기업 형태로 자리 잡고 있다.

자본의 증권화란 출자단위를 소액단위의 균일한 주식, 예를 들어 우리나라의 경우 액면가 100원, 200원, 500원, 1,000원, 2,500원, 5,000원으로 세분화하여 출자를 쉽게 하고 이를 증권시장에서 매매함으로써 다른 사람에게 소유권을 쉽게 이전할 수 있게 하는 것을 말한다. 즉, 유한회사와 마찬가지로 주식회사의 주주는 원칙적으로 자신의 주식을 자유롭게 양도할 수 있다. 하지만 정관에 별도의 규정을 두어 이사회의 승인을 받도록 하는 제한을 둘 수도 있다. 주주 간의 주식거래는 기업 전체의 자본에 영향이 없기 때문에 기업은 자본상태의 변화 없이 안정적인 경영을 수행할 수 있게 하고, 주식의 자유로운 이전은 회사가 영속적으로 지속되는 계속기업을 가능하게 한다.

소유와 경영의 분리란 지분율에 비례하여 회사의 소유권을 가진 주주들은 전문경영지식이 부족하며, 이들이 모두 기업경영에 직접 참여하거나 기업을 통제하는 것이 어렵기 때문에 전문적 지식이나 능력을 가진 전문경영자를 고용하여 경영을 맡긴다는 의미이다. 소유와 경영이 분리되는 주식회사는 주주총회, 이사회, 대표이사, 이사, 감사 등으로 구성된다.

주주총회는 상법과 정관으로 정해진 중요한 의사결정 사항을 담당하고, 이사회는 정관으로 정해진 중요한 의사결정 이외의 업무 집행을 결의한다. 일상적인 업무를 처리하는 대표이사는 회사를 대표하고 감사는 회사의 회계와 업무를 감독한다. 원칙적으로 이사는 3명 이상, 감사는 1인 이상이어야 하고, 이사가 3명 이상이면 이사회가 구성된다. 그러나 자본금 10억원 미만인 주식회사의 경우에는 이사를 한두 명만 두고 이사회를 두지 않을 수 있고 감사는 필수기관이 아니다.

출자자의 유한책임은 주주가 기업에 대해서 유한책임(limited liability)만을 갖는다는 것을 말한다. 즉, 주주들은 자신들이 주식에 투자한 투자원금 이상의 손

로 필요에 따라 둘 수 있다. 유한회사의 의사결정은 사원총회에서 하거나 이사 과반수로 결의한다. 그리고 유한회사는 주식회사와 달리 회사채를 발행할 수 없고 회사를 설립할 때 최초로 출자한 자본 이외에 자본금을 증액할 수 없다. 하지만 주식회사와 마찬가지로 일정 규모 이상의 유한회사는 외부감사법에 따라 외부감사인으로부터 회계감사를 받아야 한다.

실에 대해서 어떠한 채무부담이 없다. 따라서 주주들은 안심하고 자신들의 경제적 능력에 맞추어 투자할 수 있게 된다.

이외에도 주식회사는 소액단위의 자본을 다수로부터 모아서 대규모의 자본형성을 쉽게 할 수 있기 때문에 자본의 규모가 커지면서 정보수집이 용이해지고 생산원가가 절감되며 시장지배력이 강화되는 등 규모의 경제를 실현할 수 있는 장점이 있다.

2. 이해상충과 기업지배구조

주식회사는 위와 같은 장점에도 불구하고 단점도 존재한다. 대표적으로 주식회사의 소유권이 분산되어 소액주주가 많아짐에 따라 이들 중 상당수는 회사의 의사결정에 참여하지 못하고 대신 전문경영자가 의사결정을 함에 따라 소유(주주)와 경영(경영자) 간에 여러 이해상충이 유발하게 된다.

일반적으로 대리인인 경영자는 당기순이익 중에서 배당으로 주주에게 분배되지 않은 금액인 사내유보금을 회사의 주인인 주주로부터 확보하여 회사에 재투자하며, 또한 새로이 발행한 주식을 통하여 추가로 자기자본을 조달할 수 있다. 어떠한 방식으로 자금을 조달하든지 주주는 경영자가 기업의 이익을 창출하고 주주의 부를 극대화하는 데 가장 우선을 두고 의사결정하고 자금을 효율적으로 사용할 것으로 믿는다.

하지만, 경영자는 주주의 이익보다 경영자 자신의 권한을 추구하거나 보다 많은 금전적 혜택, 특권적 소비를 위하여 자금을 사용하기도 한다. 예를 들어, 대규모 스톡옵션을 보유한 경영자는 위험한 투자가 성공할 경우 큰 보상을 얻게 되지만 만약 실패하더라도 경영자 자신은 손실을 보지 않기 때문에 위험한 투자안에 투자하려는 경향이 있다. 반대로 경영자가 적절하게 위험을 감수하지 않고 과도하게 위험을 회피함으로써 기업가치를 증가시키는 투자안을 포기하는 문제가 발생하기도 한다. 이처럼 주인(principal)인 주주가 대리인(agency)인 경영자에게 의사결정권한을 위임함으로써 발생하는 주인과 대리인 간의 갈등을 대리인 문제(agency problem)[5]라고 한다.

이러한 주주와 경영자 간의 갈등이나 이해상충을 최소화하기 위해 개발되고 발전되어 온 것이 기업지배구조(corporate governance)이다. 즉, 회사 내의 이해상충을 극복하기 위해 이해관계를 위하여 고안된 원리, 정책, 절차, 명확한 책임체제가 기업지배구조이다. 많은 이해상충 중에서도 경영인과 주주 간의 관계가 가장 중요하며 이 관계가 지배구조체제의 근간이 되기 때문에 지배구조가 얼마나 건전하고 효과적이며 튼튼한가에 따라 이해관계자 간의 충돌이 완화될 수 있다. 따라서 기업지배구조 시스템의 목적은 이해관계자 간, 특히 경영자와 주주 간의 이해상충을 제거하거나 완화하고 기업자산이 이해관계자의 이익을 위해 효과적이고 생산적으로 사용될 수 있도록 하는 데 있다.

효과적인 기업지배구조 시스템을 구축하지 못한 기업은 기업의 운영시스템이나 절차가 적절히 작동하지 않거나 외부적 사건으로 인해 회사의 손실이 발생할 운영위험(operational risk)에 노출된다. 또한 취약한 기업지배구조는 투자의사결정의 기초가 되는 재무제표 작성 및 관련 공시가 불완전하여 투자자를 오도하거나 또는 중대한 허위 진술이 있을 회계위험(accounting risk), 주주의 재산인 기업자산을 경영자가 자신들에 대한 과도한 보상이나 특권으로 사용할 자산위험(asset risk), 과도한 채무로 인해 실제로 기업의 주식가치를 떨어뜨릴 채무위험(liability risk), 경영자가 장기적으로 주주이익 극대화에 부합하지 않는 사업이나 인수합병을 추진할 수 있는 전략적 정책위험(strategic policy risk) 등을 발생시킴으로써 기업의 투자가치를 손상시킨다.

3. 환경·사회·지배구조(ESG) 요인

1987년 유엔(UN)은 다양한 이해관계자의 의견을 모아서 우리 공동의 미래(Our Common Future)라는 부룬틀란 보고서(Brundtland Report)를 발간하였고, 이를 계기로 국제사회는 미래 세대가 필요로 하는 수요를 생각하며 현재 세대의 수요를 충족시키기 위한 환경과 사회적 이슈에 대한 진지한 고민을 시작하는 과정에서 지속가능발전(Sustainable Development)[6]이라는 개념을 정립하였다.

---

5   제10장 자본구조이론 참조.
6   지속가능발전은 미래 세대의 필요를 충족시킬 능력을 저해하지 않으면서 현재 세대의 필요를 충족시키는 발전이라고 정의하고 있다. 우리나라에서는 2008년 제정된 지속가능발전법에서 현재 세대의 필요를 충족시키기 위하여 미래 세대가 사용할 경제·사회·환경 등의 자원을 낭비하거나 여건을 저하시

● ● 표 1-1 | ESG 주요 범위

환경(E)	기후변화	탄소발자국, 기후변화 사건에 대한 취약성
	자연자원	에너지효율, 물효율, 토지사용, 원자재 추출
	환경오염·쓰레기	독성물 배출, 대기 질, 폐수관리, 위해물질 관리
	기회와 정책	재생에너지, 청정에너지 녹색건물, 환경·종다양성
사회(S)	인적자본	직장건강 및 안전, 노동자 참여, 노동관행(임금, 근로여건)
	생산책임	생산물 안전·품질, 고객 신분보호 및 데이터 보안, 상품접근성
지배구조(G)	기업지배구조	이사회 구조 및 책무, 경영진 보상, 회계 및 공시관행, 주주권리
	기업행태	부패관리, 경쟁행위, 세금·특수관계자 거래 투명성

자료: IMF(2020), 금융위원회, 「ESG 국제동향 및 국내 시사점」, 2021.

그리고 2000년 유엔에서 발족된 유엔 글로벌 콤팩트(UN Global Compact)가 2004년에 작성한 보고서인 'Who Cares Wins'에서 처음으로 ESG라는 용어를 사용하였고, 유엔환경계획 금융 이니셔티브(UNEP FI: United Nations Environment Programme Finance Initiative)는 2006년에 유엔 책임투자원칙(UN PRI: UN Principles for Respon-sible Investment)을 작성하였다. 유엔 책임투자원칙(UN PRI)에서 지속가능한 책임투자를 이행하기 위한 중요한 기준으로 환경(environmental), 사회(social), 지배구조(governance)를 ESG로 요약해서 제시하면서 본격적으로 ESG라는 용어가 확산되기 시작하였다.

그러면 ESG의 주요 범위는 어디까지일까? 2020년에 IMF(International Monetary Fund)는 〈표 1-1〉과 같이 환경 이슈의 범위는 기후변화, 자연자원, 환경오염·쓰레기, 기회와 정책으로 정하고, 사회 이슈의 범위는 인적자본과 생산책임으로 정하며, 지배구조 이슈의 범위는 기업지배구조와 기업행태로 정하였다.

이러한 ESG는 최근 기업의 성장 및 투자 등과 관련하여 매우 중요해졌다. 예를 들어, 2020년 1월 세계 최대 자산운용사인 블랙록(BlackRock)은 자신들이 투자하는 기업의 최고경영자에게 주주서한(letter to client)과 투자기업 CEO 서한(letter to CEOs)을 보내서 기후위기와 지속가능성이 투자의사결정의 가장 중요한 아젠다임을 선언하고 특히 블랙록의 향후 핵심투자모델은 ESG를 고려하는 방

키지 않고 서로 조화와 균형을 이루는 것을 뜻하는 지속가능성 개념에 기초하여 경제의 성장, 사회의 안정과 통합 및 환경의 보전이 균형을 이루는 발전이라고 지속가능발전을 정의하고 있다.

식이라고 언급하면서 ESG의 중요성을 강조하였다. 또한 기후변화대응 성과가 부족한 53개 기업에 대해서는 적극적으로 주주권을 행사하여 ESG에 대한 대응과 정보공개가 미흡한 기업의 경영진의 연임에 반대하는 등 기업의 정책에 직접적인 영향력을 행사하였다.

이외에도 세계 3번째로 큰 자산운용사인 스테이트스트리트 글로벌 어드바이저스(Statestreet Global Advisors)와 미국의 투자은행인 JP 모건(JP Morgan Chase), 골드만삭스(Goldman Sachs), 영국 대표 자산운용사인 에르메스 인베스트먼트 매니지먼트(Hermes Investment Management)와 글로벌 신용평가회사인 피치(Fitch), 스탠더드 앤드 푸어스(Standard & Poor's; S&P), 무디스(Moody's) 등도 ESG를 중요한 투자판단기준으로 반영하기로 하였는 바, 만약 기업이나 투자자가 ESG를 제대로 이해하지 못할 경우 재무적으로 아무 문제없는 기업의 신용등급이 왜 하향되기도 하고 또한 자금조달비용이 왜 증가하는지 알지 못하게 될 수도 있다.

우리나라에서 ESG 투자에 대한 사회적 관심은 우리나라 자본시장의 최대투자자인 국민연금기금이 2018년 7월에 스튜어트십 코드 도입 발표 이후 ESG 투자를 주도하면서 확대되기 시작하였다. 구체적으로 국민연금기금은 2013년 책임투자팀을 설립하고 2015년에 ESG 평가기준을 마련한 후, 2018년 7월에 스튜어트십 코드를 도입하고 2019년에 각 기업의 ESG 수준을 평가하고 투자의사결정에 적극 반영하는 책임투자의 직접운용 확대를 결정하였다. 그리고 2020년 기금운용원칙에 지속가능성의 원칙이라고 명시하여 투자의사결정 시에 ESG 요소를 반영하는 책임투자를 적용하는 것을 투자원칙으로 삼고 있다.

한편, 기업이 다양한 ESG 요인에 기업이 노출될 때 입법 및 규제위험(legislative and regulatory risk),[7] 법적위험(legal risk),[8] 평판위험(reputational risk),[9] 영업위험(operating risk),[10] 재무위험(financial risk)[11] 등이 발생할 수 있다. 이러한 위험

---

[7] 기업 활동에 직·간접적인 영향을 미치는 법규가 기업의 수익성과 장기적인 지속가능성에 잠재적으로 부정적인 영향을 미칠 수 있는 방향으로 변경될 위험

[8] 경영자가 ESG 요인을 효과적으로 관리하지 못함으로써 잠재적으로 큰 손실을 초래할 수 있는 소송이나 기타 징벌적 배상책임이 발생할 수 있는 위험

[9] 경영자가 ESG 요인을 효과적으로 관리하지 못함으로써 고객과 이해관계자로부터 신뢰를 잃고 기업의 입지가 약화 될 위험

[10] ESG 요인에 의해 기업영업활동의 일부 혹은 전부가 심각한 영향을 받을 위험

[11] ESG 요인이 기업과 주주에게 심각한 비용과 손실을 초래할 위험

은 모두 기업가치와 기업의 재무건전성에 심각한 영향을 미칠 수 있기 때문에 투자자들은 기업에 대한 ESG 요인의 잠재적 위험을 평가하고 분석할 필요가 있다.

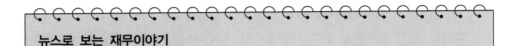

뉴스로 보는 재무이야기

ESG가 낯설다고? 전 세계에서 ESG에 4경원 투자!

ESG라는 단어의 시작은 2004년으로 거슬러 올라간다. 그 해 유엔 글로벌 콤팩트(UNGC)이 발표한 'Who Cares Wins'라는 보고서에 처음 등장했다. 유엔 글로벌 콤팩트는 전 세계 기업들이 지속 가능하고 사회적 책임을 지는 기업운영의 정책을 채택하고 그 실행을 지켜보도록 장려하는 유엔 산하 기구다.

보고서는 ESG, 즉 환경 사회 지배구조를 좋게 해 자본시장에 이식한다면 지속 가능하고 사회에 더욱 기여하는 시장을 이끌어 낼 것이라고 소개했다. 기업이 앞으로 지속가능한 성장을 하려면 ESG에 대해 체계적인 대응이 필수적이라고 지적했다. 이를 위해 유엔은 보고서 발표 후 2년 뒤인 2006년 ESG에 대한 책임투자원칙을 발표했다. 6개의 원칙은 다음과 같다.

① ESG 이슈를 투자 분석 및 의사 결정에 적극 반영할 것
② 기업 ESG 이슈를 자산 보유정책 및 실천에 적용할 것
③ 투자 대상에 ESG 이슈에 대한 적절한 정보공개를 요구

④ 투자 산업 내에서 원칙 도입과 이행을 촉진
⑤ 원칙 이행에 대한 효과 개선을 위해 협력할 것
⑥ 원칙 이행을 위한 활동 및 진척 사항을 보고할 것

　ESG의 개념이 점점 뿌리내리면서 어느덧 ESG 경영은 기업이 당연히 이행해야 할 요소로 자리매김하고 있다. 무엇보다 환경과 기후변화 대응에 대한 중요성이 대두되면서 기업이 여기에서 눈을 돌려선 안 된다는 국제적 여론이 확산되고 있다. 또 단순하게 고객에게 재화나 서비스를 제공해 이윤을 극대화하는 것뿐 아니라 고객 만족을 위해 다양한 만족을 제공하고 적절한 인권과 노동에 대한 기준을 지키는 것 역시 중요해지고 있다. 이사회, 감사위원회 등을 통해 기업이 절차적으로나 내용적으로나 올바른 의사결정을 하고 있는지를 감시하고 투명하게 의사결정을 하는 것 역시 날이 갈수록 중요해지고 있다.

국내외 ESG 투자 동향 (단위: billion USD)

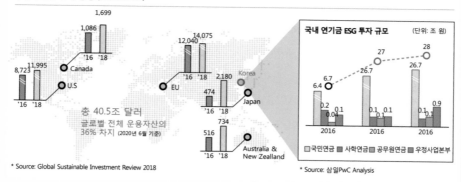

* Source: Global Sustainable Investment Review 2018

* Source: 삼일PwC Analysis

　ESG는 이제 선택이 아닌 필수의 시대다. 글로벌지속가능투자리뷰(GSIA)에 따르면 2019년 기준 세계 전체 운용 자산의 36%인 40조 5,000억달러(4경 5,481억원)이 ESG 달성을 내걸고 투자되고 있다. 한국에서는 2016년 6조 7,000억원 규모였던 연기금 ESG 투자 규모가 2019년 기준 28조원까지 늘어났다.
　ESG 활성화를 위한 제도마련도 빨라지고 있다. 2025년부터는 자산 2조원 이상 상장회사는 ESG 공시를 의무적으로 해야 한다. 2030년부터는 코스피 모든 상장사의 ESG 공시가 의무화된다. 한국만이 아니다. 유럽에서는 올해 3월부터 ESG 공시 의무대상이 기존 연기금에서 은행, 보험, 자산운용사 등 주요 금융사로 확대됐다. 미국은 아직 자율 공시이지만, 일본은 올 상반기 중 ESG 공시 방법을 마련할 방침이다.

[동아일보(www.donga.com), 2021. 5. 26.]

⦙ SECTION 02   재무경영자 및 재무관리의 목표

1. 재무경영자

기업은 〈그림 1-1〉에서 보듯이 금융시장에서 자금을 조달하여 실물자산에 투자한다. 즉, 기업은 현금을 조달하기 위해 금융시장에서 주식이나 채권 등의 증권을 발행하고, 조달된 현금은 기업운영에 사용되는 실물자산(투자안)을 취득하는데 쓰인다. 투자의 결과로 벌어들인 현금의 일부는 투자자에게 배당 혹은 이자로 나눠주고 나머지는 재투자를 위해 사내에 유보시켜 놓는다. 이 과정에서 기업의 재무관리기능은 최고재무경영자(CFO: chief financial officer)가 담당하고 있으며, 이들은 기업의 소유주인 주주의 이해관계를 대변하고 이들을 위해서 자금조달과 실물투자에 대해서 다음과 같은 중요한 의사결정을 한다.

첫째, 자금조달의사결정(financing decision)이다. 이는 투자에 필요한 자금을 어떻게 조달할 할 것인가에 대한 의사결정으로서, 기업의 장기투자를 뒷받침하기 위한 장기자금을 획득하고 관리하는 의사결정에 해당한다. 재무경영자는 자기자본(주식)과 타인자본(채권)의 구성비율을 얼마로 할지, 어떻게 저렴하게 자금을 조달할지를 고려하여 의사결정을 한다. 자금조달의사결정의 결과는 재무상태표의 대변에 부채 및 자본으로 나타나게 된다.

둘째, 투자의사결정(investment decision)이다. 이는 얼마만큼의 자금을 어떠한 자산에 투자할 것인가에 대한 의사결정으로서, 자본예산(capital budgeting)이라고도 부른다. 투자의사결정의 결과는 재무상태표의 차변에 자산으로 나타난다.

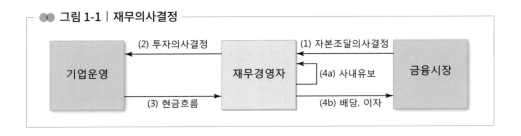

●● 그림 1-1 | 재무의사결정

2. 재무관리의 목표

재무경영자의 재무의사결정은 주주를 위한 의사결정이다. 그렇다면 주주의 입장에서 볼 때 최상의 재무의사결정은 무엇인가? 이는 주주의 부를 극대화하는 의사결정이다. 따라서 재무관리의 목표를 주주 부의 극대화로 잡을 수 있다.

기업의 총자본은 자기자본과 타인자본을 합한 것으로 총자산과 크기가 일치한다. 따라서 타인자본의 가치가 일정하다고 가정할 경우 자기자본인 주식의 가치가 극대화되는 것은 주주의 부가 극대화되는 것이며 또한 총자산의 가치, 즉 기업가치가 극대화됨을 의미한다. 이에 재무관리의 궁극적 목표는 주식가치의 극대화 혹은 기업가치의 극대화라고 볼 수 있으며, 이때 기업의 가치는 기업의 의사결정, 즉 투자의사결정 및 자본조달의사결정과 직접적으로 관련된다.

한편, 전통적인 이익의 극대화도 많은 사람들이 기업의 목표로 인식하고 있지만, 다음의 문제점이 존재하기 때문에 재무관리의 목표로 삼기 어렵다.

첫째, 회계적 측정치인 이익은 기업의 경제적 성과를 정확하게 나타내지 못한다. 즉, 기업회계기준에 따라 기록되고 정리된 장부상의 이익이 감가상각방법이나 재고자산평가방법 등의 회계처리방법의 선택에 따라 얼마든지 달라질 수 있기 때문에 기업의 실제 현금흐름(cash flow)을 나타내는 것이 아니다.

둘째, 이익의 극대화는 이익의 발생시기를 무시한다. 현금흐름의 발생 시기에 따라 그 실질적인 가치가 달라지는데 서로 다른 시점에서 발생하는 이익을 정확하게 평가하지 못한다. 예를 들어, 현재 110만원의 수익이 있고 1년 후에는 100만원의 비용이 발생하는 A투자안과 현재 200만원의 비용을 지출하여 1년 후에 210만원의 수익이 발생하는 B투자안을 이익극대화로 평가한다면 두 투자안 모두 10만원의 이익을 내어 동일한 투자안이 된다. 하지만, 발생시기에 따라서 실질적인 가치가 달라지기 때문에 두 투자안이 동일한 투자안이라는 것은 타당하지 않다.

셋째, 이익의 극대화는 이익의 질적가치를 무시한다. 예를 들어, 동일한 금액을 투자하더라도 원금이 보장되는 정기예금으로 100만원을 벌 경우와 위험이 큰 주식에 투자하여 100만원을 벌 경우라도 위험을 회피하는 이성적인 투자자라면 정기예금을 더 선호하지만, 이익극대화에 의해서는 두 경우 모두 동일한 것으로 취급된다.

뉴스로 보는 재무이야기

[시장경제 길라잡이] 기업은 시장경제의 꽃

흔히 기업은 경제의 꽃이라고 불린다. 그도 그럴 것이 우리가 살아가면서 꼭 필요한 재화와 서비스를 생산하고 공급하는 주체가 기업이다. 가계 부문 소득의 원천인 일자리를 창출하는 근간도 기업이며, 수입과 수출의 주역으로서 국가의 부를 늘리는 것도 기업이기 때문이다. 또한, 기업은 기술 혁신과 지역 개발, 그리고 문화 발전에도 지대한 영향을 미친다. 그렇기에 캘빈 쿨리지 전 미국 대통령은 "문명과 기업의 이윤은 같이 간다"고 말했던 것이다. 만약 기업이 없었다면 어떻게 되었을까? 단언컨대, 오늘날 우리가 누리는 문명의 이기와 편리는 결코 가능하지 않았으리라. 그 이유는 기업이 혁신적인 원천기술을 산업화해 경제성장과 문명의 발전을 동시에 이끌었기 때문이다.

◇ 과학자와 기업가

미국은 유럽에 비해 비록 몇 십 년 늦기는 했지만, 수많은 기업가를 배출하며 산업혁명의 결실을 톡톡히 누린 나라다. 대표적으로 발명왕 에디슨은 천재적인 발명가인 동시에 영리한 사업가였다. 그는 수많은 발명품을 그저 '실험의 성공작'으로 놔두지 않고 수익성 있는 상품으로 탈바꿈시켰다. 에디슨제너럴일렉트릭이라는 전기조명회사를 세우고, 단순한 발명가가 아니라 사업가로서 수완을 발휘해 큰돈을 벌었다. 에디슨제너럴일렉트릭은 오늘날 세계적인 대기업 제너럴일렉트릭의 전신이다.

원천기술이 과학자의 몫이라면, 원천기술을 활용해 산업화하는 것은 바로 기업의 역할이다. 이처럼 기업이 없다면 원천기술은 그냥 과학의 영역에 머물러 있을 것이다. 역사가 증명했다시피 기업이 있기에 비로소 원천기술은 과학에서 경제의 영역으로 확장될 수 있었던 것이다. 그리고 그 결과는 경제성장에 따른 국부 증대와 더불어 우리 삶의 질적 향상으로 나타났다.

프랑스의 기업 에비앙은 세계적으로 유명한 생수 브랜드다. 에비앙은 프랑스 에비앙 지역의 빙하수가 몸에 좋은 미네랄을 풍부하게 함유하고 있다는 사실에 착안, 세계 최초로 물을 상품화하는 데 성공한 기업이다. 지금이야 생수를 돈을 주고 사 먹는 일이 자연스럽지만, 에비앙이 처음 생수를 판매하기 시작했을 때는 19세기 후반이었다. 당시만 해도 자연적으로 흐르는 빙하수를 퍼올려 물병에 담아 판다는 발상은 혁신 그 이상의 충격이었다. 모르긴 몰라도 당시 꽤 많은 사람이 에비앙의 생존 실패를 점쳤을 듯하다. 아무도 생수를 돈 주고 사 먹을 생각을 하지 못했던 시절이었으니 그럴 만도 하지 않은가. 하지만 결과적으로 에비앙은 살아남았다. 그뿐만 아니라 명실상부 오늘날 세계 제1의 생수 브랜드로 우뚝 섰으며, 어마어마한 연간 매출을 자랑한다. 비단 마시는 물만이 아니라 에비앙 지역의 빙하수로 만든 수분 미스트 역시 히트상품으로 자리매김했다.

◇ 물을 판 에비앙

어떻게 에비앙은 자연적으로 존재하는 '물'이라는 아이템 하나로 세계적인 대성공을 거둘 수 있었을까? 그 이유는 에비앙이 '생수를 판매한다'는 창의적인 발상에 장사꾼의 논리를 접목한 기업이었기 때문이다. 에비앙은 알프스 만년설이 녹아서 흘러내린 빙하수를 퍼 올려서 병에 담기까지의 생산과정을 깨끗하고 안전하게 관리하기로 유명하다. 이는 에비앙이 철저한 위생관리시스템과 선진 제조기술을 갖춘 대기업이기에 가능한 일이었다. 또한, 에비앙은 자사의 빙하수가 그냥 물이 아니라 미네랄이 풍부한 '약수'라는 인식을 사람들에게 심어줌으로써 '믿고 사 마실 수 있는 물'이라는 브랜드 가치를 확립시키는 데 성공했다. 기업 차원의 마케팅 전략이 정확하게 맞아떨어진 결과였다.

에비앙의 성공은 단순히 한 기업의 이윤 향상을 넘어 프랑스 국부 증대로 이어진다. 생각해 보자. 에비앙이 글로벌 생수 기업으로 우뚝 선 덕분에 프랑스는 세계적인 물 수출국가로서 막대한 외화를 벌어들일 수 있었다. 이처럼 한 글로벌 대기업이 벌어들이는 외화는 곧 국부로 환원되며 결국 그 나라 국민의 삶을 보다 윤택하게 하는 데 기여한다.

[한국경제(www.hankyung.com), 2018. 6. 4.]

연습
문제

1 다음 우리나라 상법상 허용되는 회사가 아닌 것은? (   )

① 주식회사   ② 유한회사

③ 유한공사   ④ 유한책임회사

2 다음 중 신속한 의사결정을 하거나 소규모회사에 적합한 회사형태는? (   )

① 합명회사   ② 유한책임회사

③ 합자회사   ④ 유한회사

3 주식회사의 특징이 아닌 것은? (   )

① 소유와 경영의 분리   ② 무한책임

③ 자본의 증권화   ④ 전문경영자

4 다음 중 성격이 다른 업무영역은? (   )

① 현금관리   ② 신용관리

③ 자금계획   ④ 세금관리

5 효과적인 기업지배구조 시스템의 핵심적 속성이 아닌 것은? (   )

① 주주와 경영자 권리의 명시

② 명확하게 정의된 경영자 및 이사의 기업지배구조 책임

③ 주어진 책임의 성과에 대한 파악 가능하고 측정 가능한 성과책임

④ 이해관계자 간의 모든 거래종류에 대한 기술

6 다음 중 ESG의 범위에 해당하지 않는 것은? (   )

① 자연자원   ② 생산책임

③ 기업행태   ④ 마케팅책임

7 기업의 장기자금을 획득하고 관리하는 재무관리자의 의사결정은? (　)

① 자금조달결정　　　　　　　　② 투자결정

③ 배당결정　　　　　　　　　　④ 재무분석

8 재무관리의 목표가 아닌 것은? (　)

① 주주부의 극대화　　　　　　　② 주식가치의 극대화

③ 기업가치의 극대화　　　　　　④ 이익의 극대화

연습문제
해답

1 ③

2 ②

3 ②

4 ④

5 ④

6 ④

7 ①

8 ④

재무제표 분석

CHAPTER 02

본 장에서는 재무제표의 개념에 대해서 살펴보고 재무비율을 이용하여 재무제표를 분석하는 방법에 대해 살펴본다. 재무비율 분석을 통해 기업정책의 효율성을 여러 면에서 평가할 수 있다. 영업의사결정, 투자의사결정, 재무의사결정 등에 대한 평가와 더불어 기업가치 평가에 대해 학습한다.

- 수익성 분석   - 성장성 분석
- 활동성 분석   - 유동성 분석
- 레버리지 분석   - 시장가치 분석

SECTION 01 재무제표

재무제표는 기업의 경영활동에 대한 경제적 결과를 여러 각도에서 요약하여 나타내고 있다. 기업이 이익을 많이 내고 있는지에 대한 수익성, 빚은 적당하고 잘 갚을 수 있는지에 대한 안정성, 판매한 물건값이 잘 회수되는지에 대한 유동성, 앞으로 더 발전할 것인지에 대한 성장성 등에 대해서 재무제표의 다양한 계정과목들을 활용하여 분석하고 평가할 수 있다.[1]

대표적인 재무제표로 재무상태표(statement of financial position)와 손익계산서(income statement)를 들 수 있다.[2] 재무상태표는 기업의 결산기말을 기준으로 기업의 부채와 자본에 대한 정보와 자산에 대한 정보를 제공하는 재무보고서이다.

재무상태표의 작성방법으로는 〈표 2-1〉과 같이 위에서 아래로 자산, 부채, 자본을 나타내는 보고식과 왼쪽(차변)에 자산, 오른쪽(대변)에 부채와 자본을 나타내는 계정식이 있다. 자산의 합계와 부채 및 자본의 합계는 언제나 일치해야 한다. 재무상태표를 작성할 때 자산 및 부채의 계정과목들은 유동성이 높은 순서로 나타낸다. 1년 내에 현금화가 가능한 유동자산과 만기가 1년 미만인 유동부채가 먼저 나오고, 비유동자산과 비유동부채가 그 다음에 나온다.

---

1   이재하 · 한덕희 저, 「핵심재무관리」, 박영사(2020), pp. 14-33.
2   우리나라 대부분의 기업은 1월 1일부터 12월 31일까지를 한 회계연도로 하고 있으며, 재무제표는 금융감독원 전자공시시스템(dart.fss.or.kr)의 사업보고서에서 찾아볼 수 있다.

●● 표 2-1 | 재무상태표

K전자   (단위: 억원)

	20X1년 12.31일 현재	20X2년 12.31일 현재	20X3년 12.31일 현재
자산			
유동자산	394,963	439,523	606,037
현금및현금성자산	27,187	22,694	20,303
단기금융상품	112,695	134,006	274,633
단기매도가능금융자산	6,560	12,589	14,885
매출채권	152,162	172,966	177,490
미수금	15,806	17,576	27,346
선급금	9,587	8,839	10,077
선급비용	11,217	10,918	13,731
재고자산	54,514	53,264	58,805
기타유동자산	5,235	6,671	8,767
비유동자산	781,035	893,118	942,223
유형자산	430,325	398,089	414,394
무형자산	24,478	24,649	24,953
장기선급비용	30,489	29,247	29,518
기타비유동자산	326,232	470,379	502,876
자산총계	1,175,998	1,332,641	1,548,260
부채			
유동부채	269,699	247,703	275,979
매입채무	69,835	57,851	57,421
단기차입금	42,592	30,346	28,116
미지급금	65,092	44,235	54,046
미지급비용	50,278	54,698	59,527
기타유동부채	41,902	60,573	76,869
비유동부채	21,730	26,059	48,572
사채	830	721	661
장기미지급금	6,977	7,756	7,690
기타비유동부채	13,923	17,582	40,222
부채총계	291,429	273,762	324,552
자본			
자본금	8,975	8,975	8,975
주식발행초과금	44,039	44,039	44,039
이익잉여금(결손금)	887,355	1,053,065	1,220,294
기타자본항목	−55,800	−47,201	−49,601
자본총계	884,569	1,058,879	1,223,708
자본과부채총계	1,175,998	1,332,641	1,548,260

손익계산서는 기업이 1년이라는 회계연도 동안 얼마나 벌고 얼마나 썼으며 이익을 얼마나 내었는지에 대해서 보여준다. 손익계산서에서는 기업의 본질적인 영업활동으로 인한 손익과 영업외적인 요인으로 인한 손익을 모두 고려하여 최종적으로 당기순이익을 계산한다.

〈표 2-2〉의 손익계산서를 보면 제품이나 서비스를 판매한 총액인 매출액에서 제품이나 서비스에 들어간 원가비용인 매출원가를 차감하여 매출총이익을 계산한다. 매출총이익에서 광고선전비, 인건비, 연구개발비, 임차료, 감가상각비 등과 같이 영업과 기업관리에 들어간 비용인 판매비와 관리비를 차감하여 기업의 영업활동 결과로 발생하는 영업이익을 계산한다.

영업이익에 기업의 재무활동으로 인한 금융수익을 더하고 금융비용을 차감하

●● 표 2-2 | 손익계산서

K전자   (단위: 억원)

	20X1.01.01 부터 20X1.12.31 까지	20X2.01.01 부터 20X2.12.31 까지	20X3.01.01 부터 20X3.12.31 까지
수익(매출액)	1,208,160	1,412,064	1,583,721
매출원가	904,062	994,320	1,107,315
매출총이익	304,098	417,744	476,406
판매비와관리비	206,517	232,639	258,336
영업이익(손실)	97,581	185,104	218,070
기타영업외수익	31,605	28,601	31,303
기타영업외비용	11,917	6,210	7,922
금융수익	40,031	32,040	39,189
이자수익	39,48	3,517	6,496
외환거래이익	35,483	28,488	32,519
파생상품이익	600	35	174
금융비용	42,116	32,057	38,467
이자비용	2,524	1,349	1,189
외환거래손실	39,386	30,447	37,243
파생상품손실	206	261	35
법인세비용차감전순이익(손실)	115,183	207,479	242,173
법인세비용	14,701	33,493	62,877
당기순이익(손실)	100,482	173,985	179,295
주당이익			
기본주당이익(손실)	670	1,156	1,189
희석주당이익(손실)[주1]	669	1,155	1,189

주: 1) 기업의 발행주식수를 증가시킬 수 있는 전환사채 및 신주인수권부사채 등의 전환을 고려하여 계산함

여 법인세비용차감전순이익을 계산한다. 여기에서 법인세비용을 차감하여 최종적으로 주주에게 귀속되는 당기순이익을 계산한다.

뉴스로 보는 재무이야기

재무제표 접근 포인트

　최근처럼 유동성으로 급등하는 시장상황에서 자칫 가장 기본적으로 살펴보아야 할 투자지표인 재무제표에 대한 분석 없이 테마나 수급에 따른 매매에 치중하기가 쉽다. 시장의 조정에 대비하고 흔들리지 않는 투자를 위해 반드시 재무제표를 통한 기업의 재무상태와 경영성과에 대한 다양한 정보를 수집하여 큰 그림의 유기적 분석이 선행돼야 한다.

　일반적으로 재무제표는 재무상태표, 포괄손익보고서, 자본변동표, 현금흐름표, 주석으로 구분된다. 재무상태표는 특정시점 현재 기업의 재무상태를 나타낸다. 따라서 자산, 부채, 자본의 규모와 그 구성내용을 확인하는 과정을 거치고 경영성과에 대한 정보를 제공하는 포괄손익계산서를 통해 일정 기간 발생한 수익과 비용의 항목별 내용과 매출과 순이익 산출과정에 이르는 흐름을 통한 분석이 필수적이다.

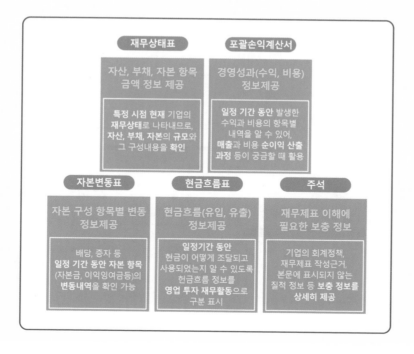

자본구성 항목별 변동정보를 제공하는 자본변동표는 배당과 증자 등을 통한 일정기간 자본금과 이익잉여금 등 자본의 변동내역에 대한 확인이 가능하다. 일정기간 현금이 어떻게 조달되고 사용되었는지에 대한 현금흐름정보를 제공하는 현금흐름표는 현금의 유입과 유출을 영업활동, 투자활동, 재무활동으로 구분하여 표시하고 있다. 마지막으로 주석은 재무제표에 대한 이해를 돕기 위한 필요한 보충정보를 제공하는데, 기업의 회계정책, 재무제표 작성근거 그리고 본문에 표시되지 않는 질적 정보 등 보충적인 정보를 상세하게 제공한다.

재무제표 본문은 간략한 금액정보를 제공하는 반면, 주석에서는 본문에 표시되지 않은 기업의 개요, 주주구성, 회계정책, 지급보증 등 우발채무와 약정사항 등에 대한 구체적인 설명과 보충정보를 얻을 수 있다. 따라서 재무제표를 분석할 때는 반드시 본문과 관련된 주석을 함께 보는 습관을 가지는 것이 좋다. 예를 들어, 최근 재무상태표에서 매출채권 잔액이 전기말보다 크게 감소한 것을 발견하고 매출채권이 전기보다 빨리 회수되었다고 분석할 수도 있을 것이다.

하지만 주석내용을 살펴보면 채권액 규모가 전기말보다 증가했지만 매출이 집중되어 있는 거래처의 부실로 매출채권에 대한 회수가능성이 낮아져 대손충당금이 증가해 전기말보다 매출채권의 장부금액이 감소한 것으로 나타날 경우도 있다. 주석내용을 잘 살피지 않고 재무제표상의 수치만 놓고 잘못된 해석할 수 있는 오해의 소지가 충분히 발생할 수 있는 것이다.

재무제표는 당기만 보고 분석할 것이 아니라 과거 재무제표와 함께 분석할 필요가 있다. 기본적으로 재무제표에서 표기는 전기와 당기 재무제표를 비교하는 형식으로 공시가 된다. 원칙적으로 재무제표의 기간별 비교를 통해 기업의 성장이력, 비경상적 거래효과 등을 파악하고 향후 성장성 등을 예측하는 차원의 접근이 유효하다. 최근 2개년 이전 과거 기간의 감사보고서와 재무제표도 금융감독원 전자공시시스템(dart.fss.or.kr)을 통해 쉽게 확인할 수 있어 활용할 만하다.

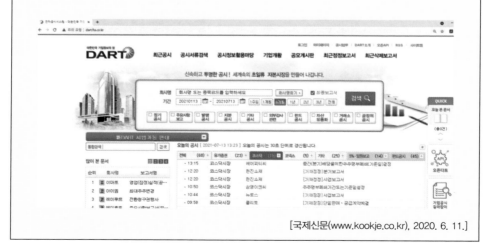

[국제신문(www.kookje.co.kr), 2020. 6. 11.]

:: SECTION 02   재무비율 분석

재무비율 분석은 재무상태표와 손익계산서의 계정과목들을 가지고 다양하게 여러 비율들을 분석하여 기업정책의 효율성을 평가하는 것이다. 기업정책은 영업의사결정, 투자의사결정, 재무의사결정으로 구성되고, 이러한 결정이 얼마나 잘 이루어졌는지에 따라 기업의 가치가 좌우된다.

〈표 2-3〉과 같이 수익성과 성장성을 분석하여 영업의사결정에 대한 평가를 내릴 수 있다. 또한 활동성 분석을 통해 투자의사결정을 평가하고, 유동성과 레버리지를 분석하여 재무의사결정을 평가할 수 있다. 각 분석 분야별로 해당되는 재무비율들이 〈표 2-3〉에 정리되어 있다.

●● 표 2-3 | 재무비율 분석의 분류

기업정책	재무비율 분석	주요 평가 내용	주요 재무비율
영업의사결정에 대한 평가	수익성 분석	투자자본에 대한 경영성과 평가 이익창출능력 평가	총자산이익률 자기자본순이익률 매출액순이익률
	성장성 분석	기업외형 및 이익규모의 증가 평가 기업경쟁력과 미래수익창출능력의 간접측정	매출액증가율 총자산증가율 순이익증가율
투자의사결정에 대한 평가	활동성 분석	자산의 효율적 활용정도 평가 투자관리의 유효성 평가	매출채권회전율 재고자산회전율 유형자산회전율 총자산회전율
재무의사결정에 대한 평가	유동성 분석	단기채무지급능력 평가	유동비율 당좌비율 순운전자본구성비율
	레버리지 분석	장기채무지급능력 평가	부채비율 자기자본비율 이자보상비율 비유동비율 비유동장기적합률
기업가치에 대한 평가	시장가치 분석	주가로 평가되는 기업가치를 평가	주가수익비율 주가장부가비율

1. 수익성 분석

수익성 분석은 이익창출능력을 측정하는 지표이다. 기본적으로 수익성 분석은 투자자본에 대한 투자이익의 형태인 투자수익률(ROI: return on investment)로 분석하기 때문에 투자자본과 투자이익이 무엇인지에 따라 분석의 초점이 조금씩 달라진다.

(1) 총자산이익률

총자산이익률(ROA: return on assets)은 이익을 총자산으로 나눈 비율이다. 이때 여러 회계이익 중 당기순이익을 총자산으로 나눈 비율을 총자산순이익률이라고 하고, 영업이익을 총자산으로 나눈 비율은 총자산영업이익률이라고 한다.

총자산순이익률은 총자산, 즉 자기자본과 타인자본을 조달하여 투자하였을 때 얼마만큼의 당기순이익을 내었는지를 보여주는 비율로서 자산 1원당 창출된 당기순이익의 크기를 나타낸다. 총자산순이익률은 매출액순이익률과 총자산회전율로 분해함으로써, 매출액 대비 당기순이익을 비교하여 제품의 마진이 얼마인지 확인할 수 있는 동시에 매출을 위해 총자산을 얼마나 효율적으로 이용했는지를 살펴볼 수 있다.

$$\text{총자산순이익률}(ROA) = \frac{\text{당기순이익}}{\text{총자산}} \qquad\qquad (2\text{-}1)$$

$$= \frac{\text{당기순이익}}{\text{매출액}} \qquad \times \qquad \frac{\text{매출액}}{\text{총자산}}$$

$$\downarrow \qquad\qquad\qquad\qquad \downarrow$$

$$(\text{매출액순이익률}) \qquad\qquad (\text{총자산회전율})$$

$$\downarrow \qquad\qquad\qquad\qquad \downarrow$$

$$\text{제품의 마진} \qquad \text{총자산의 효율적 이용도}$$

$$\rightarrow\ 20X2\text{년:} \quad \frac{173,985}{(1,175,998 + 1,332,641)/2} \times 100 = 13.87\%$$

$$20X3\text{년:} \quad \frac{179,295}{(1,332,641 + 1,548,260)/2} \times 100 = 12.45\%$$

총자산영업이익률은 금융수익(이자수익)과 금융비용(이자비용)을 고려하기 전의 영업이익을 총자산으로 나눠주므로 자본조달의사결정에 대한 평가는 하지 않는다. 대신에 생산, 판매, 관리라는 핵심영업활동에 대한 효율성을 평가한다.[3]

$$총자산영업이익률(ROA) = \frac{영업이익}{총자산} \qquad (2\text{-}2)$$

$$\rightarrow \ 20X2년: \ \frac{185,104}{(1,175,998+1,332,641)/2} \times 100 = 14.76\%$$

$$20X3년: \ \frac{218,070}{(1,332,641+1,548,260)/2} \times 100 = 15.14\%$$

K전자의 총자산순이익률은 20X2년 13.87%에서 20X3년 12.45%로 낮아졌다. 하지만 핵심영업활동 측면에서 보면 총자산영업이익률이 14.76%에서 15.14%로 오히려 증가하여 영업은 효율적으로 이루어졌으나 자본조달 측면에서 다소 효율성이 내려가 총자산수익률이 낮아졌다고 볼 수 있다.

(2) 자기자본순이익률

자기자본순이익률(ROE: return on equity)은 자기자본 1원당 창출된 순이익의 크기를 나타낸다. 이 비율은 총자산이 아니라 자기자본을 투자자본으로 삼기 때문에 주주의 입장에서 주주가 투자한 금액에 대해 얼마만큼의 순이익을 내었는지, 즉 자기자본의 투자효율성을 나타내므로 주주들이 요구하는 최소한의 투자수익률이 되며 이는 주주의 요구수익률(required rate of return) 또는 기업의 자기자본비용이라고도 한다.

자기자본순이익률은 총자산순이익률(＝당기순이익/총자산)과 재무레버리지(＝총자산/자기자본)로 분해할 수 있다. 총자산순이익률은 기업이 자산을 얼마나 잘 이용하였는가를 나타내고, 재무레버리지는 총자산 규모가 자기자본에 비해서 얼마나 큰지를 나타낸다. 기업이 자산을 잘 이용하고 있는 상황에서 총자산 규모가 자기자본에 비해 크다면 자기자본순이익률은 커질 것이다.

또한 자기자본순이익률은 매출액순이익률(＝당기순이익/매출액)과 총자본회전

---

3 총자산순이익률과 총자산영업이익률을 계산할 때 분자의 당기순이익은 회계기간 동안의 수치이므로 분모의 총자산은 회계기간의 결산기말 시점에서의 수치 대신 기초금액과 기말금액의 평균치를 사용한다.

율(=매출액/총자산) 그리고 부채비율(=1+총부채/자기자본)로 분해할 수도 있다. 매출액순이익률이 높을수록 원가통제가 효율적이고, 총자본회전율이 높을수록 자본이용 효율적이다. 또한 자본조달의 효율성은 부채비율을 통하여 파악할 수 있는데 일반적으로 부채비율이 낮을수록 자본조달이 효율적이라고 본다.

$$\text{자기자본순이익률}(ROE) = \frac{\text{당기순이익}}{\text{자기자본}} \tag{2-3}$$

$$= \frac{\text{당기순이익}}{\text{총자산}} \times \frac{\text{총자산}}{\text{자기자본}}$$

$$= \frac{\text{당기순이익}}{\text{매출액}} \times \frac{\text{매출액}}{\text{총자산}} \times \frac{\text{총자산}}{\text{자기자본}}$$

$$= \frac{\text{당기순이익}}{\text{매출액}} \times \frac{\text{매출액}}{\text{총자산}} \times \frac{1}{\text{자기자본비율}} \text{[4]}$$

$$= \frac{\text{당기순이익}}{\text{매출액}} \times \frac{\text{매출액}}{\text{총자산}} \times \left(1 + \frac{\text{총부채}}{\text{자기자본}}\right)$$

$$\rightarrow \text{20X2년:} \quad \frac{173,985}{(884,569 + 1,058,879)/2} \times 100 = 17.90\%$$

$$\text{혹은} \quad 13.87\% \times 1.2908 = 17.90\%$$

$$\text{20X3년:} \quad \frac{179,295}{(1,058,879 + 1,223,708)/2} \times 100 = 15.71\%$$

$$\text{혹은} \quad 12.45\% \times 1.2621 = 15.71\%$$

K전자의 자기자본순이익률이 20X2년 17.90%에서 20X3년 15.71%로 낮아졌는데 그 원인을 살펴보면 재무레버리지(1.2908 → 1.2621)는 거의 변화가 없는 반면 총자산수익률(13.87% → 12.45%)이 낮아졌기 때문인 것으로 보인다.

한편, 타인자본의 적절한 사용은 주주의 부를 증가시킬 수 있으므로 식(2-4)와 같이 자기자본순이익률을 변형해 보면, 타인자본비용보다 총자산영업이익률(ROA)이 클 경우 부채의존도가 높아질수록 주주의 수익성, 즉 자기자본순이익률이 증가함을 알 수 있다.[5]

---

[4]   자기자본비율 $= \dfrac{\text{자기자본}}{\text{총자본}} \rightarrow \dfrac{1}{\text{자기자본비율}} = \dfrac{\text{총자본}}{\text{자기자본}} = \dfrac{\text{총자산}}{\text{자기자본}}$

[5]   자기자본순이익률 $= \dfrac{\text{당기순이익}}{\text{자기자본}}$

$$자기자본순이익률(ROE) = \frac{당기순이익}{자기자본}$$

$$= \left[ROA + (ROA - r_d)\frac{B}{S} \right](1-t) \qquad (2-4)$$

여기서, ROA: 총자산영업이익률　r_d: 타인자본비용
$\qquad\quad B$: 타인자본　S: 자기자본　t: 법인세율

(3) 매출액순이익률

매출액순이익률(ROS: return on sales)은 당기순이익을 매출액으로 나눈 비율이다. 매출액순이익률은 매출액 1원당 얼마의 순이익을 남길 수 있는지를 나타내므로 기업경영활동의 전체적인 효율성을 측정하는 지표가 된다. 매출액순이익률은 특히 원가통제의 효율성을 가늠하는데 도움이 되며, 비율이 높을수록 원가통제가 효율적으로 이루어짐을 뜻한다. K전자의 경우 20X3년에 매출이 늘었지만 원가가 상대적으로 더 큰 비율로 늘어나서 매출액순이익률이 낮아진 것으로 나타났다.

$$매출액순이익률(ROS) = \frac{당기순이익}{매출액} \qquad (2-5)$$

$\rightarrow$ 20X2년: $\dfrac{173,985}{1,412,064} \times 100 = 12.32\%$

$\quad$ 20X3년: $\dfrac{179,295}{1,583,721} \times 100 = 11.32\%$

$$= \frac{(영업이익 - 타인자본비용 \times 타인자본)(1-t)}{자기자본}$$

$$= \frac{\left[\left(\dfrac{영업이익}{자기자본 + 타인자본} \right)(자기자본 + 타인자본) - 타인자본비용 \times 타인자본 \right](1-t)}{자기자본}$$

$$= \frac{[총자산영업이익률 \times (자기자본 + 타인자본) - 타인자본비용 \times 타인자본](1-t)}{자기자본}$$

$$= \left[총자산영업이익률 + (총자산영업이익률 - 타인자본비용)\frac{타인자본}{자기자본} \right](1-t)$$

2. 성장성 분석

성장성 분석은 기업의 성장성을 측정하는 지표이다. 성장의 주체를 매출액, 총자산, 순이익으로 구분하여 성장성을 종합적으로 평가할 수 있다.

(1) 매출액증가율

기업의 정상적인 영업활동에서 발생하는 매출액이 커진다는 것은 시장점유율이 커지고 외형적으로 그만큼 신장세를 보인다는 의미이고 매출액증가율(sales growth rate)은 식(2-6)으로 측정한다.

$$매출액증가율 = \frac{당기매출액 - 전기매출액}{전기매출액} \qquad (2\text{-}6)$$

$$\rightarrow \text{20X2년: } \frac{1,412,064 - 1,208,160}{1,208,160} \times 100 = 16.88\%$$

$$\text{20X3년: } \frac{1,583,721 - 1,412,064}{1,412,064} \times 100 = 12.16\%$$

(2) 총자산증가율

총자산증가율(total assets growth rate)도 기업외형의 성장 규모를 측정한다. 매출액증가율은 손익계산서 항목을 이용하여 분석하지만 총자산증가율은 재무상태표 항목을 이용하게 된다. 자산가치재평가가 이루어지면 재무상태표에 기록된 장부가액이 더 이상 실제가치와 같지 않게 된다. 이 점에 유의하여 장부가액에 근거한 총자산증가율의 의미를 해석하여야 한다. 또한 총자산증가율이 매출액증가율보다 크다는 것은 매출액증가에 비해 자산에 대한 투자가 상대적으로 과대하다는 것을 나타낸다.

$$총자산증가율 = \frac{기말총자산 - 기초총자산}{기초총자산} \qquad (2\text{-}7)$$

$$\rightarrow \text{20X2년: } \frac{1,332,641 - 1,175,998}{1,175,998} \times 100 = 13.32\%$$

$$\text{20X3년: } \frac{1,548,260 - 1,332,641}{1,332,641} \times 100 = 16.18\%$$

K전자의 경우 20X2년에는 총자산증가율(13.32%)이 매출액증가율(16.88%)보다 낮아서 자산 투자가 효율적이었으나, 20X3년에는 정반대로 매출액증가율이 감소하고 총자산증가율은 증가하는 현상이 나타나 자산 투자가 과대한 것으로 보인다.

(3) 순이익증가율

순이익증가율(net profit growth rate)은 전년도에 비해 당해 연도의 이익이 얼마나 증가하였는지를 나타내며, 실질적인 성장을 측정하는 지표이다. 외형성장을 나타내는 매출액증가율보다 실질적인 성장을 나타내는 순이익증가율이 높은 것이 더 바람직하다.

$$\text{순이익증가율} = \frac{\text{당기순이익} - \text{전기순이익}}{\text{전기순이익}} \tag{2-8}$$

$$\rightarrow \text{20X2년: } \frac{100,482 - 173,985}{100,482} \times 100 = 73.15\%$$

$$\text{20X3년: } \frac{179,295 - 173,985}{173,985} \times 100 = 3.05\%$$

K전자의 매출액증가율은 20X2년도에 16.88%에서 20X3년도에 12.16%로 하락하였고 순이익증가율도 73.15%에서 3.05%로 급격히 하락하였다. K전자는 외형적인 성장이 감소하였으며, 실질적인 성장은 거의 정체되었음을 알 수 있다.

3. 활동성 분석

활동성 분석은 기업이 매출채권, 재고자산, 유동자산, 총자산 등을 이용하여 각 자산이 얼마나 효율적으로 매출을 실현하였는지를 나타낸다. 매출채권, 재고자산, 유동자산, 총자산에 비해 매출액이 몇 배로 실현되었는지를 계산하기 위해 매출액을 각 자산으로 나누어 활동성을 측정한다.

(1) 매출채권회전율

매출채권회전율(receivables turnover ratio)은 매출액을 매출채권으로 나눈 비율로서, 매출채권 한 단위 투자하여 얼마의 매출을 올렸는지를 나타낸다. 매출채권에 비해 매출액이 많으면 매출채권회전율이 높게 된다. 이는 적은 매출채권으로 많은 매출을 실현시키므로 매출채권이라는 자산이 효율적으로 이용되고 있음을 의미한다.

$$매출채권회전율 = \frac{매출액}{매출채권} \qquad (2\text{-}9)$$

$$\rightarrow \ 20X2년: \ \frac{1,412,064}{(152,162+172,966)/2} = 8.69$$

$$20X3년: \ \frac{1,583,721}{(172,966+177,490)/2} = 9.04$$

K전자의 20X2년 매출채권회전율은 8.69로 계산되어 1년 동안 K전자가 보유한 매출채권의 8.69배만큼을 매출액으로 실현하고 있음을 의미한다. 그렇다면, 매출채권 규모만큼의 매출액이 실현되는 데에는 얼마의 기간이 필요할까? 이는 1,412,064억원의 매출을 달성하는 데 1년이 걸렸으므로 매출채권 162,564억원(=(152,162+172,966)/2)만큼의 매출을 달성(회수)하는 데 얼마의 기간이 걸리는지를 알아보면 된다. 즉, 1년: 1,412,064억원 = x: 162,564억원 → x = 162,564억원/1,412,064억원 → x = 0.115년×365일 = 42일 걸린다. 이를 매출채권회수기간이라고 하며, 매출채권회수기간이 길어질수록 매출채권이 매출액으로 현금화되는데 그만큼 더 오래 걸리기 때문에 기업은 자금압박을 받게 된다.

$$매출채권회수기간 = \frac{1}{매출채권회전율} \qquad (2\text{-}10)$$

$$\rightarrow \ 20X2년: \ \frac{1}{8.69} = 0.115년 \ \rightarrow \ 0.115년×365일 = 42일$$

$$20X3년: \ \frac{1}{9.04} = 0.11년 \ \rightarrow \ 0.11년×365일 = 40일$$

(2) 재고자산회전율

재고자산회전율(inventory turnover ratio)은 매출액을 재고자산으로 나눈 비율로서, 재고자산 한 단위 투자하여 얼마의 매출을 올렸는지를 나타낸다. 재고자산에 비해 매출이 많으면 재고자산회전율이 높게 된다. 적은 재고자산으로 많은 매출을 실현시키므로 재고자산이 판매활동에 효율적으로 이용되고 있음을 의미한다.

$$재고자산회전율 = \frac{매출액}{재고자산} \qquad (2\text{-}11)$$

$$\rightarrow \quad 20X2년: \ \frac{1,412,064}{(54,514 + 53,264)/2} = 26.20$$

$$20X3년: \ \frac{1,583,721}{(53,264 + 58,805)/2} = 28.26$$

K전자의 20X2년 재고자산회전율은 26.20으로 계산되어 1년 동안 재고자산의 26.20배 만큼 매출액이 실현되었음을 나타내고 있다. 이는 재고자산이 판매되어 현금으로 회수되는 데 13.87일($= 0.038년 \times 365일 \leftarrow 0.038년 = 1/26.20$)이 소요되었음을 의미한다.

$$재고자산회수기간 = \frac{1}{재고자산회전율} \qquad (2\text{-}12)$$

$$\rightarrow \quad 20X2년: \ \frac{1}{26.20} = 0.038년 \ \rightarrow \ 0.038년 \times 365일 = 13.87일$$

$$20X3년: \ \frac{1}{28.26} = 0.035년 \ \rightarrow \ 0.035년 \times 365일 = 12.78일$$

(3) 유형자산회전율

유형자산회전율(property, plant and equipment turnover ratio)은 매출액을 유형자산으로 나눈 비율을 말한다. 재무상태표의 자산은 유동자산과 비유동자산으로 구성되는데, 유형자산회전율은 비유동자산 중에서 공장이나 기계 등과 같은 유형자산에 한 단위 투자하여 얼마의 매출을 올렸는지를 나타낸다.[6] 유형자산에 비해 매출이 높으면 유형자산회전율이 높게 된다. 유형자산에 자금이 적게 묶여 있는데 많은 매출이 실현된다면 유형자산이 효율적으로 이용되고 있음을 의미한다.

---

[6] 기계와 같은 유형자산의 경우 내용연수가 끝나가면서 거의 감가상각 되었을 경우 장부가로 기록된 유형자산의 가치가 매우 낮기 때문에 유형자산회전율이 매우 높게 계산된다. 이렇게 높게 나타나는 비율을 그대로 해석하면 활동성분석에 오류가 발생할 수 있음에 주의해야 한다.

$$\text{유형자산회전율} = \frac{\text{매출액}}{\text{유형자산}} \tag{2-13}$$

$$\rightarrow \text{20X2년:} \quad \frac{1,412,064}{(430,325 + 398,089)/2} = 3.41$$

$$\text{20X3년:} \quad \frac{1,583,721}{(398,089 + 414,394)/2} = 3.90$$

K전자의 경우 20X2년도에 유형자산이 현금으로 회수되는 데 106.95일이 소요되었으나, 20X3년도에 93.44일이 소요되어 유형자산이 더 효율적으로 이용된 것으로 나타났다.

$$\text{유형자산회수기간} = \frac{1}{\text{유형자산회전율}} \tag{2-14}$$

$$\rightarrow \text{20X2년:} \quad \frac{1}{3.41} = 0.293\text{년} \rightarrow 0.293\text{년} \times 365\text{일} = 106.95\text{일}$$

$$\text{20X3년:} \quad \frac{1}{3.90} = 0.256\text{년} \rightarrow 0.256\text{년} \times 365\text{일} = 93.44\text{일}$$

(4) 총자산회전율

총자산회전율(total assets turnover ratio)은 매출액을 총자산으로 나눈 비율로서, 기업 전체 자산의 이용효율성을 총괄적으로 나타내고 있다. K전자의 20X2년도 총자산회전율은 1.13으로서 1년 동안 총자산의 1.13배만큼 매출액이 실현되었다. 또한 총자산 금액만큼 매출액이 실현되는데 323.03일이 소요되었다. 20X3년도에는 총자산 이용의 효율성이 전년도와 거의 비슷한 수준이었다.

$$\text{총자산회전율} = \frac{\text{매출액}}{\text{총자산}} \tag{2-15}$$

$$\rightarrow \text{20X2년:} \quad \frac{1,412,064}{(1,175,998 + 1,332,641)/2} = 1.13$$

$$\text{20X3년:} \quad \frac{1,583,721}{(1,332,641 + 1,548,260)/2} = 1.10$$

$$\text{총자산회수기간} = \frac{1}{\text{총자산회전율}} \tag{2-16}$$

$$\rightarrow \text{20X2년:} \ \frac{1}{1.13} = 0.885\text{년} \ \rightarrow \ 0.885\text{년} \times 365\text{일} = 323.03\text{일}$$

$$\text{20X3년:} \ \frac{1}{1.10} = 0.909\text{년} \ \rightarrow \ 0.909\text{년} \times 365\text{일} = 331.79\text{일}$$

4. 유동성 분석

유동성 분석은 기업의 단기채무지급능력을 측정하는 것이다. 만기 1년 미만인 유동부채를 효율적으로 상환하려면 현금화가 가능한 유동자산을 충분히 보유하고 있어야 한다. 유동자산과 유동부채의 금액을 비교하는 방법에 따라 세 가지로 유동성을 분석할 수 있다.

(1) 유동비율

유동비율(current ratio)은 유동자산을 유동부채로 나눈 비율로서, 기업의 단기부채인 유동부채를 상환하기에 충분한 유동자산을 보유하고 있는지를 파악할수 있다. 유동비율이 100% 이상이 되어야 유동성이 확보되었다고 볼 수 있다. 유동비율이 높을수록 채권자에게 더 안전한 것으로 평가되지만, 경제상황이나 기업이 속한 산업의 특성 및 기업의 규모에 따라 적정한 유동비율의 크기는 달라질 수 있다.

$$\text{유동비율} = \frac{\text{유동자산}}{\text{유동부채}} \tag{2-17}$$

$$\rightarrow \text{20X2년:} \ \frac{439,523}{247,703} \times 100 = 177.44\%$$

$$\text{20X3년:} \ \frac{606,037}{275,979} \times 100 = 219.59\%$$

(2) 당좌비율

유동자산 중에서 재고자산의 경우 현금으로 전환이 늦거나 어려울 수 있으며, 재고자산의 평가방법에 따라 재고자산의 가치도 달라질 수 있다. 이 점을 고려

하여 유동자산 중에서 재고자산을 빼고 당좌자산[7]만을 가지고 유동부채의 상환
능력을 측정한 것이 당좌비율(quick ratio)이다. 유동비율은 높은데 당좌비율이
낮게 나타나면 재고자산의 현금화에 대한 상황을 잘 감안하여 유동성을 분석해
주어야 한다. 만일 재고자산이 쉽게 현금화되지 않는 상황이면 기업의 단기채무
지급능력에 문제점이 있다고 보아야 한다.

$$당좌비율 = \frac{당좌자산}{유동부채} \tag{2-18}$$

$$\rightarrow 20X2년: \frac{439,523 - 53,264 - 6,671}{247,703} \times 100 = 153.24\%$$

$$20X3년: \frac{606,037 - 58,805 - 8,767}{275,979} \times 100 = 195.11\%$$

K전자의 유동자산은 기타유동자산을 포함하고 있으며 기타유동자산도 현
금 전환이 어려울 수 있다고 보고 당좌비율 계산 시 유동자산에서 재고자산
과 기타유동자산을 뺀 것을 당좌자산으로 보아, 20X2년의 당좌비율은 153.24%,
20X3년의 당좌비율은 195.11%로 계산한다.

(3) 순운전자본구성비율

순운전자본구성비율(net working capital to total assets ratio)은 유동자산에서 유
동부채를 차감한 순운전자본이 총자본에서 얼마나 차지하고 있는지를 나타낸
비율이다. 순운전자본이 양(+)의 값을 가지면 유동자산으로 유동부채를 상환할
수 있지만, 음(-)의 값을 가지면 상환할 수 없음을 의미한다. 순운전자본구성비
율은 기업의 파산이나 부실을 예측할 때 도움이 된다.

$$순운전자본구성비율 = \frac{순운전자본}{총자본} = \frac{유동자산 - 유동부채}{총자본} \tag{2-19}$$

$$\rightarrow 20X2년: \frac{439,523 - 247,703}{1,332,641} \times 100 = 14.39\%$$

$$20X3년: \frac{606,037 - 275,979}{1,548,260} \times 100 = 21.32\%$$

---

7 판매과정을 거치지 않고 즉각적으로 현금화할 수 있는 자산으로 현금 및 현금등가물, 단기금융상품,
   단기매도가능금융자산, 매출채권, 단기대여금, 미수금, 미수수익, 선급금, 선급비용 등이 포함된다.

5. 레버리지 분석

레버리지[8] 분석은 기업의 장기채무지급능력을 측정하는 것이다. 기업의 자기자본과 타인자본 간의 비율인 자본구조는 경영위험의 정도에 따라 영향을 받는다. 현금흐름예측이 용이하고 경영위험이 낮은 기업은 타인자본에 대한 의존도를 어느 정도 높일 수 있을 것이다. 자기자본과 타인자본의 조합을 평가하고 기업이 채무 상환을 효율적으로 수행할 수 있는지를 여러 각도에서 분석할 수 있다.

(1) 부채비율

부채비율은 총부채를 자기자본으로 나누어 계산한다. 부채비율은 채권회수의 안정성을 측정하며, 일반적으로 100% 이하일 때 안정적이라고 본다. 부채비율은 결산기말 시점에서만 계산되기 때문에 정태적 비율이다. 주주의 1원 투자에 대해서 얼마나 차입했는지에 대한 정보로 이용할 경우 이자보상비율(=영업이익/이자비용)과 같은 동태적 비율과 병행하여 판단하는 것이 바람직하다.

$$부채비율 = \frac{총부채}{자기자본} \tag{2-20}$$

$$\rightarrow \ 20X2년: \ \frac{273,726}{1,058,879} \times 100 = 25.85\%$$

$$20X3년: \ \frac{324,552}{1,223,708} \times 100 = 26.52\%$$

(2) 자기자본비율

자기자본비율(stockholders'equity to total assets ratio)은 총자본에서 자기자본이 차지하는 비중을 보여준다. 우리나라 은행의 경우 자기자본비율을 대출심사의 중요한 기준으로 삼고 있다. 일반적으로 자기자본이 총자본에서 50% 이상 차지할 때 양호하다고 본다.

---

[8] 타인자본의 의존도를 레버리지(leverage)라고 한다.

$$자기자본비율 = \frac{자기자본}{총자본} \qquad (2\text{-}21)$$

$$\rightarrow \ 20\text{X}2년: \ \frac{1,058,879}{1,332,641} \times 100 = 79.46\%$$

$$20\text{X}3년: \ \frac{1,223,708}{1,548,260} \times 100 = 79.04\%$$

(3) 이자보상비율

이자보상비율(interest coverage ratio)은 영업이익을 이자비용으로 나누어 계산하며, 기업이 이자지급을 위해 충분히 영업이익을 내었는지를 보여준다. 기업의 재무의사결정이 잘 이루어지면 이자지급이 수월할 것이므로, 이자보상비율을 통해 재무의사결정에 대한 평가도 할 수 있다. 이자보상비율이 1배 이하이면 영업활동으로 벌어들인 이익으로 이자비용을 낼 수 없는 기업을 의미하므로 부실기업예측이나 퇴출기업심사 등에 유용한 비율이다.

$$이자보상비율 = \frac{영업이익}{이자비용} \qquad (2\text{-}22)$$

$$\rightarrow \ 20\text{X}2년: \ \frac{185,104}{1,349} = 137.22배$$

$$20\text{X}3년: \ \frac{218,070}{1,189} = 183.41배$$

(4) 비유동비율

비유동비율(non-current ratio)은 비유동자산을 자기자본으로 나눈 것이다. 일반적으로 비유동자산은 장기적으로 운용되는 자산이기 때문에 가장 안정적이고 장기성자산인 자기자본으로 조달하는 것이 기업의 장기 안정성 측면에서도 바람직하다. 따라서 이 비율은 조달된 자금이 유동자산과 비유동자산에 합리적으로 배분되어 기업의 안정성이 확보되었는지를 판단하는 척도가 된다. 통상적으로 100% 이하이면 양호한 것으로 판단한다. 만약 비유동비율이 100%를 넘으면 비유동자산에 투입된 자본이 자기자본뿐만 아니라 타인자본에서도 조달하고 있음을 의미한다.

$$비유동비율 = \frac{비유동자산}{자기자본} \tag{2-23}$$

$$\rightarrow 20X2년: \frac{893,118}{1,058,879} \times 100 = 84.35\%$$

$$20X3년: \frac{942,223}{1,223,708} \times 100 = 77.00\%$$

(5) 비유동장기적합률

중화학공업이나 기간산업의 경우 거액의 투자자금이 필요한데 이를 모두 자기자본으로만 조달하는 것은 현실적으로 어렵다. 일반적으로 기업은 자기자본 외에 장기부채로 자본을 조달하여 투자한다. 이에 비유동비율을 확대하여 자기자본에 비유동부채까지 고려한 비유동장기적합률(non-current assets to net worth and non-current liability ratio)로 자본배분의 안정성을 측정한다.

$$비유동장기적합률 = \frac{비유동자산}{자기자본 + 비유동부채} \tag{2-24}$$

$$\rightarrow 20X2년: \frac{893,118}{1,058,879 + 26,059} \times 100 = 82.32\%$$

$$20X3년: \frac{942,223}{1,223,708 + 48,572} \times 100 = 74.06\%$$

6. 시장가치 분석

(1) 주가수익비율

P/E비율로 불리는 주가수익비율(PER: price-to-earnings ratio)은 주가와 주당순이익 간의 비율로 기업의 순이익(이익창출능력)에 비해 주가가 어떻게 평가되고 있는가를 판단하는 지표이다.

$$주가수익비율(PER) = \frac{주가}{주당순이익} \tag{2-25}$$

주가수익비율이 높다는 것은 이익에 비해 주가가 상대적으로 높다는 의미이므로 그만큼 기업가치에 비해 주가가 고평가 되어 있다고 볼 수 있다. 반대로 주가수익비율이 낮으면 이익에 비해 주가가 상대적으로 낮다는 것을 의미하므로 그만큼 기업 가치에 비해 주가가 저평가돼 있다고 볼 수 있다. 따라서 주가수익비율이 낮은 주식(저PER주)을 사 놓으면 나중에 주가가 올라가서 이익을 볼 수도 있다는 관점에서 주가수익비율이 낮은 주식(저PER주)을 매수하기도 한다.

하지만 주가수익비율을 계산할 때 분자인 주가는 미래의 기업가치를 반영하여 형성되고 분모의 주당순이익은 이미 지난 과거의 성과로 계산된다. 따라서 주가와 주당순이익을 근거로 계산한 주가수익비율에 의한 주가수준 평가는 정확하지 않은 점에 주의해야 한다.

일반적으로 기술집약적이거나 벤처기업 같은 경우 미래의 기업가치를 높게 보아 이익에 비해 주가가 매우 커서 주가수익비율이 높게 나타나는 반면, 안정적인 수익을 내지만 성장가능성이 크지 않은 음식료업종과 같은 기업은 주가수익비율이 낮게 나타난다. 이외에도 주가수익비율은 개별 기업 간, 산업 간, 국가 간 주가수준을 상대적으로 비교평가하거나 미래주가를 예측하는 데에도 활용된다.

(2) 주가장부가비율

주가장부가비율(PBR: price-to-book ratio)은 주식의 장부가격(book value) 대비 시장가격(market value)의 비율이다. 시장이 얼마나 이 기업을 긍정적으로 평가하는지를 보여주는 척도로 주가장부가비율을 이용한다.

$$\text{주가장부가비율}(PBR) = \frac{\text{주가(시장가치)}}{\text{주가(장부가치)}} = \frac{\text{주가(시장가치)}}{\left(\dfrac{\text{자산} - \text{부채}}{\text{발행주식수}}\right)} \tag{2-26}$$

주가장부가비율에서 분모의 (자산－부채)/발행주식수＝자본/발행주식수로 재무상태표상의 장부가치로 나타나는 1주당 주가를 의미한다. 이는 주주입장에서 재무상태표상의 주주지분의 자산가치를 나타낸다. 만약 기업의 미래수익에 대한 전망이 좋을 경우에는 주가(장부가치)에 비해 시장에서 이 기업의 가치가 높게 평가될 것이므로 주가(시장가치)가 상승한다. 따라서 주가장부가비율이 높을수록 기업의 미래에 대해서 투자자들이 밝게 기대하고 있다고 볼 수 있다.

뉴스로 보는 재무이야기

[재무제표로 본 기업의 속살] 글로벌 매체가 인정한 국내 유니콘 기업은?

지난 달 중소기업벤처부는 국내 유니콘 기업 20개 회사를 발표했습니다. 유니콘 기업이란 미국 벤처캐피탈(VC) 에일린 리가 2013년 최초로 사용한 개념입니다. 의미는 '혁신적 비즈니스 모델로 10억달러 이상의 기업가치를 달성한 비상장기업'입니다.

보통 기대를 한 몸에 받는 스타트업 회사를 유니콘 기업이라고 부릅니다. 유니콘은 이마에 뿔이 난 아름다운 말처럼 생긴 판타지 속 동물입니다. 뿔로 코끼리를 꿰어서 든다는 유니콘을 19세기까지 유럽인들은 실존한다고 믿었습니다. 유니콘 뿔 가루로 속인 약이 팔렸다고 하니까요. 여기저기서 유니콘, 유니콘 그러는데 스타트업 기업이 정말 유니콘 기업으로 발전할지 어떻게 알 수 있을까요? 혹시 신기루처럼 사라지는 건 아닌지. 유니콘 기업의 가능성을 확인하는 데 재무제표를 활용합니다.

◇ 기업가치와 폭발적 성장세

우선 유니콘 기업의 첫 번째 조건은 10억달러 이상의 기업가치입니다. 대충 1조원 이상 기업을 뜻합니다. 기업가치는 자산가치로만 따지지 않습니다. 매출액과 영업이익 등 향후 성장성과 현금창출 능력을 감안합니다. 중소기업벤처부가 뽑은 유니콘 기업의 간략한 재무정보를 2019년 말 기준으로 모아보았습니다. 쿠팡과 크래프톤을 제외하면 자산총액과 매출액이 1조원과 거리가 먼 기업이 대부분입니다. 더욱이 크래프톤, 지피클럽, 무신사만 영업흑자를 냈습니다. 유니콘 기업 '1조원'의 공통점은 외부 투자자 평가라는 점입니다. 중소기업벤처부도 2014년부터 지금까지 1조원 기업평가를 한 번이라도 받은 적이 있는 기업을 리스트에 포함했습니다. 그러다 보니 현재 기준 재무제표와는 거리가 있습니다. 옐로모바일은 2019년 기준 결손금이 4,907억원이며, 영업수익도 줄고, 적자를 기록하고 있습니다. 유니콘 기업이라 하기에 하향세가 아닌가 싶습니다.

적자를 내더라도 신생 스타트업 기업이 외부 투자자들로부터 거액의 투자를 성공시킬 때, 유니콘 칭호를 얻습니다. 2018년 쿠팡이 소프트뱅크의 비전펀드에서 약 2조 2,500억원을 투자받을 때도 1조 970억원의 적자를 내고 있었습니다. 핀테크 기업 비바리퍼블리카(토스) 역시 리빗캐피탈 등으로부터 약 900억원의 투자를 유치해 유니콘 명단에 올랐습니다. 유니콘 기업 1조원이란 현재 자산가치보다 미래가치에 더 가중치를 준 숫자입니다.

두 번째는 폭발적인 성장세입니다. 자산가치가 덜하거나, 적자가 나더라도 매출액(영업수익)이 압도적으로 늘어나는 기업을 유니콘으로 뽑습니다. 화장품 회사인 지피클럽은 매출액과 자산총계가 2017년에서 2018년 급등합니다. 자산은 638% 증가(351억원→2,593억원)했으며, 매출액은 더 크게 상승합니다(1,015%). 매출과 더불어 이익이 늘어 2018년 지피클럽의 영업활동현금흐름은 1,529억원이며, 기말의 현금이 753억원을 기록합니다. 불과 2년 전에 36억원을 보유했던 회사가 금융자산 1,418억원을 보유할 만큼 현금이 넘쳐납니다.

스트리트 캐주얼 브랜드 플랫폼을 구축한 무신사 역시 2019년 2,197억원의 매출액과 493억원의 영업이익을 냈습니다. 매출과 이익이 2배 이상 매년 증가하고 있습니다. 무신사는 2019년 회원수 550만명, 입점 브랜드 3,500여 개를 넘겼습니다.

주요 10개 유니콘 기업의 재무제표

2019년 말 기준 (단위 억원)	쿠팡	옐로모바일	엘앤피코스메틱	크래프톤	비바리퍼블리카	야놀자	위메프	지피클럽	무신사	에이프로젠
자산총계	30,615		3,395	9,900	2,972	2,903	5,686	3,156	4,161	3,940
매출액(영업수익)	71,530	2,507	2,348	10,874	1,187	2,449	4,653	4,686	2,197	278
영업이익	-7,205	-46	-134	3,592	-154	-100	-757	1,226	493	-398
영업활동현금흐름	-2,088	-359	-148	619	-266	-202	-837	525	56	-230

한국 정부가 뽑고, 미국 글로벌 정보통신기술(IT) 미디어 매체인 시비 인사이트(CB Insights) 등이 골라낸 유니콘 기업을 산업별로 묶어보면 게임, 전자상거래, 화장품, O2O 서비스가 대부분입니다. 전자상거래와 O2O 서비스 기업은 국내시장에서 새롭게 등장한 서비스입니다.

명단을 살펴보면 독특한 기업들이 많습니다. 크래프톤은 게임 배틀그라운드 하나로 1조원의 수익을 내는 회사입니다. 비바리퍼블리카(토스)는 소액결제로 은행이 하지 않던 금융서비스를 내놓은 회사입니다. 모텔과 펜션을 스마트폰 속으로 옮긴 '야놀자', 배달음식을 평정한 '배달의 민족'의 우아한형제들 등 기존 서비스를 놀랍도록 편리하게 만든 공통점이 있습니다. 유니콘 기업의 세 번째 조건은 '혁신성'입니다.

◇ 지속가능한 혁신성

혁신성은 재무제표로 파악하기 힘듭니다. 예를 들면 'Atom'과 '美' 두 단어를 합친 애터미 (Atomy)라는 회사의 2019년 매출액은 8,285억원이며, 영업이익은 1,140억원에 달했습니다. 최근 4년 영업이익 합계가 3,989억원이며, 설립 이래 매년 매출증가를 보였습니다. 기업가치 1조원은 충분히 넘을 회사입니다. 그럼에도 불구하고, 애터미를 유니콘 기업이라 하지 않습니다. 애터미는 방문판매 국내 2위 업체로 사업구조가 새롭다고 평가할 수 없기 때문입니다.

물론 리스트에 있는 유니콘 기업도 논란거리가 있을 수 있습니다. 엘앤피코스메틱과 지피클럽의 경우 마스크팩의 중국시장 진출 덕분에 급성장한 회사입니다. 중국시장이 크긴 큰 가 봅니다. 지피클럽의 '꿀광 로얄 프로폴리스 마스크팩'은 출시 1년 만에 1억장이 팔려 2018년 5,543억원의 매출이 가능했습니다. 소셜커머스 쿠팡이나 위메프도 새벽배송을 꺼내 든 마켓

컬리에 견주면 퇴보한 것처럼 보입니다. 지속가능하고, 경쟁업체가 따라 할 수 없는 혁신성이 없다면 유니콘 기업의 자리를 유지하기 힘들다는 이야기입니다.

〈아기상어〉로 유명한 스마트스터디의 2019년 말 기준 자산총계는 693억원, 부채비율은 19%입니다. 매출액은 2016년 175억원에서 2019년 768억원으로 상승했습니다. 영업이익은 드라마틱한 숫자를 만들고 있습니다. 2018년 75억원에서 2019년 312억원으로 4배 이상 증가했습니다. 벌써 기업가치 평가가 8,000억~9,000억원으로 거론됩니다. 2021년 예비 유니콘 기업으로 낙점받은 상태입니다.

하지만 유니콘 기업의 칭호를 달고, 완전히 유니콘이 되는 길은 험난합니다. 재무제표로 본 기존 유니콘 기업의 속살은 만만치 않은 현실을 예고합니다. 유니콘 기업 칭호를 얻는 것도 1,000개 스타트업 기업 중에 7개에 불과하다고 합니다. 유니콘 기업은 성공한 타이틀로 보이지만 이면에는 그만큼 꿈에 가깝다는 뜻도 갖고 있습니다.

[주간경향(www.weekly.khan.co.kr), 2021. 7. 12.]

⦂ 연습
문제

1 기업의 영업의사결정에 대한 평가에 사용되는 재무비율이 아닌 것은? (   )

① 총자산순이익률　　　　　　　　② 매출액순이익률

③ 총자산증가율　　　　　　　　　④ 매출채권회전율

2 총자산순이익률 15%, 매출액순이익률 6%일 때 총자산회전율은 얼마인가? (   )

① 1.8　　　　　　　　　　　　　② 2

③ 2.5　　　　　　　　　　　　　④ 3.0

3 수익성 분석에 관한 설명으로 틀린 것은? (   )

① 총자산순이익률은 자산 1원당 창출된 순이익의 크기를 나타낸다.

② 총자산영업이익률로 자본조달의사결정에 대한 평가를 한다.

③ 자기자본순이익률은 총자산순이익률과 재무레버리지로 분해할 수 있다.

④ 매출액순이익률은 기업경영활동의 전체적인 효율성을 측정하는 지표가 된다.

4 매출액순이익률 2%, 총자산회전율 4회, 재무레버리지(＝총자산/자기자본) 300%일 경우 자기자본순이익률(ROE)은 얼마인가? (   )

① 18%　　　　　　　　　　　　② 20%

③ 22%　　　　　　　　　　　　④ 24%

5 활동성 분석의 특징이 아닌 것은? (   )

① 자산이용의 효율성을 분석하는 비율이다.

② 총자산회전율은 총자산에 비해 매출액이 몇 배로 실현되었는지를 나타낸다.

③ 재고자산에 비해 매출이 많으면 재고자산회전율이 높게 된다.

④ 회전율이 높다는 것은 이익이 크다는 것을 의미한다.

6 유동성 분석과 관련된 설명으로 틀린 것은? (   )

① 유동비율은 단기부채의 상환능력을 측정하며 높을수록 효율적이다.

② 유동비율은 당좌자산만을 가지고 유동부채의 상환능력을 측정한다.

③ 순운전자본구성비율은 기업의 파산 및 부실예측에 많이 이용된다.

④ 순운전자본구성비율은 순운전자본을 총자본으로 나눈 비율을 의미한다.

7 레버리지비율이 아닌 것은? ( )

① 부채비율
② 이자보상비율
③ 비유동장기적합률
④ 총자산회전율

8 매출액 1,000만원, 재고자산회전율 5, 유동자산 5,200만원, 유동부채 4,000만원일 때 당좌비율은 얼마인가? ( )

① 1.25
② 1.50
③ 1.70
④ 2.00

9 매출액 200억원인 A기업의 유동자산 50억원, 유동부채 30억원, 총자산회전율 2일 경우 순운전자본구성비율은 얼마인가? ( )

① 15%
② 18%
③ 20%
④ 22%

10 A기업의 총자산은 200억원, 총부채는 160억원, 주가장부가비율 2.5, 주당순이익 1만원, 발행주식수 10만주일 경우 주가수익비율(PER)은 얼마인가? ( )

① 8배
② 10배
③ 12배
④ 14배

⦂ 연습문제
해답

1 ④

2 ③

〈답〉

$$총자산순이익률(ROA) = \frac{당기순이익}{총자산} = \frac{당기순이익}{매출액} \times \frac{매출액}{총자산}$$

$$= 매출액순이익률 \times 총자산회전율$$

$$\rightarrow 0.15 = 0.06 \times 총자산회전율 \rightarrow 총자산회전율 = \frac{0.15}{0.06} = 2.5$$

3 ②

4 ④

〈답〉

$$자기자본순이익률(ROE) = \frac{당기순이익}{자기자본} = \frac{당기순이익}{매출액} \times \frac{매출액}{총자산} \times \frac{총자산}{자기자본}$$

$$= 매출액순이익률 \times 총자산회전율 \times 재무레버리지$$

$$= 0.02 \times 4 \times 3 = 24\%$$

5 ④

6 ②

7 ④

8 ①

〈답〉

$$재고자산회전율 = \frac{매출액}{재고자산} \rightarrow 재고자산 = \frac{1,000만원}{5} = 200만원$$

$$당좌비율 = \frac{유동자산 - 재고자산}{유동부채} = \frac{5,200만원 - 200만원}{4,000만원} = 1.25$$

9 ③

〈답〉

$$총자산회전율 = \frac{매출액}{총자산} \;\rightarrow\; 총자산(=총자본) = \frac{200억원}{2} = 100억원$$

$$순운전자본구성비율 = \frac{유동자산 - 유동부채}{총자본} = \frac{50억원 - 30억원}{100억원} = 20\%$$

10 ②

〈답〉

$$주가장부가비율(PBR) = \frac{주가(시장가치)}{\left(\dfrac{총자산 - 총부채}{발행주식수}\right)} \;\rightarrow\; 2.5 = \frac{주가(시장가치)}{\left(\dfrac{200억원 - 160억원}{100,000}\right)}$$

$$\rightarrow \; 주가(시장가치) = 100,000원$$

$$\therefore \; 주가수익비율(PER) = \frac{주가}{주당순이익} = \frac{100,000원}{10,000원} = 10배$$

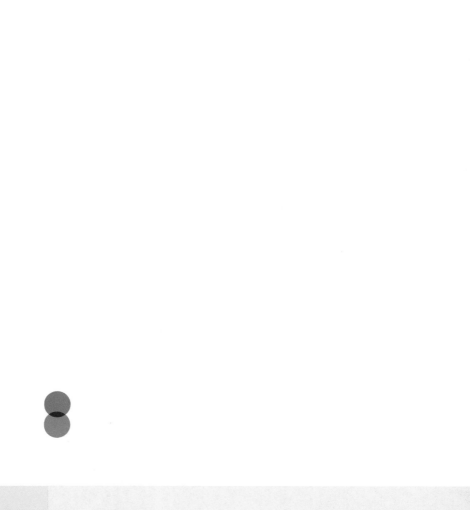

02

가치평가

화폐의 시간가치

CHAPTER 03

본 장에서는 재무관리자의 의사결정에 필요한 기본 개념인 화폐의 시간가치에 대해서 다룬다. 단리와 복리의 개념, 미래 현금흐름의 현재가치, 현재 현금흐름의 미래가치에 대해서 살펴보고, 일정한 현금흐름이 무한히 계속 발생하는 영구연금의 현재가치에 대해서 배운다. 또한 일정 기간 동안 일정한 현금흐름이 발생하는 연금의 현재가치와 연금의 미래가치에 대해서 학습한다.

－ 현재가치
－ 영구연금의 현재가치
－ 연금의 미래가치

－ 미래가치
－ 연금의 현재가치
－ 복리기간과 연실효이자율

⠿ SECTION 01 현재가치와 미래가치

1. 화폐의 시간가치

재무의사결정을 할 때 가장 기본이 되는 개념이 화폐의 시간가치(time value of money)이다. 예를 들어, 오늘 100만원과 1년 후의 100만원 중 어느 쪽을 선택하겠는가? 당연히 오늘 100만원을 선택할 것이다. 왜냐하면 이자율이 연 10%인 예금에 오늘 100만원을 은행에 예금하면 1년 후에는 원금 100만원과 이자 10만원을 합친 110만원이 되기 때문이다. 이때 이자 10만원을 화폐의 시간가치라고 하고, 이자율 10%는 미래의 돈을 동일한 가치의 현재의 돈으로 전환하거나 현재의 돈을 동일한 가치의 미래의 돈으로 전환할 때 사용한다.[1]

이처럼 현재 100만원과 1년 후인 미래 100만원처럼 액면상 동일한 금액이라면 현재 100만원의 가치가 미래 100만원의 가치에 비해 더 높다. 다시 말하면, 현재 100만원은 미래에 110만원이 되므로 현재 100만원의 가치와 미래 110만원의 가치가 동일하다. 예를 들어, 1년 전에 10,000원이었던 피자를 사기 위해 현재 11,000원을 지불해야 하는 것은 동일한 피자를 사기 위해 1년 전 지불한 10,000원의 가치와 현재 지불한 11,000원의 가치가 같다는 것을 뜻한다.

---

1 이재하 · 한덕희 저, 「핵심재무관리」, 박영사(2020), pp. 46-60.

2. 미래가치

이자는 계산방법에 따라 복리와 단리로 나눌 수 있다. 복리(compound interest)는 이자가 재투자되어 매 기간마다 원금에 대한 이자뿐만 아니라 이자에 대한 이자까지 발생하는 것을 말한다. 예를 들어, 원금 100만원을 연 10% 이자율의 복리로 2년간 예금할 경우를 생각해 보자. 먼저 1년도 말에 받게 되는 금액은 원금 100만원과 이자 10만원을 합쳐서 받는다. 즉, 100만원 + 100만원 × 0.1 = 100만원 × (1 + 0.1)^1 = 110만원을 받는다.

그리고 1년 말의 110만원을 연 10% 이자율로 1년 더 예금한다면 2년도 말에는 110만원 × (1 + 0.1) = [100만원 × (1 + 0.1)] × (1 + 0.1) = 100만원 × (1 + 0.1)^2 = 121만원이 되어 이자의 이자까지 붙게 된다.[2] 따라서 단리[3]로 계산할 경우의 이자 20만원에 비해 복리로 계산할 경우의 이자 21만원에는 이자에 대한 이자인 1만원이 더 붙음을 알 수 있다.[4]

●● 그림 3-1 | 복리계산과정과 미래가치

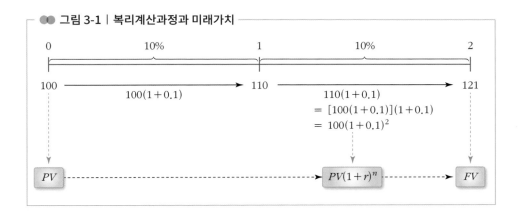

---

2 121만원 = 110만원 × (1 + 0.1) = [100만원 + 10만원] × (1 + 0.1)] = 100만원 × (1 + 0.1) + 10만원 × (1 + 0.1) = 100만원 + 10만원 + 10만원 + 1만원 = 원금 + 1차년도 이자 + 2차년도 이자 + 이자의 이자

3 단리(simple interest)는 이자가 재투자되지 않고 매 기간마다 원금에 대해서만 이자가 발생하는 것을 말한다. 예를 들어, 원금 100만원을 연 10% 이자율의 단리로 2년간 예금할 경우 2년도 말에는 원금 100만원과 1차년도의 이자 10만원, 2차년도의 이자 10원을 합친 금액, 즉 100만원 × (1 + 0.1 × 2) = 120만원을 받는다. 이를 일반화하면, $FV = PV(1 + r \times n)$이다.

4 단리에 의한 미래가치 계산보다 복리에 의한 미래가치 계산이 일반적으로 많이 사용되므로 본서에서의 미래가치는 복리계산과정으로 설명한다.

현재가치 100만원 대신 PV(present value), 2년 후 미래가치 121만원 대신 FV (future value), 이자율 10% 대신 r, 기간 2년 대신 n으로 표시하여 일반화해 보자. 121만원은 100만원$\times(1+0.1)^2$으로 계산되었으므로, 이를 그대로 문자로 표시하면 다음과 같다.

$$FV = PV(1+r)^n = PV \times FVIF_{r,n} \tag{3-1}$$

식(3-1)에서 $(1+r)^n$은 $1 \times (1+r)^n$이므로 현재 1원이 이자율 r로 투자될 경우 n기간 후의 미래가치가 얼마인지를 나타낸다. 이를 미래가치이자요소(future value interest factor)라고 부르며, $FVIF_{r,n}$으로 표시한다. 예를 들어, 현재 1원을 연 10% 이자로 2년간 예금할 경우 2년 후에는 1.21원$(=1원\times(1+0.1)^2)$을 받는다. 따라서 원금이 1원이 아니라 100만원이면 1원의 100만배이므로 원금 1원일 경우의 미래가치 1.21원에 100만원(100만배)을 곱$(100만원\times(1+0.1)^2)$해서 121만원을 받는 것이다. 이처럼 현재의 투자금액이 증가하여 미래에 얼마가 되는지를 나타낸 것을 미래가치라고 하고, 현재가치를 미래가치로 계산할 때 사용하는 이자율을 수익률이라고 한다.

●● 그림 3-2 | 미래가치이자요소($FVIF_{r,n}$)의 의미

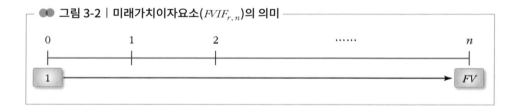

예제   미래가치와 수익률

A는 현재 가지고 있는 100만원을 예금하여 2년도 말에 112만원을 만들고자 한다. A는 100만원을 2년 동안 매년 얼마의 이자율을 받는 곳에 예금해야 하는가?

답 $FV = PV(1+r)^n = 100(1+r)^2 = 112$

$\rightarrow (1+r)^2 = 112/100 \rightarrow r = \sqrt{1.12} - 1 = 5.83\%$

> **예제 복리 72의 법칙**
>
> 현재 1원을 매년 연 10% 이자율로 복리계산 되는 정기예금을 할 경우 원금의 2배인 2원이 되는데 걸리는 기간은 얼마인가?
>
> 답 $FV = PV(1+r)^n = 1(1+0.1)^n = 2 \;\rightarrow\; \log(1.1)^n = \log 2 \;\rightarrow\; n\log 1.1 = \log 2$
>
> $\rightarrow\; n = \dfrac{\log 2}{\log 1.1} = 7.27$: 투자원금이 2배가 되는 기간이 7.27년

3. 현재가치

현재가치(present value)는 미래시점의 화폐가치가 현재시점에서 얼마나 가치가 있는지를 나타낸 것으로 미래가치를 현재가치로 환산한 것이고, 미래가치를 현재가치로 계산할 때 사용하는 이자율을 할인율이라고 한다. 예를 들어, 원금 100만원을 연 10% 이자율로 1년간 예금할 경우 1년 후에 받게 되는 미래가치는 110만원($=100$만원$\times(1+0.1)^1$)이다. 따라서 100만원으로의 환산은 110만원을 $(1+0.1)^1$으로 나눠주면 된다. 이러한 관계를 일반화하여 식(3-2)로 나타내었다.

$$PV = \frac{FV}{(1+r)^n} = FV \times \frac{1}{(1+r)^n} = FV \times PVIF_{r,n} \tag{3-2}$$

식(3-2)에서 $1/(1+r)^n$은 n기간 후의 1원을 매 기간당 r의 이자율로 할인한 현재가치를 의미한다. 이것을 현재가치이자요소(present value interest factor)라고 부르며, $PVIF_{r,n}$으로 표시한다. 예를 들어, 연이자율이 10%이고, 1년 후 미래가치가 1원일 경우에 현재가치는 0.909원($=1$원$/(1+0.1)^1$)이다. 이처럼 $PVIF_{r,n}$은 미래가치가 1원일 경우를 현재가치로 환산한 값이다. 따라서 1년 후 미래가치 110만원은 1원의 110만배이므로 현재가치는 0.909원에 110만원(110만배)을 곱해서 100만원($=110$만원$\times(1$원$/(1+0.1)^1))$이 된다.

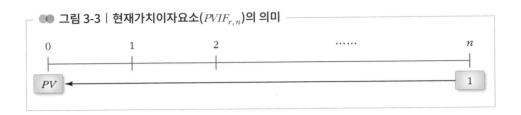
●● 그림 3-3 | 현재가치이자요소($PVIF_{r,n}$)의 의미

예제   현재가치

연 이자율이 5%일 경우 10년 후에 받게 되는 20억원의 현재가치는 얼마인가?

답 $PV = \dfrac{FV}{(1+r)^n} = \dfrac{2,000,000,000}{(1+0.05)^{10}} = 1,227,826,507$원

뉴스로 보는 재무이야기

[경제 이야기] 이자에 이자가 붙어 껑충… 아인슈타인도 놀라워했죠

　최근 초저금리 상태에 있던 은행 이자가 조금씩 올라가고 있다고 해요. 올해 등장한 인터넷 전문 은행들이 1년에 2%대 이자를 주는 예금을 선보이기 시작했고, 저축은행들은 이보다 더 높은 이자를 앞세우고 있죠. 금융 전문가들은 "이럴 때 복리의 힘을 빌려 저축을 하라"고 권고하고 있답니다. 오늘은 은행 이자에 대해 알아볼게요.

　◇ 이자에 이자를 더하는 '복리'

　은행은 보험·증권·신용카드 회사 등 여러 종류의 금융회사 가운데 우리가 가장 자주 이용하는 곳이에요. 은행을 뜻하는 영어 단어 'bank'는 중세 이탈리아 상인들이 작은 탁자 (banko) 하나를 놓고 서로 돈을 빌려주던 데서 유래했어요. 한자어인 '은행(銀行)'은 옛날 중국 상인들 모임인 '행(行)'이 무역을 할 때 '은(銀)'을 사용한 것에서 비롯됐습니다.

　은행은 고객의 돈을 맡아주거나(예금), 돈을 필요한 사람에게 빌려주거나(대출), 우리나라 돈을 외국 돈으로 바꿔주거나(환전), 다른 사람에게 돈을 보내주는 업무(송금) 등 여러 가지를 해요. 이 중 가장 핵심적인 기능이 예금과 대출이죠. 우리는 은행에 돈을 맡기면서 그 대가로 이자(예금이자)를 받고, 은행은 그 돈을 필요한 사람에게 빌려주면서 이자(대출이자)를 받는답니다. 이자란 돈에 대한 일종의 '사용료'인 셈이죠.

은행이 고객에게 예금 이자를 주는 방식은 크게 두 가지예요. 단리(單利)와 복리(複利)이죠. 단리는 내가 예금한 돈(원금)에 대해서만 정해진 이자를 주는 것이고, 복리는 원금에 이자를 붙여 늘어난 액수(원리금)에 또다시 이자를 주는 방식이에요. 단리는 1년을 맡기든 10년을 맡기든 매년 똑같은 이자를 제공하지만, 복리는 원리금에 이자를 붙이는 방식이 계속 반복되기 때문에 시간이 갈수록 돈이 많이 늘게 돼요.

예를 들어 볼까요? 내가 100만원을 연 10% 이자를 주는 은행에 2년 간 맡길 예정이에요. 단리를 적용하면 내가 2년 후 은행에서 찾을 수 있는 돈(원리금)은 원금 100만원에다 이자 20만원을 합친 120만원이 돼요. 1년마다 100만원의 10%에 해당하는 이자(10만원)를 두 번 받기 때문이죠. 하지만 복리를 적용하면 첫해 100만원의 10%에 해당하는 이자(10만원)를 받고, 둘째 해에는 늘어난 돈(100만+10만=110만원)의 10%에 해당하는 이자(11만원)를 받아 2년 간 총 121만원을 받게 된답니다.

이런 차이는 별것 아닌 것처럼 보이지만 예금 기간이 길어질수록 기하급수적으로 늘어나요. 만약 100만원을 10년 간 예금한다고 했을 때, 단리를 적용하면 10년 후 200만원, 복리를 적용하면 259만원을 받을 수 있죠. 1만원에 불과했던 차이가 무려 59만원으로 훌쩍 커지는 거예요. 이런 복리의 위력을 두고 미국의 천재 과학자 알베르트 아인슈타인(Einstein, 1879~1955)은 "복리는 지구상에서 가장 강력한 힘"이라며 경이로워했어요.

◇ 24달러로 맨해튼을 산다고?

복리의 강력한 힘을 보여주는 대표적인 사례가 있어요. 미국 뉴욕의 중심인 맨해튼 섬 이야기인데요. 맨해튼은 세계 금융·문화의 중심지이기 때문에 전 세계적으로 땅값이 비싸기로 유명하죠.

맨해튼은 유럽 강대국들이 신대륙 발견에 나서기 전까지 인디언들의 땅이었어요. 1600년대 초 영국 탐험가 헨리 허드슨이 맨해튼을 발견했고, 이후 이곳으로 네덜란드계 이민자들이 이주해 들어옵니다. 1626년 네덜란드 정부는 본국에서 건너온 이민자들이 살 땅을 마련하기 위해 맨해튼 섬을 원래 주인인 인디언으로부터 사들이게 돼요. 그러면서 이곳을 네덜란드 수도인 암스테르담에서 이름을 딴 '뉴 암스테르담(New Amsterdam)'이라고 부르죠.

네덜란드 정부는 맨해튼 섬을 사면서 인디언들에게 얼만큼의 돈을 줬을까요? 네덜란드 식민지 총독이 당시 인디언들에게 건넨 돈은 고작 60길더(24달러). 그것도 현금이 아닌 귀걸이·목걸이 같은 장신구로 24달러 어치를 줬답니다. 아무리 돈의 가치가 현재와 달랐다 해도 너무나 싼 값에 노른자위 땅을 넘긴 것이죠.

하지만 이 돈의 가치는 '복리'로 계산 했을 때 전혀 다르게 나타나요. 미국 월스트리트에서 가장 뛰어난 투자가 중 한 사람으로 손꼽히는 존 템플턴(Templeton, 1912~2008)은 인디언이 당시 받은 24달러를 연 이자율 8%의 복리로 은행에 예금했다면 지금쯤 어떻게 됐을까를 추정해봤어요. 그랬더니 불린 돈으로 현재(2006년 기준)의 맨해튼을 두 번 사고도 남아 LA 일부 지역까지 살 수 있었을 거라는 결론을 내렸답니다.

즉, 첫해 원금 24달러에 8% 이자가 붙고 그 다음 해 불어난 돈에 또다시 8% 이자를 지급하는 방식으로 380년간 복리를 적용했더니 24달러가 5조배만큼 뛰어 125조 달러라는 천문학적 금액이 됐다는 얘기죠. 반면, 똑같은 8% 이자라 하더라도 단리로 예금했을 경우, 380년 후 받게 되는 돈은 9,771달러에 불과했답니다. 복리의 위력이 엄청나죠?

◇ 72의 법칙

미국 월스트리트의 전설적인 펀드매니저인 피터 린치(Lynch)는 금융 투자를 할 때 참고해야 할 공식으로 '72의 법칙(The Rule of 72: 원금이 두 배 되는 데 걸리는 시간=72÷복리 이자)'을 만들었어요. 이를 활용하면 복리로 예금을 할 경우, 원금이 지금보다 두 배로 늘어나는 데 필요한 시간을 쉽게 계산할 수 있죠. 예를 들어, 복리 이자가 1년에 4%면 원금을 두 배로 불리는 데 걸리는 시간은 72÷4=18, 즉 18년이 걸리는 거예요.

이 법칙은 경제성장률 계산에도 적용돼요. 매년 경제성장률을 8%로 유지할 경우, 국민 소득이 현재의 두 배가 되는 시점은 72÷8=9, 즉 9년 후가 되죠. 물가 상승률이 4%대로 유지된다고 가정할 때 물가 수준이 지금의 두 배가 되는 시점은 72÷4=18이라서 18년 후가 된답니다.

[조선일보(www.chosun.com), 2017. 10. 13.]

SECTION 02 영구연금

영구연금은 만기일이 없이 일정액의 현금흐름이 무한히 지속되는 경우의 현금흐름을 말한다. 이 영구연금의 전형적인 예로 영구채권을 들 수 있다. 영구연금의 현재가치는 미래에 발생하는 매 기간마다의 현금흐름을 각각 할인한 현재가치를 모두 더하면 된다.

예를 들어, 매년 이자 100만원이 영원히 발생하고 할인율이 10%인 영구채권의 현금흐름 형태는 100만원이라는 일정한 현금흐름이 무한히 발생하는 영구연금이다. 따라서 현재가치는 식(3-3)과 같이 매 연도 말 현금흐름인 이자 100만원의 현재가치를 모두 더하여 구한다.

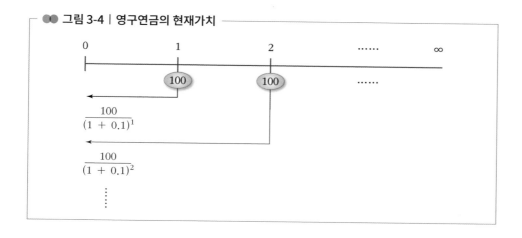

●● 그림 3-4 | 영구연금의 현재가치

$$PV = \frac{100}{(1+0.1)^1} + \frac{100}{(1+0.1)^2} + \frac{100}{(1+0.1)^3} + \cdots \qquad (3\text{-}3)$$

식(3-3)의 양변에 $1/(1+0.1)$을 곱하면, 식(3-4)가 된다.

$$\left[\frac{1}{1+0.1}\right]PV = \frac{100}{(1+0.1)^2} + \frac{100}{(1+0.1)^3} + \frac{100}{(1+0.1)^4} + \cdots \qquad (3\text{-}4)$$

식(3-3)에서 식(3-4)를 차감하면 식(3-5)로 정리된다.

$$\left[1 - \frac{1}{1+0.1}\right]PV = \frac{100}{(1+0.1)}$$

$$\rightarrow PV = \frac{\dfrac{100}{1+0.1}}{1 - \dfrac{1}{1+0.1}} = \frac{100}{0.1} = 1{,}000\text{만원}[5] \qquad (3\text{-}5)$$

이제, 영구연금의 현재가치를 일반화해 보자. 위의 예에서 매년 발생하는 현금흐름 100만원 대신 C, 할인율 10% 대신 r이라고 하면, 영구연금의 현재가치는 다음과 같이 나타낼 수 있다.

---

[5] $a + ax + ax^2 + \cdots = \dfrac{a}{1-x}$ 에서 초항 $a = \dfrac{100}{1+0.1}$, 공비 $x = \dfrac{1}{1+0.1}$ 이므로 $\dfrac{\dfrac{100}{1+0.1}}{1 - \dfrac{1}{1+0.1}} = \dfrac{100}{0.1}$

$= 1{,}000\text{만원}$

$$PV = \frac{C}{(1+r)^1} + \frac{C}{(1+r)^2} + \frac{C}{(1+r)^3} + \cdots$$

$$\rightarrow PV = \frac{\dfrac{C}{(1+r)}}{1 - \dfrac{1}{(1+r)}} = \frac{C}{r} \tag{3-6}$$

뉴스로 보는 재무이야기

영구채 발행은 자신감의 표현

외환위기 전에는 우리나라 정부가 5년짜리 국채를 발행하는 데도 어려움을 겪었다. 1997년 말 외환위기가 시작될 당시 만기 5~7년의 정부보증채(예금보험기금채권, 부실채권정리기금 채권)는 인수하는 기관이 없어서 8.5조원 전액을 한국은행이 인수해야 할 정도였다.

이후 국채시장이 크게 발전했다. 2000년부터 10년물, 2006년 20년물, 2012년 30년물, 그리고 2016년부터는 50년물 국채까지 발행되고 있다. 대통령이 열 번 바뀌는 동안 빚 갚을 걱정하지 않고 안정적으로 재정자금을 운용할 수 있는 여건이 갖추어진 것이다. 이제 우리나라 국채의 최장만기 50년은 미국의 30년, 일본의 40년보다도 길다.

안정적 재정자금의 조달이라는 측면에서 보자면, 국채의 만기를 무한대로 늘릴 수도 있다. 이를 영구채(perpetual bond)라고 한다. 매년 액면금리만큼의 이자를, 영원히 지급하는 채권이다. 대신 원금은 영원히 상환하지 않는다. 파산의 가능성이 있는 민간기업은 감히 생각할 수도 없지만, 신뢰받는 정부라면 가능하다.

18세기 중엽 이전까지 영국 정부는 그때그때 사정에 따라 국채를 발행하느라 국채 종목이 너무 많아졌다. 그래서 1752년 기존의 모든 국채를 하나로 묶어 영구채로 전환했다. 이를 콘솔(Consol, 'consolidated bond'의 약자)이라 불렀다. 콘솔은 영국 정부가 영원하다는 상징이요, 자신감의 표현이었다. 그러나 현재는 역사 속으로 사라졌다. 영국 정부가 기회가 있을 때마다 매입해서 2015년 마침내 전액 소각했다.

그런데 코로나19 위기가 시작되면서 영구채에 대한 관심이 다시 커졌다. 세계적인 투자자 조지 소로스가 유로 공동체에게 영구채 발행을 제안했고, 스페인 정부가 앞장서서 이를 추진하고 있다. 영국의 경제학자 찰스 굿하트도 그리스 등 남유럽 국가의 재정위기 극복 방안으로서 영구채 발행을 권고한다.

영구채 발행이 만병통치약은 아니다. 채권의 만기조절로 뾰족한 수가 생기지는 않는다(모딜리아니-밀러 정리). 그러나 실무적으로는 발행종목이 단순화되어 국채수요 증진에 도움이 된다. 만기가 없으므로 표면금리와 이자지급일만 일치시키면, 발행일이 다르더라도 모두 같은 종목이 되기 때문이다(이것이 영국이 콘솔을 발행한 중요한 이유다).

채권의 만기는 자금의 회수기간에 맞추는 것이 상식이다. 코로나19 위기로 나빠진 경제가 언제 좋아질지 모른다면, 영구채가 정답이다. 영국 정부도 나폴레옹전쟁, 크림전쟁, 노예해방, 제1차 세계대전 등 미래를 기약할 수 없는 역사적 대형사건이 있을 때 콘솔을 발행했다. 미국도 남북전쟁 이후 국가재건기에 영구채를 발행했다(미국은 1907년 전액 상환했다).

우리나라 정부는 50년 만기 국채까지 무난하게 발행하고 있다. 그러므로 영구채도 시도하지 못할 이유가 없다. 그것은 국가재정에 관한 자신감의 상징이다. 다만, 영구채 가격(=이자지급액/시장금리)은 금리변동에 대단히 민감하다. 주식만큼 가격변동 폭이 클 수 있다(영구채는 의결권이 없이 배당만 받는 우선주에 가깝다).

반대로 말하면, 영구채 금리는 웬만해서는 움직이지 않는다. 그래서 영구채 금리는 우리 경제의 잠재성장률이나 장기금리를 측정하는 데 좋은 지표다. 정책당국의 입장에서 보자면, 천체 관측을 위해 좋은 천문대를 만드는 것과 같다.

이미 우리 정부는 외환보유액이 충분한 상태에서도 외화표시 외평채를 발행하고 있다. 외화자금이 필요해서가 아니라 국제사회에서 벤치마크 금리를 얻기 위해서다. 그렇다면, 국내 지표금리를 관측하기 위해서도 영구채를 발행하지 못할 이유가 없다.

[오피니언뉴스(www.opinionnews.co.kr), 2020. 11. 11.]

SECTION 03　**연금의 현재가치와 연금의 미래가치**

1. 연금의 현재가치

연금(annuity)은 일정금액의 현금흐름이 일정기간 동안 계속 발생하는 현금흐름 형태를 말한다. 예를 들어, 연이자율이 10%이고, 100만원을 2년 동안 매년 받는 연금이 있다고 하자.[6] 2년 동안 100만원을 연금으로 매년 받는 대신 현재 일시불로 받으면 얼마를 받을 수 있을까?

이는 1년 후에 받는 100만원의 현재가치 90.91만원(=100만원/$(1+0.1)^1$)과 2년

6　일반적으로 5년 이상 일정한 현금흐름이 발생하면 연금이라고 하는데, 본서에서는 설명의 편의상 연금을 2년으로 가정하여 설명한다.

후에 받는 100만원의 현재가치 82.64만원(＝100만원/$(1+0.1)^2$)을 합친 173.55만원이 된다. 이것을 연금의 현재가치라고 하는데, 〈그림 3-5〉에 나타냈듯이 2년 동안의 연금의 현재가치는 기간이 1년인 경우의 현재가치와 기간이 2년이 경우의 현재가치를 합친 것이다.

$$PV(\text{연금}) = \frac{100}{(1+0.1)^1} + \frac{100}{(1+0.1)^2} = 173.55$$

이제, 연금의 현재가치를 일반화해 보자. 위의 예에서 2년(기간) 대신 n, 100만원 대신 C, 10% 대신 r이라고 표시하면, 매 기간의 현금흐름의 현재가치를 모두 더하여 다음과 같이 연금의 현재가치를 나타낼 수 있다.[7]

$$PV(\text{연금}) = \frac{C}{(1+r)^1} + \frac{C}{(1+r)^2} + \frac{C}{(1+r)^3} + \cdots + \frac{C}{(1+r)^n}$$

$$= C\left[\frac{(1+r)^n - 1}{r(1+r)^n}\right] = C \times PVIFA_{r,n} \tag{3-7}$$

식(3-7)에서 $[(1+r)^n - 1]/[r(1+r)^n]$을 연금의 현재가치이자요소(present value interest factor for an annuity)라고 하며, $PVIFA_{r,n}$으로 표현한다. $PVIFA_{r,n}$은 1기간 말부터 시작하여 n기간 동안 매 기간 말에 1원씩 발생하는 연금의 현재가치를 나타낸다. 예를 들어, 연이자율이 10%이고, 2년 동안 매년 말에 1원을 받는 연금의 현재가치는 $1 \times [(1+r)^n - 1]/[r(1+r)^n] = 1 \times [(1+0.1)^2 - 1]/[0.1(1+0.1)^2] = 1.7355$원이다. 따라서 2년 동안 매 기간 말에 발생하는 100만원은 1원

---

[7]
$$PV(\text{연금}) = \frac{C}{(1+r)^1} + \frac{C}{(1+r)^2} + \frac{C}{(1+r)^3} + \cdots + \frac{C}{(1+r)^n}$$

$$-\left|\left(\frac{1}{1+r}\right)PV(\text{연금}) = \frac{C}{(1+r)^2} + \frac{C}{(1+r)^3} + \frac{C}{(1+r)^4} + \cdots + \frac{C}{(1+r)^{n+1}}\right. \quad (\because \text{양변에} \frac{1}{1+r} \text{을 곱함})$$

$$\rightarrow \left(1 - \frac{1}{1+r}\right)PV(\text{연금}) = \frac{C}{(1+r)^1} - \frac{C}{(1+r)^{n+1}}$$

$$\rightarrow \left(1 - \frac{1}{1+r}\right)PV(\text{연금}) = \frac{C}{(1+r)}\left[1 - \frac{1}{(1+r)^n}\right]$$

$$\rightarrow PV(\text{연금}) = \frac{\frac{C}{(1+r)}\left[1 - \frac{1}{(1+r)^n}\right]}{\left(1 - \frac{1}{1+r}\right)} = \frac{\frac{C}{(1+r)}\left[\frac{(1+r)^n - 1}{(1+r)^n}\right]}{\frac{1+r-1}{1+r}} = C\left[\frac{(1+r)^n - 1}{r(1+r)^n}\right]$$

●● 그림 3-5 | 연금의 현재가치

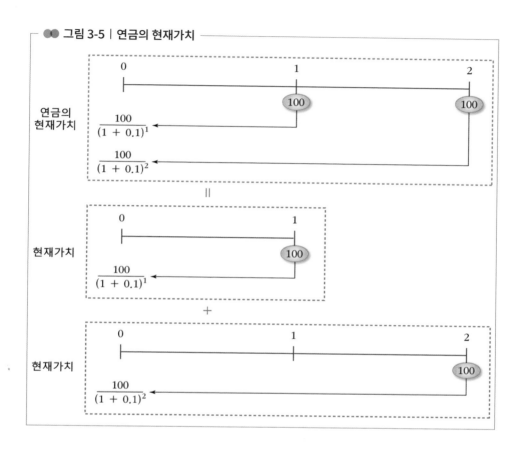

●● 그림 3-6 | 연금의 현재가치이자요소($PVIFA_{r,n}$)의 의미

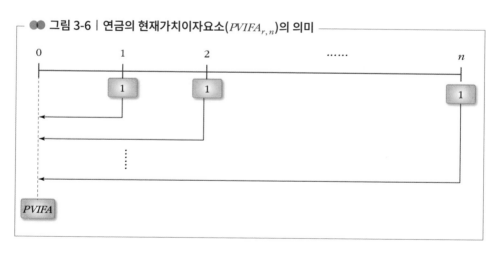

의 100만배이므로 1.7355원에 100만원(100만배)을 곱해서 173.55만원(=100만원 ×1.7355원)이 된다.

예제   연금의 현재가치

A상가의 소유주가 10년 동안 매년 말에 100만원씩의 임대료를 받을 경우 임대료의 현재 가치는 얼마인가? 단, 이자율은 연 6%이다.

답 $PV(연금) = \dfrac{C}{(1+r)^1} + \dfrac{C}{(1+r)^2} + \dfrac{C}{(1+r)^3} + \cdots + \dfrac{C}{(1+r)^n} = C\left[\dfrac{(1+r)^n - 1}{r(1+r)^n}\right]$

$$= \dfrac{100만원}{(1+0.06)^1} + \dfrac{100만원}{(1+0.06)^2} + \cdots + \dfrac{100만원}{(1+0.06)^{10}}$$

$$= (1,000,000)\left[\dfrac{(1+0.06)^{10} - 1}{0.06(1+0.06)^{10}}\right]$$

$$= 7,360,087원$$

2. 연금의 미래가치

연금의 미래가치는 일정기간 동안 발생하는 현금흐름인 연금을 미래시점의 가치로 계산한 것이다. 따라서 연금의 미래가치는 매 기간 발생하는 현금흐름 하나하나를 모두 미래가치로 계산하여 더해도 되지만 연금의 현재가치를 한 번에 미래가치로 계산해도 된다.

예를 들어, 연이자율이 10%이고 2년 동안 매년 100만원을 받는 연금의 경우, 매년 받는 100만원을 하나씩 2년 후의 미래가치로 계산하여 모두 더해도 되고, 이 연금의 현재가치인 173.55만원을 2년 후의 미래가치로 계산해도 된다.

$$연금의\ 미래가치 = 100(1+0.1)^1 + 100(1+0.1)^0$$
$$= 173.55(1+0.1)^2 = 210.01만원$$

연금의 미래가치계산을 일반화해 보자. 위의 예에서 2년(기간) 대신 n, 100만 원 대신 C, 10% 대신 r이라고 표시하면, 매 기간의 현금흐름의 n시점에서의 연금의 미래가치는 매 기간 발생하는 현금흐름의 미래가치를 모두 더하여 식(3-8)

●● 그림 3-7 | 연금의 미래가치

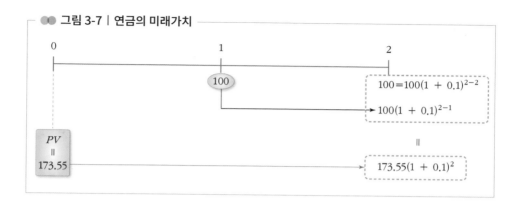

과 같이 나타낼 수 있다.

$$FV(\text{연금}) = C(1+r)^{n-1} + C(1+r)^{n-2} + \cdots + C(1+r)^0 \tag{3-8}$$

식(3-8)은 연금의 현재가치(PV(연금)) 예를 들어, 173.55만원을 한 번에 미래가치로 계산한 것과 동일하므로 식(3-9)로 계산해도 된다. 따라서 식(3-7)의 연금의 현재가치를 식(3-9)에 대입하여 정리하면 식(3-10)의 연금의 미래가치가 계산된다.

$$FV(\text{연금}) = [PV(\text{연금})](1+r)^n \tag{3-9}$$

$$\rightarrow FV(\text{연금}) = C\left[\frac{(1+r)^n - 1}{r(1+r)^n}\right](1+r)^n$$

$$\rightarrow FV(\text{연금}) = C\left[\frac{(1+r)^n - 1}{r}\right] = C \times FVIFA_{r,n} \tag{3-10}$$

식(3-10)에서 $[(1+r)^n - 1]/r$을 연금의 미래가치이자요소(future value interest factor for an annuity)라고 하며, $FVIFA_{r,n}$으로 표현한다. $FVIFA_{r,n}$은 1기간 말부터 시작하여 n기간 동안 매 기간 말에 1원씩 발생하는 연금의 미래가치를 나타낸다.

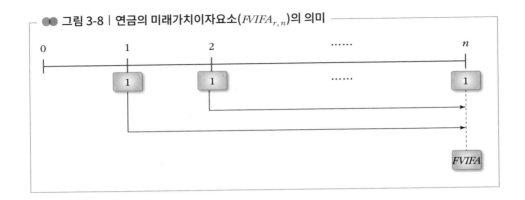

●● 그림 3-8 | 연금의 미래가치이자요소($FVIFA_{r,n}$)의 의미

예제   연금의 미래가치

10년 동안 매년 말에 100만원씩의 상가임대료를 받을 경우 10년도 말 시점에서의 10년 동안 받은 상가임대료의 가치는 얼마인가? 단, 이자율은 연 6%이다.

답 $FV(연금) = C(1+r)^{n-1} + C(1+r)^{n-2} + \cdots + C(1+r)^0 = C\left[\dfrac{(1+r)^n - 1}{r}\right]$

$= (100만원)(1+0.06)^9 + (100만원)(1+0.06)^8 + \cdots + (100만원)$

$= (1,000,000)\left[\dfrac{(1+0.06)^{10} - 1}{0.06}\right] = 13,180,795원$

혹은 앞의 예제에서 $PV(연금) = 7,360,087원$이므로

$FV = [PV(연금)](1+r)^n = (7,360,087)(1+0.06)^{10} = 13,180,795원$

SECTION 04   복리기간과 연실효이자율

현재 100원을 1년 동안 연이자율 10%로 예금했는데 실제로 이자는 6개월마다 복리계산 된다고 할 경우 1년 동안에 6개월 이자 5원(=100원×5%)이 두 번 발생함을 의미한다. 그렇다면 연 10%의 이자를 1년에 한 번 지급하는 경우와 6개월마다 5%의 이자를 1년에 두 번 지급하는 경우의 1년도 말 시점에서의 가치가 동일할까?

복리계산의 경우 이자에 대한 이자가 붙기 때문에 두 경우는 동일하지 않게

된다. 연 10%의 이자를 1년에 한 번 지급하는 경우의 1년도 말 시점에서의 가치는 110원(=(100원)(1+0.10))이다. 6개월마다 5%의 이자를 1년에 두 번 지급하는 경우의 1년도 말 시점에서의 가치는 110.25원(=(100원)(1+0.05)(1+0.05))이 된다.

●● 그림 3-9 | 복리계산 횟수와 미래가치

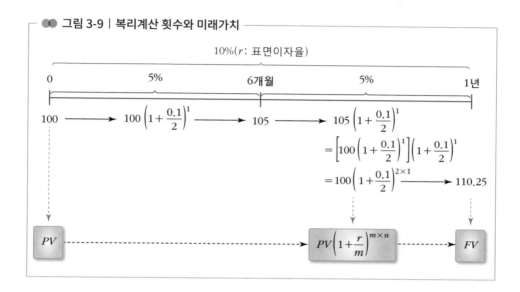

이처럼, 복리계산 횟수를 고려한 미래가치의 경우 표면이자율을 r, 1기간 동안 복리계산되는 횟수를 m이라고 할 경우 n기간 말의 미래가치 FV의 일반식은 식(3-11)과 같다.

$$FV = PV\left(1 + \frac{r}{m}\right)^{mn} \tag{3-11}$$

예제 복리계산횟수와 미래가치

현재 100만원이 연 4% 이자율로 분기마다 복리계산 되는 경우 3년 후에는 얼마가 되는가?

답 $FV = PV\left(1 + \frac{r}{m}\right)^{mn} = (1,000,000)\left(1 + \frac{0.04}{4}\right)^{4 \times 3} = 1,126,825$원

한편, 현재 100원을 연이자율 10.25%로 1년에 한 번 복리계산 할 경우의 1년
도 말 시점에서의 가치는 110.25원(=(100원)(1+0.1025))이다. 따라서 표면이자
율 연 10%로 1년에 두 번 복리계산 할 경우와 연 10.25%로 1년에 한 번 복리계
산 할 경우의 1년도 말 시점의 미래가치는 110.25원으로 동일하므로, 1년에 두
번 복리계산할 경우의 표면이자율 연 10%는 1년에 한 번 복리계산할 경우에는
이자율이 연 10.25%가 된다는 것을 의미한다. 이처럼 연이자율 10.25%와 같
이 복리계산 횟수를 고려하여 실제로 발생하는 이자율을 연실효이자율(EAR:
effective annual rate)이라고 하고 r_e로 표시하면 n기간 말의 미래가치 FV의 일반
식은 식(3-12)로 나타낼 수 있다.

$$FV = PV\,(1 + r_e)^n \tag{3-12}$$

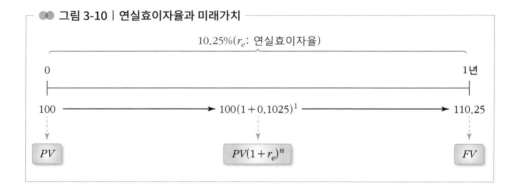

●● 그림 3-10 | 연실효이자율과 미래가치

위에서 식(3-11)의 미래가치와 식(3-12)의 미래가치가 서로 동일하므로 연실
효이자율은 식(3-13)과 같이 구할 수 있다.

$$PV\left(1 + \frac{r}{m}\right)^{mn} = PV\,(1 + r_e)^n \;\rightarrow\; r_e = \left(1 + \frac{r}{m}\right)^m - 1 \tag{3-13}$$

예제   연실효이자율과 미래가치

현재 1,000만원이 연이자율 4%로 (1) 매 6개월 (2) 매월 복리계산되는 경우의 연실효이자
율을 계산하고 연실효이자율을 이용하여 3년 후 미래가치를 구하시오.

(답) (1) $r_e = \left(1 + \dfrac{r}{m}\right)^m - 1 = \left(1 + \dfrac{0.04}{2}\right)^2 - 1 = 0.0404$

$FV = PV(1 + r_e)^n = 10{,}000{,}000 \times (1 + 0.0404)^3 = 11{,}261{,}624$원

(2) $r_e = \left(1 + \dfrac{r}{m}\right)^m - 1 = \left(1 + \dfrac{0.04}{12}\right)^{12} - 1 = 0.04074$

$FV = PV(1 + r_e)^n = 10{,}000{,}000 \times (1 + 0.04074)^3 = 11{,}272{,}669$원

뉴스로 보는 재무이야기

금리가 '마이너스'로 내려가는 이유

'해가 서쪽에서 뜬다'는 관용어는 절대 일어나지 않을 것 같은 일을 뜻할 때 자주 사용하는 표현이다. 전통적인 금융 이론이나 경제학에서 이자율이 '마이너스(−)'가 되는 현상은 해가 서쪽에서 뜨는 것만큼이나 이례적인 현상이다. 그런데 역사적으로 해가 서쪽에서 뜨는 일은 아직 없었지만 마이너스 금리는 몇 해 전부터 금융시장에서 심심치 않게 발생하기 시작했다. 특히 최근에는 가장 영향력 있는 기축통화 발행국인 미국에서도 도널드 트럼프 대통령을 중심으로 기준금리를 마이너스로 인하하자는 요구가 지난해부터 있었으며 영국 중앙은행인 영란은행도 마이너스 금리 시행을 검토하고 있다. 이제 마이너스 금리는 일부 국가에서 제한적으로 시행하는 이례적인 현상이 아니라 주요 선진국을 중심으로 일반화하고 있다.

Q. 전통적인 상황에서 은행이 예금자에게 이자를 지급하는 근거는 무엇인가요.

A. 경제학자들은 '시간선호(time preference)' 이론에 따라 합리적인 경제주체들은 정도의 차이가 있을 뿐 미래의 소비보다는 현재의 소비를 더 좋아한다고 가정한다. 즉 사람들은 1년 후 100만원을 소비할 수 있는 기회보다는 지금 당장 100만원으로 쇼핑하는 것을 더 좋아한다. 미래를 위해 인내하는 것보다는 지금 당장 행복을 맛보고 싶어 하는 인간 본성을 거스르기 위해서는 보상이 필요하다. 따라서 사람들이 1년 동안 100만원을 쓰지 않도록 묶어두려면 그에 따른 보상, 즉 이자를 지불해야 한다.

Q. 어떤 상황에서 마이너스 금리가 형성될 수 있나요.

A. 그런데 '이자'라는 보상이 없어도 합리적인 경제주체들이 미래 소비를 더 선호하게 되는 예외적인 상황이 있다. 디플레이션이 발생하면 사람들은 현재 실물 자산을 매입하기보다는 금

융자산을 더 선호하게 된다. 다시 말해 앞으로 물가가 급격히 하락할 가능성이 크고, 자산시장에 불확실성이 증가하면 합리적인 경제주체들은 자산 가치를 안전하게 보존하기 위해 실물자산보다는 금융자산을 더 선호하게 된다.

극단적인 사례지만 경기가 급격히 침체하고 불확실성이 증가해 물가가 현재 대비 절반 수준으로 하락했다고 가정해보자. 사람들은 현재 100만원을 쇼핑하는 데 쓰지 않고 저축해두면 미래에 물건을 2배로 구매할 수 있다. 또 현재 10억원인 건물을 보유하고 있으면 미래에 그 가치가 5억원으로 하락하지만 현금이나 금융자산 형태로 10억원을 갖고 있으면 미래에는 현재 20억원에 상당하는 건물을 매입할 수 있다. 따라서 불확실성이 증가하고 디플레이션이 심화될 것으로 예상되면 사람들은 대표적인 안전 자산인 국공채를 매입하거나 은행에 더 많은 현금을 저축하려고 한다. 사람들이 물가가 하락해 미래의 100만원이 현재보다 훨씬 더 가치 있을 것으로 기대하면 은행 예금이나 국고채로 자금이 집중되고, 마이너스 이자까지 받아들일 수 있게 된다. 이는 예상치 못한 충격으로 디플레이션과 경기 침체가 발생하지 않는 일반적인 상황에서 물가 하락은 실현되기 어려운 경제 현상이다.

Q. 마이너스 금리가 되면 채무자가 유리해진다는데.

A. 금융시장에서 균형 이자율이 마이너스가 되면 채무자는 전보다 훨씬 유리한 위치에 놓인다. 마이너스 금리가 적용되면 채무자는 빌린 돈을 갚을 때 원금보다 적게 갚아도 된다. 즉 돈을 빌리는 행위만으로 수익을 창출할 수도 있다. 가령 채무자가 1,000억원을 빌릴 때 금융시장 대출 금리가 −0.1%라면 채무자는 대출 만기에는 999억원만 상환하면 된다. 즉 대출만 받아도 1억원을 벌 수 있는데 이를 마다할 사람은 없을 것이다. 따라서 금융시장에서 마이너스 금리는 돈을 맡긴 예금자에게 적용할 수 있는 이자율일 뿐 대출을 받는 상황까지 확대해 적용하기는 어려운 개념이다.

Q. 중앙은행들이 마이너스 금리 정책을 시행하는 이유는.

A. 마이너스 금리를 적용한 유럽과 일본 중앙은행은 경기부양을 위해 금융회사들이 보유한 국고채를 매입해 시중 통화량을 증가시키려 했으나(양적완화 정책) 국고채를 중앙은행에 매각한 금융회사들은 이 현금을 기업이나 가계에 대출해 준 것이 아니라 중앙은행 금고에 다시 예금했다. 결과적으로 중앙은행의 정책 의도와는 달리 통화량은 증가하지 않고 금융회사 지급준비금만 늘려 정책효과가 제한된 것이다. 따라서 중앙은행은 양적완화 정책이 금융시장의 유동성 확장으로 이어져 소비와 투자를 진작시킬 수 있도록 금융회사들이 중앙은행에 현금성 자산을 예치했을 때 페널티를 부과하기 위해 마이너스 금리를 적용했다. 쉽게 말해 금융회사들이 시중에 돈을 풀도록 중앙은행이 현금을 지급했는데, 이 돈을 시중에 공급하지 않고 중앙

은행 금고에 다시 예금하려면 사용료를 납부하도록 압력을 가한 것이다.

금리가 마이너스까지 하락하면 부동산, 주식 등 자산 가격뿐만 아니라 기업의 투자 결정과 민간 소비에 급격한 변화가 연이어 발생할 수밖에 없다. 이런 변화를 '비전통적', '상식을 벗어난 현상'이라고만 치부하면 새로운 시장 변화를 읽지 못해 잘못된 의사결정을 할 수도 있다. 이제 현명한 선택을 하기 위해서는 주요 중앙은행 기준금리가 마이너스가 되는 상황까지도 미리 생각해 보는 역발상 투자도 염두에 둬야 하지 않을까.

[매일경제(www.mk.co.kr), 2020. 6. 17.]

⁞ 연습
문제

1 다음 설명 중 틀린 것은? ( )

① 현재의 돈과 미래의 돈을 연결해 주는 연결고리 역할은 이자율이다.

② 이자는 미래의 소비를 희생한 대가이다.

③ 화폐의 시간가치는 이자를 의미한다.

④ 할인율이 연 4%, 매년 200만원의 이자가 발생하는 영구채권의 현재가치는 5,000
만원이다.

2 화폐의 시간가치와 관련한 설명 중 틀린 것은? ( )

① 미래가치는 현재의 일정 금액을 미래 일정시점의 화폐가치로 환산한 것을 말한다.

② $(1+r)^n$은 n기간 동안 매 기간 r의 이자율로 투자된 1원의 미래가치이자요소
이다.

③ 표면이자율은 복리계산횟수를 고려한 실제로 발생하는 이자율이다.

④ 1기간 동안 복리계산횟수가 많아질수록 연실효이자율이 커진다.

3 200만원을 연 10%의 단리로 3년간 매년 예금할 경우와 복리로 매년 예금할 경우의 3년
도 말의 미래가치는 각각 얼마인가? ( )

① 260, 266   ② 263, 268

③ 275, 280   ④ 281, 288

4 현재 1,000원이 연 6%로 두 달마다 복리계산 할 경우 2년도 말의 미래가치는 얼마인가?
( )

① 1,054.64원   ② 1,104.51원

③ 1,118.72원   ④ 1,126.83원

5 현재 1,000원이 연 4%로 분기마다 복리계산 할 경우 연실효이자율은 ? ( )

① 4.1%   ② 4.5%

③ 4.8%   ④ 5.2%

6 3년 동안 매년 말에 100만원씩 연 5%의 이자율로 예금할 경우 3년도 말의 연금의 미래 가치는 얼마인가? (　)

① 315.25만원　　　　　　　　② 322.62만원

③ 325.45만원　　　　　　　　④ 329.68만원

7 5년 동안 매년 말에 받는 100만원을 연 4%로 할인하여 현재 일시금으로 받으면 얼마가 되는가? (　)

① 426.35만원　　　　　　　　② 445.18만원

③ 453.82만원　　　　　　　　④ 472.93만원

8 A는 5년 동안 매년 원리금균등상환 조건으로 연 5% 이자율로 10,000,000원을 대출받았다. A가 매년 말 상환해야 하는 금액은 얼마인가? (　)

① 2,151,355원　　　　　　　　② 2,205,450원

③ 2,309,736원　　　　　　　　④ 2,488,624원

9 지금부터 매년 초에 일정액을 적립하여 5년 후에 1억원을 모으고자 한다. 연이자율이 4%이고 분기마다 이자가 계산될 경우 매년 적립해야 하는 금액은 얼마인가? (　)

① 14,728,490원　　　　　　　② 15,397,640원

③ 16,843,270원　　　　　　　④ 17,721,070원

⋮ 연습문제
해답

1 ②

2 ③

3 ①

〈답〉

단리의 경우: $200(1+0.1\times3)=260$

복리의 경우: $200(1+0.1)^3=266$

4 ④

〈답〉

$$FV=PV\left(1+\frac{r}{m}\right)^{mn}=1,000\left(1+\frac{0.06}{6}\right)^{6\times2}=1,126.83원$$

5 ①

〈답〉

$$r_e=\left(1+\frac{r}{m}\right)^{m}-1=\left(1+\frac{0.04}{4}\right)^{4}-1=0.041$$

6 ①

〈답〉

$$FV(연금)=100(1+0.05)^2+100(1+0.05)^1+100$$

$$=C\times FVIFA_{r,n}=C\left[\frac{(1+r)^n-1}{r}\right]=(100)\left[\frac{(1.05)^3-1}{0.05}\right]=315.25만원$$

7 ②

〈답〉

$$PV(연금)=\frac{100}{(1+0.04)^1}+\frac{100}{(1+0.04)^2}+\frac{100}{(1+0.04)^3}+\frac{100}{(1+0.04)^4}+\frac{100}{(1+0.04)^5}$$

$$=C\left[\frac{(1+r)^n-1}{r(1+r)^n}\right]=(100)\left[\frac{(1+0.04)^5-1}{(0.04)(1+0.04)^5}\right]=445.18만원$$

8 ③

〈답〉

$$10,000,000 = \frac{C}{(1+0.05)} + \frac{C}{(1+0.05)^2} + \cdots + \frac{C}{(1+0.05)^5} = C \times PVIFA_{5\%,5}$$

$$PVIFA_{5\%,5} = \left[\frac{(1+0.05)^5 - 1}{(0.05)(1+0.05)^5} \right] = 4.3295$$

$$\therefore\ C = \frac{10,000,000}{PVIFA_{5\%,5}} = \frac{10,000,000}{4.3295} = 2,309,736원$$

9 ④

〈답〉

$$r_e = \left(1 + \frac{r}{m}\right)^m - 1 = \left(1 + \frac{0.04}{4}\right)^4 - 1 = 0.0406$$

$$FV(연금) = C(1+0.0406)^5 + C(1+0.0406)^4 + \cdots + C(1+0.0406)^1 = 1억원$$

이때, $C(1+0.0406)^5 + \cdots + C(1+0.0406)^1 = C\left[\dfrac{(1+r)^n - 1}{r}\right](1+r)$ 이므로,

$$\rightarrow\ C\left[\frac{(1.0406)^5 - 1}{0.0406}\right](1+0.0406) = C(5.6430)$$

$$\therefore\ C(5.6430) = 1억원\ \rightarrow\ C = \frac{1억원}{5.6430} = 17,721,070원$$

채권 및 주식 가치평가

CHAPTER 04

기업가치 극대화를 위하여 기업은 자기자본 및 타인자본을 조달하여 기업의 투자자금으로 사용한다. 자기자본은 주식으로 조달하고, 타인자본은 채권으로 조달한다. 본 장에서는 재무의사결정에서 중요한 자금조달수단인 채권과 주식의 가치평가에 대해서 살펴본다.

‒ 채권가치평가
‒ 주식가치평가

⠿ SECTION 01   채권가치평가

1. 채권평가모형

일반적으로 가치평가는 자산으로부터 기대되는 미래현금을 적절한 할인율로 할인하는 현금흐름할인법이 많이 사용된다. 자산이 채권이라면 채권에서 기대되는 미래현금흐름인 이자와 액면가액을 적절한 할인율로 할인하여 채권가치를 평가한다. 즉, 채권을 매수하면 채권보유기간 동안 매 기간 정기적인 이자와 만기시점에서 액면가액을 받는다. 따라서 채권가치는 매 기간 정기적인 이자와 만기시점의 액면가액을 채권수익률로 할인한 현재가치가 된다. 액면이자를 C, 액면가액을 F, 만기를 n, 채권수익률을 r이라고 할 때 채권가치는 식(4-1)로 나타낸다.

$$P_0 = \frac{C}{(1+r)^1} + \frac{C}{(1+r)^2} + \cdots\cdots + \frac{C+F}{(1+r)^n} \tag{4-1}$$

예제 **채권가격의 결정**

액면가액(F) 1,000원, 연 10% 이자후급, 만기(n) 2년, 채권수익률(r)이 연 8%인 채권이 있다. 이 채권이 ① 1년마다 이자를 지급할 경우, ② 반년마다 이자를 지급할 경우의 채권가격을 구하시오.

답 ① 1년마다 이자 지급

$$P_0 = \frac{100}{(1+0.08)^1} + \frac{1,100}{(1+0.08)^2} = 1,035.67원$$

② 반년마다 이자 지급

$$P_0 = \frac{50}{(1+0.04)^1} + \frac{50}{(1+0.04)^2} + \frac{50}{(1+0.04)^3} + \frac{1,050}{(1+0.04)^4} = 1,036.30원$$

2. 채권수익률

채권수익률이란 채권투자로부터 미래에 획득 가능한 모든 투자수익의 현재가치와 채권의 시장가격을 일치시켜주는 할인율이라 할 수 있다. 지금 채권을 사서 만기까지 보유할 때 얻을 수 있는 기간당 평균수익률을 의미하는 만기수익률(YTM: yield to maturity)을 채권수익률로 많이 사용한다. 만기수익률은 미래 모든 투자수익의 현재가치와 시장가격을 일치시켜주는 할인율, 즉 내부수익률(IRR: internal rate of return)에 해당되며, 시장의 여건에 따라 형성되는 유통수익률은 모두 만기수익률로 표시된다. 만기수익률을 계산하기 위해서는 채권가치를 구하는 식을 이용하여 식(4-2)로 구한다.

$$P_0 = \frac{C}{(1+r)^1} + \frac{C}{(1+r)^2} + \cdots + \frac{C+F}{(1+r)^n} \quad \rightarrow \quad r\,(만기수익률) \qquad (4\text{-}2)$$

예를 들어, 액면가액 10,000원, 액면이자율 5%, 만기 4년인 채권이 10,360원에 거래된다고 하자. 이 채권의 현재가격과 채권의 미래현금흐름의 현재가치를 같게 해주는 할인율인 만기수익률($r = 4.01\%$)은 아래의 식을 풀어서 구한다.

$$10,360 = \frac{500}{(1+r)^1} + \frac{500}{(1+r)^2} + \frac{500}{(1+r)^3} + \frac{10,500원}{(1+r)^4}$$

$$\rightarrow \quad r = 4.01\%\,(만기수익률)$$

만기수익률의 계산은 엑셀의 'RATE(기간, 정기불입액, 현재가치, 미래가치, 지급시점, 추정값)'함수를 이용해서 구할 수 있다. 〈그림 4-1〉 RATE함수에서 기간(nper)은 납입총횟수(만기까지의 기간)로 4년이다. 정기불입액(pmt)은 매 기간 납입해야 하는 납입액 혹은 투자금액으로 이자 500원이 된다. 현재가치(pv)는 현재 투자되는 금액이며 투자자입장에서 현금유출이므로 (−)부호를 붙여서 −10,360원을 입력한다. 미래가치(fv)는 만기 시 받는 채권의 액면가액 10,000원이다. 지급시점(type)은 납입하는 시점이 기간 초일 경우 1, 기간 말일 경우 0이며, 생략하면 기간 말에 납입하는 것으로 인식한다.

RATE함수의 오른쪽 스크롤바를 아래로 내리면 추정값(guess)이 나타나는데 이 추정값(guess)이 위 예제 우변 식의 만기수익률(r)이 된다. 초기의 추정값 (guess)은 자동으로 10%로 설정되어 있으므로 입력하지 않아도 10%부터 변화하면서 우변 식의 결과와 좌변의 10,360원이 일치하는 추정값(guess)을 찾아낸다. 구체적으로 엑셀의 RATE함수를 〈그림 4-1〉과 같이 수행하면 만기수익률(r)이 4.01%로 찾아진다.[1]

●● 그림 4-1 | RATE함수를 이용한 만기수익률 계산

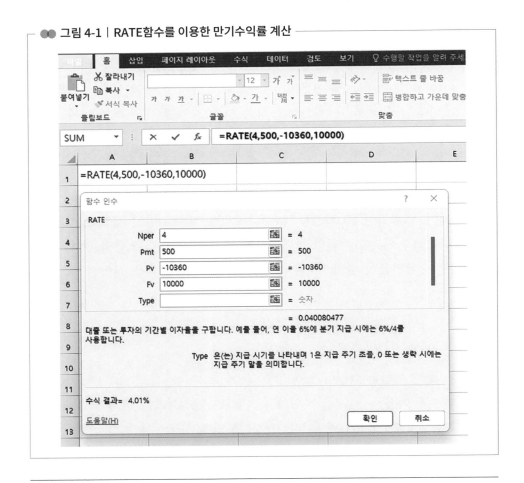

---

1 재무용계산기를 이용할 경우 $N=4$, $PV=-10,360$, $FV=10,000$, $PMT=500$, $COMP$ i를 누르면 만기수익률이 계산된다.

예제   채권수익률

액면가액 10,000원, 연 10% 반년마다 이자후급, 만기 10년인 채권의 현재가격이 12,100원일 경우 만기수익률을 구하시오.

답 만기수익률: $12,100 = \dfrac{500}{(1+r)^1} + \dfrac{500}{(1+r)^2} + \cdots + \dfrac{10,500}{(1+r)^{20}}$

엑셀의 RATE함수를 이용하여 r을 계산하면 $r = 3.52\%$(반년이자율)

(또는 $N = 20$, $PV = -12,100$, $FV = 10,000$, $PMT = 500$, $COMP\ i = ?$)

참고로, 채권수익률(만기수익률)을 단순히 1년 단위 수익률로 환산한 $3.52\% \times 2 = 7.04\%$를 연수익률(APR: annual percentage rate) 또는 채권등가수익률(bond equivalent yield)이라고 한다.

그러면, 만기수익률(채권수익률)과 채권가격은 어떤 관계를 가질까? 예를 들어, 액면가액이 10,000원, 액면이자율이 5%, 만기 1년인 채권이 있다고 하자. 시중의 채권수익률이 3%라면 5% 이자를 받을 수 있는 이 채권을 서로 사려고 할 것이므로 채권의 수요가 커져서 채권가격이 올라갈 것이다. 반대로 시중의 채권수익률이 7%라면 어느 누구도 5% 이자를 받는 채권을 사려고 하지 않을 것이고 채권의 수요가 줄어들어 채권가격이 하락할 것이다.

즉, 채권수익률이 내려가면 채권가격은 비싸지고 채권수익률이 올라가면 채권가격은 싸지게 된다. 따라서 채권수익률과 채권가격은 역의 관계로 움직인다. 식(4-1)에서 채권수익률(r)이 내려가면 채권가격(P_0)이 올라가고, 채권수익률(r)이 올라가면 채권가격(P_0)이 내려가는 것을 확인할 수 있다.

예제   채권가격과 채권수익률

액면가액 1,000원, 액면이자율 연 10%, 이자후급, 만기 2년인 채권이 있다. 채권수익률이 ① 연 8%인 경우, ② 연 10%인 경우, ③ 연 12%인 경우의 채권발행가격은 각각 얼마인가?

답 ① $P_0 = \dfrac{100}{(1+0.08)^1} + \dfrac{1,100}{(1+0.08)^2} = 1,036$원: 채권수익률 < 액면이자율: 할증발행

② $P_0 = \dfrac{100}{(1+0.1)^1} + \dfrac{1,100}{(1+0.1)^2} = 1,000$원: 채권수익률 = 액면이자율: 액면발행

③ $P_0 = \dfrac{100}{(1+012)^1} + \dfrac{1,100}{(1+0.12)^2} = 966$원: 채권수익률 > 액면이자율: 할인발행

한편, 채권의 수익률에는 만기수익률 이외에도 명목수익률, 경상수익률 등 다양한 수익률이 있다. 명목수익률(nominal yield)은 채권의 권면에 기재된 이자율이다. 이자지급액을 액면가격으로 나눈 것으로 액면이자율, 쿠폰이자율 또는 표면이자율이라고 한다.

경상수익률(current yield)은 직접이율 또는 단순수익률, 직접수익률, 이자수익률이라고도 하는데 이자지급액을 시장가격(매입가격)으로 나눈 것을 말한다. 이는 상환일까지의 기간은 무시하고 투자금액(매입가격)에 대해서 얼마의 이자를 얻을 수 있는지를 계산한 것이다. 예를 들어, 액면가 10,000원, 연 10%, 이자후급, 만기 3년인 채권의 현재가격이 10,253원일 경우 명목수익률은 10%(= 1,000/10,000), 경상수익률은 9.75%(= 1,000/10,253)이다.

뉴스로 보는 재무이야기

[위대한 생각] 채권, 역사를 움직인 권력의 무기

현대적 의미의 채권은 영란은행으로부터 출발했다. 초기에 금보관증을 발행하던 영란은행은 로스차일드 가문이 워털루 전쟁으로 확보한 막대한 금 보유고를 바탕으로 금 본위제를 공식 선언한다. 영란은행은 풍부한 금보유고를 바탕으로 영국 정부에 사실상 무제한의 파운드를 공급했고, 영국정부는 은행 측에 차용증을 써줬는데 이것이 바로 국가 채권 '국채'다.

정부가 은행에서 돈을 빌린다는 국채의 개념은 중앙은행이 '정부가 발행한 채권을 사들인다'는 방식으로 이해할 수 있다. 채권 자체는 고정된 권리를 보장하지만, 채권수익률은 시장금리와 반비례로 연동한다. 따라서 은행은 자신들이 보유한 채권을 시장에 내다 팔면서 채권시장이 형성돼 오늘날에 이르고 있다.

◇ 1차 세계 대전으로 채권 시대 본격 개막

금본위제는 '뱅크런'이란 치명적인 약점이 존재한다. 화폐 보유자들이 동시에 중앙은행으로부터 금을 요구했을 때 그만큼의 금을 보유하고 있지 않다면 은행은 물론 국가경제 자체가

위기에 처할 수 있었다. 영국은 이를 방지하기 위해 국내에서 발권한 화폐를 식민지 개척과 식민지 전비로 소진하는 방식으로 파운드의 가치하락을 막았다. 하지만 전쟁과 팽창에 의한 통화시스템 유지가 장기간 지속하면서 유럽 전역과 전 세계가 전장으로 전락한다.

유럽 전역에 번지던 전화는 독일 제2제국이 탄생하면서 소강상태를 맞는다. 통일전쟁과 보불전쟁을 승리로 이끈 철혈재상 오토 폰 비스마르크는 제국 성립 후에는 천재적인 외교술을 발휘해 주변국과 전쟁을 철저히 억제하는 '비스마르크 시스템'을 고안한다. 비스마르크 시스템은 각국을 2중, 3중으로 동맹을 맺어 라이벌 프랑스를 고립시키는 것이었다.

한번 터지면 국가 간 전쟁이 대규모 동맹전으로 바뀔 수 있는 상황이라 어느 국가도 쉽사리 전쟁을 시작하지 못했고 평화의 시대는 30년 이상 이어졌다. 하지만 1914년 보스니아 사라예보에서 울려 퍼진 총성으로 비스마르크 시스템은 허망하게 무너졌다. 세르비아 민족주의자 청년이 사라예보를 방문한 오스트리아-헝가리 제국 황태자 부부를 암살한 사건이 터진 것이다.

사라예보 사건으로 발발한 1차 세계 대전은 누구도 예상치 못한 '참호전'으로 발전한다. 전선에 참호를 파고 적군이 오길 기다리는 참호전은 일진일퇴의 공방만 거듭할 뿐 전쟁의 승패가 쉽게 갈리지 않았다. 여기에 독가스, 기관총 등 대량 살상무기가 도입되면서 인명피해도 커졌다. 무엇보다 전쟁 참전국이 감당해야 할 전비가 기존과는 비교할 수 없을 정도로 급증했다.

언제 끝날지 모르는 전비 조달을 위해 유럽 각국 정부가 내놓은 방안은 '전쟁 채권'을 발행하는 것이었다. 이전까지 채권은 정부와 중앙은행 간의 거래에 한정됐지만 1차 세계 대전에서 전쟁 채권의 판매 대상이 일반 국민으로 확장된 것이다. 전쟁 채권은 전비를 충당해줄 수 있을 뿐 아니라 애국심을 고취할 수 있다는 점 때문에 각국 정부는 앞다투어 전쟁 채권 판매에 몰두했다.

◇ 미·중 무역 분쟁의 원인, 채권 리사이클링

2차 세계 대전 막바지, 미국의 유럽 전장 참전 대가로 세계 각국은 금 1온스를 35달러로 고정하는 브레턴우즈체제에 합의했다. 이 협약으로 미국 달러는 기축통화가 됐고 세계 경제 패권을 장악했다. 그러나 베트남 전쟁으로 막대한 전비를 지출하던 미국은 결국 금 태환 포기를 선언하고 브레턴우즈체제는 붕괴한다. 미국은 석유수출기구(OPEC)에서 생산하는 석유를 달러로만 거래하기로 사우디아라비아와 밀약을 맺어 달러 가치를 유지할 수 있었다.

하지만 기축통화국 미국은 기축통화인 달러를 발행할수록 무역적자가 심화한다는 '트리핀 딜레마'에서 자유롭지 못했다. 트리핀 딜레마를 해결하기 위해 미국은 '채권 리사이클링' 시스템을 고안했다. 미국은 1970~1980년대 제조업 강국으로 떠오른 일본의 제품을 무제한 수입하는 방식으로 달러 발권을 했다. 일본은 막대한 무역흑자로 확보한 달러로 미국의 국채를 사들였다. 미국은 이러한 채권 리사이클링으로 트리핀의 딜레마를 피할 수 있었다.

하지만 채권 리사이클링으로 미국은 쌍둥이 적자라는 예상치 못한 복병을 만났다. 재선을 위해 '레이거노믹스'라는 무리수를 둔 레이건 정부가 무역적자뿐 아니라 막대한 재정적자를 낸 것이다. 레이건 정부는 이 문제의 원인을 일본에 돌리고 엔화절상으로 일본을 압박했다. 결국 일본은 1985년 플라자합의를 통해 엔화의 가치를 두 배 가까이 절상해야 했다. 플라자합의로 '엔고 현상'이 이어지자 일본 제조업은 가격경쟁력을 잃고 무너졌고, 잉여자본은 부동산에 몰렸다. 결국 그 거품이 꺼지면서 일본은 '잃어버린 20년'을 맞이하게 된다.

일본과 결별한 미국은 다시 새로운 파트너로 중국을 선택하고 채권 리사이클링을 재가동했다. 미국은 중국의 제조업 설비 증설을 적극적으로 지원했을 뿐 아니라 2001년에는 중국의 세계무역기구(WTO) 가입을 적극적으로 도왔다. 중국의 값싼 상품이 유입되자 미국은 인플레이션 없는 경제호황을 누리게 되었고, 중국은 약속대로 넘쳐나는 달러로 미국의 국채를 사주었다.

하지만 일본의 몰락을 지켜본 중국은 언젠가는 시작될 미국의 압박에 대비하기 시작했다. 그 대표적인 전략이 육로와 해로를 걸친 금융·물류·문화 경제 벨트를 구축하는 '일대일로' 사업이다. 이 과정에서 중국이 주변국을 포섭한 방법 역시 '채권'이다. 중국은 경제가 어려운 국가에 막대한 차관을 제공해 일대일로 사업 참여를 종용했다. 중국도 미국과 마찬가지로 채권을 이용해 경제·안보적 영향력을 확대하고 있는 것이다.

[이데일리(www.edaily.co.kr), 2020. 10. 26.]

⋮ SECTION 02 주식가치평가

주식의 본질적 가치의 평가는 미래현금흐름을 요구수익률로 할인한 현재가치인 내재가치(intrinsic value)를 구하는 현금흐름할인모형이 대표적 모형이며, 주식에서 발생하는 배당을 현금흐름으로 삼는 배당할인모형과 경제적 부가가치(EVA)를 현금흐름으로 삼는 EVA모형이 있다.

1. 배당할인모형

배당할인모형은 가장 단순하고 가장 오래된 주식평가모형이다. 주식을 보유하고 있는 경우 얻을 수 있는 현금흐름은 배당과 주식매도 시의 주가(매도금액)로 구성되는데, 주식매도 시의 주가도 결국 배당에 의해서 결정된다. 왜냐하면 매도

시점에서의 주식의 가치는 매도시점 이후의 배당금에 의해 결정되기 때문이다.

예를 들어, 할인율인 주주의 요구수익률이 10%라고 할 때, 현재 주식의 가치는 1차년도 말에 발생하는 배당 100원과 주가 10,100원을 할인한 값이다. 이때 1차년도 말의 주가 10,100원은 2차년도 말에 발생하는 배당 110원과 주가 11,000원을 한 기간 할인한 값이 되므로, 이를 다음과 같이 나타낼 수 있다.

$$P_0 = \frac{100}{(1+0.1)^1} + \frac{10,100}{(1+0.1)^1} \qquad 10,100\,(P_1) = \frac{110}{(1+0.1)^1} + \frac{11,000}{(1+0.1)^1}$$

$$\rightarrow P_0 = \frac{100}{(1+0.1)^1} + \frac{1}{(1+0.1)^1}(10,100)$$

$$= \frac{100}{(1+0.1)^1} + \frac{1}{(1+0.1)^1}\left(\frac{110}{(1+0.1)^1} + \frac{11,000}{(1+0.1)^1}\right)$$

$$= \frac{100}{(1+0.1)^1} + \frac{110}{(1+0.1)^2} + \frac{11,000}{(1+0.1)^2}$$

이것을 일반화해 보면, 현재 주식가치 P_0는 1차년도 말에 발생하는 배당 D_1과 주가 P_1을 할인한 값이 되고 P_1은 2차년도 말에 발생하는 배당 D_2와 주가 P_2를 한 기간(1년) 할인한 값이 된다. 이러한 관계를 식으로 나타내면 식(4-3)이 되어 결국 주식의 가치는 미래의 배당에 의해 결정됨을 알 수 있다. 이와 같이 주가가 미래에 영원히 지급되는 배당의 현재가치가 된다는 배당할인모형(DDM: dividend discount model)의 일반 형태인 식(4-3)은 Williams(1938)[2]가 처음으로

●● 그림 4-2 | 배당할인모형

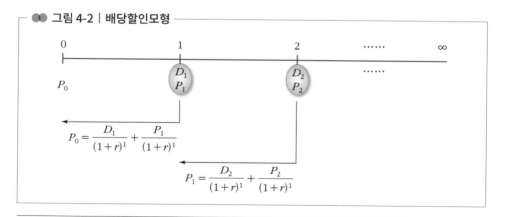

---

2   John Burr Williams, *The Theory of Investment Value*, Cambridge, MA: Harvard University Press, 1938.

제안하였다.

$$
\begin{aligned}
P_0 &= \frac{D_1}{(1+r)^1} + \frac{P_1}{(1+r)^1} \\
&= \frac{D_1}{(1+r)^1} + \frac{1}{(1+r)^1}\left[\frac{D_2}{(1+r)^1} + \frac{P_2}{(1+r)^1}\right] \\
&= \frac{D_1}{(1+r)^1} + \frac{D_2}{(1+r)^2} + \frac{P_2}{(1+r)^2} \\
&\qquad\qquad\qquad \vdots \\
&= \frac{D_1}{(1+r)^1} + \frac{D_2}{(1+r)^2} + \frac{D_3}{(1+r)^3} + \cdots \\
&= \sum_{t=1}^{\infty} \frac{D_t}{(1+r)^t}
\end{aligned}
\qquad (4\text{-}3)
$$

(1) 항상성장모형

일반 배당할인모형은 배당을 무한히 추정해야 하므로 실제로 사용하기 어려운 한계점이 있다. 이에 Gordon and Shapiro(1956)[3]와 Gordon(1962)[4]은 식(4-3)의 일반 배당할인모형에 대해서 배당이 매년 일정한 비율로 무한히 성장한다고 가정하는 〈그림 4-3〉의 항상성장모형(constant growth model)을 제시하였다. 항상성장모형은 배당이 항상 일정한 성장률로 성장한다고 가정함에 따라 일반 배당할인모형의 배당 추정 문제를 단순화하여 실제 적용 가능성을 크게 높였다.

예를 들어, 올해 초 배당이 100만원인데 매년(기간) 10%씩 배당이 성장한다면 올해 말 배당은 110만원($=100$만원$+100$만원$\times0.1=100$만원$\times(1+0.1)^1$)이 되고 내년 말 배당은 121만원($=110$만원$+110$만원$\times0.1=110$만원$\times(1+0.1)^1=100$만원$\times(1+0.1)^1$ $\times(1+0.1)^1=100$만원$\times(1+0.1)^2$)이 된다. 따라서 일반적으로 배당의 성장률을 g 라고 하고 올해 말에 받는 배당을 D_1이라 하면, 내년 말에 받는 배당 $D_2=$ $D_1(1+g)^1$, 후년 말에 받는 배당 $D_3=D_2(1+g)^1=D_1(1+g)^1(1+g)^1=D_1(1+g)^2$

3   Myron Gordon and Eli Shapiro,"Capital Equipment Analysis: The required Rate of Profit,"*Management Science* 3, October 1956.

4   Myron Gordon, *The Investment, Financing, and Valuation of Corporation*, Homewood, IL: Richard D, Irwin, 1962.

●● 그림 4-3 | 항상성장모형

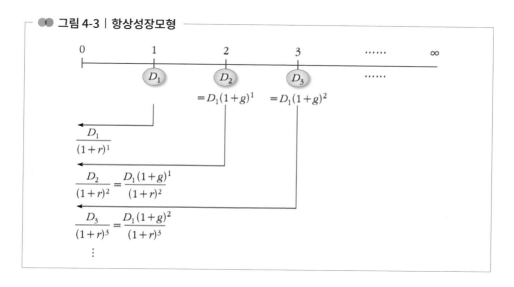

이 된다.

이제, 항상성장모형에 의한 주식의 가치를 구해보자. 식(4-3)에 매년(기간) 받는 배당을 대입하면 식(4-4)가 된다.

$$P_0 = \frac{D_1}{(1+r)^1} + \frac{D_1(1+g)^1}{(1+r)^2} + \frac{D_1(1+g)^2}{(1+r)^3} + \cdots \tag{4-4}$$

식(4-4)의 좌변과 우변에 $(1+g)/(1+r)$를 곱하면 식(4-5)가 된다.

$$\left(\frac{1+g}{1+r}\right)P_0 = \frac{D_1(1+g)^1}{(1+r)^2} + \frac{D_1(1+g)^2}{(1+r)^3} + \frac{D_1(1+g)^3}{(1+r)^4} \cdots \tag{4-5}$$

식(4-4)에서 식(4-5)을 차감하여 정리하면 식(4-6)의 항상성장모형이 도출된다.

$$\left[1 - \left(\frac{1+g}{1+r}\right)\right]P_0 = \frac{D_1}{(1+r)^1}$$

$$\rightarrow P_0 = \frac{\left(\dfrac{D_1}{1+r}\right)}{1 - \left(\dfrac{1+g}{1+r}\right)}$$

$$\rightarrow P_0 = \frac{D_1}{r-g} = \frac{D_0(1+g)}{r-g} \quad (\text{여기서, } r > g) \tag{4-6}$$

예제 항상성장모형

A기업은 올해 초에 배당금(D_0) 1,000원을 지급하였으며 이 기업의 배당금은 매년 4%로 일정하게 증가하고 있다. 주주의 요구수익률이 6%라고 할 경우 주식의 현재가치는 얼마인가?

🅐 $P_0 = \dfrac{D_1}{r-g} = \dfrac{D_0(1+g)}{r-g} = \dfrac{1,000(1+0.04)}{0.06-0.04} = 52,000\text{원}$

(2) 제로성장모형

매 기간 일정한 고정된 배당을 받는 경우는 실제로 우선주에서 찾아볼 수 있다. 매 기간 일정한 고정된 배당이 발생되므로 배당의 성장률 g가 0(제로)이 되어 매 기간의 배당은 올해 초의 배당 D_0과 동일한 배당을 갖는 제로성장모형 (zero growth model)이 된다. 제로성장모형에 의한 주식의 가치는 식(4-7)로 계산된다.

$$P_0 = \frac{D_0}{r} \qquad\qquad (4\text{-}7)$$

●● 그림 4-4 | 제로성장모형

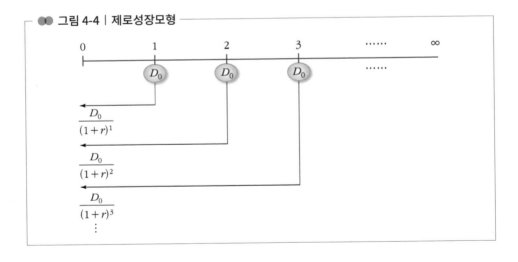

예제   제로성장모형

A기업은 작년 말에 배당금(D_0)을 2,000원을 지급하였다. 이 회사의 배당금은 매년 2,000원으로 일정하게 유지될 것으로 기대된다. 주식에 대한 요구수익률이 5%일 경우 주식의 현재가치는 얼마인가?

답 $P_0 = \dfrac{D_0}{r} = \dfrac{2,000}{0.05} = 40,000$원

---

(3) 2단계배당할인모형

2단계배당할인모형은 기업이 단계별로 처음 n년 동안은 고속성장을 하고 이후에는 일정한 성장을 할 것이라고 가정한다. 먼저 n년도까지의 고속성장단계인 1단계의 경우 매 기간의 배당을 추정하여 그 현재가치를 각각 계산하고, n년도 이후의 안정적인 성장단계인 2단계의 가치는 항상성장모형을 적용하여 계산한 n년시점에서의 가치를 다시 현재가치로 계산한다. 그리고 1단계와 2단계의 가치를 모두 합하여 주식가치를 계산한다.

예제   2단계배당할인모형

급속한 성장을 하고 있는 A기업은 앞으로 3년도 말까지는 10%, 그 이후부터는 5% 성장할 것으로 기대된다. 이 기업의 올해 초 배당금은 2,000원이고 요구수익률이 8%일 때, 현재 이 기업의 주가는 얼마인지 구하시오.

답

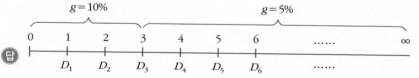

1단계($g=10\%$): 매 기간 배당을 계산한다.

$D_1 = 2,000(1+0.1) = 2,200$

$D_2 = 2,200(1+0.1) = 2,420$

$D_3 = 2,420(1+0.1) = 2,662$

2단계($g=5\%$): 항상성장모형을 적용하여 2단계의 배당을 3년도 시점의 가치로 계산한다.

$$P_3 = \frac{D_3(1+g)}{r-g} = \frac{2,662(1+0.05)}{0.08-0.05} = 93,170$$

끝으로, 1단계와 2단계의 가치를 모두 현재시점의 가치로 할인하여 더한다.

$$P_0 = \frac{2,200}{(1+0.08)^1} + \frac{2,420}{(1+0.08)^2} + \frac{2,662+93,170}{(1+0.08)^3} = 80,186.33원$$

(4) 주가와 성장기회

주식의 가치를 평가할 때 이익 전부를 배당으로 지급하고 재투자하지 않는다면 기업의 성장기회가 없다. 이 경우 자본규모나 생산설비 등이 매년 동일할 것이며 결과적으로 이익, 배당 모두 성장하지 않고 매년 동일하게 될 것이다. 예를 들어, A기업의 올해 말 주당순이익은 5,000원으로 기대되고 요구수익률이 10%라고 할 때 이익을 전부 배당으로 지급할 경우에 이 기업의 주가는 50,000원 ($P_0 = E_1/r = D_1/r = 5,000원/0.1$)으로 평가된다.

하지만 A기업이 매년 이익의 30%를 사내유보하여 투자수익률이 12%(매년 일정하다고 가정)인 곳에 투자하는 성장기회를 갖는다면 A기업의 주가는 성장기회가 없을 경우의 주가 50,000원에 성장기회의 순현재가치(NPVGO: net present value of growth opportunity) 만큼 더하여 계산하여야 한다.

A기업은 1년도 말에 5,000원의 이익 중 70%(3,500원)는 배당을 하고 나머지 30%(1,500원)를 투자할 경우 1년도 말 시점에서의 투자에 의해 매년 180원(=1,500원×0.12)씩 투자수익이 발생한다. 따라서 1년도 말의 성장기회의 순현재가치 ($NPVGO_1$)를 계산하면 〈그림 4-5〉에 나타난 것과 같이 300원이 된다.

2년도 말 투자시점에서 투자금액은 1년도 말 투자로 벌어들인 180원과 2년도 말의 이익 5,000원을 합한 5,180원이 된다. 5,180원 중 70%(3,620원)를 배당하고 30%(1,554원)를 투자하게 되면 3년도 말부터 매년 186.48(=1,554원×0.12)원의 투자수익이 발생하게 된다. 2년도 말 시점에서의 투자에 의해 매년 발생하는 186.48원의 성장기회의 순현재가치($NPVGO_2$)를 계산하면 310.8원(= −1,554 + (186.48/0.1))이 된다. 2년도 말의 성장기회의 순현재가치($NPVGO_2$) 310.8원은 1년도 말의 성장기회의 순현재가치($NPVGO_1$) 300원이 3.6%[5]의 성장률로 증가

---

5   성장율(g) = 유보비율×투자수익률(ROE) → 3.6% = 0.3%×0.12

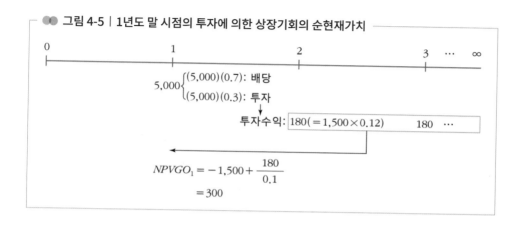

●● 그림 4-5 | 1년도 말 시점의 투자에 의한 상장기회의 순현재가치

한 것이다.

이와 같이 성장률이 g로 매년 일정할 경우 성장기회에 의해서 얻을 수 있는 현금흐름이 〈그림 4-6〉과 같기 때문에 성장기회의 순현재가치(NPVGO)는 식(4-8)과 같이 구할 수 있다.

$$NPVGO = \frac{NPVGO_1}{(1+r)} + \frac{NPVGO_1(1+g)}{(1+r)^2} + \frac{NPVGO_1(1+g)^2}{(1+r)^3} + \cdots$$

$$= \frac{NPVGO_1}{r-g} = \frac{300}{0.1-0.036} = 4,687.5원 \tag{4-8}$$

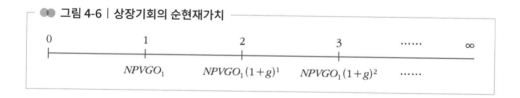

●● 그림 4-6 | 상장기회의 순현재가치

이제, 성장기회의 순현재가치까지 고려한 주가는 54,687.5원이 된다.

$$P_0 = \frac{E_1}{r} + NPVGO = \frac{5,000원}{0.1} + 4,687.5원 = 54,687.5원 \tag{4-9}$$

2. EVA모형

Marshall(1980)[6]은 기업경영으로 인한 실질적 이익은 회계상 비용뿐만 아니라 투자된 자본에 대한 기회비용까지도 고려한 잔여이익(residual income)으로 계산되어야 한다고 주장하였다. 타인자본(부채) 사용의 대가인 타인자본비용은 손익계산서에서 지급이자라는 명목으로 차감되어 당기순이익에 반영되지만 자기자본 사용의 대가인 자기자본비용은 당기순이익에 반영되어 있지 않다. 따라서 회계적으로 양(+)의 당기순이익이 발생하더라도 이 당기순이익이 자기자본비용보다 작다면 경제적으로는 부가가치가 창출되지 못한 것이 된다.

EVA(economic value added)는 잔여이익을 나타내는 경제적 부가가치로서 세후순영업이익(NOPAT: net operating profit after taxes)에서 자금공급자(주주와 채권자)의 투자자본(IC: invested capital)인 총자본사용에 대한 기대수익인 자본비용을 차감한 금액으로 다음과 같이 정의한다.

$$EVA = NOPAT - WACC \times IC \qquad (4\text{-}10)$$
$$= (ROIC - WACC) \times IC \qquad (4\text{-}11)$$

식(4-10)으로 정의된 EVA는 투자자본수익률(ROIC: return on invested capital)을 이용하여 식(4-11)로 나타낼 수도 있다.[7] 기업의 EVA가 양(+)이라는 것은 영업활동을 통해 투자자본을 사용하여 타인자본비용과 자기자본비용을 모두 포함한 자본조달비용을 초과하여 기업의 부가이익이 창출된다는 것을 의미한다.

따라서 EVA는 기업 고유의 영업활동과 관련된 것만을 고려하여 창출된 이익으로 평가한다는 점과 더불어 재무상태표상에 나타나지 않는 주주의 기회비용인 자기자본비용까지 반영하여 실질 주주이익을 나타냄으로써 주주중시 경영, 수익중시 경영 유도를 위한 효율적 지표수단으로 활용된다.

---

6 Alfred Marshall, *Principles of Economics*, New York: MacMillan, 1980, p. 142.
7 투자자본수익률(ROIC)은 영업활동에 투자된 투자자본(IC)을 가지고 세후기준으로 얼마나 많은 세후순영업이익(NOPAT)를 올렸는지 그 수익성, 즉 이익창출능력을 평가하는 지표로서 ROIC= NOPAT/IC로 구한다. 따라서 NOPAT=ROIC×IC로 전환할 수 있다.

예제   EVA

매출액이 300억원, 영업이익이 200억원인 A기업의 투자자본은 900억원이다. 이 기업은 법인세로 50억원을 부담하고 있으며 장기성장률은 영원히 5%로 추정되었고 요구수익률은 12%이다. A기업의 EVA를 계산하고, EVA를 이용하여 이론주가를 추정하시오. 단, A기업의 자본금(순자산)은 400억원이고 발행주식수는 600만주이다.

답 $ROIC = \dfrac{NOPAT(\text{세후순영업이익})}{IC(\text{투자자본})} = \dfrac{(200억 - 50억)}{900억} = 16.67\%$

따라서 $EVA = (ROIC - WACC) \times IC = (16.67\% - 12\%) \times 900억원 = 42억원$

한편, A기업이 장기적으로 영원히 5% 성장할 경우 매년 EVA도 5%씩 성장할 것이므로,

```
0           1             2              3        ......        ∞
├───────────┼─────────────┼──────────────┼──────────────────────┤
          42억     42억(1+0.05)¹    42억(1+0.05)²    ......
```

EVA의 현가 $= \dfrac{42}{(1.12)^1} + \dfrac{42(1.05)^1}{(1.12)^2} + \dfrac{42(1.05)^2}{(1.12)^3} + \cdots = \dfrac{42}{0.12 - 0.05} = 600억원$

시장부가가치(MVA: market value added)는 미래 발생가능한 모든 EVA를 가중평균자본비용(WACC: weighted average cost of capital)으로 할인한 현재가치이므로 기업가치의 총 증가분을 의미한다. 따라서 양(음)의 MVA는 장부가치에 부가(차감)되는 가치가 있음을 의미하므로 다음과 같이 주가를 추정할 수 있다.

주가 = 주당순자산 + 주당MVA

$\qquad = \dfrac{400억원}{600만주} + \dfrac{600억원}{600만주} = 16,667원$

뉴스로 보는 재무이야기

[시장경제 길라잡이] 1602년 네덜란드 동인도회사가 최초의 주식회사죠

14세기, 유럽 사람들은 베니스의 상인 마르코 폴로가 지은 '동방견문록'을 읽고 깜짝 놀랐다. 마르코 폴로가 묘사한 원나라는 고도로 발달된 선진 문명국이었다. 당시 유럽 사회와 비교할 수 없으리만치 월등한 중국의 생활문화 수준에 감탄을 금치 못했고, 미지의 동방세계에 대한 동경에 휩싸였다.

◇ 독특한 투자유치와 중국의 몰락

그러나 유럽 사람에게 경이와 선망의 대상이던 중국의 위상은 1800년대 중반 이후 급격한 내리막길을 걷게 되었다. 유럽이 18세기 중반부터 폭발적인 경제성장과 근대적 변혁을 이루었다면, 중국은 전통적인 경제체제에 머물러 있느라 기술혁신과 산업화에서 뒤처졌다. 유럽과 중국의 서로 다른 경제시스템은 결국 번영과 몰락이라는 상반된 결과를 낳았다.

두 세계의 결정적인 차이는 기업경제에서 찾을 수 있다. 유럽은 기업이라는 조직을 통해 새로운 세계를 개척하고 부와 번영을 이뤘다. 반면 중국은 관료제 중심 체제에서 벗어나지 못하며 민간의 상업성을 억제하였고 결국 유럽에 추월당했다.

16세기는 유럽 해상무역의 중심지가 지중해에서 대서양으로 옮겨가며 무역 범위와 규모가 비약적으로 확대된 시기다. 특히 포르투갈과 에스파냐는 조선술과 항해술의 발달에 힘입어 신항로 개척과 신대륙 발견이라는 값진 성과를 거두었다. 무역 상인들은 인도와 중국 등 아시아 지역에서 향신료와 차 등 기호품을 취해서 유럽지역에 되팔며 이득을 얻었고, 라틴아메리카에서 대량의 은을 조달해 부를 이뤘다.

17세기에 접어들며 포르투갈은 에스파냐에 밀리며 동아시아 무역 지배권이 점차 약해지기 시작한다. 이때를 놓치지 않고 동아시아 무역에 진출한 나라가 바로 네덜란드다. 네덜란드는 1602년 최초의 주식회사 '동인도회사'를 설립해 본격적으로 동아시아로 진출을 꾀했다. 네덜란드의 동인도회사는 왕실이나 특정 귀족의 지원이 아니라 일반인에게서 동아시아 무역을 위한 투자자본을 모으고, 무역이익을 투자금액에 따라 배분하는 방식으로 운영되었다. 이때 투자자금의 권리를 증명하는 증서를 발급했는데 이것이 바로 최초의 주식이다.

◇ 영국·포르투갈 제친 네덜란드

네덜란드의 동인도회사는 유럽에 최초로 주식과 투자의 개념을 도입하여 왕실의 재정만으로는 감당할 수 없는 대규모 무역을 가능하게 함으로써 그야말로 대항해 시대를 열었다. 그리고 곧 영국과 포르투갈을 제치고 최고의 무역회사로 발돋움했다.

이처럼 네덜란드의 동인도회사가 성공할 수 있는 밑바탕에는 경영과 투자가 분리된 분업구조가 자리하고 있다. 대규모 무역은 성공했을 때 수익이 큰 만큼 실패했을 때 위험도 크다. 셰익스피어의 희극 《베니스의 상인》에서 안토니오가 샤일록에게 목숨을 잃을 뻔했던 이유도 그의 전 재산을 실은 선박이 폭풍우를 만나 제때 돌아오지 못했기 때문이었다. 하지만 네덜란드의 동인도회사처럼 주식회사에서는 많은 주주에게서 예산을 나누어 출자받기 때문에 위험이 분산되는 효과가 있고, 그만큼 공격적인 투자가 가능해진다. 또한 공격적인 투자는 막대한 수익을 창출할 확률을 높인다. 이와 같이 위험 분산과 리스크 대비 고수익이라는 두 마리 토끼를 잡을 수 있었던 것이 네덜란드의 동인도회사, 즉 주식회사의 성공요인인 셈이다.

　　17세기 이후 네덜란드의 동인도회사는 승승장구하며 유럽 전역에 주식 투자를 활성화시켰
고 경제의 새로운 장을 열었다. 주식을 관리하고 거래하는 장소로 증권거래소가 생겨났고, 네
덜란드 동인도회사의 성공에 자극받은 영국과 프랑스 등에서 잇따라 동인도회사가 설립됐다.
바야흐로 기업경제가 시작된 것이다.

[한국경제(www.hankyung.com), 2017. 10. 30.]

⦂ 연습
문제

1 액면가액(F) 10,000원, 연 10%로 매년 이자후급, 만기(n) 3년, 채권투자자의 요구수익률 (r)이 연 12%인 채권의 가격은 얼마인가? (　)

① 9,519.63원   ② 98,262.45원

③ 10,110.55원   ④ 10,498.71원

2 다음 채권수익률에 관한 설명으로 틀린 것은? (　)

① 채권수익률은 만기수익률을 사용한다.

② 내부수익률과 동일하다.

③ 채권을 사서 만기까지 보유할 때 얻을 수 있는 기간당 평균수익률이다.

④ 채권으로부터 미래에 획득가능한 모든 투자수익의 현재가치와 채권의 액면가액을 일치시켜 주는 할인율이다.

3 다음 채권과 관련된 설명으로 틀린 것은? (　)

① 채권수익률과 채권가격은 역의 관계로 움직인다.

② 채권수익률이 액면이자율보다 작으면 할증발행된다.

③ 채권수익률이 액면이자율과 같으면 액면발행된다.

④ 경상수익률은 이자지급액을 액면가격으로 나눈 것이다.

4 (2007 CPA) A기업의 자기자본비용은 14%이며 방금 배당을 지급하였다. 이 주식의 배당은 앞으로 계속 8%의 성장률을 보일 것으로 예측되고 있으며, A기업의 현재 주가는 50,000원이다. 다음 중 옳은 것은? (　)

① 배당수익률이 8%이다.

② 배당수익률이 7%이다.

③ 방금 지급된 주당 배당금은 3,000원이다.

④ 1년 후 예상되는 주가는 54,000원이다.

⑤ 1년 후 예상되는 주가는 57,000원이다.

5 매년 1,000원의 배당금을 지급하는 A기업의 배당금은 앞으로도 동일하게 유지될 것으로 기대된다. 주식에 대한 요구수익률이 10%일 경우 A기업의 주가는 얼마인가? (   )

① 8,000원   ② 9,000원

③ 10,000원   ④ 11,000원

6 A기업의 올해 말 주당순이익은 10,000원으로 기대된다. 요구수익률이 5%라고 할 때 이익을 전부 배당으로 지급할 경우에 주가는 얼마인가? (   )

① 180,000원   ② 200,000원

③ 230,000원   ④ 250,000원

7 (2001 CPA 수정) A기업의 영업용 투자자본 2,500백만원, 세전 영업이익 600백만원, 법인세 50백만원, 가중평균자본비용 10%이다. A기업의 경제적 부가가치(EVA)는? (   )

① 50백만원   ② 250백만원

③ 300백만원   ④ 330백만원

⑤ 350백만원

8 다음 EVA에 관한 설명으로 틀린 것은? (   )

① 잔여이익을 나타낸다.

② 주주의 기회비용까지 반영한다.

③ 주주중시경영의 지표로 적합하다.

④ 세후순영업이익에서 총자본사용에 대한 기대수익인 자본비용을 더하여 구한다.

⋮ 연습문제
해답

1 ①

〈답〉

$$P_0 = \frac{1,000}{(1+0.12)^1} + \frac{1,000}{(1+0.12)^2} + \frac{11,000}{(1+0.12)^3} = 9,519.63원$$

2 ④

3 ④

4 ④

〈답〉

항상성장모형 $P_0 = \dfrac{D_1}{r-g} \rightarrow 50,000 = \dfrac{D_1}{0.14-0.08} \rightarrow D_1 = 3,000$

따라서 1년 후의 주가 $P_1 = \dfrac{D_2}{r-g} = \dfrac{D_1(1+g)}{r-g} = \dfrac{3,000(1+0.08)}{0.14-0.08} = 54,000$

5 ③

〈답〉

$$P_0 = \frac{D_0}{r} = \frac{1,000}{0.1} = 10,000원$$

6 ②

〈답〉

$$P_0 = \frac{E_1}{r} = \frac{D_1}{r} = \frac{10,000}{0.05} = 200,000원$$

7 ③

〈답〉

$EVA = NOPAT - IC \times WACC = (600백만원 - 50백만원) - 2,500백만원 \times 0.1$
$= 300백만원$

8 ④

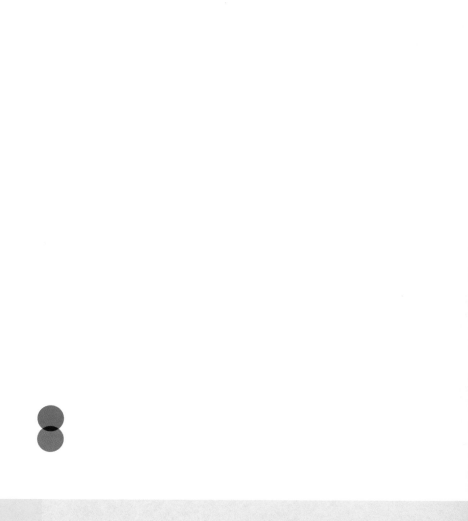

03

투자의사결정

자본예산: 투자결정기준

본 장에서는 기업이 투자안에 대한 선택여부를 결정하는 다양한 평가방법에 대해 살펴본다. 여러 평가방법 중에서 주주의 부를 극대화하는데 적합한 방법은 순현가(NPV)법이며, 이 평가방법의 우월성을 다른 방법들과 대비하여 살펴본다.

- 순현가(NPV)법
- 수익성지수(PI)법
- 평균회계이익률(AAR)법
- 내부수익률(IRR)법
- 회수기간(payback period)법

SECTION 01 　자본예산의 개요

　자본예산(capital budgeting)은 1년 이상의 장기적인 투자안에 대한 의사결정을 위하여 평가하는 절차로서, 자본을 어디에 투자할지에 대한 투자계획을 수립하는 것이라고 정의할 수 있다. 재무상태표에서 장기자산을 이루는 투자안은 기업의 자산에서 차지하는 비중이 매우 크기 때문에 이 투자안에 대한 투자의사결정은 궁극적으로 기업의 성패를 결정짓는 매우 중요한 의사결정이 된다.

　만약 잘못된 의사결정은 많은 대가를 치르지 않고서는 되돌릴 수 없으므로 이로 인해 기업은 큰 비용을 부담하게 된다. 따라서 장기자산을 이루는 투자는 본질적으로 기업의 성패를 결정짓게 되고 다음의 가정하에서 자본예산으로 분석한 투자로부터 얻을 수 있는 양(+)의 순현금흐름을 획득하게 되면 주주 부의 극대화 목표와 일치하게 된다.

　첫째, 세후현금흐름에 기초하여 의사결정을 한다. 자본예산에서 감가상각비와 같은 비현금비용은 당기순이익을 감소시키므로 회계적 이익에 기초하여 의사결정을 하지 않고, 모든 세금효과가 완전히 반영된 세후의 현금흐름으로 분석한다.

　둘째, 현금흐름은 기회비용을 기초로 한다. 투자결정으로 실현된 현금흐름과 투자결정이 없었을 경우의 현금흐름의 차이인 증분현금흐름(incremental cash flow), 즉 투자를 결정함으로써 얻게 된 추가적인 현금흐름은 자본예산의 합리적 기초를 제공한다.

셋째, 자금조달비용(financing cost)은 무시한다. 투자안의 순현가를 구할 때 자금조달비용은 할인율(요구수익률)에 반영하기 때문에 투자로부터 실현되는 세후 현금흐름에 자본조달비용을 반영하면 이중으로 고려하게 되는 것이다. 따라서 투자안의 투자되는 자금으로 자기자본과 타인자본을 모두 사용하더라도 자본조달비용은 현금흐름의 계산에서 무시하고 할인율에 반영한다.

투자안들에 대한 투자의사결정을 할 때 투자안의 수익성을 평가하는 평가기준은 순현가법(NPV: net present value), 내부수익률법(IRR: internal rate of return), 수익성지수법(PI: profitability index), 회수기간법(payback period), 평균회계이익률법(AAR: average accounting rate of return)이 있다. 본장에서는 이러한 평가기준을 적절히 적용하고 해석하기 위해서 각 기준의 경제적 논리와 실무상의 장단점에 대해서 살펴보도록 한다.

⁞ SECTION 02 투자결정기준

1. 순현가(NPV)법

(1) 순현가(NPV)법의 개념

투자의사결정을 할 때 투자에 소요되는 비용은 현금유출에 해당하고 투자로 벌어들이는 미래의 금액은 현금유입에 해당한다. 이때 현금유입과 현금유출의 발생시점이 다르기 때문에 직접 비교할 수 없다. 따라서 투자로 인해 발생하는 모든 현금유입과 현금유출을 적절한 할인율로 할인한 현재가치로 평가할 필요가 있다.

예를 들어, 현재 100만원을 투자하여 1년도 말에 60만원, 2년도 말에 20만원, 3년도 말에 50만원이 들어오는 투자안의 경제성 분석을 순현가(NPV)법으로 분석한다고 하자. 이 투자안의 할인율이 10%라고 할 때, 1년도 말에 들어오는 60만원의 현재가치는 60만원/$(1+0.1)^1$이고, 2년도 말에 들어오는 20만원의 현재가치는 20만원/$(1+0.1)^2$이며, 3년도 말에 들어오는 50만원의 현재가치는 50만원/$(1+0.1)^3$이다. 그리고 나가는 돈(현금유출)의 현재가치는 지금 당장 투자되는 금액

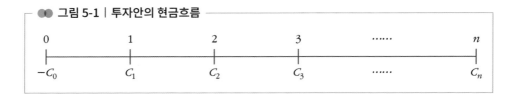

● **그림 5-1 | 투자안의 현금흐름**

100만원이다.

벌어들이는 돈과 나가는 돈을 현재라는 동일한 시점의 현재가치로 환산하여 모두 합산한 값을 순현재가치(NPV: net present value)라고 하고, 이 예제의 경우는 8.64만원($=60/(1+0.1)^1+20/(1+0.1)^2+50/(1+0.1)^3-100$)이 된다. NPV가 양(+)이라는 것은 투자된 돈보다 투자로 인해 버는 돈이 더 크다는 것을 의미하고 이러한 투자안은 경제성 있는 투자안이 된다.

이제, 일반화해 보자. 〈그림 5-1〉에서 나타낸 바와 같이 현재 C_0만큼 투자(현금유출)하고 n기간까지 매 기간 말에 현금유입이 발생할 경우, 현금유입(+)의 현재가치와 현금유출(−)의 현재가치를 식(5-1)과 같이 현재시점에서 평가하여 NPV를 계산한다. 만일 현금유입의 현재가치가 현금유출의 현재가치보다 더 크다면 NPV가 양(+)의 값을 가지고, 이는 기업의 소유주인 주주에게 가치가 창출되고 이로 인해 주주의 부가 커지게 됨을 의미한다.

$$NPV = PV\,(\text{현금유입}) + PV\,(\text{현금유출})$$
$$= \frac{C_1}{(1+r)^1} + \frac{C_2}{(1+r)^2} + \cdots + \frac{C_n}{(1+r)^n} - C_0 \qquad (5\text{-}1)$$

식(5-1)에서 매 기간 발생하는 현금흐름을 할인할 때 사용하는 분모의 할인율은 요구수익률이라고 하며 이는 투자자가 특정 투자안의 위험에 대해서 요구하는 할인율(discount rate)을 의미한다. 요구수익률은 자금의 기회비용(opportunity cost) 또는 자본사용의 대가인 자본비용(cost of capital)이라고도 하는데, 이는 투자안의 가치평가 및 투자의사결정을 하는 데 중요한 역할을 한다.

일반적으로 기업은 타인자본과 자기자본으로 조달한 총자본을 사용하는 대가(비용)를 자금공급자인 채권자와 주주에게 제공해야 한다. 즉, 채권자와 주주는 비슷한 위험을 가진 다른 투자안에 투자했을 때 얻을 수 있는 투자수익률을 포기하고 기업에게 자금을 제공하기 때문에 투자되는 총자본의 기회비용(opportunity cost)이 요구수익률이 된다.[1]

따라서 기업은 채권자에게는 채권자가 요구하는 이자와 부채의 원금을 상환할 수 있어야 하고, 주주에게는 주주가 기대하는 배당금을 지급할 수 있을 정도의 충분한 현금을 투자안으로부터 벌어들여야 하며, 만약 기업이 투자안으로부터 투자자금의 기회비용 이상을 벌어들일 수 없다면 그 투자안은 포기해야 한다.

한편, 어떤 투자안의 투자여부를 의사결정할 때 원칙적으로 검토대상인 개별 투자안별로 자본비용을 추정해야 한다. 하지만 자본비용이 직접적으로 관측되지 않기 때문에 여러 가지 가정과 추정치를 사용하여야 할 뿐 아니라 투자안의 분석에 사용되는 자본비용이 예를 들어, 투자안의 현금흐름에 대한 위험이 클수록 자본비용이 커지는 것과 같이 해당 투자안의 특성에 따라 결정되는 어려움 등이 있기 때문에 검토대상인 개별 투자안별로 자본비용을 추정하기가 쉽지 않다. 이에 실무에서는 기업의 가중평균자본비용[2]을 자본비용으로 추정한 후 회사의 평균적인 투자안과 검토 중인 투자안의 위험을 비교하여 자본비용을 조정하기도 한다.

한편, 투자안을 평가할 때 투자안의 요구수익률인 자본비용으로 할인하는 NPV법은 자금을 재투자할 때도 자본비용으로 재투자할 수 있다고 암묵적으로 가정하고 있다. 식(5-1)의 양변에 $(1+r)^n$을 곱한 후 정리하면, 식(5-2)가 되고, 식(5-2)의 우변은 매 기간 발생하는 현금흐름을 투자종료 시점인 n기간까지 다시 투자할 경우 자본비용(r)의 수익률을 얻고 있음을 나타낸다. 이는 투자로 벌어들이는 매 기간의 현금흐름을 재투자할 경우의 투자수익률이 자본비용(r)이라는 것을 의미한다.

---

[1] 자본비용은 새로운 투자로부터 최소한 벌어들여야 하는 수익률로서 투자자가 요구하는 요구수익률 (required rate of rate of return)이라고도 한다. 또한 어떤 투자안의 경제성이 인정되자면 그 투자안의 수익률이 자본비용을 뛰어넘어야 한다는 의미에서 장애율(hurdle rate)이라고도 하고, 자본비용이 미래에 들어올 현금흐름을 할인하여 현재의 가치를 계산하는 데 분모의 할인율로 사용되기 때문에 자본 환원율(capitalization rate)이라고도 한다. 예를 들어, 100원의 자본사용에 대한 대가가 10원이라면 자본비용은 10%(=10원/100원)이다. 따라서 자본사용에 대한 대가 10원을 자본비용 10%로 나눠주면 사용한 자본 100원으로 되돌아(환원)간다.

[2] 제9장 자본비용 참조.

$$NPV = \frac{C_1}{(1+r)} + \frac{C_2}{(1+r)^2} + \cdots + \frac{C_n}{(1+r)^n} - C_0$$

$$\rightarrow [NPV(1+r)^n + C_0(1+r)^n] = C_1(1+r)^{n-1} + C_2(1+r)^{n-2} + \cdots + C_n \quad (5\text{-}2)$$

(2) 순현가(NPV)법의 평가기준

어떤 투자안의 현금유입의 현재가치가 현금유출의 현재가치보다 더 크다면 NPV가 양(+), 즉 투자되는 돈(현금유출)보다 들어오는 돈(현금유입)이 더 많아서 가치를 창출하게 되므로 채택하는 것으로 의사결정 한다. 반대로 현금유입의 현재가치가 현금유출의 현재가치보다 더 작다면 NPV가 음(-)이 되어 가치를 창출하지 못하므로 투자안을 기각하는 것으로 의사결정 한다.

$$NPV > 0 \rightarrow 투자안\ 채택$$
$$NPV < 0 \rightarrow 투자안\ 기각$$

예를 들어, 기대현금흐름이 〈표 5-1〉과 같은 A투자안과 B투자안을 고려하고 있다고 하자. 두 투자안의 자본비용은 10%일 경우, A투자안과 B투자안의 NPV 는 다음과 같다.

● 표 5-1 | NPV법에 의한 투자안 평가

연도 말	A투자안의 현금흐름	B투자안의 현금흐름	(A+B)의 현금흐름
0	−1,000	−1,500	−2,500
1	800	1,300	2,100
2	600	700	1,300
3	−200	−300	−500
NPV	72.88	34.94	107.82(=72.88+34.94)

$$NPV_A = \frac{800}{(1+0.1)^1} + \frac{600}{(1+0.1)^2} + \frac{-200}{(1+0.1)^3} - 1,000 = 72.88$$

$$NPV_B = \frac{1,300}{(1+0.1)^1} + \frac{700}{(1+0.1)^2} + \frac{-300}{(1+0.1)^3} - 1,500 = 34.94$$

$$NPV_{A+B} = \frac{2,100}{(1+0.1)^1} + \frac{1,300}{(1+0.1)^2} + \frac{-500}{(1+0.1)^3} - 2,500 = 107.82$$

두 투자안이 어느 하나 또는 모두를 선택할 수 있는 상호독립적인 투자안 (mutually independent projects)이라면 A투자안과 B투자안 모두 0보다 큰 NPV값을 가지므로 두 투자안 모두 채택한다. 만약, 두 투자안 중에서 하나의 투자안이 선택되면 나머지 투자안은 자동적으로 기각되는 상호배타적인 투자안(mutually exclusive projects)이라면 NPV가 더 큰 A투자안을 채택한다.

(3) 순현가(NPV)법의 특징

NPV법은 주주 부의 극대화를 달성하는 평가법이며, 다음의 특징을 갖고 있다. 첫째, 투자안의 모든 현금흐름을 사용한다. 둘째, 현금흐름을 자본비용으로 할인하여 화폐의 시간적 가치를 고려한다. 셋째, 자금을 재투자할 때도 자본비용으로 재투자할 수 있다고 가정한다. 넷째, 가치가산의 원칙(value additivity principle)이 성립한다.

가치가산의 원칙이란 A투자안의 NPV와 B투자안의 NPV를 개별적으로 구하여 더한 값($NPV_A + NPV_B = 72.88 + 34.94 = 107.82$)과 A투자안의 현금흐름과 B투자안의 현금흐름을 합하여 NPV를 구한 값($NPV_{A+B} = 107.82$)이 동일하다는 의미이다. 가치가산의 원칙은 다른 투자안과 결합하여 나타날 수 있는 수많은 투자안 조합을 검토하지 않고 개별 투자안에 근거하여 투자안을 분석할 수 있게 해준다.

2. 내부수익률(IRR)법

(1) 내부수익률(IRR)법의 개념

내부수익률(IRR: internal rate of return)은 현금유입의 현재가치와 현금유출의 현재가치를 같게 만드는 할인율이다. 즉, NPV를 0으로 하는 할인율로서 식(5-3)으로 구한다.

$$NPV = 0 = \frac{C_1}{(1+IRR)^1} + \frac{C_2}{(1+IRR)^2} + \cdots + \frac{C_n}{(1+IRR)^n} - C_0 \tag{5-3}$$

예를 들어, 현재 2,000만원을 투자하여 1년도 말에 1,400만원, 2년도 말에 500만원, 3년도 말에 700만원을 얻을 수 있는 투자안이 있다고 하자. 이 투자안의 IRR은 아래 식을 엑셀의 'IRR(현금흐름, 추정값)함수'를 사용하여 구한다.

$$NPV = 0 \quad \rightarrow \quad \frac{1,400}{(1 + 할인율)^1} + \frac{500}{(1 + 할인율)^2} + \frac{700}{(1 + 할인율)^3} - 2,000 = 0$$

$$\rightarrow \ 할인율 = IRR = 16.96\%$$

위 식의 분모인 할인율은 〈그림 5-2〉와 같이 IRR함수의 추정값(guess)으로 찾는다. IRR함수에서 초기의 추정값(guess)은 자동으로 10%로 설정되어 있기 때문에 추정값(guess)에 아무것도 입력하지 않아도 할인율이 10%부터 변화되면서 식의 우변인 0, 즉 현금유입의 현재가치와 현금유출의 현재가치가 같게 되는 할인율을 찾아낸다. 위의 예에서는 수많은 할인율 중에서 16.96%일 때 NPV가 0이 되므로 할인율 16.96%가 IRR이 된다.

● 그림 5-2 | IRR함수를 이용한 IRR 계산

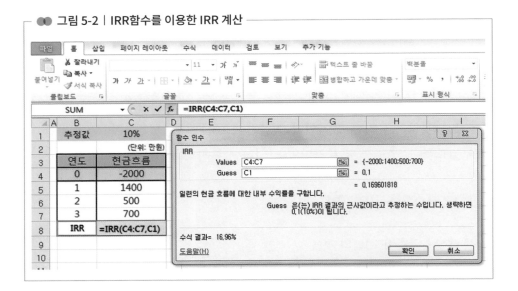

(2) 내부수익률(IRR)법의 평가기준

NPV를 계산할 때 할인율이 달라지면 NPV도 달라진다. 예를 들어, 위의 예에서 할인율이 0%이면 NPV는 600만원이 되고, 할인율이 10%이면 NPV는 211.9만원이 되며, 할인율이 20%이면 NPV는 −81만원이 된다.[3] 이처럼 할인율을 0%

---

3   $NPV = \dfrac{1,400}{(1+0)^1} + \dfrac{500}{(1+0)^2} + \dfrac{700}{(1+0)^3} - 2,000 = 0 \quad \rightarrow \quad NPV = 600$

에서부터 차례로 변화시키면서 구해낸 NPV들을 연결한 NPV곡선을 〈그림 5-3〉에 나타내었다.

　〈그림 5-3〉에서 할인율 중 하나인 자본비용이 IRR(16.96%)보다 작을 경우에는 NPV가 양(+)의 값을 가지므로 투자안을 채택한다. 반면 할인율 중 하나인 자본비용이 IRR(16.96%)보다 클 경우에는 NPV가 음(−)의 값을 가지므로 투자안을 기각한다.

$$자본비용(r) < IRR \ \ (= NPV > 0) \ \rightarrow \ 투자안 \ 채택$$
$$자본비용(r) > IRR \ \ (= NPV < 0) \ \rightarrow \ 투자안 \ 기각$$

● ● 그림 5-3 | NPV곡선과 IRR

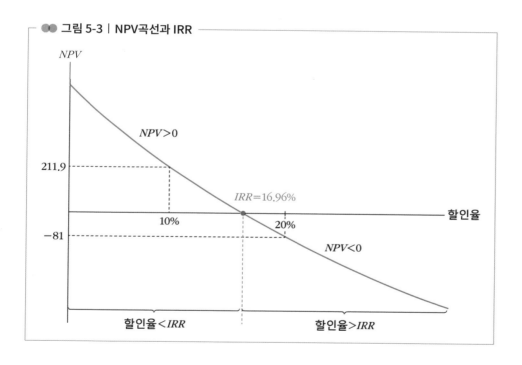

〈그림 5-3〉의 우하향하는 NPV곡선은 현재시점에서 현금유출(−)이 발생하고

$$NPV = \frac{1,400}{(1+0.1)^1} + \frac{500}{(1+0.1)^2} + \frac{700}{(1+0.1)^3} - 2,000 = 0 \ \ \rightarrow \ NPV = 211.9$$
$$NPV = \frac{1,400}{(1+0.2)^1} + \frac{500}{(1+0.2)^2} + \frac{700}{(1+0.2)^3} - 2,000 = 0 \ \ \rightarrow \ NPV = -81$$

이후 투자종료시점까지 현금유입(+)이 발생하는 투자형 투자안의 현금흐름 형태에서 나온다. 이와 같은 투자형 투자안에서의 IRR은 투자수익률을 의미한다. 예를 들어, 투자기간이 1년인 경우 현재 100원을 투자하여 1년 후에 120원의 현금유입을 기대할 수 있는 투자안의 투자수익률은 $(120-100)/100=20\%$이다. 한편, 이 투자안의 IRR은 $120/(1+IRR)=100 \rightarrow IRR=120/100-1=20\%$이다. 따라서 투자형 투자안에서의 투자수익률은 IRR이 되고 투자수익률이 높을수록 투자매력이 높으므로 IRR이 자본비용보다 크면 투자안을 채택하게 된다.

(3) 내부수익률(IRR)법의 장점

내부수익률의 장점은 다음과 같다. 첫째, 모든 현금흐름을 고려하고 있다. 둘째, 현금흐름을 할인하기 위하여 화폐의 시간가치를 이용하고 있다. 셋째, 이해하기 쉽고 의사소통에 편리하다.

(4) 내부수익률(IRR)법의 문제점
1) 평가기준의 변동 및 복수의 IRR 발생
① 차입형 투자안

투자형 투자안의 현금흐름 형태와 반대로 현재시점에서 현금유입(+)이 발생하고 이후에는 현금유출(−)이 발생하는 차입형 투자안에서는 투자형 투자안의 평가기준을 그대로 적용할 수 없다. 예를 들어, 자본비용이 10%이고 현재 100만원의 현금유입이 있고 1년도 말에 70만원과 2년도 말에 50만원의 현금유출이 있는 투자안이 있다고 하자. 이 투자안의 IRR은 다음과 같이 13.90%로 계산된다.

$$NPV = \frac{-70}{(1+IRR)^1} + \frac{-50}{(1+IRR)^2} + 100 = 0 \quad \rightarrow \quad IRR = 13.90\%$$

IRR(13.90%)이 자본비용(10%)보다 크므로 투자형 현금흐름의 평가기준을 그대로 적용할 경우 이 투자안은 채택된다. 하지만, 이 투자안의 NPV는 −4.96만원으로 손실이 발생하는 투자안이므로 NPV법에 의하면 기각된다.[4] 이처럼 차입형 투자안일 때 투자형 투자안의 IRR법의 평가기준을 적용하면 NPV법에 의한

---

4    $NPV = \dfrac{-70}{(1+0.10)^1} + \dfrac{-50}{(1+0.10)^2} + 100 = -4.96 < 0$

의사결정과 다르게 나타나는 문제점이 발생한다.

　이러한 문제점은 투자형 투자안의 평가기준을 반대로 적용하여 해결할 수 있다. 즉, 차입형 투자안의 경우 현재시점에서 현금유입의 발생은 다른 사람으로부터 차입한 것으로 볼 수 있다. 그리고 이후에 돈이 나가는 것은 차입한 원리금을 갚는 것으로 보아 이때 적용하는 할인율을 차입이자율로 본다. 따라서 투자형 투자안과 달리 차입형 투자안의 IRR은 투자수익률이 아니라 차입이자율로 보아 IRR(차입이자율)이 자본비용보다 작을 경우에 투자안을 채택한다면, NPV법에 의한 결과와 동일하게 된다.

$$자본비용(r) > IRR \ (= NPV > 0) \ \rightarrow \ 투자안 \ 채택$$
$$자본비용(r) < IRR \ (= NPV < 0) \ \rightarrow \ 투자안 \ 기각$$

　이 기준을 적용하여 위의 차입형 투자안의 예를 직관적으로 보면, 어느 투자자가 자금을 차입할 때 만약 금융시장을 이용하는 경우에는 10%의 자본비용으로 100만원을 빌려올 수 있다고 볼 수 있다. 하지만 이 투자안을 통해 100만원을 빌려오는 경우에는 13.90%의 높은 차입이자율을 지급해야하기 때문에 이 투자안을 기각하고 금융시장을 이용하는 것이 유리하다는 것을 의미한다.

② 혼합형 투자안

　현금흐름형태가 현금유입(−)과 현금유출(+)이 섞여 있는 혼합형 투자안의 경우는 기준이 여러 개 나올 수 있는 문제점이 있다. 예를 들어, 현재 100억원의 현금유출이 있고 1년 후에는 250억원의 현금유입이 있으며 2년 후에는 155억원의 현금유출이 있는 투자안의 IRR을 계산해 보자. 이 투자안의 IRR은 13.82%와 36.18%[5]로 두 개가 구해지는데 어느 것을 기준으로 삼아 투자안을 채택해야 하는지 정할 수 없다는 문제점이 발생한다.

5　$NPV = \dfrac{250}{(1+IRR)^1} + \dfrac{-155}{(1+IRR)^2} - 100 = 0$ (양변에 $(1+IRR)^2$을 곱하여 정리)

　　$\rightarrow \ 100(1+IRR)^2 - 250(1+IRR)^1 + 155 = 0$

　　$\rightarrow \ (1+IRR) = \dfrac{250 \pm \sqrt{250^2 - 4 \times 100 \times 155}}{2 \times 100}$　(근의 공식: $ax^2 + bx + c = 0 \ \rightarrow \ x = \dfrac{-b \pm \sqrt{b^2 - 4ac}}{2a}$)

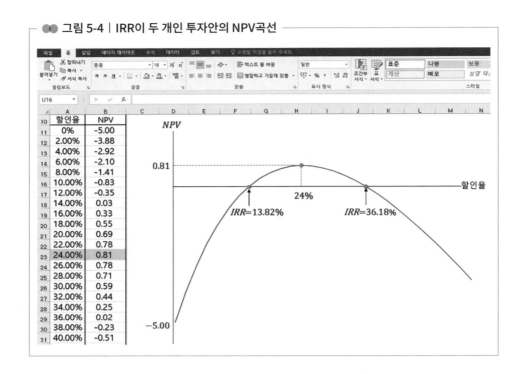

●● 그림 5-4 | IRR이 두 개인 투자안의 NPV곡선

할인율	NPV
0%	-5.00
2.00%	-3.88
4.00%	-2.92
6.00%	-2.10
8.00%	-1.41
10.00%	-0.83
12.00%	-0.35
14.00%	0.03
16.00%	0.33
18.00%	0.55
20.00%	0.69
22.00%	0.78
24.00%	0.81
26.00%	0.78
28.00%	0.71
30.00%	0.59
32.00%	0.44
34.00%	0.25
36.00%	0.02
38.00%	-0.23
40.00%	-0.51

한편, 혼합형 투자안 중에서는 IRR이 없는 투자안도 있을 수 있다. 예를 들어, 현재 100억원의 현금유입이 있고 1년 후에는 300억원의 현금유출이 있으며 2년 후에는 250억원의 현금유입이 있는 투자안이 있다고 하자.[6] 이때 이 투자안의 NPV를 0으로 만드는 할인율(IRR)은 존재하지 않는다.[7] 하지만 〈그림 5-5〉에서 보듯이 이 투자안의 IRR은 없지만 모든 할인율에서 NPV가 0보다 크게 나타나므로 수익성이 있는 좋은 투자안임을 알 수 있다.

정리하면, 투자형 투자안의 경우에는 복수의 IRR 문제 등이 발생하지 않는다. 하지만 혼합형 투자안에서는 복수의 IRR 문제나 IRR 부재의 문제(no-IRR problem)가 발생할 수 있다. 기본적으로 IRR을 구하는 수식은 n차의 다항식을 푸는 것이므로 n개까지의 해는 가질 수 있다. 따라서 현금흐름의 부호가 2번 변하는

---

[6] Hirshleifer, Jack, "On the Theory of Optimal Investment Decisions," *Journal of Political Economy*, 66(4), 1958.

[7] $NPV = 100 + \dfrac{-300}{(1+IRR)^1} + \dfrac{250}{(1+IRR)^2} = 0 \;\rightarrow\; IRR$ 없음

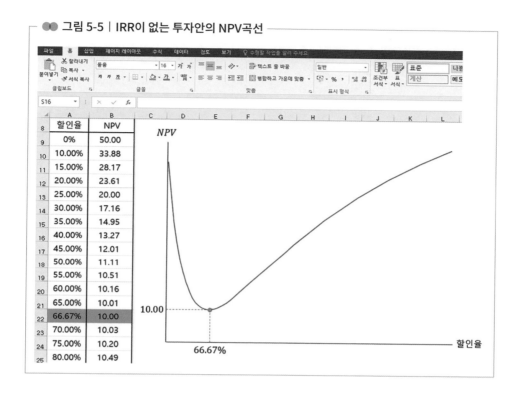

●● 그림 5-5 | IRR이 없는 투자안의 NPV곡선

투자안의 IRR은 없을 수도 있고, 1개 혹은 2개의 IRR을 가질 수도 있으므로 이러한 투자안을 분석할 때에는 이러한 문제점을 항상 염두에 두어야 한다.

2) 가치가산원칙의 불성립

IRR법은 가치가산의 원칙이 성립하지 않는다. 예를 들어, 자본비용이 10%이고, 현재 1,000만원이 투자되는 C투자안과 D투자안의 현금흐름이 〈표 5-2〉와 같다.

C투자안과 D투자안의 IRR은 각각 27.52%, 21.76%이다.[8] 하지만 D투자안의

---

8   E투자안: $0 = \dfrac{900}{(1+IRR)^1} + \dfrac{400}{(1+IRR)^2} + \dfrac{100}{(1+IRR)^3} - 1,000 \;\rightarrow\; IRR = 27.52\%$

F투자안: $0 = \dfrac{200}{(1+IRR)^1} + \dfrac{500}{(1+IRR)^2} + \dfrac{900}{(1+IRR)^3} - 1,000 \;\rightarrow\; IRR = 21.76\%$

$(F-E)$투자안: $0 = \dfrac{-700}{(1+IRR)^1} + \dfrac{100}{(1+IRR)^2} + \dfrac{800}{(1+IRR)^3} - 0 \;\rightarrow\; IRR = 14.29\%$

●● 표 5-2 | IRR법에 의한 투자안 평가

연도 말	C투자안의 현금흐름	D투자안의 현금흐름	(D−C)의 현금흐름
0	−1,000	−1,000	0
1	900	200	−700
2	400	500	100
3	100	900	800
IRR	27.52%	21.76%	14.29%(≠21.76%−27.52%)
NPV	224	271	47(=271−224)

현금흐름에서 C투자안의 현금흐름을 차감한 투자안의 IRR은 14.29%가 되어 D투자안의 IRR 21.76%에서 C투자안의 IRR 27.52%를 차감한 값과 같지 않다. 즉, 가치가산의 원칙이 성립하지 않기 때문에 경영자는 투자안을 독립적으로 고려할 수 없는 어려움을 겪게 된다.

3) 재투자수익률 가정의 비현실성

IRR법은 투자안에 자금을 재투자를 할 경우 IRR만큼의 수익률을 얻을 수 있다고 가정한다. 즉, 재투자수익률의 가정을 IRR로 한다. 이를 구체적으로 살펴보자. 식(5-3)의 양변에 $(1+IRR)^n$을 곱하면 식(5-4)가 된다. 식(5-4)의 우변을 보면, 매 기간에 발생하는 현금흐름을 투자종료 시점인 n년도까지 다시 투자할 경우 IRR의 수익률을 얻고 있음을 알 수 있다. 즉, 투자로 벌어들이는 매 기간의 현금흐름을 재투자할 경우 투자수익률이 IRR임을 알 수 있다.

$$C_0 = \frac{C_1}{(1+IRR)^1} + \frac{C_2}{(1+IRR)^2} + \cdots + \frac{C_n}{(1+IRR)^n}$$
$$\rightarrow C_0(1+IRR)^n = C_1(1+IRR)^{n-1} + C_2(1+IRR)^{n-2} + \cdots + C_n \quad (5\text{-}4)$$

〈표 5-2〉에서 NPV법에서는 NPV가 더 큰 D투자안을 선택하고 IRR법에서는 IRR이 더 큰 C투자안을 선택하게 되어 서로 상반된 평가결과가 나온다. 왜 상반된 평가결과가 나타날까? 이는 NPV법과 IRR법의 재투자수익률의 가정이 서로 다르기 때문이다.

NPV법에서는 매년 벌어들이는 현금흐름을 C투자안과 D투자안 모두 10%의 자본비용만큼의 투자수익률을 얻는 곳에 재투자한다고 암묵적으로 가정한다.

하지만 IRR법에서는 C투자안은 27.52%(IRR), D투자안은 21.76%(IRR)의 투자수익률을 얻는 곳에 재투자한다고 암묵적으로 가정한다.

이러한 재투자수익률 가정의 차이 때문에 NPV법의 경우에는 투자종료시점에서의 D투자안의 총가치는 1,692만원으로 C투자안의 총가치 1,629만원보다 더 크게 나온다.[9] 하지만 IRR법의 경우에는 투자종료시점에서의 C투자안의 총가치가 2,073.60만원으로 D투자안의 총가치 1,805.31만원 보다 더 크게 나온다.[10] 따라서 NPV법과 IRR법이 서로 다른 투자의사결정을 하게 된다.

이러한 결과는 한계투자수익률이 체감하는 현실에 비추어 볼 때, 초기의 높은 투자수익률인 IRR로 투자기간 내내 벌어들일 수 있다고 가정하는 IRR법보다 자본비용만큼 투자수익률을 얻을 수 있다고 가정하는 NPV법이 더 현실적이다.

3. 수익성지수(PI)법

(1) 수익성지수(PI)법의 개념

수익성지수(PI: profitability index)는 현금유입의 현재가치를 현금유출의 현재가치로 나눈 비율이다. PI는 투자된 1원에 의해 창출되는 가치를 나타내므로 상대적인 수익성의 크기를 보여주는 지표가 된다. PI는 NPV와 매우 유사하다. NPV는 미래현금흐름인 현금유입의 현재가치와 최초투자액인 현금유출의 현재가치의 차이로 계산되는 반면, PI는 현금유입의 현재가치와 현금유출의 현재가치의 비율로 계산되는 점이 다르다.

$$PI = \frac{PV\,(\text{현금유입})}{PV\,(\text{현금유출})} \tag{5-5}$$

(2) 수익성지수(PI)법의 평가기준

식(5-5)에서 현금유입의 현재가치가 현금유출의 현재가치와 동일하면 PI는

---

[9] C투자안(NPV법): $900(1+0.1)^2 + 400(1+0.1)^1 + 100 = 1,629$만원
     D투자안(NPV법): $200(1+0.1)^2 + 500(1+0.1)^1 + 900 = 1,692$만원

[10] C투자안(IRR법): $900(1+0.2752)^2 + 400(1+0.2752)^1 + 100 = 2,073.60$만원
     D투자안(IRR법): $200(1+0.2176)^2 + 500(1+0.2176)^1 + 900 = 1,805.31$만원

1의 값을 갖는다. 양(+)의 NPV를 갖는 투자안의 PI는 1보다 크고 음(-)의 NPV를 갖는 투자안의 PI는 1보다 작다. 따라서 투자안의 PI가 1보다 크면 채택하고 1보다 작으면 기각한다. 또한 상호배타적인 투자안일 경우 PI가 가장 큰 투자안을 채택한다.

$$PI > 1 \quad (=NPV > 0) \rightarrow 투자안 채택$$
$$PI < 1 \quad (=NPV < 0) \rightarrow 투자안 기각$$

(3) 수익성지수(PI)법의 장점

정부 등의 공공조직이나 기타 비영리조직의 투자성과를 측정하는 척도로 자주 이용되고 있는 PI법은 첫째, 이해하기 쉽다. 둘째, 의사소통에 편하다. 셋째, 투자에 사용될 자금이 제한되어 있는 자본할당의 경우에 유용하게 사용될 수 있다는 장점이 있다.

(4) 수익성지수(PI)법의 문제점

1) 재투자수익률 가정의 비현실성

자본비용이 10%일 때 상호배타적인 E투자안과 F투자안의 현금흐름이 〈표 5-3〉과 같다. NPV법으로 평가할 경우에는 NPV가 큰 F투자안을 채택하지만[11], PI법으로 평가할 경우에 PI가 큰 E투자안을 채택하게 된다.[12] 이처럼 NPV법과 PI법의 의사결정이 다르게 나올 경우 어느 방법으로 의사결정하는 것이 맞을까?

---

[11] $NPV_E = \dfrac{800}{(1+0.1)^1} + \dfrac{700}{(1+0.1)^2} + \dfrac{600}{(1+0.1)^3} - 1,000 = 757만원$

$\quad NPV_F = \dfrac{7,000}{(1+0.1)^1} + \dfrac{5,000}{(1+0.1)^2} + \dfrac{4,000}{(1+0.1)^3} - 10,000 = 3,501만원$

[12] $PI_E = \dfrac{\left[\dfrac{800}{(1+0.1)^1} + \dfrac{700}{(1+0.1)^2} + \dfrac{600}{(1+0.1)^3}\right]}{1,000} = \dfrac{1,757}{1,000} = 1.76$

$\quad PI_F = \dfrac{\left[\dfrac{7,000}{(1+0.1)^1} + \dfrac{5,000}{(1+0.1)^2} + \dfrac{4,000}{(1+0.1)^3}\right]}{10,000} = \dfrac{13,501}{10,000} = 1.35$

$\quad PI_{F-E} = \dfrac{\left[\dfrac{6,200}{(1+0.1)^1} + \dfrac{4,300}{(1+0.1)^2} + \dfrac{3,400}{(1+0.1)^3}\right]}{9,000} = 1.30$

●● 표 5-3 │ PI에 의한 투자안 평가

연도 말	E투자안의 현금흐름	F투자안의 현금흐름	(F-E)의 현금흐름
0	-1,000	-10,000	-9,000
1	800	7,000	6,200
2	700	5,000	4,300
3	600	4,000	3,400
NPV	757	3,501	2,744 (=3,501-757)
PI	1.76	1.35	1.30 (≠1.76-1.35)

NPV법에 의해 F투자안을 채택하면 투자안으로 인해 기업의 가치가 3,501만원 증가한다. 하지만 PI법에 의해 E투자안을 채택하면 투자안으로 인해 기업의 가치가 757만원만 증가한다. 기업가치(주주 부)의 극대화를 고려할 때 기업가치를 더 크게 증가시키는 F투자안을 채택하는 것이 타당하므로 NPV법에 의해 투자 의사결정 하는 것이 적합하다.

그런데 PI법은 NPV법과 매우 유사한 평가방법임에도 불구하고 왜 위와 같은 상반된 평가결과가 나타날까? 이는 투자규모에 따른 재투자수익률의 가정이 서로 다르기 때문이다. PI법에 의하면 E투자안은 1원 투자했을 때 1.76원을 벌 수 있는 투자안이고, F투자안은 1원 투자했을 때 1.35원을 벌 수 있는 투자안이다.

PI법은 만약 E투자안을 F투자안과 동일한 투자규모로 투자하기 위해서 9,000만원을 추가로 더 투자할 경우, 현재 선택한 E투자안의 투자수익률인 1.76의 PI를 얻을 수 있는 투자안에 투자할 수 있다고 가정한다. 반면, NPV법은 9,000만원을 추가적으로 투자할 경우 자본비용과 동일한 투자수익률을 얻을 수 있는 투자안에 투자할 수 있다고 가정한다.

이러한 암묵적인 재투자수익률에 대한 가정은 한계투자수익률이 체감하는 현실에 비추어 볼 때, 추가로 투자할 경우에도 초기의 높은 PI를 투자기간 동안 벌어들일 수 있다고 가정하는 PI법보다 자본비용만큼 투자수익률을 얻을 수 있다고 가정하는 NPV법이 보다 더 현실적이다.

2) 가치가산원칙의 불성립

PI법에서도 $PI(F) - PI(E) \neq PI(F-E)$ → $1.76 - 1.35 \neq 1.30$이 되어 가치가산원칙이 성립하지 않기 때문에 투자안을 독립적으로 고려할 수 없다.

4. 회수기간법

(1) 회수기간법의 개념

실무에서는 투자된 자금이 얼마나 빨리 회수되는지에 많은 관심을 가지고 있기 때문에 회수기간(payback period)법이 사용되고 있다. 회수기간은 초기에 투자된 투자원금이 회수되는 데 걸리는 기간을 말하며, 화폐의 시간적 가치를 무시할 때 투자안이 손익분기점에 도달하는 기간으로 볼 수 있다. 예를 들어, 현재 1,000만원을 투자하여 1년도 말에 450만원, 2년도 말에 350만원, 3년도 말에 300만원, 4년도 말에 300만원이 들어오는 투자안이 있다고 하자.

이 투자의 최초 투자금액은 2년도 말과 3년도 말 사이에 모두 회수할 수 있다. 3년도 말에 300만원이 들어오기 때문에 이 금액의 2/3만 있으면 투자원금이 모두 회수된다. 따라서 투자원금의 회수기간은 2년과 3년도 현금흐름의 2/3가 회수되는 0.67년을 합한 2.67년이 된다.

(2) 회수기간법의 평가기준

회수기간법에서는 투자안의 목표 회수기간과 실제 회수기간을 비교하여 목표 회수기간보다 실제 회수기간이 짧으면 투자원금이 목표보다 더 빨리 회수되므로 투자안을 채택하게 된다. 위의 예에서 만약 투자안의 목표 회수기간을 3년으로 정해 놓았을 경우 실제 회수기간 2.67년은 목표로 정해놓은 3년의 회수기간보다 투자원금이 더 빨리 회수되므로 이 투자안을 채택한다. 회수기간법에 의한 투자안의 평가기준은 다음과 같다.

> 투자안의 회수기간 < 목표 회수기간 → 투자안 채택
> 투자안의 회수기간 > 목표 회수기간 → 투자안 기각

예제 회수기간법

기대현금흐름이 아래와 같은 상호배타적인 G투자안과 H투자안을 고려하고 있다. 이 투자안의 목표 회수기간은 5년인 경우 회수기간법에 의해 채택여부를 결정하시오.

(단위: 만원)

연도 말	G투자안의 현금흐름	H투자안의 현금흐름
0	−1,000	−1,000
1	100	900
2	300	0
3	−200	−100
4	800	200
5	100	300

답 두 투자안 모두 목표 회수기간보다 짧은 4년 만에 투자원금이 회수되어 회수기간
법으로 평가할 경우 어느 투자안을 선택해도 무방하다. 하지만 H투자안이 초기에
투자원금의 대부분이 회수되고 회수기간 이후에도 G투자안보다 큰 금액이 들어
오므로 직관적으로 봐도 H투자안이 보다 더 좋은 투자안이라고 할 수 있다.

(3) 회수기간법의 장점 및 문제점

회수기간법은 간단하고 이해하기 쉽다는 단순함 때문에 예비적 판단기준으로
사용되고 있다. 하지만 회수기간법은 다음의 문제점이 있다. 첫째, 회수기간 동
안의 현금흐름에 대한 화폐의 시간가치와 투자안의 위험을 무시하고 있다. 둘
째, 원금이 모두 회수된 이후에도 발생할 수 있는 현금흐름을 고려하지 않는다.
셋째, 목표 회수기간의 선정이 자의적이라는 한계점이 있다.

따라서 회수기간법은 투자자금회수의 지표로써 투자안의 유동성을 나타낼 수
있을 뿐 수익성의 지표는 아니므로 회수기간법을 사용할 때는 투자안의 수익성
을 고려할 수 있는 NPV법과 IRR법을 병행해서 사용해야 한다.

5. 평균회계이익률(AAR)법

(1) 평균회계이익률(AAR)법의 개념

평균회계이익률(AAR: average accounting rate of return)은 세후 연평균순이익을
연평균장부가액으로 나눈 비율이다. 세후 연평균순이익은 매년 매출총이익에서
감가상각비와 세금을 차감하여 얻어지는 당기순이익의 투자기간 전체에 대한
평균값이며, 투자안의 연평균장부가액은 연평균투자액을 말한다.

$$\text{평균회계이익률}(AAR) = \frac{\text{세후 연평균순이익}}{\text{연평균장부가액}} \tag{5-6}$$

(2) 평균회계이익률(AAR)법의 평가기준

AAR법의 평가기준은 투자안의 AAR이 목표 AAR보다 클 경우 투자안을 채택하고, 투자안의 AAR이 목표 AAR보다 작을 경우 투자안을 기각한다.

> 투자안의 AAR > 목표 AAR → 투자안 채택
> 투자안의 AAR < 목표 AAR → 투자안 기각

예를 들어, 가격이 4,000,000원인 새로운 기계의 구입 여부를 검토하고 있다고 하자. 이 기계의 내용연수는 4년이고, 잔존가치는 없으며 정액법으로 상각된다. 이 기계를 이용할 경우 매출총이익이 4년 동안 매년 2,000,000원이 될 것으로 기대된다. 법인세율은 30%이다. 이 기업의 목표 AAR이 20%일 경우 AAR법에 의해 평가할 때 이 기계를 구입해야 하는지 알아보자.

먼저, 4년 동안 정액법에 의한 감가상각비는 매년 1,000,000원(=4,000,000원/4년)이며, 4년 동안 매년 700,000원의 당기순이익이 발생할 것으로 기대된다. 따라서 세후 연평균순이익은 다음과 같이 700,000원이 된다.

$$\text{세후 연평균순이익} = \frac{700,000 + 700,000 + 700,000 + 700,000}{4} = 700,000 \text{원}$$

●● 표 5-4 | 손익계산서

매 출 액			
매 출 원 가			
매 출 총 이 익	2,000,000		
감 가 상 각 비	1,000,000(=4,000,000원/4년)		
영 업 이 익	→	1,000,000	
이 자 비 용		−	
법인세차감전순이익	1,000,000		
법 인 세	300,000(=1,000,000×0.3)		
당 기 순 이 익	700,000		

 연평균장부가액은 다음과 같이 매년 평균장부가액을 구한 후, 투자기간 동안의 매년 평균장부가액의 평균치를 구하면 된다.[13]

$$\begin{aligned} 연평균장부가액 &= [(4,000,000 + 3,000,000)/2 + (3,000,000 + 2,000,000)/2 \\ &\quad + (2,000,000 + 1,000,000)/2 + (1,000,000 + 0)/2]/4 \\ &= 2,000,000원 \end{aligned}$$

 따라서 AAR은 35%(= 700,000원/2,000,000원)가 되고 이는 목표 AAR(20%)보다 크므로 투자안을 채택한다.

(3) 평균회계이익률(AAR)법의 장점 및 문제점

 AAR법은 회계적 자료를 바로 이용하므로 필요한 정보를 항상 쉽게 구할 수 있다. 하지만 AAR법은 첫째, 화폐의 시간적 가치를 사용하지 않고 둘째, 현금흐름과 시장가치가 아닌 회계적인 장부가치를 이용하여 계산하며 셋째, 목표 AAR의 선정이 자의적이라는 문제점이 있다.

뉴스로 보는 재무이야기

동해 해상풍력, 경제성은 '미달' 수익성은 '우수' …왜?

 국내 최초로 시도되는 동해 부유식 해상풍력 사업이 경제성평가에서는 미달 점수를 받았지만 수익성평가에서는 우수 점수를 받았다. 사업 자체만 놓고 따지면 수익성이 괜찮지만 상대적으로 환경적 편익이 낮아 엇갈린 평가가 나왔다는 분석이다. 사업참여사 대부분이 공기업이고 총 1조 4,000억원 이상이 투입되는 대규모 사업인 만큼 부실화 시 세금으로 메꿔질 수 있어 면밀한 검토가 필요하다는 지적이 나오고 있다.

 5일 신재생에너지업계에 따르면 한국석유공사 컨소시엄이 총 1조 4,163억원을 투입하는 '동해1 부유식 해상풍력발전사업'을 추진 중인 가운데 이 사업의 경제성평가는 미달 수준으로 나타났다. 도화엔지니어링이 실시한 이번 사업에 대한 타당성조사 용역에서 경제성평가(B/C)

---

[13] 정액법에 의해 상각하고 잔존가치가 없는 경우의 연간평균장부가액은 초기장부가액 4,000,000원이 마지막에 0으로 끝나므로 (초기장부가액 + 마지막장부가액)/2 = (4,000,000 + 0)/2 = 2,000,000원으로 구할 수도 있다.

점수는 0.55로 나왔다.

경제성평가(B/C: Benefit per Cost)는 투입한 비용 대비 얻을 수 있는 편익을 비율로 나타낸 것이다. 1 이상이 나오면 그만큼 경제성이 높고 1 이하이면 경제성이 떨어진다는 뜻이다. 이번 사업의 경제성평가 점수가 0.55라는 것은 투입한 비용 대비 얻을 수 있는 편익이 절반 수준밖에 안 된다는 뜻이다.

하지만 반대로 이번 사업의 수익성평가는 우수한 것으로 나타났다. 투자액의 현재가치 대비 미래 회수액의 현재가치를 나타내는 수익성지수(Profitability Index)는 1.24가 나왔다. 수익성지수는 1 이상이 나오면 수익성이 높아 그만큼 사업 진행 가치가 있다는 뜻이다. 이 사업의 순현재가치(NPV)는 4131억원, 내부수익률은 8.5%의 준수한 수준으로 나타났다. 특히 풍황은 평균풍속 8.13m/s로, 서남해 해상풍력의 6.9m/s보다 높은 것으로 나타났다.

경제성평가와 수익성평가는 조사 관련 범위를 얼마나 넓게 책정했는지에 따라 엇갈렸다. 수익성평가는 사업 자체만 놓고 계산하지만 경제성평가는 사업은 물론 환경적 측면과 이번 사업과 연관되는 화력발전과의 연관성까지 계산한다.

석유공사 관계자는 "수익성평가 대비 경제성평가가 낮게 나온 것은 그만큼 환경적 편익이 높지 않게 나왔다는 뜻"이라며 "아무래도 부유식 해상풍력이 우리나라에서 처음 시도하는 것이다 보니 생태계가 조성돼 있지 않아 환경적 편익이 높지 않게 나왔지만 사업이 진행되면서 생태계가 조성되면 편익도 올라갈 것으로 보고 있다"고 설명했다.

이번 사업은 석유공사와 동서발전, 노르웨이의 해상풍력업체 에퀴노르가 컨소시엄을 구성해 추진 중이다. 부유식 방식으로 8MW 25기 등 총 200MW 규모로 구축한다. 2021년부터 건설을 시작해 2025년 완공하고 2026년부터 2045년까지 운영할 계획이다.

업계는 이번 사업이 마지막 관문인 기획재정부의 예비타당성 평가를 통과할 가능성이 높은 것으로 점치고 있다. 점수가 낮게 나온 경제성평가의 가중치는 23~30%에 불과한 반면 정책성은 30~37%로 가장 높아 현 정부가 해상풍력 중심의 그린뉴딜을 국책과제로 추진 중인 점을 감안하면 높은 점수가 예상되기 때문이다.

도화엔지니어링의 분석 기준은 할인율 4.5%(2019년 말 기준), kWh당 전력공급편익 93.44원, 환경편익 25.81원이며 20년 평균(REC 가중치 3.3496 기준) SMP 89.5원, REC 58.2원이다.

[전기신문(m.electimes.com), 2020. 10. 5.]

⦂ 연습
문제

1 다음 중 성격이 다른 것은? (   )

① 자본비용   ② 평균수익률
③ 장애율   ④ 자본환원율

2 여러 투자안들 중에서 하나의 투자안이 선택되면 나머지 투자안이 자동적으로 기각되는 투자안은? (   )

① 독립적 투자안   ② 종속적 투자안
③ 상호배타적 투자안   ④ 보완적 투자안

3 다음 중 화계의 시간적 가치가 고려된 투자평가기준은? (   )

① NPV법, IRR법, PI법   ② 회수기간법, AAR법, IRR법
③ AAR법, PI법, NPV법   ④ PI법, AAR법, IRR법

4 NPV법에 대한 다음 설명으로 옳지 않은 것은? (   )

① NPV는 주주의 부를 극대화하는 목표에 적합한 투자평가기준이다.
② 자금을 재투자할 경우에는 IRR로 재투자한다고 암묵적으로 가정한다.
③ 투자안의 모든 현금흐름을 자본비용으로 할인한다.
④ 가치가산의 원칙이 성립하는 유일한 투자평가기준이다.

5 IRR에 대한 다음 설명으로 옳지 않은 것은? (   )

① 현금유입의 현재가치와 현금유출의 현재가치를 같게 하는 할인율이다.
② 순현가를 0으로 하는 할인율이다.
③ 투자형 투자안과 차입형 투자안에서의 IRR에 대한 의미가 동일하다.
④ 투자형 현금흐름에서 투자수익률을 의미한다.

6 NPV법과 IRR법에 대한 다음 설명 중 옳은 것은? (   )

① NPV법과 IRR법의 평가결과는 항상 일치한다.
② NPV법과 IRR법의 재투자수익률 가정은 같다.
③ NPV법과 IRR법 모두 가치가산 원칙이 성립한다.
④ NPV법과 IRR법 모두 투자안의 모든 현금흐름을 이용한다.

7 NPV법과 PI법에 관한 설명으로 적절하지 못한 것은? ( )

① NPV법과 PI법 모두 화폐의 시간가치를 고려한다.

② NPV법은 가치가산의 원칙이 성립하지만 PI법은 성립하지 않는다.

③ NPV법의 재투자수익률 가정이 PI법의 재투자수익률 가정보다 합리적이다.

④ NPV법과 PI법 모두 기업가치의 극대화에 적합한 평가방법이다.

8 다음 두 투자안에 대한 설명으로 틀린 것은? 단, 자본비용은 10%이고 목표회수기간은 3년이다. ( )

연도 말	현금흐름	
	투자안 A	투자안 B
0	−100만원	−200만원
1	70만원	0
2	30만원	200만원

① 독립적인 투자안일 경우 NPV법에 의하면 두 투자안 모두 기각한다.

② 상호배타적인 투자안일 경우 PI법에 의하면 투자안 A를 채택한다.

③ 상호배타적인 투자안일 경우 회수기간법에서는 두 투자안이 차이가 없다

④ 두 투자안의 IRR은 차입이자율 개념이다.

9 (2009 CPA 수정) (주)감마기업은 다음 네 개의 투자안을 검토하고 있다. 투자기간은 모두 1기간이며, 각 투자안에 적용되는 가중평균자본비용은 10%로 동일하다. 다음 설명 중 적절하지 않은 것은? ( )

투자안	투자액(t=0)	수익성지수(PI)
A	1억	1.2
B	1억	1.5
C	2억	1.5
D	3억	1.4

① 순현재가치(NPV)가 가장 큰 투자안은 D이다.

② 투자안 B와 투자안 C의 내부수익률(IRR)은 동일하다.

③ 투자안이 모두 상호배타적일 경우, 순현가법과 내부수익률법으로 평가한 결과는 상이하다.

④ 투자안이 모두 독립적이며 투자할 수 있는 총금액이 2억원으로 제약될 경우, 투자안 A와 투자안 B에 투자하는 것이 기업가치를 극대화할 수 있다.

⑤ 투자안이 모두 독립적이며 투자할 수 있는 총금액이 3억원으로 제약될 경우, 투자안 B와 투자안 C에 투자하는 것이 기업가치를 극대화할 수 있다.

10 수익성지수(PI)법에 관한 설명 중 옳지 않은 것은? (　)

① PI는 현금유출의 현재가치를 현금유입의 현재가치로 나누어 구한다.

② PI는 투자된 1원에 대한 창출되는 가치를 나타낸다.

③ 가치가산의 원칙이 성립하지 않는다.

④ 투자규모를 표준화하여 투자안을 평가한다.

11 다음 중 내부수익률이 하나만 존재하는 경우가 아닌 것은? (　)

① 투자형 현금흐름 　　　　　② 차입형 현금흐름

③ $NPV \geq 0$ 　　　　　④ ①과 ②

연습문제
해답

1 ②

2 ③

3 ①

4 ②

5 ③

6 ④

7 ④

〈답〉

NPV법은 현금유입의 현재가치와 현금유출의 현재가치의 차이로 계산되어 기업가치의 증분을 나타내지만 PI법은 현금유입의 현재가치와 현금유출의 현재가치의 비율로 계산되어 수익률을 나타내는 개념이다.

8 ④

〈답〉

① $NPV_A = \dfrac{70}{(1+0.1)^1} + \dfrac{30}{(1+0.1)^2} - 100 = -12만원$

$NPV_B = \dfrac{0}{(1+0.1)^1} + \dfrac{200}{(1+0.1)^2} - 200 = -35만원$

② $PI_A = \dfrac{\left[\dfrac{70}{(1+0.1)^1} + \dfrac{30}{(1+0.1)^2}\right]}{100} = 0.88$

$PI_B = \dfrac{\left[\dfrac{0}{(1+0.1)^1} + \dfrac{200}{(1+0.1)^2}\right]}{200} = 0.83$

9 ④

〈답〉

① $PI = \dfrac{PV(\text{현금유입})}{PV(\text{현금유출})}$

→ A투자안: PV(현금유입)$=1.2\times1$억$=1.2$억 → $NPV_A=1.2$억-1억$=0.2$억

→ B투자안: PV(현금유입)$=1.5\times1$억$=1.5$억 → $NPV_B=1.5$억-1억$=0.5$억

→ C투자안: PV(현금유입)$=1.5\times2$억$=3$억 → $NPV_C=3$억-2억$=1$억

→ D투자안: PV(현금유입)$=1.4\times3$억$=4.2$억 → $NPV_D=4.2$억-3억$=1.2$억

② 1년 후 현금유입 → $\dfrac{C_A}{1+0.1}=1.2$억 → $C_A=1.2$억$(1+0.1)=1.32$억

→ $\dfrac{C_B}{1+0.1}=1.5$억 → $C_B=1.5$억$(1+0.1)=1.65$억

→ $\dfrac{C_C}{1+0.1}=3$억 → $C_C=3$억$(1+0.1)=3.3$억

→ $\dfrac{C_D}{1+0.1}=4.2$억 → $C_D=4.2$억$(1+0.1)=4.62$억

A투자안의 IRR: $\dfrac{1.32\text{억}}{1+IRR_A}=1$억 → $IRR_A=1.32$억$/1$억$-1=32\%$

B투자안의 IRR: $\dfrac{1.65\text{억}}{1+IRR_B}=1$억 → $IRR_B=1.65$억$/1$억$-1=65\%$

C투자안의 IRR: $\dfrac{3.3\text{억}}{1+IRR_C}=2$억 → $IRR_C=3.3$억$/2$억$-1=65\%$

D투자안의 IRR: $\dfrac{4.62\text{억}}{1+IRR_D}=3$억 → $IRR_D=4.62$억$/3$억$-1=54\%$

③ NPV법은 D투자안을 선택하고 IRR법은 B투자안 또는 C투자안을 선택

④ 투자액이 2억원으로 제약될 경우 NPV법에 의해 C투자안을 선택하는 것이 기업가치를 극대화할 수 있다.

⑤ 투자액이 3억원으로 제약될 경우 NPV법에 의해 B투자안과 C투자안을 선택하는 것이 기업가치를 극대화할 수 있다.

10 ①

11 ③

자본예산: 투자의사결정

본 장에서는 투자안의 현금흐름을 추정할 때 고려할 점에 대해서 살펴본 후, 투자안의 현금흐름을 최초투자 시점, 투자기간 중, 투자종료 시점으로 구분하여 각 시점에서의 현금흐름의 추정에 대해서 설명한다. 또한 투자기간이 서로 다른 경우 반복투자가 불가능할 경우의 자본예산과 반복투자가 가능할 경우의 자본예산, 그리고 자본제약이 있는 경우의 자본예산에 대해서 다룬다.

- 현금흐름 추정   - 반복투자가 불가능한 경우의 자본예산
- 반복투자가 가능한 경우의 자본예산   - 자본제약하의 자본예산

SECTION 01 현금흐름의 추정

투자안을 평가할 때 NPV법이 가장 우월한 평가기준인 것으로 나타났다. NPV법에 의해 투자안의 채택여부를 결정할 때 가장 먼저 투자안의 현금흐름을 추정하게 되는데 원리가 단순해 보여도 실무에서 실제로 적용할 때 현금흐름의 추정이 쉽지 않으며 이에 현금흐름 추정 시 의사결정자들이 반드시 고려해야 하는 사항들에 대해서 살펴본다.

1. 현금흐름 추정 시 고려사항

(1) 감가상각비

감가상각비는 일반적으로 기업의 비용 중 가장 크고 중요한 비용이지만 실제로는 현금이 나가지 않는 비용이다. 예를 들어, 내용연수 10년이고 잔존가치가 없는 기계를 1억원에 구입한다고 하자. 현금지출 1억원은 현재시점에서 발생하지만, 정액법으로 감가상각한다고 할 경우 회계상으로는 10년 동안 매년 1천만원(=1억원/10년)씩 비용으로 인정하여 1억원을 매년 1천만원씩 지출한 것처럼 인위적으로 배분한다. 하지만 실제로 1억원의 현금이 나간 시점은 현재시점이지 10년 동안 매년 1천만원씩 나간 것이 아니기 때문에 감가상각비는 현금유출로 보지 않는다.

(2) 이자비용과 배당금 등 금융비용

이자비용과 배당금 등 금융비용(financing cost)은 현금흐름으로 고려하지 않는다. 사실 이자비용과 배당금 등은 명백히 현금이 유출되는 자금조달비용에 해당한다. 하지만 NPV를 구할 때 세후현금흐름을 이 자금조달비용이 반영된 할인율인 자본비용으로 할인한다. 자본비용은 기업의 가중평균자본비용을 사용하는데, 기업의 가중평균자본비용에 자기자본과 타인자본의 비율과 같은 자본조달의사결정의 효과가 반영되어 있다.

따라서 부채의 크기를 얼마로 하고 이에 대한 이자는 얼마를 지출할지 또한 배당을 얼마나 지급할지 등과 관련한 효과가 가중평균자본비용인 할인율을 산출할 때 반영되어 있다. 만약 이자 및 배당 그리고 이자의 절세효과를 현금흐름에 포함하여 자본비용으로 할인하게 되면 이중으로 계산되기 때문에 할인율에 반영 되어 있는 이자비용과 배당금 등의 현금유출과 이자의 절세비용과 같은 현금유입은 현금유출로 직접 차감하지 않는다.

(3) 매몰비용

매몰비용(sunk cost)은 돌이킬 수 없는 과거에 이미 발생한 비용이다. 현재시점에서의 의사결정은 현재와 미래의 현금흐름을 기초로 이루어져야 하며 이전에 발생한 매몰비용에 영향을 받아서는 안 된다. 따라서 매몰비용은 현금흐름으로 고려하지 않는다.

예를 들어, 한 달 전에 새 자동차를 2천만원에 구매했는데, 사용하는 동안 이 자동차의 편의사양이 불편하고 엔진소음도 생각보다 크다고 하자. 이때 이미 산 자동차를 계속 사용할 것인가 아니면 더 좋은 차를 다시 살 것인가? 이미 지불한 자동차 가격 2천만원은 환불이 불가능하므로 기발생원가 혹은 매몰비용이다. 이 돈은 이미 사용하여 없어진 돈이므로 새로운 차를 살지 말지에 대한 의사결정을 할 때 고려하지 말아야 한다.

(4) 기회비용

기회비용(opportunity cost)이란 어떤 것을 선택했을 때 포기한 것 중에서 가장 가치가 큰 것을 말한다. 따라서 어떤 투자안에 투자금액을 투자함으로써 다른 곳에 투자하지 못하게 되면 다른 곳에 투자하여 벌어들일 수 있는 현금을 포기한 기회비용이 발생하게 되고 이러한 기회비용은 현금유출로 본다.

예를 들어, 기업이 임대료를 받고 있는 공장건물이 있다고 하자. 이 기업이 신제품을 생산하기 위하여 이 공장건물을 사용해야 된다고 하면 공장건물에 대한 임대료는 신제품생산을 위해 포기해야 하는 기회비용이 된다. 기회비용은 임대료수입으로 들어오는 현금흐름을 포기한 것이므로 현금유출로 본다.

(5) 잠식비용

잠식비용(erosion cost)은 한 기업 안에서 특정 부분에 대한 투자가 다른 부분의 매출을 잠식하는 것으로서 현금유출로 본다. 예를 들면, 노트북에 대한 투자를 늘리면 태블릿에 대한 매출이 줄어들 수 있다. 이 경우 태블릿에 대한 매출 감소에 따른 손실이 잠식비용이 된다. 만약 노트북에 대한 투자가 없었다면 태블릿에서 벌어들일 수 있는 금액을 노트북에 대한 투자로 인해 못 벌게 되었으므로 잠식비용을 현금유출로 본다.

(6) 자본적 지출

자본적 지출은 자산의 실질적인 가치를 증가시키는 현금유출로서, 유형자산의 신규투자 및 유형자산의 가치를 증가시키거나 내용연수를 증가시키는 개량 및 증설, 대체투자 등을 포함한다. 이러한 자본적 지출은 현재의 비용이 아니라 자산의 원가에 포함되므로 자본적 지출이 발생하는 시점의 현금유출로 본다. 하지만 자본적 지출로 인해 증가되는 감가상각비는 현금유출에 포함해서는 안 된다.

(7) 법인세 절세효과

감가상각비 자체는 현금유출이 아니지만 감가상각비라는 비용으로 인해 이익이 줄어든다. 따라서 감가상각비만큼 줄어든 이익에 세율을 곱하여 세금을 내기 때문에 결국 감가상각비에 세율을 곱해서 나온 금액만큼을 덜 지출하게 된다. 이를 법인세 절세효과(tax shield effect)라고 한다.

예를 들어, A기업의 매출이 100원, 감가상각비가 40원, 법인세는 20%라고 하자. 비용인 감가상각비로 인해 이 기업은 $(100-40) \times 0.2 = 12$원의 법인세를 낸다. 만약 감가상각비를 비용으로 인정하지 않는다면 $100 \times 0.2 = 20$원을 법인세로 내야 한다. 즉, 감가상각비의 존재로 인해 8원($= 20 - 12 = 40 \times 0.2$)만큼의 세금이 덜 나가게 된다.

따라서 법인세 절세효과만큼 현금이 덜 나간 것은 기업입장에서 그만큼을 벌어들인 것으로 보아 현금유입으로 본다. 참고로, 이자비용도 회계상 비용이므로 이자비용에 대한 법인세 절세효과가 있다. 하지만 이자비용에 대한 법인세 절세효과는 현금유입으로 포함하지 않는다. 왜냐하면 이자비용에 대한 법인세 절세효과는 할인율에 모두 반영되기 때문이다.

(8) 순운전자본

유동자산에서 유동부채를 차감한 순운전자본(net working capital)에 대한 투자는 투자에 필요한 단기자산에 대한 실제로 나간 순투자액을 의미하므로 현금유출에 포함한다. 즉, 순운전자본에 대한 투자는 매출채권과 재고자산 등에 대한 투자금액에서 투자안으로부터 발생하는 매입채무 및 단기차입금을 차감한 순투자액을 말한다.

이러한 순운전자본은 투자종료 시에는 처음에 투자되었던 재고자산은 모두 판매되고, 매출채권도 회수되며 매입채무는 지불되는 등 모두 현금으로 회수되므로 최초 투자 시의 순운전자본은 투자종료 시점에 모두 회수되는 것으로 본다. 예를 들어, 어떤 투자로 인해 재고자산이 필요하여 1,000만원 어치의 재고자산을 샀다면 현금이 현재시점에서 1,000만원이 나간 것이다. 하지만 투자가 종료되면 쌓여 있던 재고자산을 모두 매각하여 1,000만원을 현금으로 회수한다고 본다.

2. 현금흐름의 추정

자본예산의 투자안을 평가하기 위해 투자안으로 인해 발생하는 현금흐름을 추정할 때 현금흐름을 ① 최초 투자 시의 현금흐름, ② 투자기간 중의 현금흐름, ③ 투자종료 시의 현금흐름으로 나누어서 추정할 수 있다.

(1) 최초 투자 시의 현금흐름

최초 투자 시에는 자본적 지출을 포함한 투자액(ΔI_0)이 나간다. 그리고 투자 시작 시점에서 필요한 재고자산 등을 사와야 하므로 순운전자본(ΔWC_0)만큼의 현금유출도 있다. 이때 주의할 점은 만약 투자 시에 투자세액공제를 받는다면 이 금액만큼은 나가야 하는 금액이 절약된 것이므로 투자세액공제는 현금유입으로 본다.

한편, 투자시작 시점에 기존에 사용하던 기계 등의 자산을 판매한다면 판매대금(S_0)이 들어올 것이고 판매 시에 자산의 장부가액(B_0)에 대비해 이익이 발생했다면 이익에 대한 세금($(S_0 - B_0) \times t$)이 나가야 할 것이다. 따라서 최초 투자 시에는 식(6-1)과 같은 현금흐름이 발생한다.

$$\Delta CF_0 = -\Delta I_0 + S_0 - (S_0 - B_0) \times t - \Delta WC_0 \tag{6-1}$$

(2) 투자기간 중의 현금흐름

최초시점에 투자한 이후 1차년도부터 투자종료 시점인 n차년도까지 벌어들이는 현금흐름은 정상적인 영업활동에서 실현되는 현금흐름인 영업현금흐름이다. 따라서 회계상 영업이익을 영업활동을 통해 실제로 들어오는 현금흐름인 영업현금흐름으로 전환해야 한다.

예를 들어, 〈표 6-1〉의 손익계산서에서 매출액 1,000만원에서 영업비용 500만원과 감가상각비 100만원까지 차감하면 회계상의 영업이익 400만원이 나온다.

●● 표 6-1 | 손익계산서

매 출 액 (R)	1,000만원
영 업 비 용 (C)	500만원
감 가 상 각 비 (D)	100만원
영 업 이 익 (EBIT) →	400만원
이 자 비 용 (I)	150만원
세 전 이 익 (EBT)	250만원
법 인 세 (T)	100만원(=250×0.4)
당 기 순 이 익 (NI)	150만원

한편, 영업현금흐름은 영업활동으로 벌어들이는 현금흐름에서 영업이익에 대한 세금을 차감하여 구할 수 있다. 영업활동으로 벌어들이는 현금흐름을 구할 때 감가상각비는 실제로 나간 현금유출이 아니므로 따로 고려하지 않는다. 그리고 영업이익에 대한 세금은 매출액에서 영업비용과 감가상각비를 차감하여 계산한다. 따라서 감가상각비로 인한 법인세 절세효과는 영업현금흐름에 자연적으로 반영된다. 이를 일반화한 투자기간 중에 발생하는 영업현금흐름은 식(6-2)와 같다.

영업현금흐름

= 영업활동으로 벌어들이는 현금흐름 − 영업이익에 대한 세금

= (1,000만원 − 500만원) − (1,000만원 − 500만원 − 100만원) × 0.4

= (1,000만원 − 500만원)(1 − 0.4) + (100만원)(0.4) = 340만원

$$\Delta CF_{1 \sim n} = (\Delta R - \Delta C)(1 - t) + \Delta D \times t \qquad (6\text{-}2)$$

(3) 투자종료 시점의 현금흐름

투자종료 시점에서는 투자자산으로부터의 모든 영업활동이 종료되며, 이때 자산의 잔존가치가 존재한다면 이를 처분하여 처분가액(ΔS_n)을 받게 된다. 만약 처분 시에 이익이 발생하면 세금($(\Delta S_n - \Delta B_n) \times t$)을 내게 된다. 또한 투자종료 시에는 재고자산과 매출채권 등의 유동자산과 매입채무와 같은 유동부채가 더 이상 필요하지 않으므로 이를 청산하여 모두 현금으로 회수(ΔWC_n)된다고 본다. 따라서 투자종료 시점에서는 식(6-3)과 같은 현금흐름이 발생한다.

$$\Delta CF_n = \Delta S_n - (\Delta S_n - \Delta B_n) \times t + \Delta WC_n \qquad (6\text{-}3)$$

식(6-1), 식(6-2), 식(6-3)의 현금흐름은 어느 투자안에서나 공통적으로 발생하는 현금흐름이다. 여기에 각 시점에서 비정규적으로 발생하는 들어오고 나가는 현금흐름이 있다면 그때마다 추가적으로 고려해 주어야 한다.

> **예제   자본예산**
>
> S기업은 기존의 구형기계를 생산능력과 비용측면에서 효율적인 신형기계로 교체하는 것을 고려하고 있다. 장부가액 500,000원인 구형기계의 현재 시가는 700,000원이고 향후 10년 더 사용가능하다. 구형기계를 그대로 사용할 경우 매년 매출액은 400,000원이고 영업비용은 150,000원, 매년 감가상각비는 50,000원이 된다. 10년 후에 구형기계의 잔존가치는 0이 되지만 100,000원에 시장에서 매각할 수 있을 것으로 본다.
>
> 한편, 내용연수 10년인 신형기계의 취득가액은 1,200,000원이며 신형기계를 사용할 경우 매년 매출액 500,000원, 영업비용 180,000원, 감가상각비 120,000원이 된다. 신형기계의 잔존가치도 10년 후에 0이 되지만 시장에서 200,000원에 매각할 수 있을 것으로 본다. 구형기계를 신형기계로 교체할 경우 110,000원의 순운전자본이 추가적으로 투자된다. 요구수익률이 10%, 법인세율이 40%일 경우 S기업은 신형기계로 교체해야 하는가? NPV법에 의해서 평가하시오.

답 (1) 투자안의 현금흐름

$$\Delta CF_0 = -\Delta I_0 + S_0 - (S_0 - B_0) \times t - \Delta WC_0$$

$$= -1,200,000 + 700,000 - (700,000 - 500,000)(0.4) - 110,000$$

$$= 690,000원$$

$$\Delta CF_{1\sim10} = (\Delta R - \Delta C)(1-t) + \Delta D \times t$$

$$= [(500,000 - 400,000) - (180,000 - 150,000)](1 - 0.4)$$

$$+ (120,000^{1)} - 50,000^{2)})(0.4)$$

$$= 70,000원$$

> 1) 신형기계의 감가상각비 $= \dfrac{1,200,000 - 0}{10} = 120,000원$
>
> 2) 구형기계의 감가상각비 $= \dfrac{500,000 - 0}{10} = 50,000원$

$$\Delta CF_{10} = \Delta S_{10} - (\Delta S_{10} - \Delta B_{10}) \times t + \Delta WC_{10}$$

$$= (200,000 - 100,000) - [(200,000 - 100,000) - (0 - 0)](0.4) + 110,000$$

$$= 170,000원$$

(2) 투자안 평가

$$NPV = \frac{70,000}{(1+0.1)^1} + \frac{70,000}{(1+0.1)^2} + \cdots + \frac{240,000}{(1+0.1)^{10}} - 690,000 = -194,338원$$

따라서, NPV < 0이므로 신형기계로 교체하지 않는다.

┇ SECTION 02   투자기간이 다른 경우의 자본예산

어느 투자안을 선택할지에 대한 투자의사결정을 할 때 모든 투자안의 투자기간이 동일한 경우는 드물다. 오히려 투자안들의 투자기간이 서로 다른 경우가 더 흔하다. 본 절에서는 투자기간이 서로 다른 상호배타적인 투자안을 서로 비교해 본다.

1. 반복투자가 불가능한 투자안

일반적으로 여러 투자안의 직접적인 비교는 투자기간이 동일할 경우에 이루어진다. 따라서 투자기간이 다른 투자안이 종료된 이후에 다시 반복하여 투자할 수 없는 경우에는 투자기간이 짧은 투자안의 투자종료 이후의 현금흐름을 0으로 가정하여 투자기간이 긴 투자안과 동일한 투자기간으로 만든 후에 투자안을 비교한다.

예를 들어, 자본비용이 10%이고 투자금액이 100만원으로 동일한 상호배타적인 A투자안과 B투자안이 있다고 하자. A투자안의 투자기간은 2년이고 B투자안의 투자기간은 3년이며 두 투자안은 1회성 투자안으로 투자종료 이후에 다시 반복하여 투자할 수 없다고 하자. 이 경우 A투자안의 3차 연도에는 0의 현금흐름이 발생한다고 생각하면 B투자안과 투자기간이 동일하게 되고, 이때 A투자안의 NPV는 13.22만원, B투자안의 NPV는 16.83만원으로 B투자안의 NPV가 더 크므로 B투자안을 채택한다.[1]

---

1   $NPV_A = \dfrac{70}{(1+0.1)^1} + \dfrac{60}{(1+0.1)^2} + \dfrac{0}{(1+0.1)^3} - 100 = 13.22$만원

    $NPV_B = \dfrac{50}{(1+0.1)^1} + \dfrac{50}{(1+0.1)^2} + \dfrac{40}{(1+0.1)^3} - 100 = 16.83$만원

●● 표 6-2 | 반복투자가 불가능한 경우의 자본예산

연도	A투자안의 현금흐름	B투자안의 현금흐름
0	−100	−100
1	70	50
2	60	50
3		40
NPV	13.22	16.83

2. 반복투자가 가능한 투자안

A투자안과 B투자안이 1회성 투자가 아니고 기계와 같이 마모가 될 때마다 계속 교체해야 하는 투자안이라고 할 경우, A투자안은 기계를 교체하는 2년마다 투자를 반복하고 B투자안은 3년마다 투자를 반복하게 된다. 이처럼 반복하여 투자를 할 경우에는 두 투자안의 투자기간이 일치하는 기간을 투자기간 전체로 보고 분석하는 것이 타당하다. 반복 투자로 인해 투자안들의 투자기간이 일치하게 되는 전체투자기간에 대해서 분석하는 방법으로는 최소공배수 접근법과 연간등가가치 접근법이 있다.

(1) 최소공배수 접근법

최소공배수 접근법은 서로 다른 투자안이 있을 경우 투자안들의 투자기간의 최소공배수에 해당하는 기간까지 반복하여 투자함으로써 최소공배수로 투자기간을 일치시킨 후 NPV를 계산하여 비교하는 방법이다. 즉, 최소공배수 접근법에서는 최소공배수의 투자기간 동안 투자안을 새로 시작할 때마다 발생하는 투자안의 $NPV(n)$을 구한 후, 최소공배수의 투자기간 동안의 NPV를 식(6-4)로 계산하여 투자안의 채택여부를 판단한다.

$$NPV = NPV(n) + \frac{NPV(n)}{(1+r)^n} + \frac{NPV(n)}{(1+r)^{2n}} + \cdots + \frac{NPV(n)}{(1+r)^{mn}} \tag{6-4}$$

예를 들어, 투자기간 2년인 A투자안과 투자기간 3년인 B투자안의 투자기간의 최소공배수는 6년이다. A투자안이 세 번 투자되고 B투자안이 두 번 투자될 경우 두 투자안의 투자기간은 2년과 3년의 최소공배수인 6년으로 일치하게 된다.

●● 그림 6-1 | 최소공배수 접근법의 NPV

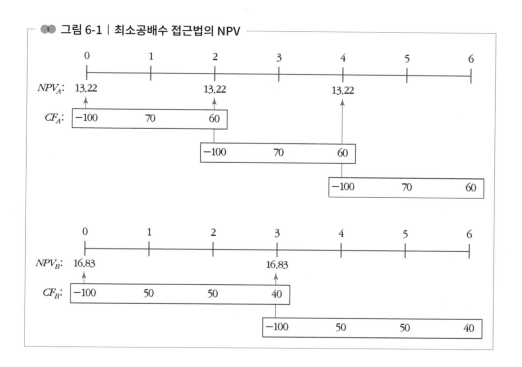

　두 투자기간이 동일한 6년 동안 발생하는 두 투자안의 NPV를 구해보면, A투자안의 경우에는 〈그림 6-1〉에서 보듯이 A투자안이 새로 시작할 때마다 발생하는 A투자안의 NPV 13.22만원의 현재가치를 식(6-4)를 이용하여 구하거나 반복투자로 인해 발생하는 매 기간 순현금흐름의 현재가치를 모두 더하여 33.18만원으로 구할 수 있다. 마찬가지로 6년 동안 B투자안의 NPV는 29.47만원으로 구해진다. 결과적으로 최소공배수 기간까지 A투자안의 NPV가 B투자안의 NPV보다 더 크므로 A투자안을 채택한다.

$$NPV_A = 13.22 + \frac{13.22}{(1+0.1)^2} + \frac{13.22}{(1+0.1)^4}^{2}$$

$$= \frac{70}{(1+0.1)^1} + \frac{-40}{(1+0.1)^2} + \frac{70}{(1+0.1)^3} + \frac{-40}{(1+0.1)^4}$$

$$+ \frac{70}{(1+0.1)^5} + \frac{60}{(1+0.1)^6} - 100 = 33.18만원$$

2　$NPV_A = NPV(n) + \dfrac{NPV(n)}{(1+r)^n} + \dfrac{NPV(n)}{(1+r)^{2n}}$

$$NPV_B = 16.83 + \frac{16.83}{(1+0.1)^3}^3$$

$$= \frac{50}{(1+0.1)^1} + \frac{50}{(1+0.1)^2} + \frac{-60}{(1+0.1)^3} + \frac{50}{(1+0.1)^4}$$

$$+ \frac{50}{(1+0.1)^5} + \frac{40}{(1+0.1)^6} - 100 = 29.47만원$$

(2) 연간등가가치 접근법

연간등가가치(AEV: annual equivalent value) 접근법은 무한히 반복 투자하는 경우를 가정하여 분석하는 방법이다. 즉, 최소공배수 접근법에서는 투자기간을 최소공배수 기간까지 반복 투자한다고 가정한 반면 연간등가가치 접근법에서는 무한히 투자한다고 가정한 것이다.

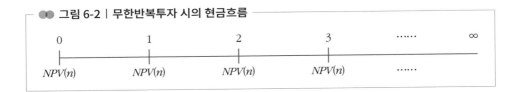

●● 그림 6-2 | 무한반복투자 시의 현금흐름

투자안이 무한히 반복 투자된다면 결국은 무한투자기간이라는 동일한 투자기간을 갖는 투자안이 되기 때문에 투자안을 서로 비교 분석할 수 있게 된다. 투자기간이 n인 투자안이 무한히 반복 투자되는 경우 매 투자기간의 NPV를 할인한 총순현재가치 $NPV(n, \infty)$는 영구연금의 현금흐름과 동일하므로 식(6-5)로 구해진다.

$$NPV(n, \infty) = NPV(n) + \frac{NPV(n)}{(1+r)^n} + \frac{NPV(n)}{(1+r)^{2n}} + \frac{NPV(n)}{(1+r)^{3n}} + \cdots$$

$$= \frac{NPV(n)}{1 - \frac{1}{(1+r)^n}}$$

---

3    $NPV_B = NPV(n) + \dfrac{NPV(n)}{(1+r)^n}$

$$= NPV(n) \left[\frac{(1+r)^n}{(1+r)^n - 1} \right] \tag{6-5}$$

$$\rightarrow \text{A투자안의 } NPV(2, \infty) = NPV(2) \left[\frac{(1+0.1)^2}{(1+0.1)^2 - 1} \right]$$

$$= (13.22) \left[\frac{(1+0.1)^2}{(1+0.1)^2 - 1} \right] = 76.17\text{만원}$$

$$\rightarrow \text{B투자안의 } NPV(3, \infty) = NPV(3) \left[\frac{(1+0.1)^3}{(1+0.1)^3 - 1} \right]$$

$$= (16.83) \left[\frac{(1+0.1)^3}{(1+0.1)^3 - 1} \right] = 67.68\text{만원}$$

위와 같이 투자기간을 무한대로 동일하게 할 경우 A투자안의 $NPV(2, \infty)$는 76.17만원이고 B투자안의 $NPV(3, \infty)$는 67.68만원이므로 A투자안을 선택한다.

한편, 영구연금의 현금흐름 형태처럼 무한히 매년 얼마만큼의 일정한 금액이 발생해야 이 일정한 금액의 현재가치가 $NPV(n, \infty)$와 동일하게 되는지 생각해 보자. 〈그림 6-3〉에서 보듯이 $NPV(n, \infty)$가 되도록 무한히 매년 발생하는 일정한 현금흐름은 연간등가가치(AEV)라고 하고 식(6-6)으로 구한다.

●● **그림 6-3 | 연간등가가치(AEV)의 의미**

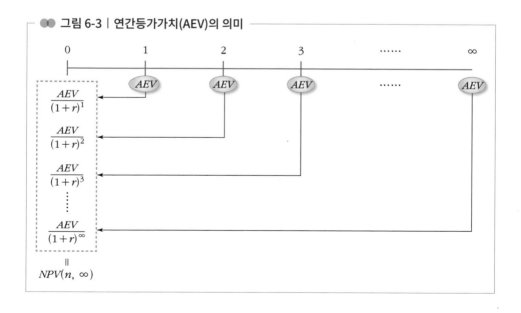

$$NPV(n,\infty) = \frac{AEV}{(1+r)^1} + \frac{AEV}{(1+r)^2} + \frac{AEV}{(1+r)^3} + \cdots$$

$$= \frac{AEV}{r}$$

$$\rightarrow AEV = r\,NPV(n,\infty)$$

$$= NPV(n)\left[\frac{r(1+r)^n}{(1+r)^n-1}\right]$$

$$= \left[\frac{NPV(n)}{PVIFA_{r,n}}\right] \tag{6-6}$$

A투자안의 연간등가가치(AEV)는 7.62만원$(= r\,NPV(n,\infty) = (0.1)(76.17))$이고, B투자안의 연간등가가치(AEV)는 6.77만원$(= r \cdot NPV(n,\infty) = (0.1)(67.68))$이므로 A투자안을 채택한다. 두 투자안의 자본비용이 동일할 경우에는 총순현재가치 $NPV(n,\infty)$에 의한 평가 결과와 연간등가가치(AEV)에 의한 평가 결과가 동일하게 되는 것을 알 수 있다.

⦂ SECTION 03 자본제약하의 자본예산

일반적으로 자본시장이 합리적이고 효율적일 경우 투자안의 NPV가 양(+)의 값을 가질 경우 기업은 얼마든지 자금을 조달하여 투자함으로써 기업가치를 극대화할 수 있다. 하지만 주주권의 약화라든지 과다한 부채조달로 인한 기업위험의 증가 등이 있는 경우에는 기업의 자금조달에 제약이 가해져 자본예산이 일정 규모 이상 투자하지 못할 수 있다.

일반적으로 투자안의 NPV가 0보다 크면 투자안을 채택하게 되나 자본에 제약이 존재하는 경우 NPV>0인 모든 투자안을 채택할 수 없게 된다. 이처럼 예산이 고정되거나 제약되어 있는 경우 투자된 금액당 투자안의 수익성을 나타내는 수익성지수(PI)에 따라 투자안의 투자우선순위를 결정할 수 있다.

---

4   $PVIFA_{r,n} = \dfrac{(1+r)^n - 1}{r(1+r)^n} \;\rightarrow\; \dfrac{r(1+r)^n}{(1+r)^n-1} = \dfrac{1}{PVIFA_{r,n}}$

●● 표 6-3 | 자본제약하의 자본예산

연도	A투자안의 현금흐름	B투자안의 현금흐름	C투자안의 현금흐름	D투자안의 현금흐름
0	−600	−700	−300	−200
1	500	400	150	150
2	400	400	130	100
3	300	300	100	100
NPV	410.52	219.61	18.93	94.14
PI	1.68	1.31	1.06	1.47

예를 들어, 자본비용이 10%이고 기업의 자본예산이 1,000만원인 상황에서 〈표 6-3〉과 같은 4개의 투자안이 있다고 하자. 이 4개의 투자안은 모두 수익성이 높은 투자안임에도 불구하고 투자할 수 있는 자본이 한정되어 있어 기업은 이 투자안들을 모두 다 선택할 수 없게 된다.

〈표 6-3〉의 A, B, C, D투자안 모두 NPV>0이므로 만약 투자금액이 충분하여 기업이 1,800만원의 투자금액을 전액 가지고 있다면 네 개의 투자안에 모두 투자하여 총 743.20만원(=410.52+219.61+18.93+94.14)의 NPV를 얻을 수 있다. 하지만 이 기업은 자본제약이 존재하여 투자할 수 있는 자금이 1,000만원으로 한정되어 있기 때문에 네 개의 투자안에 모두 투자할 수 없다.

이 경우 투자우선순위를 투자금액 한 단위당의 수익성을 따져서 정할 수 있다. 즉, 투자할 수 있는 1,000만원 범위 내에서 PI가 가장 큰 A투자안과 다음으로 수익성이 좋은 D투자안에 800만원(=600+200)을 선택하게 된다. 만약 다른 조합의 투자안을 선택하면 예산을 초과하게 된다.

한편, 위의 투자안에서 만약 A투자안과 D투자안에 투자하고 남은 200만원을 투자안 중에서 부분적으로 선택할 수 있다면, A투자안과 D투자안 다음으로 PI가 높은 B투자안의 28.57%(=200/700)를 선택한다. 즉, 부분선택이 가능할 경우에는 A투자안, D투자안, B투자안의 28.57%를 선택한다.

뉴스로 보는 재무이야기

항공기 도입 시 고려 요소: A380과 자본예산

항공사 입장에서는 항공기 도입이 매우 중요한 사항이다. 소위 자본예산으로, 미래에 대한 장기적 전망이 필요하며 투자금액도 상당하기 때문이다. 항공사 노선, 고객 수, 예산제약, 공항 활주로 활용 가능성 등을 고려하고 비행기 내구성, 예산제약하에 투자금액 등 다양한 변수를 포함한다.

도입 기준으로 연료 효율성과 친환경성도 추가됐다. 미국 기반 보잉사 항공기와 프랑스 기반 에어버스 항공기가 경쟁하는 가운데 한국의 K항공사는 세계 항공사 중 6번째로 에어버스 최고급 기종인 A380을 도입하고 관련 홈페이지를 운영 중이다. 경쟁사인 A사도 2014년 초대형 항공기인 500석 규모의 A380을 도입하여 운영 중이다.

대형 항공기 도입은 좌석 수 증가를 가져오고, 이를 통해 한 번 이착륙으로 공급할 수 있는 좌석 수가 증가되어 항공사는 운영 효율성이 높아진다. 이는 영업수지 개선으로 직결된다. 하지만 충분한 항공 수요가 없는 노선에 대형 항공기 투입은 신중한 접근이 요구된다.

A380은 일부에서 지적된 연료 효율성 이슈에도 불구하고 고급스러운 인테리어와 500석에 달하는 좌석과 최고급 항공기 이미지 등을 활용할 수 있는 장점이 있다. 중동기반 에미리트 항공은 홈페이지를 통해 에어버스 A380의 '기내 샤워 스파' 등을 소개하는 등 A380을 회사 광고에 활용하고 있다.

A380 경쟁기종은 미국 정부의 차기 에어포스 원 모델로 선정된 보잉 747-8이다. A380의 가격은 약 4,340억원이다. 항공기를 도입할 때 회사 입장에서는 승객수, 운임, 항공기 운영 기간 등을 고려한 매출액을 예상해야 하고 항공기 도입에 따른 초기 투자비용과 유지 보수비용, 운영인력비용 등이 고려돼야 한다. 항공기 감가상각과 이에 따른 절세효과도 고려돼야 한다. 항공기가 도입되어 내용연수가 끝나는 때까지 정확한 기간 추정과 그 전에 대체여부, 상각 종료 후 잔존가치 그리고 경제적인 요소 외 고객친화적인 인테리어나 내부구조 효율성 등 계량외적 요소도 의사결정에 반영돼야 한다.

[글로벌이코노믹(news.g-enews.com), 2015. 2. 4.]

⠿ 연습
문제

1 자본예산의 현금흐름 추정할 때 현금흐름에 고려하지 않는 것은? (   )

① 매몰비용, 기회비용, 잠식비용

② 감가상각비, 이자비용, 매몰비용

③ 기회비용, 이자비용, 자본적 지출

④ 잠식비용, 감가상각비, 법인세

2 현금흐름을 추정할 때 지켜야 할 기본원칙으로 볼 수 없는 것은? (   )

① 감가상각비의 절세효과는 현금유입에 포함시킨다.

② 투자종료시점에 순운전자본은 모두 회수되어 현금유입으로 고려한다.

③ 이자비용은 현금유출에 포함하지 않고 배당금은 현금유출에 포함한다.

④ 기회비용과 잠식비용은 현금유출로 고려하지만 감가상각비는 현금유출로 고려하지 않는다.

3 다음 중 현금흐름에 영향을 미치지 않는 것은? (   )

① 이자비용

② 잠식비용

③ 기회비용

④ 법인세

4 S기업은 구형기계를 신형기계로 교체하는 것을 고려하고 있다. 현재 장부가액 10,000원인 구형기계의 처분가액이 13,000원이다. 법인세율은 40%일 경우에 현금유입액은 얼마인가? (   )

① 11,800원   ② 12,200원

③ 13,000원   ④ 14,800원

5 위 문4에서 법인세가 존재하지 않는다면 현금유입액은 얼마인가? (   )

① 11,800원   ② 12,200원

③ 13,000원   ④ 14,800원

6 (2005 CPA) 하나기업은 5년 전에 기계를 4,000만원에 구입하였다. 기계구입 당시에 하나기업은 이 기계를 8년 동안 사용하며 8년 후 잔존가치는 없을 것으로 예상하였다. 하나기업은 이 기계를 현재 2,000만원에 매각할 예정이다. 자산처분 시점에서의 현금흐름으로 적절한 금액은 얼마인가? 감가상각비는 정액법으로 계산하며 법인세율은 30%이다. ( )

① 2,000만원   ② 2,150만원

③ 1,500만원   ④ 1,850만원

⑤ 1,650만원

7 (2010 CPA) (주)대한은 새로운 투자안을 순현재가치법으로 평가하여 사업의 시행여부를 결정하고자 한다. 상각대상 고정자산에 대한 총투자액은 15,000백만원으로 사업시작 시점에서 모두 투자되며 사업기간은 10년이다. 고정자산은 10년에 걸쳐서 정액법으로 감가상각되며 투자종료시점에서의 잔존가치 및 매각가치는 없다. (주)대한은 매년 동일한 수량을 판매한다. 제품의 단위당 판매가격은 100백만원, 제품 단위당 변동비는 40백만원, 감가상각비를 제외한 연간 총고정비용은 2,500백만원이다. 법인세율은 35%이며 할인율은 8%이다. 연간 예상제품판매수가 150개일 경우 이 투자안의 순현재가치(NPV)에 가장 가까운 것은 다음 중 어느 것인가? (단, 연 8%의 할인율에서 10년 만기 일반연금의 현가요소는 6.71이다.) ( )

① 15,669백만원   ② 16,873백만원

③ 17,267백만원   ④ 18,447백만원

⑤ 19,524백만원

8 (2000 CPA) M사는 임대건물의 신축과 주차장의 신축이라는 두 가지의 투자안을 고려하고 있다. 임대건물의 신축안은 초기투자액이 18억원이며, 1년 후에 24억원으로 매각할 수 있다고 한다. 주차장의 신축안은 단위당 1백만원을 초기투자하면 1년 후부터 매년 1백만원의 현금유입이 영구히 발생된다고 한다. 주차장의 신축단위에는 제한이 없고, 신축규모에 대하여 수익률이 일정하다고 가정한다. 할인율을 동일하게 연 20%로 적용할 경우, 양 투자안의 순현가(NPV)가 같아지기 위해서는 주차장을 몇 단위로 신축해야 하는가? ( )

① 10   ② 20

③ 30   ④ 40

⑤ 50

9 (1999 CPA) (주)대한은 다음 7개의 서로 독립적인 투자안을 고려하고 있다. 각 투자안에 대해 부분적인 투자는 불가능하다. (예를 들면 투자안 A의 경우 최초투자비용 4억원을 100% 투자하든지 아니면 포기하든지 선택해야 한다.) 현재 이 회사의 투자가능한 금액은 12억원으로 제한되어 있다. 다음 중 (주)대한의 기업가치를 가장 극대화시킬 수 있는 투자조합은 어느 것인가? ( )

투자안	최초투자비용	수익성지수(Profitability Index)
A	4억원	1.40
B	5억원	1.20
C	3억원	1.40
D	6억원	1.15
E	4억원	1.23
F	6억원	1.19

① A, F
② B, F
③ D, F
④ A, B, C
⑤ A, C, E

10 투자안의 투자기간이 다를 경우에 반복투자가 가능하다면 가장 적합한 자본예산기법은? ( )

① NPV법
② AEV법
③ PI법
④ AAR법

연습문제
해답

1 ②

2 ③

3 ①

4 ①

〈답〉

$S_0 - (S_0 - B_0) \times t = 13,000 - (13,000 - 10,000)(0.4) = 11,800$

5 ③

〈답〉

$S_0 - (S_0 - B_0) \times t = 13,000 - (13,000 - 10,000)(0) = 13,000$

6 ②

〈답〉

$\Delta CF_n = \Delta S - (\Delta S - \Delta B) \times t + \Delta WC = 2,000 - (2,000 - 1,500)(0.3) = 2,150$만원

감가상각비 $= \dfrac{4,000 - 0}{8} = 500$

현재시점에서 남은 자산의 가치 $= 4,000 - (5년 \times 500) = 1,500$

7 ②

〈답〉

$\Delta CF_0 = -\Delta I_0 + S_0 - (S_0 - B_0) \times t - \Delta WC_0 = -15,000$백만원

$\Delta CF_{1 \sim 10} = (\Delta R - \Delta C)(1 - t) + \Delta D \times t$

$\qquad = [(100 - 40) \times 150개 - 2,500](1 - 0.35) + (15,000/10년) \times 0.35$

$\qquad = 4,750$백만원

$\Delta CF_{10} = \Delta S_{10} - (\Delta S_{10} - \Delta B_{10}) \times t + \Delta WC_{10} = 0$

$\rightarrow NPV = 4,750$백만원 $\times 6.71 - 15,000$백만원 $= 16,873$백만원

8 ⑤

〈답〉

임대건물신축 시 $NPV = -18억원 + \dfrac{24억원}{1.2} = 2억원$ … ①

주차장신축 시 $NPV = x\left[-100만원 + \dfrac{100만원}{0.2}\right]$ … ②

①과 ②를 같게 만드는 x값은 50이다.

9 ④

〈답〉

$NPV_A = 4 \times 1.4 - 4 = 1.6억원$

$NPV_B = 5 \times 1.2 - 5 = 1.0억원$

$NPV_C = 3 \times 1.4 - 3 = 1.2억원$

$NPV_D = 6 \times 1.15 - 6 = 0.9억원$

$NPV_E = 4 \times 1.23 - 4 = 0.92억원$

$NPV_F = 6 \times 1.1 - 6 = 0.6억원$

$NPV_{A+F} = NPV_A + NPV_F = 2.2억$

$NPV_{B+F} = NPV_B + NPV_F = 1.6억$

$NPV_{D+F} = NPV_D + NPV_F = 1.5억$

$NPV_{A+B+C} = NPV_A + NPV_B + NPV_C = 3.8억$

$NPV_{A+C+E} = NPV_A + NPV_C + NPV_E = 3.72억$

10 ②

불확실성하의 투자결정

CHAPTER 07

재무관리자의 투자의사결정은 그 투자의 위험을 감안하여 이루어져야 한다. 본 장에서는 개별 자산과 포트폴리오의 기대수익률과 위험에 대해서 설명하고 포트폴리오의 위험분산과 체계적 위험을 어떻게 측정하는지에 대해서 살펴본 후, 균형시장에서 기대수익률과 위험 간의 균형관 계를 설명하는 CAPM에 대해서 설명한다. 또한 CAPM을 이용한 위험투자안평가와 전통적인 자본예산평가방법에 비해 투자의사결정의 유연성을 쉽게 반영시킬 수 있는 실물옵션을 이용 한 투자안 분석방법에 대해 배운다.

- 기대수익률과 위험
- 체계적 위험의 측정
- 위험투자안평가
- 포트폴리오의 위험분산
- 자본자산가격결정모형(CAPM)
- 실물옵션을 이용한 투자안 분석

SECTION 01 기대수익률과 위험

기업은 타인자본 및 자기자본으로 조달된 자금을 투자하여 기업가치를 창출 한다. 이때 투자로 인해 발생하는 미래현금흐름은 불확실성을 가지며, 이러한 불확실성을 투자안의 위험이라고 부른다. 기업에게 자본을 제공하는 입장에서 는 자금에 대한 적정한 수익률을 요구하게 되며, 위험이 클수록 요구수익률도 커지게 된다. 자본을 조달하는 기업입장에서는 요구수익률이 바로 자본비용이 된다. 본 장에서는 자본비용을 이해하기 위해 우선 위험을 정의하고 위험과 수 익률 간의 관계를 설명한 후, 위험과 자본비용이 어떻게 연결되는지를 다룬다.

1. 개별자산의 기대수익률과 위험

(1) 개별자산의 기대수익률

기대수익률(expected rate of return) $E(r)$은 미래에 평균적으로 예상되는 수익 률이며 각 상황별로 발생 가능한 수익률에 그 상황이 발생할 확률을 곱한 다음 이를 모두 합하여 구한다.

$$E(r) = \sum r_i p_i \tag{7-1}$$

예를 들어, r이라는 상자 안에 있는 10%, 20%의 기댓값(평균)은 얼마일까? 기댓값(평균)은 관측치를 모두 합하여 이를 관측치의 개수로 나누어 얻을 수 있으므로 기댓값 $E(r)$은 $(10\% + 20\%)/2 = 15\%$가 된다. 이때 관측치의 개수 2로 나누어준다는 것은 상자 안에 들어있는 10%, 20% 중에서 10%가 꺼내질 가능성(확률)이 2개 중 1개, 즉 확률이 50%라는 의미이다. 마찬가지로 20%도 2개 중 1개가 꺼내질 가능성(확률)인 50%의 확률을 갖는다. 따라서 10%, 20%가 각각 발생할 확률이 $1/2(=0.5)$이므로 평균은 $(10\%)(0.5) + (20\%)(0.5) = 15\%$ $\rightarrow$ $r_1 p_1 + r_2 p_2 = \sum r_i p_i$로 계산된다.

(2) 개별자산의 위험

위험이란 미래의 불확실성으로 인해 실제수익률이 기대수익률로부터 얼마나 벗어나는지를 나타내는 변동성(volatility)을 말한다. 이러한 위험의 정의를 계량화할 수 있는 척도로 식(7-2)와 식(7-3)으로 정의되는 분산(σ_i^2)과 표준편차(σ)가 있다.

$$\sigma^2 = \sum [r_i - E(r)]^2 p_i \tag{7-2}$$

$$\sigma = \sqrt{\sigma^2} \tag{7-3}$$

예를 들어, r이라는 상자 안에 있는 10%, 20%의 기댓값이 15%일 경우 분산은 어떻게 구할까? 편차제곱승의 평균으로 정의되는 분산은 편차제곱승의 합을 편차의 개수 2로 나눠주면 된다. 이때 나눠주는 2, 즉 1/2은 각 관측치의 편차가 발생할 확률이 $1/2(=50\%)$이라는 의미이므로 분산은 $[(10\% - 15\%)^2 + (20\% - 15\%)^2](0.5) = 0.25\%$ $\rightarrow$ $[(r_1 - E(r))^2 + (r_2 - E(r))^2]p_i = \sum [r_i - E(r)]^2 p_i$로 계산한다.

분산은 각 편차의 제곱으로 계산하기 때문에 원자료의 단위보다 큰 단위로 표시되지만 분산의 제곱근으로 구하게 되면 원자료의 단위로 환원되어 평균이나 다른 통계척도와 쉽게 비교할 수 있다. 분산의 제곱근을 표준편차라고 부르며, 이 예에서의 표준편차는 $5\%(= \sqrt{0.0025^2})$이다.

투자의 위험과 관련해서 미래에 발생할 실제수익률과 기대수익률과의 차이가 크면 클수록 위험(표준편차)이 더 크다고 할 수 있다. 또한 동일한 기대수익률하에서는 표준편차가 높을수록 투자기회가 더 위험하다.

2. 포트폴리오의 기대수익률과 위험

(1) 포트폴리오의 기대수익률

일반적으로 투자자가 자산에 투자금액을 투자할 때 하나의 자산에만 투자하기보다는 여러 개의 자산에 나눠서 분산투자한다. 이때 두 개 이상의 자산들로 구성한 조합을 포트폴리오(portfolio)라고 하는데, 이 포트폴리오의 수익률을 어떻게 구하는지 알아보자.

예를 들어, A가 100만원을 가지고 10%의 수익률을 얻는 1자산에 40만원을 투자하고 20%의 수익률을 얻는 2자산에 나머지 60만원을 투자하여 두 자산으로 구성된 포트폴리오를 가지고 있다고 하자. 이 경우에 1자산의 투자비중은 0.4(=40만원/100만원)이고 2자산의 투자비중은 0.6(=60만원/100만원)이 된다. A가 두 자산으로 구성한 포트폴리오에서 얻은 수익률은 얼마일까?

A가 두 자산에 투자한 투자금액의 크기가 다르기 때문에 두 자산에서 번 수익률을 단순히 15%(=(10%+20%)/2)라고 하면 안 되고, 각 자산의 투자수익률에 투자비중을 가중치로 곱하여 구해야 한다. 즉, 10%의 수익률을 얻는 1자산에 투자자금 중 40%(0.4)를 투자하였고, 20%의 수익률을 얻는 2자산에 투자자금 중 60%(0.6)를 투자하였으므로 포트폴리오의 수익률은 $(0.4)(0.1)+(0.6)(0.2)=$ 16%가 된다. 이를 일반적인 식으로 나타내면 $r_p=w_1r_1+w_2r_2$이다.

이제, 투자자가 예를 들어, 1자산에 w_1만큼 투자하고 2자산에 w_2만큼 투자하였을 때 이 두 자산으로 구성된 포트폴리오의 기대수익률 $E(r_p)$은 어떻게 계산하는지 살펴보자. 여러 자산에 투자하였을 때 투자자가 기대하는 미래의 기대수익률은 각 개별자산의 기대수익률을 투자비중으로 가중평균하여 식(7-4)와 같이 계산할 수 있다.[1]

$$E(r_p)=w_1E(r_1)+w_2E(r_2) \tag{7-4}$$

---

1 APPENDIX 1: $r_p=w_1r_1+w_2r_2$에서 $E(r_p)=E(w_1r_1+w_2r_2)=E(w_1r_1)+E(w_2r_2)=w_1E(r_1)+w_2E(r_2)$

예를 들어, 1주식과 2주식에 각각 8천만원과 1억 2천만원을 투자한 A가 두 주식에서 벌어들일 수익률을 각각 20%, 30%로 기대하고 있다고 하자. A에게 두 주식에서 얼마를 벌 것으로 기대하는지 물어보면, A는 투자한 8천만원(투자비중 40%)에서 20%의 수익률을 벌고, 나머지 1억 2천만원(투자비중 60%)에서 30%의 수익률을 벌 것이므로 평균적으로 두 주식에서 $w_1E(r_1) + w_2E(r_2) \rightarrow$ $(0.4)(0.2) + (0.6)(0.3) = 0.26$, 즉 26%의 수익률을 얻을 것으로 기대한다고 답할 것이다.

(2) 포트폴리오의 위험

두 개의 자산으로 포트폴리오를 구성할 경우 포트폴리오 위험(분산) σ_p^2은 식 (7-5)와 같이 구할 수 있다.[2] 식(7-5)를 직관적으로 보면, 1자산의 위험부분 $(w_1^2\sigma_1^2)$과 2자산의 위험부분$(w_2^2\sigma_2^2)$ 그리고 1자산과 2자산 간에 서로 영향을 미치는 위험$(2w_1w_2\sigma_{12})$이 합쳐져서 포트폴리오의 위험이 된다.

$$\sigma_p^2 = w_1^2\sigma_1^2 + w_2^2\sigma_2^2 + 2w_1w_2\sigma_{12} \tag{7-5}$$

식(7-5)에서 포트폴리오 위험 σ_p^2은 두 자산의 수익률이 함께 움직이는 정도를 나타내는 식(7-6)의 공분산(covariance) σ_{12}에 의해 영향을 받는다. 공분산 σ_{12}가 양(+)의 값을 가지면 평균적으로 두 자산수익률이 서로 같은 방향으로 움직이고 음(−)의 값을 가지면 서로 다른 방향으로 움직이는 것을 의미한다.[3] 예를 들어, 1자산의 수익률이 양수일 때 2자산의 수익률이 음수이면 두 수익률이 서로 상쇄되어 포트폴리오의 변동성이 줄어들 것이다. 포트폴리오의 위험(분산) 식(7-5)에서 공분산 σ_{12}가 작을수록 포트폴리오의 위험(분산) σ_p^2이 작아짐을 알 수 있다.

---

[2] APPENDIX 1 참조

[3] APPENDIX 2 참조.
$Var(r_1) = \sigma_1^2 = E[r_1 - E(r_1)]^2 = E[(r_1 - E(r_1))(r_1 - E(r_1))] = Cov(r_1, r_1) = Cov_{11} = \sigma_{11}$
$\sigma_{12} = Cov(r_1, r_2) = E[(r_1 - E(r_1))(r_2 - E(r_2))] = E[(r_2 - E(r_2))(r_1 - E(r_1))] = Cov(r_2, r_1) = \sigma_{21}$

$$\sigma_{12} = Cov(r_1, r_2) = E\left[(r_1 - E(r_1))(r_2 - E(r_2))\right]$$

$$= \sum [r_1 - E(r_1)][r_2 - E(r_2)]p_i \qquad (7\text{-}6)$$

공분산은 여러 값을 가지는데 이러한 값이 얼마나 큰지 작은지에 대한 상대적인 비교를 할 수 없다는 단점이 있다. 이에 공분산 σ_{12}를 -1과 $+1$ 사이의 범위에 있도록 표준화시킨 것이 식(7-7)의 상관계수 ρ_{12}이다.

$$\rho_{12} = \frac{\sigma_{12}}{\sigma_1 \sigma_2} \qquad (7\text{-}7)$$

상관계수가 $+1$일 경우는 두 자산수익률이 완전 정비례하는 직선관계를 가지며, -1일 경우는 완전 반비례하는 직선관계를 나타내고 선형적인 관계가 없는 경우는 상관관계수가 0이 된다. 이와 같은 상관관계를 예시하면 〈그림 7-1〉과 같다.

● 그림 7-1 | 상관관계 예시

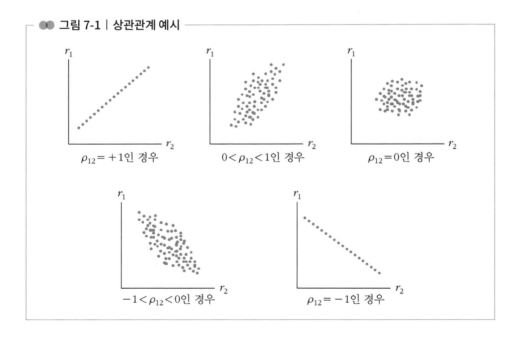

예제 포트폴리오 기대수익률과 위험

경제가 호황, 정상, 불황일 확률이 각각 30%, 20%, 50%일 경우 1자산과 2자산의 수익률이 아래 표와 같다. 1자산과 2자산에 각각 40%, 60%를 투자하여 포트폴리오를 구성한다고 가정한다.

	호황	정상	불황
확률	0.30	0.20	0.50
자산1: 수익률	0.20	0.10	−0.15
자산2: 수익률	0.09	0.11	0.12

(1) 1자산과 2자산의 기대수익률과 표준편차를 구하시오.

(2) 1자산과 2자산의 공분산과 상관계수를 구하시오.

(3) 포트폴리오의 기대수익률과 표준편차를 구하시오.

답 (1) 개별자산의 기대수익률은 $E(r) = \sum r_i p_i$, 분산은 $\sigma^2 = \sum [r_i - E(r)]^2 p_i$로 계산한다.

$$E(r_1) = (0.3)(0.20) + (0.2)(0.10) + (0.5)(-0.15) = 0.005$$

$$\sigma_1 = \sqrt{(0.3)(0.20-0.005)^2 + (0.2)(0.10-0.005)^2 + (0.5)(-0.15-0.005)^2}$$
$$= 0.1588$$

$$E(r_2) = (0.3)(0.09) + (0.2)(0.11) + (0.5)(0.12) = 0.109$$

$$\sigma_2 = \sqrt{(0.3)(0.09-0.109)^2 + (0.2)(0.11-0.109)^2 + (0.5)(0.12-0.109)^2}$$
$$= 0.013$$

(2) $\sigma_{12} = \sum [r_1 - E(r_1)][r_2 - E(r_2)] p_i$

$$= (0.3)(0.20-0.005)(0.09-0.109) + (0.2)(0.10-0.005)(0.11-0.109)$$
$$+ (0.5)(-0.15-0.005)(0.12-0.109)$$
$$= -0.001945$$

$$\rho_{12} = \frac{\sigma_{12}}{\sigma_1 \sigma_2} = \frac{-0.001945}{(0.1588)(0.013)} = -0.94$$

(3) $E(r_p) = w_1 E(r_1) + w_2 E(r_2) = (0.4)(0.005) + (0.6)(0.109) = 0.0674$

$$\sigma_p = \sqrt{w_1^2 \sigma_1^2 + w_2^2 \sigma_2^2 + 2w_1 w_2 \sigma_{12}}$$
$$= \sqrt{(0.4)^2(0.1588)^2 + (0.6)^2(0.013)^2 + 2(0.4)(0.6)(-0.001945)}$$
$$= 0.0562$$

(3) 위험자산의 투자기회집합

식(7-5)의 두 개의 자산으로 구성된 포트폴리오의 위험 σ_p^2은 식(7-8)과 같이 나타낼 수 있다.[4]

$$\sigma_p^2 = w_1^2\sigma_1^2 + w_2^2\sigma_2^2 + 2w_1 w_2 \rho_{12}\sigma_1\sigma_2 \tag{7-8}$$

식(7-8)에서 상관계수 ρ_{12}가 작을수록 포트폴리오의 위험이 감소한다. 예를 들어, 1주식 기대수익률 10%, 표준편차 20%, 2주식 기대수익률 15%, 표준편차 30%라고 하자. 1주식에 w_1 투자하고 2주식에 $w_2 = 1 - w_1$ 투자한다고 할 경우, 포트폴리오의 투자비중 w_1, w_2에 따라 1주식과 2주식으로 구성된 포트폴리오의 기대수익률은 식(7-4)로 계산하고 상관계수에 따른 표준편차[5]는 식(7-8)로 각각 구할 수 있다.

〈표 7-1〉의 기대수익률과 상관계수에 따른 표준편차의 조합을 투자기회집합이라고 하고 이를 〈그림 7-2〉에 나타내었다. 상관계수가 −1에 가까이 접근할수록 위험이 줄어들고 있으며, $w_1 = 0.6$, $w_2 = 0.4$일 경우에는 포트폴리오의 표준편차가 0이 되어 위험이 없는 포트폴리오를 취할 수 있다.

〈그림 7-2〉에서 같은 위험하에서는 최대의 기대수익률을 제공하고, 같은 기대수익률하에서 위험이 최소인 특성을 가지는 포트폴리오들(기대수익률과 표준편차의 조합들)을 효율적 포트폴리오라고 하며, 이 효율적 포트폴리오들의 집합을 나타내는 곡선을 효율적 투자선(efficient frontier)이라고 부른다. 예를 들어, $\rho = 0.25$일 때 위험이 최소가 되는 A점[6]과 2주식까지를 잇는 곡선을 효율적 투자선이라고 한다.

---

[4] $\rho_{12} = \dfrac{\sigma_{12}}{\sigma_1\sigma_2} \;\rightarrow\; \sigma_{12} = \rho_{12}\sigma_1\sigma_2$

[5] $\rho_{12} = 0.25$, $w_1 = 0.1$, $w_2 = 0.9$일 경우, $\sigma_p = \sqrt{w_1^2\sigma_1^2 + w_2^2\sigma_2^2 + 2w_1 w_2\rho_{12}\sigma_1\sigma_2}$
  $\rightarrow \sigma_p = \sqrt{(0.1)^2(0.2)^2 + (0.9)^2(0.3)^2 + 2(0.1)(0.9)(0.25)(0.2)(0.3)} = 0.28$

[6] 위험자산의 투자기회집합에서 A점과 같이 위험이 최소가 되는 포트폴리오를 최소분산포트폴리오 (MVP: minimum variance portfolio)라고 부른다. 최소분산포트폴리오는 위험이 최소가 되도록 1주식과 2주식에의 투자비중을 찾아서 이 투자비중대로 투자하여 구할 수 있다.
  $\dfrac{d\sigma_p^2}{dw_1} = 2w_1\sigma_1^2 - 2(1-w_1)\sigma_2^2 + 2\sigma_{12} - 4w_1\sigma_{12} = 0 \;\rightarrow\; w_1 = \dfrac{\sigma_2^2 - \sigma_{12}}{\sigma_1^2 + \sigma_2^2 - 2\sigma_{12}}$

●● 표 7-1 | 투자비중에 따른 포트폴리오의 기대수익률과 표준편차

w_1	w_2	$E(r_p)$	σ_p		
			$\rho_{12}=1$	$\rho_{12}=0.25$	$\rho_{12}=-1$
0.0	1	0.15	0.30	0.30	0.30
0.1	0.9	0.15	0.29	0.28	0.25
0.2	0.8	0.14	0.28	0.25	0.20
0.3	0.7	0.14	0.27	0.23	0.15
0.4	0.6	0.13	0.26	0.21	0.10
0.5	0.5	0.13	0.25	0.20	0.05
0.6	0.4	0.12	0.24	0.19	0.00
0.7	0.3	0.12	0.23	0.18	0.05
0.8	0.2	0.11	0.22	0.18	0.10
0.9	0.1	0.11	0.21	0.19	0.15
1	0	0.10	0.20	0.20	0.20

●● 그림 7-2 | 포트폴리오의 투자기회집합

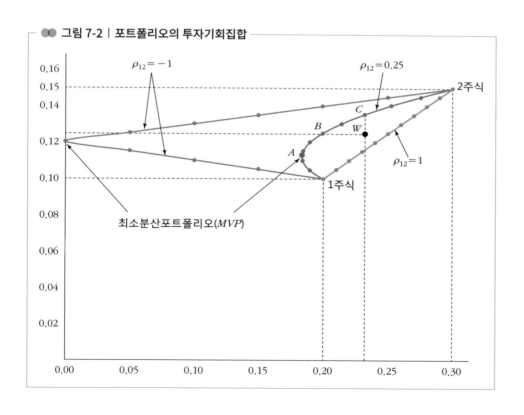

효율적 투자선 상에 있는 포트폴리오 A, B, C와 같이 주어진 일정한 기대수익률하에서 위험이 최소이거나 주어진 일정한 위험하에서 기대수익률이 최대인 포트폴리오는 모두 효율적 포트폴리오이다. 예를 들어, B와 W는 동일한 기대수익률을 갖지만 B가 W보다 위험이 작기 때문에 B가 W를 지배한다. 또한 C와 W는 동일한 위험을 갖지만 C가 W보다 기대수익률이 높기 때문에 C가 W를 지배한다.

Markowitz의 포트폴리오선택이론은 투자자들이 효율적 투자선 위의 포트폴리오를 위험포트폴리오로 취한다는 것이다.[7] 즉, 기대수익률이 똑같은 포트폴리오들 중에서 위험이 가장 낮은 포트폴리오를 선택하고, 위험이 똑같은 포트폴리오들 중에서 기대수익률이 가장 높은 포트폴리오를 선택한다. 효율적 투자선 위의 포트폴리오들은 기대수익률이 높(낮)으면 위험도 함께 커(작아)지므로 어느 것이 다른 것을 지배하지 못하고 모두 다 효율적이다.

이제, 여러 자산에 분산투자하여 포트폴리오를 구성할 경우 포트폴리오의 위험(변동성)이 줄어드는 위험분산효과가 있음을 알 수 있다. 이와 같은 위험분산효과는 〈그림 7-3〉에서 보는 바와 같이 포트폴리오의 구성자산의 수를 증가시킴으로써 포트폴리오의 위험을 현저하게 감소시킬 수 있다. 이때, 분산투자에 의해 제거 가능한 위험을 개별위험(firm-specific risk), 비체계적 위험(nonsystematic risk), 분산가능위험(diversifiable risk)이라고 한다. 하지만 아무리 광범위하게 분산투자해도 시장 전반에 기인하는 위험은 제거할 수 없는데 이를 시장위험(market risk), 체계적 위험(systematic risk), 분산불가능위험(non-diversifiable risk)이라고 한다.

---

7 Harry Markowitz, "Portfolio Selection," *Journal of Finance* 7, March 1952.

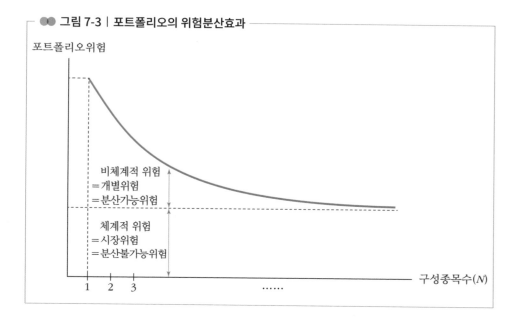

●● 그림 7-3 | 포트폴리오의 위험분산효과

포트폴리오가 황금률이 된 이유

　디자이너나 사진작가, 일러스트레이터 등 이른바 예술 분야에서 취업이나 이직을 꿈꾸는 사람이라면 누구나 포트폴리오(portfolio)를 준비하게 된다. 이때 포트폴리오는 자신의 실력을 보여주기 위해 과거에 만든 작품이나 관련 성과물을 모아 놓은 자료철이다.

　이 포트폴리오라는 단어가 금융투자업계로 넘어오면 투자대상이 되는 여러 종류의 주식이나 채권을 모아 놓은 것, 즉 각종 금융자산의 명세표라는 의미로 쓰인다. 또 이렇게 포트폴리오를 구성한다는 표현 자체가 자금을 주식이나 채권 등 다양한 대상에 나눠 운용하는 '분산투자'의 뜻을 함축하기도 한다. 그러면 대체 포트폴리오가 뭐길래 이렇게 많은 뜻을 지니게 된 걸까.

　포트폴리오의 사전적 의미를 찾아보면 가장 첫 줄에 나오는 의미는 서류가방이다. 이탈리아어 포르타포글리오(portafoglio)가 유래인데, '나르다'는 뜻의 포르타와 '책의 한 페이지', '묶이지 않은 서류 한 장' 등을 의미하는 포글리오가 결합해 만들어진 단어다. 즉 낱장으로 된 종이들을 모아 나르는 물건이나 서류가방 또는 작품집이라는 뜻이다.

　서류를 나르던 가방이 금융투자업계의 일상어가 된 것은 1930년대. 당시 미국 뉴욕에서는 매일 유가증권시장의 거래계약이 끝난 후 거래자 사이에 실물증권이 오갔다. 증권을 산 사람들이 대금을 지불하면 증권을 판 사람들이 종이로 된 실물증권을 전달한 것이다. 하지만 일일이 직접 만나기가 점점 귀찮아지면서 이런 실물증권 운반을 도맡아 하는 심부름꾼이 탄생했다.

이들은 여러 사람 소유의 증권을 동시에 운반함으로써 시간과 비용을 단축했는데 이때 이들 증권이 서로 섞이지 않도록 하기 위해 안에 칸막이가 된 가죽가방을 가지고 다녔다. 여러 증권을 나르던 이 가죽가방은 원뜻대로 포트폴리오라고 불렸는데 점점 여러 증권의 모음, 투자 대상의 집합이라는 뜻까지 확장됐다.

포트폴리오가 분산투자의 의미까지 갖게 된 것은 경제학자 해리 맥스 마코위츠(Harry M. Markowits) 때문이다. 그는 1955년 박사학위 논문을 쓰면서 주식투자를 할 때 왜 분산투자하는 게 유리한지에 대해 수학적 해답을 제시했는데 이 논문의 제목이 바로 '포트폴리오 선택(Portfolio Selection)'이었다. 이 포트폴리오 이론은 자금을 1~2개 주식에만 몰빵하던 기존 주식시장의 투자행태를 완전히 바꿔놓게 됐는데 이 공로로 그는 1990년 노벨경제학상을 수상하게 된다.

포트폴리오 구성, 즉 분산투자와 관련해 가장 유명한 격언은 '계란을 한 바구니에 담지 마라'다. 이 말은 국경을 넘는 단기성 외화거래에 부과하는 세금인 '토빈세'로도 유명한 경제학자 제임스 토빈의 일화에서 비롯됐다. 토빈은 마코위츠의 포트폴리오 이론에 기여한 공로로 1981년 노벨경제학상을 수상했는데, 수상 직후 열린 기자회견에서 이 이론을 쉽게 설명해달라는 질문을 받고 이렇게 대답했다.

"계란을 몽땅 한 바구니에 담아서는 안 됩니다. 만일 바구니를 떨어뜨리면 모든 것이 끝장나기 때문이죠." 토빈의 이 말은 다음날 세계 유수 신문의 헤드라인을 장식했고 이후 지금까지 투자의 '황금률(golden rule)'로 여겨지고 있다.

이런 포트폴리오 원칙을 지키지 않아 지금까지 많은 투자자들이 투자실패로 괴로워해야 했다. 천재물리학자 아이작 뉴턴이 그랬고 '톰소여의 모험'으로 유명한 소설가 마크 트웨인도 마찬가지였다. 뉴턴은 남해(南海)회사에, 트웨인은 광산주에 전 재산을 투자했다가 평생을 빚에 쪼들려야 했다. 물론 당시에는 포트폴리오라는 개념자체가 없었으니 그럴 수도 있겠다 싶지만 지금은 상황이 다르다. 전문가마다 계란을 한 바구니에 담지 말 것을 강조한다.

그런데도 여전히 몰빵투자가 횡행하고 있으니 안타까운 일이다. 대표적인 사례가 가상화폐 투자다. 최근 가격이 폭락한 가상화폐 사이트에는 전 재산을 투자했다가 큰 손실을 봤다는 직장인들의 얘기가 넘쳐난다. "제 인생을 도지에 건 만큼 손절 않고 존버할 것""아직 살아있나요?" "죽고 싶어요, 밥을 먹을 수가 없어요." 등등.

단순히 글만이 아니다. 이미 극단적인 선택을 한 투자자도 있고, 중국에선 투자 실패를 비관한 30대 남성이 차를 몰고 횡단보도를 질주해 5명을 숨지게 하는 '묻지마 사건'까지 발생했다. 모두 포트폴리오를 무시한 비극 아닐까 싶다.

[이코노믹리뷰(www.econovill.com), 2021. 5. 30.]

3. 체계적 위험의 측정

(1) 개별자산의 체계적 위험

개별자산의 체계적 위험(시장위험)을 측정하는 것은 시장움직임에 대해 개별자산이 얼마나 민감하게 움직이는가를 측정하는 것이고 이 민감도를 베타(β_i)라고 한다. 베타(β_i)는 시장수익률의 분산 σ_M^2에서 개별자산 i의 수익률과 시장수익률 간의 공분산 σ_{iM}이 차지하는 비율로 정의된다.

$$\beta_i = \frac{\sigma_{iM}}{\sigma_M^2} \tag{7-9}$$

시장의 베타(β_M)는 1[8]이며, 이는 시장의 평균적인 위험을 나타낸다. 개별자산의 베타가 1보다 크다는 것은 그 개별자산의 변동이 시장의 변동보다 더 민감하게 변동한다는 것으로 개별자산의 위험이 시장의 위험보다 더 크다는 의미이다.

●● 그림 7-4 | S주식의 베타

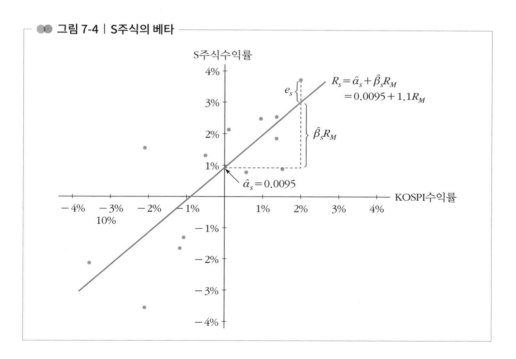

---

[8] $\beta_M = \dfrac{\sigma_{MM}}{\sigma_M^2} = \dfrac{\sigma_M^2}{\sigma_M^2} = 1$

예를 들어, 〈그림 7-4〉에서 S주식수익률과 시장수익률 간의 관계를 나타낸 증권특성선(security characteristic line)의 기울기인 베타계수(β_s)가 1.1이라는 것은 시장수익률이 10% 변동할 때 S주식수익률이 11% 변동하여 S주식의 변동이 시장의 변동보다 더 민감하게 움직여서 시장의 변동보다 더 크다는 뜻이다.

(2) 포트폴리오의 체계적 위험

포트폴리오의 베타는 포트폴리오의 기대수익률을 계산하는 것과 마찬가지로 자산의 베타에 각 개별자산의 투자비중을 곱하여 모두 더하면 된다.[9] 따라서 포트폴리오의 베타는 그 포트폴리오에 포함된 개별자산들의 평균베타와 같다고 할 수 있다.

$$\beta_p = w_1 \beta_1 + w_2 \beta_2 + \cdots + w_n \beta_n \tag{7-10}$$

예를 들어, 베타가 1.2인 1주식에 60%를 투자하고 베타가 0.8인 2주식에 40%를 투자하여 포트폴리오를 구성할 경우 포트폴리오베타는 $1.04(=(0.6)(1.2)+(0.4)(0.8))$ 이다.

⁝ SECTION 02 자본자산가격결정모형(CAPM)

이제, 시장에서 위험에 대한 보상이 어떻게 이루어지는지 생각해 보자. 예를 들어, A주식의 기대수익률 $E(r_A)$는 14%, 베타 β_A는 2라고 하고 무위험자산인 국채의 수익률 r_f는 5%라고 하자. 무위험자산은 말 그대로 위험이 존재하지 않으므로 0의 베타값($\beta_f = 0$)을 갖는다. A주식에 40%를 투자하고 무위험자산에

---

9 $\beta_p = \dfrac{\sigma_{pM}}{\sigma_M^2} = \dfrac{Cov(r_p, r_M)}{\sigma_M^2} = \dfrac{Cov(w_1 r_1 + \cdots + w_n r_n, r_M)}{\sigma_M^2}$

$= \dfrac{Cov(w_1 r_1, r_M) + Cov(w_2 r_2, r_M) + \cdots + Cov(w_n r_n, r_M)}{\sigma_M^2}$

$= \dfrac{w_1 Cov(r_1, r_M) + w_2 Cov(r_2, r_M) + \cdots + w_n Cov(r_n, r_M)}{\sigma_M^2} = \dfrac{\sum\limits_{i=1}^{n} w_i Cov(r_i, r_M)}{\sigma_M^2} = \sum\limits_{i=1}^{n} w_i \beta_i$: 베타의 가법성

60%를 투자하여 구성한 포트폴리오(A)의 기대수익률과 베타를 구하면 다음과 같다.

$$E(r_p) = w_1 E(r_1) + w_2 E(r_2)$$

$$\qquad\quad\downarrow\qquad\qquad\downarrow$$

$$= w_A E(r_A) + (1 - w_A)r_f = (0.4)(0.14) + (0.6)(0.05) = 8.6\% \qquad (7\text{-}11)$$

$$\beta_p = w_1\beta_1 + w_2\beta_2$$

$$\qquad\quad\downarrow\qquad\quad\downarrow$$

$$= w_A\beta_A + (1 - w_A)\beta_f = (0.4)(2) + (0.6)(0) = 0.8 \qquad (7\text{-}12)$$

투자비중에 따라 포트폴리오(A)의 기대수익률과 베타가 달라지며, 이러한 기대수익률과 베타의 조합을 직선으로 나타낼 수 있다. 즉, 식(7-12)에서 $w_A = \beta_p/\beta_A$로 정리되고 이 식을 식(7-11)에 대입하면, 식(7-13)을 얻는다.[10] 식(7-13)에서 A주식의 체계적 위험 대비 초과수익률을 나타내는 기울기는 0.045(= (0.14 − 0.05)/2)이다.

$$E(r_p) = r_f + \left[\frac{E(r_A) - r_f}{\beta_A}\right]\beta_p \qquad (7\text{-}13)$$

한편, 기대수익률 $E(r_B)$가 11%, 베타 β_B가 1.6인 B주식이 있다고 할 때, A주식의 경우와 마찬가지로 B주식과 5%의 수익률을 얻는 무위험자산에 투자하여 구성한 포트폴리오(B)의 기대수익률과 베타를 구할 수 있다. 이때 포트폴리오(B)의 체계적 위험 대비 초과수익률은 0.0375(= (0.11 − 0.05)/1.6)이다.

체계적 위험 한 단위에 대해서 포트폴리오(A)의 초과수익률이 포트폴리오(B)의 초과수익률보다 크기 때문에 투자자들은 B주식보다 A주식에 투자한다. 결국, A주식의 가격은 오르고 B주식의 가격은 하락하며, A주식 매수와 B주식 매도는 $(E(r_A) - r_f)/\beta_A = (E(r_B) - r_f)/\beta_B$가 될 때까지 계속될 것이다.

---

10 $E(r_p) = w_A E(r_A) + (1 - w_A)r_f \;\rightarrow\; E(r_p) = r_f + (E(r_A) - r_f)w_A \;\rightarrow\; E(r_p) = r_f + [E(r_A) - r_f]\left(\dfrac{\beta_p}{\beta_A}\right)$

$\rightarrow\; E(r_p) = r_f + \left[\dfrac{E(r_A) - r_f}{\beta_A}\right]\beta_p$

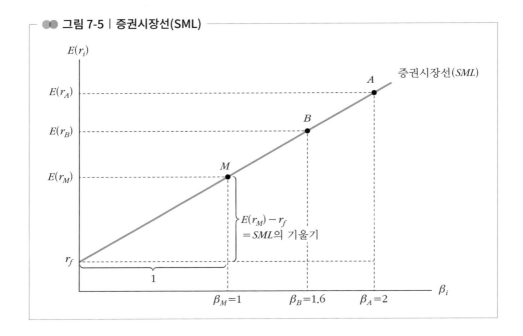

●● 그림 7-5 | 증권시장선(SML)

이것은 A주식과 B주식뿐만 아니라 시장에 존재하는 모든 주식에 대해서 동일하게 적용된다. 따라서 시장 내의 모든 주식이 동일한 체계적 위험 대비 초과수익률을 가진다. 이때 식(7-13)의 기울기가 동일하다는 것은 〈그림 7-5〉와 같이 주식의 기대수익률과 체계적 위험 간의 관계를 나타낸 직선인 증권시장선(SML: security market line) 위에 모든 자산이 놓여진다는 것을 의미한다.

그러면 증권시장선(SML)은 어떻게 구할 수 있는가? 시장에 존재하는 모든 주식으로 시장포트폴리오(M)를 구성한다고 하자. 시장포트폴리오(M)의 기대수익률은 $E(r_M)$, 베타는 $\beta_M = 1$이므로 체계적 위험 대비 초과수익률은 식(7-14)로 나타낸다.

$$\frac{E(r_M) - r_f}{\beta_M} = \frac{E(r_M) - r_f}{1} = E(r_M) - r_f \tag{7-14}$$

시장에 존재하는 모든 주식이 동일한 증권시장선(SML) 위에 존재하므로 시장포트폴리오(M)의 기울기와 어떤 개별 주식의 기울기는 동일해야 한다. 즉, 전체 시장의 체계적 위험 대비 초과수익률과 어떤 개별 주식의 체계적 위험 대비 초과수익률은 식(7-15)와 같이 동일한 값을 갖게 된다.

$$E(r_M) - r_f = \frac{E(r_i) - r_f}{\beta_i} \tag{7-15}$$

식(7-15)를 다시 정리하면 증권시장선(SML)으로 불리는 자본자산가격결정모형(CAPM: capital asset pricing model)인 식(7-16)이 된다. 식(7-16)에서 위험의 균형가격은 $[E(r_M) - r_f]$이고 위험의 크기는 β_i로 측정되어, 위험의 균형가격에 위험의 크기를 곱하여 위험프리미엄을 계산하고 있다. Sharpe(1964),[11] Lintner (1965),[12] Mossin(1966)[13]에 의해 개발된 자본자산가격결정모형(CAPM)은 개별주식을 비롯한 모든 자산의 체계적 위험과 기대수익률 사이에 존재하는 균형관계를 설명한다.

$$E(r_i) = r_f + [E(r_M) - r_f]\beta_i \tag{7-16}$$
$$\downarrow$$

기대수익률＝무위험수익률＋위험의 균형가격×위험의 크기

뉴스로 보는 재무이야기

제임스 토빈, 리스크-수익 최적비율 설명…윌리엄 샤프, 자산가격결정이론 만들어

해리 마코위츠(Harry M. Markowitz)가 금융경제학의 물꼬를 튼 이후 금융업계에 혁신을 불러일으킬 것으로 보였지만, 그의 연구를 실제로 활용하기엔 걸림돌이 하나 있었다. 1950년대 당시의 최신형 컴퓨터를 사용해도 1,000여 개 주식 간에 공분산(두 변수 간 관계를 나타내는 양)을 계산해 '효율적인 포트폴리오'를 찾아내는 데 너무 많은 시간과 비용이 든다는 점 때문이었다.

이때 경제학자 제임스 토빈(James Tobin)이 마코위츠의 이론을 한 발자국 더 진보시킬 아

11 William Sharpe,"Capital Asset Prices: A Theory of Market Equilibrium,"*Journal of Finance* 19, September 1964.

12 John Lintner,"The Valuation of Risk Assets and the Selection of Risky investments in Stock Portfolios and Capital Budgets,"*Review of Economics and Statistics* 47, February 1965.

13 Jan Mossin,"Equilibrium in an Capital Asset Market,"*Econometrica* 34, October 1966.

이디어를 내놓았다. 경제학계에서 이단아로 취급받던 마코위츠와 달리 토빈은 이미 스타 경제학자였는데, 케인스의 이론을 정교화하고 유동성과 채권이자율에 대해 깊이 연구해온 차였다.

Q. 투자자별 맞춤형 포트폴리오가 필요한가?

A: 주식은 수익이 높은 대신 투자금을 잃을 가능성을 지닌 위험한 상품이다. 주식시장 투자자들은 각자 높은 수익률과 안정성 중에서 중요시하는 것이 달랐고, 고객마다 적합한 주식 종목을 골라 추천하는 것이 당시 투자자문사의 일이었다. 은퇴자들에겐 시류를 타지 않는 전력이나 통신주를, 과감한 젊은이들에게는 정보기술(IT)이나 모험적인 기업 주식을 추천하는 것이 상식이었다.

이때 토빈은 반대의견을 제시했다. 투자는 단지 주식에만 할 수 있는 것이 아니라, 현금이나 안전한 국채에도 할 수 있다. 만약 여러 포트폴리오 중에서 변동성(위험) 대비 수익률 비율이 가장 높은 포트폴리오를 찾아 '슈퍼 포트폴리오'라고 이름 붙였다고 생각해 보자. 합리적인 투자자라면 이 포트폴리오에 투자하려고 할 것이다. 그러나 그것은 높은 수익성 때문에 위험 또한 상당히 높을 것이며, 위험을 싫어하는 투자자는 이것에 투자하길 꺼릴 수 있다.

하지만 슈퍼 포트폴리오와 국채에 반반 투자한다면 위험을 절반으로 줄일 수 있다. 따라서 마코위츠의 방법처럼 투자자가 원하는 변동성 수준의 '효율적 포트폴리오'를 그때그때 찾을 필요 없이, 가장 우수한 '슈퍼 포트폴리오'를 찾아낼 수 있다면, 투자 성향에 상관없이 모든 투자자가 이 포트폴리오를 이용해 투자하면 된다. 기업도 주주들 간에 서로 상반된 의견을 어떻게 맞춰야 할지 고민할 필요가 없다. 위험 대비 수익을 높여 기업 가치를 높게 만들면, 주주들은 이제 자신의 구미에 맞춰 주식과 채권 보유량을 조절해 자신이 원하는 위험 수준과 수익을 선택할 수 있다. 이것이 토빈의 '분리정리'다.

Q. 주식수익률의 결정 요인은 무엇일까?

A: 그럼 이제 그 '슈퍼 포트폴리오'를 어떻게 찾는가 하는 문제가 남아 있다. 이 문제에 도전한 윌리엄 샤프(William Sharpe)는 UCLA 소속 대학원생으로, 그의 최초 박사논문 주제는 금융과 거리가 먼 것이었다. 그러나 논문이 별로라는 지적을 받으면서 그의 진로는 크게 바뀌었고, 마침 같은 연구소에 합류했던 마코위츠에게 논문지도를 받으면서 금융경제학의 개척자로 진입할 수 있었다.

샤프는 각 주식들의 수익은 예측하기 어렵지만, 대신 근본적인 요인에서 영향받는 부분이 있을 것이라고 생각했다. 호경기에는 대부분 주가가 상승하는 법이다. 물론 기업 그 자체의 경영 성과에 따라 경기와 상반되게 움직이는 부분도 있지만, 여러 주식으로 분산투자를 하면 이런 개별적 변동성은 제거할 수 있다. 샤프는 이러한 근본적 요인이 '시장포트폴리오(기업

크기에 따라 골고루 투자한 포트폴리오'라고 주장했다. 시장포트폴리오에 민감하게 반응하는 주식은 높은 수익률을, 둔감하게 반응하는 주식은 낮은 수익률을 얻게 된다.

그는 여기서 더 나아가 가장 우월한 '슈퍼 포트폴리오'는 사실상 시장포트폴리오라는 것을 수학적으로 입증해 냈다. 투자자들이 분리정리에 따라 합리적으로 행동한다면 모두 슈퍼 포트폴리오를 선택할 것이며, 모든 투자자가 동일한 포트폴리오를 선택하면 결국 시장포트폴리오가 될 것이다. 따라서 주식수익률은 그 주식이 시장포트폴리오에 얼마나 민감하게 반응하는지에 따라 결정된다는 것이다. 이러한 의미에서 샤프가 만들어낸 모형은 자본자산가격결정모형(Capital Asset Pricing Model: CAPM)이라고 불리고 있다.

　　Q. 시장 평균 수익을 추구하는 인덱스 펀드는?

　　A: 샤프의 연구는 투자자문업 종사자들을 당황시키는 내용이었다. 펀드운용사들은 자신들이 특수한 분석을 통해 앞으로 수익을 잘 볼 수 있는 주식 종목을 고를 수 있다고 홍보한다. 그러나 CAPM에 따르면 일부 종목만 선택하는 것보다 시장포트폴리오로 투자하는 것이 더 우수하며, 따라서 적극적으로 투자전략을 짜는 펀드매니저는 시장 이상의 수익을 낼 수 있다고 장담할 수 없다.

　　차라리 기계적으로 시장 포트폴리오를 따르는 인덱스 펀드에 투자해 수수료를 절약하는 게 나을 수 있다는 것이다. CAPM은 단 한 가지 요인에 의해 주식 수익을 설명한다는 한계점 때문에 비판을 받았지만, 이론의 간결함과 아름다움으로 아직까지도 널리 사용되고 있다. 특히 펀드 운용실적을 평가하는 기준점으로 주가지수수익률이 사용되고 있는 것을 보면 금융이론에 대한 샤프의 공적을 짐작할 수 있다.

[매일경제(www.mk.co.kr), 2020. 4. 1.]

SECTION 03　위험투자안 평가

1. 균형기대수익률

증권시장선(SML)은 기대수익률과 체계적 위험의 균형관계를 나타내는 식이기 때문에 적정가격(fair price)이 형성된 자산은 정확히 증권시장선(SML) 위에 위치한다. 또한 증권시장선(SML)의 기대수익률은 균형상태에서 투자위험을 감안한 적정수익률이 되므로 위험자산에 대한 요구수익률(required rate of return)을 추정할 때 증권시장선(SML)으로 계산되는 기대수익률을 이용할 수 있다.

예를 들어, 어떤 주식이 과소평가 되었다면 이것은 증권시장선(SML)이 제시하는 적정 기대수익률을 상회하는 기대수익률을 가져오게 된다는 의미이므로 증권시장선(SML)보다 위에 위치하게 된다. 반대로 과대평가된 주식은 증권시장선(SML)보다 아래에 위치한다.

적정 기대수익률과 예상된 수익률의 차이는 알파(α)라고 한다. 예를 들어, 시장수익률이 12%, A주식의 베타가 1.5, 무위험수익률이 5%라고 한다면 증권시장선(SML)에 의하여 제시되는 A주식의 적정 기대수익률은 5%+(12%−5%)(1.5)=15.5%가 된다. 이 경우 어떤 투자자가 A주식의 수익률을 20%라고 예상하는 경우 이 주식의 알파는 4.5%(=20%−15.5%)이다.

● 그림 7-6 | 증권시장선(SML)과 알파(α)

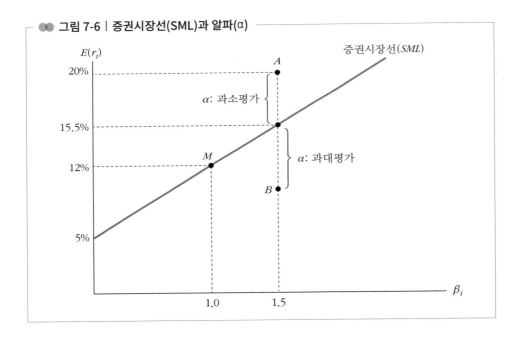

예제   균형기대수익률

$r_f = 7\%$, $E(r_M) = 12\%$, $\beta_i = 1.2$, 예상된 기대수익률이 16%일 경우 주식의 알파(α)를 구하시오. 만일 주식의 시장포트폴리오와의 공분산이 2배가 되면, 적정수익률은 얼마가 되는지 계산하시오.

답 $E(r_i) = r_f + [E(r_M) - r_f]\beta_i = 0.07 + (0.12 - 0.07)(1.2) = 13\%$

$\alpha = 0.16 - 0.13 = 3\%$

$\beta_i = \dfrac{Cov_{iM}}{\sigma_M^2}$: Cov_{iM}이 2배가 되면 β_i도 2배가 된다. 즉, $\beta_i = 2.4$

$E(r_i) = r_f + [E(r_M) - r_f]\beta_i = 0.07 + (0.12 - 0.07)(2.4) = 19\%$

2. 위험투자안 평가

기업이 새로운 투자를 할 때 사전에 예측하지 못한 돌발 상황이 발생할 수 있다. 따라서 불확실성하의 세계에서 투자안을 평가할 때 투자위험이 투자안의 평가에 적절히 반영되어야 한다. 위험을 반영하는 방법은 크게 두 가지가 있다. 하나는 위험을 미래의 기대현금흐름에 직접 반영하여 위험이 없는 현금흐름으로 전환한 후 무위험할인율로 할인하는 방법(확실성등가법)이다. 다른 하나는 위험을 할인율에 반영하여 미래의 기대현금흐름을 위험조정자본비용(risk-adjusted cost of capital)으로 할인하는 방법(위험조정할인율법)이 있다.

두 방법으로 투자안을 평가할 때 평가결과는 동일하다. 하지만 위험조정할인율을 사용하는 것이 직관적으로 이해하기 쉽기 때문에 위험조정할인율법을 일반적으로 많이 사용한다. 위험조정할인율법에서는 어떤 새로운 투자안에 투자할 때에 그 투자안의 해당 위험을 감수하고 투자하게 되므로 이에 대해 보상할 수 있는 대가가 포함된 위험조정할인율로 평가해야 한다. 위험이 조정된 할인율은 새로운 투자안에 대해서 투자자가 요구하는 요구수익률(required rate of return)이며 이는 그 투자안의 위험을 고려하여 베타를 이용하여 계산할 수 있다.

증권시장선(SML) 위의 기대수익률은 균형상태에서 투자위험을 고려한 적정수익률이 되므로 위험투자안이나 위험자산에 대한 요구수익률(required rate of return)을 추정할 때 투자안의 위험에 따라 결정되는 증권시장선(SML)으로 계산되는 기대수익률을 이용할 수 있다.

예를 들어, 현재 1,000만원을 투자할 경우 향후 3년 동안 1년도 말에 700만원, 2년도 말에 500만원, 3년도 말에 200만원의 세후 현금흐름이 예상되는 투자안을 고려하고 있다고 하자. 이 투자안의 베타는 2이다. 무위험수익률은 6%이고 시장의 기대수익률이 12%라고 할 때 이 투자안의 NPV는 다음과 같이 구할 수 있다.

$$NPV = -1,000 + \frac{700}{(1+\text{요구수익률})} + \frac{500}{(1+\text{요구수익률})^2} + \frac{200}{(1+\text{요구수익률})^3}$$

여기서 요구수익률인 위험조정자본비용은 이 투자안의 베타를 이용하여 $E(r_i) = r_f + [E(r_M) - r_f]\beta_i = 0.06 + (0.12 - 0.06)(2) = 18\%$가 되고, 이 요구수익률을 적용하여 계산한 투자안의 NPV는 74만원이다. 따라서 투자안을 채택한다.

예제   위험자산의 평가

현재 100만원을 투자하면 1년도 말에 80만원, 2년도 말에 80만원 벌어들이는 투자안이 있다. 이 투자안의 $\beta = 1$이며, $r_f = 5\%$, $E(r_M) = 10\%$이다. 이 투자안의 채택여부를 평가하시오.

답 $E(r_i) = r_f + [E(r_M) - r_f]\beta_i = 0.05 + (0.1 - 0.05)(1) = 10\%$

$NPV = -100 + \frac{80}{(1+0.1)^1} + \frac{80}{(1+0.1)^2} = 38.84 > 0$이므로 투자안 채택

---

3. 실물옵션을 이용한 투자안 분석

(1) 실물옵션의 개요

자본예산(capital budgeting)은 장기적인 투자안(project)을 평가하여 자본을 어디에 투자할지 투자계획을 수립하는 것을 말한다. 기업의 성패를 결정짓는 것은 본질적으로 유형자산에 관한 투자결정이고 투자로부터 얻을 수 있는 양(+)의 순현금흐름을 획득함으로써 주주 부의 극대화가 이루어진다.

따라서 경영자들은 주주 부의 극대화의 목적을 달성할 수 있는 순현가(NPV)에 의해 투자의사결정을 해왔다. 하지만 NPV법은 미래 기대현금흐름의 발생에 대한 불확실성이 없고 투자안의 위험이 투자기간 동안 변하지 않는다는 가정하

에서 투자결과로 인해 직접적으로 획득하는 증분현금흐름에 대한 평가만 하는 유연성이 없는(no-flexibility) 평가방법이다.

한편, 경영자가 사업을 미래에 얼마나 유연성(flexibility) 있게 경영하는가에 따라 투자안의 미래현금흐름의 크기, 발생시기, 위험 등이 달라질 것이므로 투자의사결정은 투자안에서 창출되는 현금흐름뿐만 아니라 투자안에 의해 창출되는 유연성까지 합쳐서 투자안을 평가해야 한다. 의사결정의 유연성이란 현재시점에서 당장 투자하거나 투자하지 않는(now or never) 의사결정을 할 때 투자의사결정을 연기하거나 확장 혹은 포기하는 경우와 새로운 정보나 기술을 획득함으로써 얻어지는 잠재적인 가치 등을 고려하는 의사결정을 말한다.

따라서 ① 투자결과로 인해 직접적으로 획득하는 증분현금흐름과 ② 투자결과로 인해 창출되는 유연성의 가치로 구성되는 투자안의 진실한 가치를 평가하기 위해서는 투자안의 의사결정 시 유연성까지 고려해서 평가해야 하고, 유연성은 기업의 실물자산(real assets)에 대한 옵션이기 때문에 실물옵션(real option)이라고 부른다.

옵션개념을 적용한 자본예산기법인 실물옵션은 의사결정의 유연성을 반영한다. 실물옵션은 금융옵션[14]과 매우 유사하지만 금융자산(financial assets) 대신 실물자산(real assets)을 다룬다는 차이가 있으며, 금융옵션과 마찬가지로 의사결정의 권리를 가지며 의무는 없다. 다만, 금융옵션의 가치가 기초자산(underlying assets)에 따라 결정되는 반면 실물옵션의 가치는 미래 사건에 따라 결정된다는 점이 다르다.

이와 같은 실물옵션이라는 용어는 1977년에 Stewart Myers가 처음 언급하였다. 그는 전통적인 NPV법은 위험투자안의 불확실성과 위험에서 발생하는 옵션의 가치를 무시한다고 주장하였다. 즉, 기업의 미래성장기회의 바탕이 되는 중요하면서도 즉각적으로 수익이 발생하지 않는 투자안은 NPV법으로 평가할 수 없다고 하였다.

14　예를 들어, 현재 5만원(현재현물가격: S_0)인 주식의 가격이 오를 것으로 예상하는 A가 만기일에 6만원(행사가격: X)에 살 수 있는 권리(콜옵션)를 B로부터 5천원(옵션가격＝프리미엄)에 매수하였다고 하자. 콜옵션 거래 후 시간이 흘러 만기일에 주식이 실제로 9만원(미래현물가격: S_T)이 되었다면 A는 권리를 행사하여 시가 9만원짜리 주식을 6만원에 살 수 있으며, 자본이득은 3만원($= S_T - X$)이 되고 비용 5천원을 고려하면 순이익은 2만 5천원이 된다.

일반적으로 채권투자, 표준화된 시설투자, 비용절감투자와 같이 현금흐름이 지배적인 요인일 때는 NPV법으로 평가하는 것이 적합하다. 하지만, 시장조사비용투자, 연구개발비투자, 유연성이 있는 시설투자, 미래로 연기 가능한 투자, 전략적 투자와 같이 정보가 지배적인 요인일 때는 NPV법이 적합하지 않다.

(2) 실물옵션을 이용한 자본예산

실물옵션을 적용한 자본예산기법은 최초 투자 이후 일정한 시점이 경과한 후 투자성과를 관찰하여 투자안을 포기하거나 확장하는 의사결정을 할 수 있다. 예를 들어, A기업이 2,500,000원을 투자하여 생수공장을 건설한다고 하자. 생수가 생산되자마자 300,000원 어치가 즉시 팔려 수익이 발생한다. 하지만 미래 수요가 불확실하여 50%의 확률로 매년 400,000원 어치가 영원히 팔리거나 50%의 확률로 매년 200,000원 어치만 영원히 팔린다고 조사되었다. 할인율이 10%라고 할 경우 전통적인 NPV법에 의해 의사결정을 하면 다음과 같다.

$$NPV_0 = \left(300,000 + (0.5)\frac{400,000}{0.1} + (0.5)\frac{200,000}{0.1}\right) - 2,500,000 = 800,000\,원$$

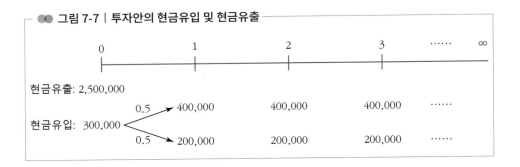

●● 그림 7-7 | 투자안의 현금유입 및 현금유출

NPV법에 의하면 NPV가 800,000원으로 0보다 크므로 지금 당장 생수공장을 짓는다고 의사결정해야 한다. 그런데 과연 이러한 의사결정이 맞을까? 예를 들어, A기업이 정확한 장기수요예측을 하기 위해 생수공장 건설을 1년 연기하고 1년 후에 2,500,000원을 투자하여 생수공장을 건설한다고 하자. 장기수요예측 결과 수요가 높다고 예측될 경우에는 NPV가 1,900,000원이 된다. 하지만 수요가 낮다고 예측될 경우에는 NPV가 −300,000원이 된다.

$$NPV_1(높은 수요) = \left(400,000 + \frac{400,000}{0.1}\right) - 2,500,000 = 1,900,000원$$

$$NPV_1(낮은 수요) = \left(200,000 + \frac{200,000}{0.1}\right) - 2,500,000 = -300,000원$$

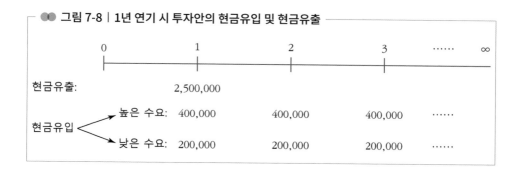

●● 그림 7-8 | 1년 연기 시 투자안의 현금유입 및 현금유출

이제, 남은 것은 1년 기다려서 생수공장을 건설하느냐 아니면 즉시 생수공장을 건설하느냐에 대한 의사결정이다. 지금 당장 생수공장을 건설할 경우 벌어들일 수 있는 800,000원은 1년 기다리게 되면 포기해야 한다. 생수공장 건설을 1년 연기할 경우 〈그림 7-9〉에서 보듯이 1년도 말 시점에서 높은 수요일 때는 $NPV_1 = 1,900,000$원이 발생하고 낮은 수요일 때는 $NPV_1 = -300,000$원이 발생한다. 이를 현재시점의 가치로 계산하면 863,636원이 된다. 이때 주의할 점은 낮은 수요에서의 최적의사결정은 300,000원의 손실을 보는 것이 아니라 투자를 안 하는 것이므로 이 경우의 NPV는 0으로 봐야 한다.

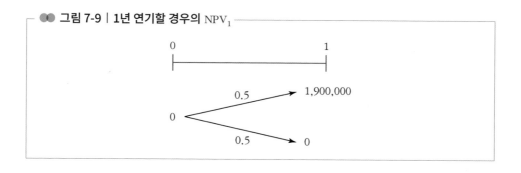

●● 그림 7-9 | 1년 연기할 경우의 NPV_1

$$NPV_0(1\text{년 연기}) = \frac{(0.5)(1,900,000) + (0.5)(0)}{(1+0.1)^1} = 863,636\,원$$

위의 옵션을 연기옵션(option to wait)이라고 하며, 연기옵션의 가치는 지금 당장 투자했을 경우 얻는 NPV와 미래로 연기했을 경우 얻는 NPV의 차이가 된다. 이 예에서는 $863,636 - 800,000 = 63,636$원이 연기옵션의 가치가 된다.

결국, 지금 당장 투자(investing now)와 미래로의 연기(waiting) 사이에 존재하는 상충관계(tradeoff)를 고려하여 투자의사결정을 해야 한다. 투자를 연기한다면 현재 벌어들일 수 있는 수익은 포기하는 대신 미래에 더 나은 의사결정을 통하여 얻는 이익인 미래 유연성(flexibility)의 가치를 얻을 수 있다. 하지만 현재 즉시 투자한다면 투자의사결정과 관련한 중요한 정보를 받을 수 있는 옵션이 포기된다.

NPV법은 지금 당장 투자하느냐 아니면 투자하지 않느냐에 대한 의사결정이며 연기에 대한 고려가 전혀 없는 방법이기 때문에 이러한 상충관계에 대한 분석을 하지 못한다.

예제 실물옵션

A제약회사는 현재 연구개발비 200억원을 사용하고자 한다. 연구개발기간은 1년이고 연구개발성과에 따라 1년 후에 생산시설 건설에 1/3의 확률로 1,500억원, 1/3의 확률로 1,000억원, 1/3의 확률로 500억원이 사용될 수 있다. 생산시설 건설 후 2년도 말부터 110억원의 수익이 영원히 발생한다고 하자. A제약회사는 연구개발비용을 투자해야 하는지 (1) NPV법과 (2) 실물옵션을 이용하여 의사결정 하시오. 단, 할인율은 10%라고 가정한다.

답 (1) NPV법

$$NPV_0 = \frac{\left(\frac{110}{0.1}\right)}{(1+0.1)^1} - \left(\frac{\frac{1}{3} \times 1,500 + \frac{1}{3} \times 1,000 + \frac{1}{3} \times 500}{(1+0.1)^1} + 200\right) = -109\,억원$$

→ $NPV < 0$ 이므로 투자하지 않는다.

(2) 실물옵션

$$NPV_1(\text{건설비용 } 1,500\text{억원}) = \frac{110}{0.1} - 1,500 = -400\,억원:\ \text{건설하지 않는다.}$$

$$NPV_1(\text{건설비용 } 1,000\text{억원}) = \frac{110}{0.1} - 1,000 = 100\,억원:\ \text{건설한다.}$$

$$NPV_1(\text{건설비용 }500\text{억원}) = \frac{110}{0.1} - 500 = 600\text{억원: 건설한다.}$$

$$\rightarrow NPV_0 = \frac{\frac{1}{3} \times 0 + \frac{1}{3} \times 100 + \frac{1}{3} \times 600}{(1+0.1)^1} - 200 = 12\text{억원: 투자한다.}$$

전통적인 NPV법에 의하면 손실을 보는 것처럼 보이지만, 실물옵션 관점에서 보면, 연구개발의 성과는 생산시설 건설에 대한 불확실성을 줄여주는 경영 유연성(management's flexibility)이라는 옵션이 되며, 이 옵션에 대한 평가를 포함한 NPV는 0보다 크므로 연구개발비를 투자한다.

:: APPENDIX 01   통계공식

① $E(r) = \mu = \sum r_i p_i$

② $Var(r) = \sigma_i^2 = \sum (r_i - E(r))^2 p_i = E(r_i - E(r))^2 = E(r^2) - E(r)^2$

$\rightarrow Var(r) = \sigma_i^2 = \sum (r_i - E(r))^2 p_i$

$\qquad\qquad = \sum (r_i^2 - 2r_i E(r) + E(r)^2) p_i$

$\qquad\qquad = \sum r_i^2 p_i - 2E(r) \sum r_i p_i + E(r)^2 \sum p_i$

$\qquad\qquad = E(r^2) - 2E(r)^2 + E(r)^2$

$\qquad\qquad = E(r^2) - E(r)^2$

③ $E(a) = a$

④ $E(ar) = aE(r)$

$\rightarrow E(ar) = \sum ar_i p_i = a \sum r_i p_i = aE(r)$

⑤ $E(a + br) = a + bE(r)$

⑥ $Var(a) = 0$

⑦ $Var(ar) = a^2 Var(r)$

$\rightarrow Var(ar) = E(ar_i - E(ar))^2$

$\qquad\qquad = E(a^2 r_i^2 - 2ar_i E(ar) + E(ar)^2)$

$\qquad\qquad = E(a^2 r_i^2 - 2a^2 r_i E(r) + a^2 E(r)^2)$

$\qquad\qquad = a^2 E(r_i^2 - 2r_i E(r) + E(r)^2)$

$\qquad\qquad = a^2 E(r_i - E(r))^2$

$\qquad\qquad = a^2 Var(r)$

⑧ $Var(a + br) = b^2 Var(r)$

⑨ $Cov(r_i, r_j) = \sum [r_i - E(r_i)][r_j - E(r_j)]p_i$

$\qquad = E\left[(r_i - E(r_i))(r_j - E(r_j))\right]$

$\qquad = E\left[r_i r_j - r_i E(r_j) - E(r_i)r_j + E(r_i)E(r_j)\right]$

$\qquad = E(r_i r_j) - E(r_i)E(r_j) - E(r_i)E(r_j) + E(r_i)E(r_j)$

$\qquad = E(r_i r_j) - E(r_i)E(r_j)$

⑩ $Var(r_i + r_j) = Var(r_i) + Var(r_j) + 2Cov(r_i, r_j)$

$\rightarrow Var(r_i + r_j) = E\left[\{(r_i + r_j) - E(r_i + r_j)\}^2\right]$

$\qquad = E\left[(r_i + r_j)^2 - 2(r_i + r_j)E(r_i + r_j) + \{E(r_i) + E(r_j)\}^2\right]$

$\qquad = E(r_i + r_j)^2 - 2\left[E(r_i + r_j)\right]^2 + \left[E(r_i) + E(r_j)\right]^2$

$\qquad = E(r_i + r_i)^2 - 2\left[E(r_i) + E(r_j)\right]^2 + \left[E(r_i) + E(r_j)\right]^2$

$\qquad = E(r_i + r_j)^2 - \left[E(r_i) + E(r_j)\right]^2$

$\qquad = E(r_i^2 + 2r_i r_j + r_j^2) - \left[\{E(r_i)\}^2 + 2E(r_i)E(r_j) + \{E(r_j)\}^2\right]$

$\qquad = \left[E(r_i^2) - \{E(r_i)\}^2\right] + \left[E(r_j^2) - \{E(r_j)\}^2\right]$

$\qquad\quad + 2\left[E(r_i r_j) - E(r_i)E(r_j)\right]$

$\qquad = Var(r_i) + Var(r_j) + 2Cov(r_i, r_j)$

☞ $Var(1 \cdot r_i + 1 \cdot r_j) = 1^2 \cdot Var(r_i) + 1^2 \cdot Var(r_j) + 2 \cdot 1 \cdot 1 \cdot Cov(r_i, r_j)$

$\quad \sigma_p^2 = Var(w_1 r_1 + w_2 r_2) = w_1^2 Var(r_1) + w_2^2 Var(r_2) + 2w_1 w_2 Cov(r_1, r_2)$

$\qquad = w_1^2 \sigma_1^2 + w_2^2 \sigma_2^2 + 2w_1 w_2 \sigma_{12}$

$\qquad = \sum_{i=1}^{2}\sum_{j=1}^{2} w_i w_j \sigma_{ij}$

$\qquad \rightarrow N$종목으로 일반화: $\sigma_p^2 = \sum_{i=1}^{N}\sum_{j=1}^{N} w_i w_j \sigma_{ij}$

:: APPENDIX 02 공분산

i주식수익률과 j주식수익률이 다음과 같다고 하자.

날짜	i주식수익률	j주식수익률
1일	−0.49%	−5.10%
2일	6.16%	9.95%
3일	2.88%	3.79%
4일	−5.76%	−8.60%
5일	3.59%	4.65%
6일	−0.94%	−6.67%
7일	6.76%	13.56%

i주식수익률과 j주식수익률을 〈그림 A7-1〉과 같이 나타내면 두 변수(i주식수익률과 j주식수익률)는 양(+)의 선형관계를 보이고 있다. 이처럼 두 변수 간의 함께 움직임(co-vary)을 의미하는 통계측정치를 공분산(covariance)이라고 하고, 양(+)의 공분산은 두 변수가 같은 방향으로의 움직임, 즉 한 변수가 증가(감소)하

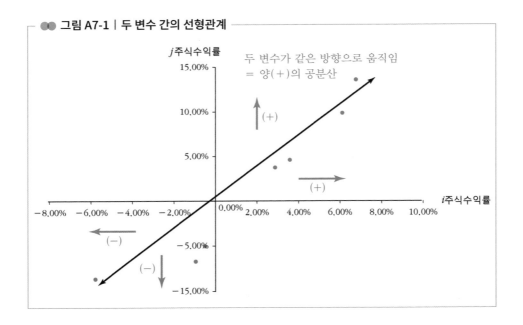

●● 그림 A7-1 | 두 변수 간의 선형관계

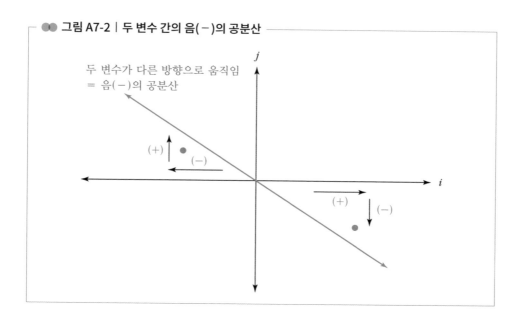

●● 그림 A7-2 | 두 변수 간의 음(-)의 공분산

두 변수가 다른 방향으로 움직임
= 음(-)의 공분산

는 방향으로 움직이면 다른 변수도 증가(감소)하는 방향으로 움직이는 선형관계를 의미한다. 반면, 〈그림 A7-2〉에서 나타낸 바와 같이 음(-)의 공분산 값은 두 변수가 다른 방향으로 움직임, 즉 한 변수가 증가(감소)하고 다른 변수는 감소(증가)하는 선형관계를 의미한다.

따라서 식(A7-1)로 정의된 공분산은 두 변수가 같은 방향으로 움직이는지 혹은 다른 방향으로 움직이는지를 측정할 수 있다.

$$Cov(r_i, r_j) = \sum [r_i - E(r_i)][r_j - E(r_j)]p_i$$
$$= E[(r_i - E(r_i))(r_j - E(r_j))] \tag{A7-1}$$

식(A7-1)에서 만약 $r_i > E(r_i)$, $r_j > E(r_j)$일 경우, $(r_i - E(r_i)) > 0$이고 $(r_j - E(r_j)) > 0$이 되기 때문에 두 양수의 곱의 결과인 $Cov(r_i, r_j)$이 양(+)의 값을 가져, 두 변수가 모두 같은 방향으로 증가하고 있음을 나타낸다. 이는 i주식수익률과 j주식수익률 모두 자신의 평균수익률보다 크므로 두 주식 모두 수익률이 상승하고 있다는 사실과 일치한다.

$r_i < E(r_i)$, $r_j < E(r_j)$일 경우, $(r_i - E(r_i)) < 0$이고 $(r_j - E(r_j)) < 0$이 되기 때문에 두 음수의 곱의 결과인 $Cov(r_i, r_j)$이 양(+)의 값을 가져, 두 변수가 같은

방향으로 하락하고 있음을 나타낸다. 이는 i주식수익률과 j주식수익률 모두 자신의 평균수익률보다 작으므로 두 주식 모두 수익률이 모두 하락하고 있다는 사실과 일치한다.

$r_i > E(r_i)$, $r_j < E(r_j)$일 경우, $(r_i - E(r_i)) > 0$이고 $(r_j - E(r_j)) < 0$이 되기 때문에 양수와 음수 곱의 결과인 $Cov(r_i, r_j)$이 음($-$)의 값을 가져, 두 변수가 다른 방향, 즉 i주식수익률은 상승하고 j주식수익률은 하락하는 방향으로 움직이고 있음을 나타낸다.

$r_i < E(r_i)$, $r_j > E(r_j)$일 경우, $(r_i - E(r_i)) < 0$이고 $(r_j - E(r_j)) > 0$이 되기 때문에 음수와 양수 곱의 결과인 $Cov(r_i, r_j)$이 음($-$)의 값을 가져, 두 변수가 다른 방향, 즉 i주식수익률은 하락하고 j주식수익률은 상승하는 방향으로 움직이고 있음을 나타낸다.

이처럼 공분산은 단지 두 변수 간의 움직임의 방향(direction), 즉 양($+$) 혹은 음($-$)의 관계만 의미하고 두 변수가 서로 얼마나 밀접하게 움직이는지에 대한 강도(strength)는 말하지 않는다. 두 변수가 얼마나 밀접하게 붙어서 움직이는가는 공분산을 표준화시킨 상관계수를 통하여 알 수 있다.

⦂ 연습
문제

1 자산의 위험을 나타내는 척도로서 가장 적합한 것은? (　)

① 분산　　　　　　　　　　　② 평균편차

③ 중앙값　　　　　　　　　　④ 기댓값

2 다음과 같은 확률분포를 가지는 A자산이 있다.

상황	확률	A자산의 수익률
호황	0.3	0.3
보통	0.4	0.1
불황	0.3	−0.1

A자산의 기대수익률과 표준편차를 다음 중 어느 것인가? (　)

	기대수익률	표준편차
①	0.1	0.1481
②	0.1	0.1549
③	0.2	0.1327
④	0.2	0.1696

3 시장위험(market risk)은 다음 중 어느 것인가? (　)

① 체계적 위험, 분산불가능위험

② 체계적 위험, 분산가능위험

③ 개별위험, 분산불가능위험

④ 개별위험, 분산가능위험

4 다음과 같은 포트폴리오를 구성하였다. 단, $E(r_M)=0.06$, $\sigma_M^2=0.04$

주식	시장가격	보유주식수	분산	시장수익률과의 상관계수
A	1,000원	200주	0.09	0.4
B	2,000원	200주	0.16	0.6
C	4,000원	100주	0.25	0.8

A주식의 공분산은 얼마인가? (　)

① 0.020　　　　　　　　　　② 0.022

③ 0.024　　　　　　　　　　④ 0.026

5 문4에서 포트폴리오의 베타는 얼마인가? ( )

① 0.6　　　　　　　　② 1.4

③ 1.75　　　　　　　④ 2.0

6 포트폴리오와 관련된 다음 설명 중 옳지 않은 것은? ( )

① 상관계수가 적을수록 분산투자효과는 크게 나타난다.

② 포트폴리오의 구성종목수가 증가할수록 포트폴리오 위험은 감소한다.

③ 효율적 투자선 위의 포트폴리오들 간에 더 우월한 포트폴리오가 존재한다.

④ 완전 정(+)의 상관관계에서는 분산투자효과가 없다.

7 (2004 CPA) 다음의 위험에 관한 여러 설명 중 옳은 것은? ( )

① 총위험이 큰 주식의 기대수익률은 총위험이 낮은 주식의 기대수익률보다 항상 크다.

② 증권시장선(SML)보다 위쪽에 위치하는 주식의 기대수익률은 과대평가되어 있으므로 매각하는 것이 바람직하다.

③ 시장포트폴리오의 베타는 항상 1로서 비체계적 위험은 모두 제거되어 있다.

④ 상관관계가 1인 두 주식으로 포트폴리오를 구성하는 경우에도 미미하지만 분산투자의 효과를 볼 수 있다.

⑤ 베타로 추정한 주식의 위험과 표준편차로 추정한 주식의 위험 사이에는 일정한 관계가 있다.

8 A주식의 기대수익률이 15%이고 무위험이자율은 5%이다. 시장포트폴리오의 기대수익률이 10%일 경우, A주식의 베타값은 얼마인가? ( )

① 1　　　　　　　　　② 1.2

③ 1.5　　　　　　　　④ 2

9 (CFA 수정) X와 Y는 잘 분산된 포트폴리오이고 무위험수익률은 8%이다.

포트폴리오	기대수익률	베타
X	16%	1.00
Y	12%	0.25

포트폴리오 X, Y에 대해서 옳은 설명은? (　)

① 균형상태이다.

② Y는 과소평가되어 있다.

③ 모두 과대평가되어 있다.

④ 모두 공정하게 평가되어 있다.

10 (2011 CPA) (주)자원은 북태평양에서의 석유시추사업에 지금 당장 참여할 것인지 여부를 결정해야 한다. 사업을 지금 개시하게 되면 당장 100억원을 투자해야 하고 그로 인해 발생하는 미래 현금흐름의 현가(PV)는 100억원이다. 그런데 석유시추사업권을 매입하면 향후 3년까지 1년 단위로 사업개시 시점을 늦출 수 있다. 사업개시 시점을 늦추더라도 미래 현금흐름의 사업개시 시점에서의 현가(PV)는 100억원으로 동일하나 사업개시 시점에서의 투자액은 첫 해에는 95억원, 둘째 해에는 90억원, 셋째 해에는 88억원이다. 할인율은 30%이다. (주)자원이 석유시추사업권을 매입해 얻게 되는 실물옵션(real option) 즉, 연기옵션 또는 지연옵션(option to delay 또는 timing option) 가치와 가장 가까운 것은? (　)

① 5.46억원　　　　　　　　　② 5.92억원

③ 10.0억원　　　　　　　　　④ 12.0억원

⑤ 15.23억원

⦂ 연습문제
해답

1 ①

2 ②

⟨답⟩

기대수익률 $= (0.3)(0.3) + (0.4)(0.1) + (0.3)(-0.1) = 0.1$

표준편차 $= \sqrt{0.3 \times (0.3 - 0.1)^2 + 0.4 \times (0.1 - 0.1)^2 + 0.3 \times (-0.1 - 0.1)^2} = 0.1549$

3 ①

4 ③

⟨답⟩

$\sigma_A = \rho_{AM} \sigma_A \sigma_M = (0.4)(0.3)(0.2) = 0.024$

5 ②

⟨답⟩

$$\beta_A = \frac{\rho_{AM} \sigma_A \sigma_M}{\sigma_M^2} = \frac{(0.4)(0.3)}{0.2} = 0.6$$

$$\beta_B = \frac{\rho_{BM} \sigma_B \sigma_M}{\sigma_M^2} = \frac{(0.6)(0.4)}{0.2} = 1.2$$

$$\beta_C = \frac{\rho_{CM} \sigma_C \sigma_M}{\sigma_M^2} = \frac{(0.8)(0.5)}{0.2} = 2.0$$

$$\rightarrow \beta_P = (0.6)\left(\frac{1,000 \times 200}{1,000,000}\right) + (1.2)\left(\frac{2,000 \times 200}{1,000,000}\right) + (2.0)\left(\frac{4,000 \times 100}{1,000,000}\right) = 1.4$$

6 ③

7 ③

〈답〉

① 총위험이 큰 주식의 기대수익률은 총위험이 낮은 주식의 기대수익률보다 항상 큰 것은 아니다.

② 증권시장선(SML)보다 위쪽에 위치하는 주식의 기대수익률은 과소평가되어 있으므로 매수하는 것이 바람직하다.

④ 상관관계가 1인 두 주식으로 포트폴리오를 구성하는 경우에는 분산투자의 효과가 없다.

⑤ 베타로 추정한 주식의 위험과 표준편차로 추정한 주식의 위험 사이에는 일정한 관계가 없다. 즉, 총위험인 표준편차는 체계적 위험 척도인 베타뿐만 아니라 비체계적 위험에 의해서도 영향을 받기 때문에 베타와 일정한 관계를 갖지는 않는다.

8 ④

〈답〉

$$E(r_i) = r_f + [E(r_M) - r_f]\beta_i \; \rightarrow \; 0.15 = 0.05 + [0.1 - 0.05]\beta_A \; \rightarrow \; \beta_A = 2$$

9 ②

〈답〉

포트폴리오 X의 베타가 1이므로 X는 시장포트폴리오이다. 따라서 $E(r_M) = 16\%$이다. 포트폴리오 Y의 기대수익률이 12%이고 균형기대수익률은 $E(r_i) = r_f + [E(r_M) - r_f]\beta_i$ $= 0.08 + [0.16 - 0.08](0.25) = 10\%$이므로 과소평가되어 있다.

10 ②

〈답〉

현재시점 $NPV = 100 - 100 = 0$

1년 연기 시 $NPV = \dfrac{100 - 95}{1.3} = 3.85$억원

2년 연기 시 $NPV = \dfrac{100 - 90}{1.3^2} = 5.92$억원

3년 연기 시 $NPV = \dfrac{100 - 88}{1.3^3} = 5.46$억원

→ 2년 연기하는 것이 NPV가 가장 큼 → 연기옵션의 가치 = 5.92억원

손익분기점 및 레버리지 분석

본 장에서는 투자안의 분석에서 생산판매량이 변하면 이익이 어떻게 되는가에 대해서 가장 많이 사용되는 손익분기점 분석과 판매량이 변할 때 이익이 얼마나 민감하게 변하는가에 대한 분석을 할 수 있는 레버리지 분석에 대해서 살펴본다.

– 손익분기점 분석
– 레버리지 분석

⋮ SECTION 01 손익분기점 분석

투자안을 평가할 때 기업의 판매량에 대해서는 정확하게 예측하기 어려운 경우가 많기 때문에 실제로 판매량과 관련하여 자세히 분석하는 경우가 많다. 손익분기점 분석은 판매량과 이익 간의 관계를 분석하는 데 많이 사용한다. 일반적으로 기업의 생산량과 판매량이 같다는 가정하에서 총매출은 단위당 판매가격에 판매량을 곱하여 식(8-1)로 계산한다. 생산량과 판매량이 같다고 가정하므로 제조원가와 판매관리비의 구분없이 총변동비용과 총고정비용으로 나누어 총비용(총원가)[1]으로 표시하면 식(8-2)와 같다.

$$\text{총매출} = \text{단위당판매가격}(p) \times \text{판매량}(Q) \tag{8-1}$$

$$\text{총비용(총원가)} = \text{총변동비용(총변동원가)} + \text{총고정비용(총고정원가)}$$

$$= \text{단위당변동비용}(v) \times \text{판매량}(Q) + \text{총고정비용}(F) \tag{8-2}$$

이익은 총매출에서 총비용(총원가)을 차감하여 식(8-3)으로 나타낸다. 식(8-3)은 판매량, 원가, 이익의 관계를 식으로 나타내기 때문에 원가-조업도-이익(CVP: cost-volume-profit)식이라고 부른다.

$$\text{이익} = \text{총매출} - \text{총비용}$$

$$= pQ - (vQ + F)$$

---

1 원가와 비용은 다른 개념이지만 원가-조업도-이익(CVP)식에서 제조원가를 결정하는 생산량과 매출원가를 결정하는 판매량이 같다고 가정하기 때문에 원가와 비용을 구분할 필요가 없다.

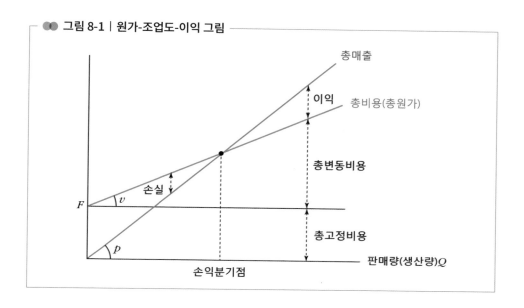

● ● 그림 8-1 | 원가-조업도-이익 그림

$$= (p-v)Q - F \tag{8-3}$$

식(8-3)의 단위당 판매가격(p)에서 단위당 변동비용(v)을 차감한 값을 단위당 공헌이익(unit contribution margin)이라고 한다. 따라서 총공헌이익은 단위당 공헌이익($p-v$)에 판매량(Q)을 곱한 것을 말하며, 식(8-3)에서 이익은 총공헌이익에서 총고정비용을 차감한 값이 된다.

〈그림 8-1〉에는 원가-조업도-이익의 관계를 그림으로 나타낸 것으로서 총매출선과 총비용(총원가)선이 교차하는 판매량(Q^*)이 손익분기점(BEP: break-even point)으로 불린다. 손익분기점은 이익이 0인 판매량, 즉 총매출과 총비용이 동일한 판매량 또는 총공헌이익과 총고정원가가 동일한 판매량을 말하므로 손익분기점을 초과하여 판매할 경우 기업은 이익이 발생하고 손익분기점 미만으로 판매할 경우 기업은 손실이 발생한다. 손익분기점은 식(8-4)와 같이 구할 수 있고, 식(8-4)에서 단위당 판매가격(p)이 커지면 손익분기점이 감소하고, 총고정비용(F)이나 단위당 변동비용(v)이 커지면 손익분기점이 증가함을 알 수 있다.

$$\text{이익} = 0 = (p-v)Q^* - F \quad \rightarrow \quad Q^* = \frac{F}{p-v} \tag{8-4}$$

손익분기매출액(break-even sales)은 식(8-4)의 손익분기점에 판매가를 곱하거나, 총고정비용을 공헌이익률[2]로 나누어 구할 수 있다.

$$손익분기매출액 = \left(\frac{F}{p-v}\right)p = \frac{F}{\left(\frac{p-v}{p}\right)} = \frac{F}{공헌이익률} \tag{8-5}$$

이제, 기업이 목표이익을 달성하기 위해서 손익분기점 외에 얼마를 더 팔아야 하는가? 목표이익을 위한 판매량은 다음과 같이 구할 수 있다.

$$이익 = (p-v)Q - F$$
$$\rightarrow 이익 + F = (p-v)Q$$
$$\rightarrow Q = \frac{이익 + F}{p-v} \tag{8-6}$$

예제   손익분기점 분석

A제빵회사는 빵 1개에 대한 단위당 변동원가는 1,000원이 발생하고 총고정원가는 2,000만원이 발생할 것으로 예상하고 있다. 빵 1개를 1,500원에 판매할 경우 단위당 공헌이익과 손익분기점을 구하시오. A제빵회사가 목표이익을 1,000만원으로 세울 경우 손익분기점보다 얼마나 더 많은 빵을 팔아야 하는가?

답 단위당 공헌이익 $= p - v = 1,500 - 1,000 = 500원$

손익분기점 $Q = \dfrac{F}{p-v} = \dfrac{20,000,000}{500} = 40,000개$

$Q = \dfrac{이익+F}{p-v} = \dfrac{10,000,000 + 20,000,000}{500} = 60,000개$

따라서 20,000개를 더 팔아야 목표이익 1,000만원을 달성할 수 있다.

한편, 재무담당자는 회계적 이익보다 현금흐름에 궁극적인 관심이 있으므로 이익이 0이 되는 손익분기점보다 NPV를 0으로 만드는 판매량인 재무적 손익분기점(financial break-even point)에 가장 관심이 있다. 재무적 손익분기점을 구하

---

2 단위당 공헌이익$(p-v)$을 단위당 판매가(p)로 나눈 것을 공헌이익률이라고 한다. 예를 들어, 공헌이익률이 30%라는 것은 매출의 30%가 공헌이익이고 나머지 70%는 변동원가라는 것을 의미한다.

기 위해서는 NPV를 0으로 만드는 연간 영업현금흐름이 얼마인가를 구하고 이 금액에서의 판매량인 재무적 손익분기점을 계산해야 한다.

예를 들어, A제과는 새로운 과자를 출시하기 위하여 내용연수 10년 동안 15% 의 수익률이 기대되는 12,000만원짜리 새로운 제과기계의 구매를 고려하고 있 다. 새로운 제과기계로 만든 과자의 단위당 판매가격은 7,000원이고, 단위당 변 동원가는 4,000원이며, 연간 총고정원가는 3,000만원이라고 하자.

먼저, NPV를 0으로 만드는 연간 영업현금흐름을 구해보자. 새로운 제과기계 의 내용연수 10년 동안 매년 동일한 영업현금흐름이 발생한다는 가정하에 영업 현금흐름의 현재가치와 새로운 제과기계에 대한 투자액인 12,000만원이 동일할 때 이 투자안은 0의 NPV를 갖는다. 10년 동안 매년 영업현금흐름이 동일하므로 연금의 현가이자요소를 적용하여 다음과 같이 매년 영업현금흐름 23,910,098원 을 구한다.

$$120,000,000 = \text{영업현금흐름} \times PVIFA_{15\%,\,10}$$

$$\rightarrow \text{영업현금흐름} = \frac{120,000,000}{PVIFA_{15\%,\,10}} = \frac{120,000,000}{5.0188} = 23,910,098$$

따라서 A제과가 재무적 손익분기점에 도달하기 위해서 매년 발생하는 고정원 가 3,000만원 외에도 매년 23,910,098원의 영업현금흐름을 달성해야 하고 이를 달성하기 위해서는 17,970개의 과자를 판매해야 한다.

$$Q = \frac{F + \text{영업현금흐름}}{p - v} = \frac{30,000,000 + 23,910,098}{7,000 - 4,000} = 17,970 \text{개}$$

⋮ SECTION 02 레버리지 분석

1. 영업레버리지

〈그림 8-2〉 손익계산서를 보면, 매출액에서 영업이익을 계산하는 과정에서 고정영업비용이 존재한다. 고정영업비용은 감가상각비, 임차료, 관리직의 인건

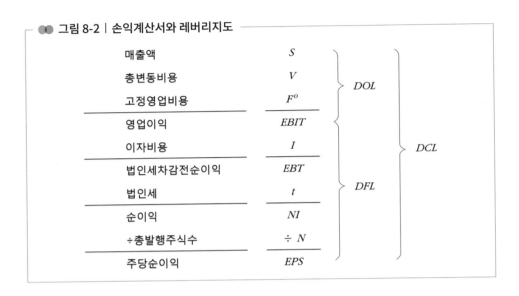

●● 그림 8-2 | 손익계산서와 레버리지도

매출액	S	
총변동비용	V	DOL
고정영업비용	F^o	
영업이익	$EBIT$	
이자비용	I	DCL
법인세차감전순이익	EBT	
법인세	t	DFL
순이익	NI	
÷총발행주식수	$\div N$	
주당순이익	EPS	

비 등과 같이 고정제조원가나 고정판매관리비를 말한다.

　매출액에서 영업이익을 계산하는 과정에서 고정영업비용이 지렛대(lever) 역할을 하여 매출액의 변화분에 비해서 영업이익의 변화분을 더 크게 확대시키는 손익확대 효과가 나타나는데, 이를 영업레버리지 효과라고 하고 영업레버리지도 (DOL: degree of operating leverage)로 측정한다.[3]

$$영업레버리지도(DOL) = \frac{영업이익\ 변화율}{매출액\ 변화율} = \frac{\dfrac{\Delta EBIT}{EBIT}}{\dfrac{\Delta S}{S}}$$

$$= \frac{(p-v)Q}{(p-v)Q-F^o} = \frac{S-V}{S-V-F^o} \tag{8-7}$$

3　$영업레버리지도(DOL) = \dfrac{영업이익\ 변화율}{매출액\ 변화율} = \dfrac{\dfrac{\Delta EBIT}{EBIT}}{\dfrac{\Delta S}{S}} = \dfrac{\dfrac{[(p-v)(Q+\Delta Q)-F^o]-[(p-v)Q-F^o]}{(p-v)Q-F^o}}{\dfrac{p\cdot\Delta Q}{p\cdot Q}}$

$= \dfrac{\dfrac{(p-v)Q+(p-v)\Delta Q-F^o-(p-v)Q+F^o}{(p-v)Q-F^o}}{\dfrac{\Delta Q}{Q}} = \dfrac{\dfrac{(p-v)\Delta Q}{(p-v)Q-F^o}}{\dfrac{\Delta Q}{Q}} = \dfrac{(p-v)Q}{(p-v)Q-F^o} = \dfrac{S-V}{S-V-F^o}$

●● 그림 그림 8-3 | 레버리지 효과

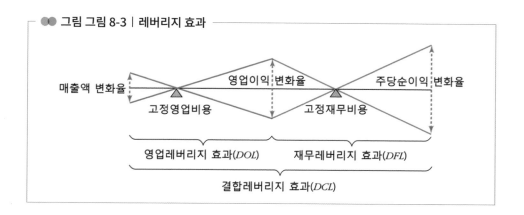

식(8-7)의 영업레버리지도(DOL)는 총공헌이익$(S-V)$과 영업이익$(S-V-F^o)$의 비율이며, 고정영업비용(F^o)이 커질수록 영업레버리지도(DOL)가 커짐을 알 수 있다. 예를 들어, 현재 A기업은 매출액 100억원, 총변동비용 40억원, 고정영업비용 10억원이라고 하자. 향후 A기업의 매출액은 110억원으로 상승할 수도 있고, 반대로 90억원으로 하락할 수도 있다. 이 경우 A기업의 손익확대 효과는 다음의 영업레버리지도(DOL)로 측정한다.

$$\text{영업레버리지도}(DOL) = \frac{100-40}{100-40-10} = 1.2$$

영업레버리지도(DOL)가 1.2라는 것은 A기업의 매출액이 10% 변화할 때 고정영업비용으로 인하여 영업이익이 12% 변화하는 것을 의미한다. 이러한 손익확대 효과는 매출액과 총변동비용이 각각 10% 증감할 때 영업이익이 12% 증감하는 것으로도 확인할 수도 있다.

매출액　　　：　90억원 ← 100억원 → 110억원 (10% 증감)
총변동비용 ：　36억원 ←　40억원 →　44억원 (10% 증감)
고정영업비용：　10억원 ←　10억원 →　10억원 (　　−　　)
영업이익　　：　44억원 ←　50억원 →　56억원 (12% 증감)

$$\rightarrow \text{영업레버리지도}(DOL) = \frac{\text{영업이익 변화율}}{\text{매출액 변화율}} = \frac{\Delta 12\%}{\Delta 10\%} = 1.2$$

2. 재무레버리지

〈그림 8-2〉 손익계산서의 영업이익에서 주당순이익을 구하는 과정에서 이자비용이나 우선주배당과 같은 재무활동의 고정비용인 고정재무비용이 존재하고, 고정재무비용이 지렛대(lever) 역할을 하여 영업이익의 변화분에 비해서 주당순이익의 변화분이 더 크게 확대되는 재무레버리지 효과가 발생한다. 재무레버리지 효과는 재무레버리지도(DFL: degree of financial leverage)로 측정한다.[4]

$$재무레버리지도(DFL) = \frac{주당순이익\ 변화율}{영업이익\ 변화율} = \frac{\dfrac{\Delta EPS}{EPS}}{\dfrac{\Delta EBIT}{EBIT}}$$

$$= \frac{EBIT}{EBIT-I} = \frac{(p-v)Q-F^o}{(p-v)Q-F^o-I} = \frac{S-V-F^o}{S-V-F^o-I} \quad (8\text{-}8)$$

식(8-8)에서 고정재무비용이 커질수록 재무레버리지도(DFL)가 커짐을 알 수 있다. 앞의 예에서 A기업의 영업이익은 50억원(=100−40−10)이었다. 이자비용(고정재무비용)이 20억원, 발행주식수가 100만주일 경우 손익확대 효과는 다음의 재무레버리지도로 측정할 수 있다.

$$재무레버리지도(DFL) = \frac{EBIT}{EBIT-I} = \frac{50}{50-20} = 1.67$$

재무레버리지도(DFL)가 1.67이라는 것은 A기업의 영업이익이 12% 변화할 때 이자비용인 고정재무비용으로 인하여 주당순이익이 20% 변화한다는 것을 의미한다. 이러한 손익확대 효과는 영업이익이 10% 증감해도 고정재무비용은 변화가 없기 때문에 주당순이익이 20% 증감하는 것으로도 확인할 수도 있다.

---

4    $재무레버리지도(DFL) = \dfrac{주당순이익\ 변화율}{영업이익\ 변화율} = \dfrac{\dfrac{\Delta EPS}{EPS}}{\dfrac{\Delta EBIT}{EBIT}} = \dfrac{\dfrac{\Delta EBIT(1-t)/N}{(EBIT-I)(1-t)/N}}{\dfrac{\Delta EBIT}{EBIT}} = \dfrac{EBIT}{EBIT-I}$

$= \dfrac{(p-v)Q-F^o}{(p-v)Q-F^o-I} = \dfrac{S-V-F^o}{S-V-F^o-I}$ (ΔEPS는 영업이익이 $EBIT$에서 $EBIT+\Delta EBIT$로 변할 때 EPS의 변화액을 의미하며 다음과 같다. $\Delta EPS = \dfrac{(EBIT+\Delta EBIT-I)(1-t)}{N} - \dfrac{(EBIT-I)(1-t)}{N} = \dfrac{\Delta EBIT(1-t)}{N}$)

영업이익   : 44억원 ← 50억원 → 56억원 (12% 증감)

고정재무비용: 20억원 ← 20억원 → 20억원 (−   )

주당순이익   : 2,400원 ← 3,000원 → 3,600원 (20% 증감)

$$\rightarrow\ \text{재무레버리지도}(DFL) = \frac{\text{주당순이익변화율}}{\text{영업이익변화율}} = \frac{\Delta 20\%}{\Delta 12\%} = 1.67$$

3. 결합레버리지

매출액의 변화 대비 주당순이익의 변화는 영업레버리지와 재무레버리지의 영향을 모두 고려한 결합레버리지도(DCL: degree of combined leverage)에 의해 측정한다.[5]

$$\text{결합레버리지도}(DCL) = \frac{\text{주당순이익 변화율}}{\text{매출액 변화율}} = \frac{\dfrac{\Delta EPS}{EPS}}{\dfrac{\Delta S}{S}}$$

$$= DOL \times DFL = \frac{(p-v)Q}{(p-v)Q - F^o - I} = \frac{S-V}{S-V-F^o-I} \quad (8\text{-}9)$$

식(8-9)의 결합레버리지도(DCL)는 고정영업비용 또는 고정재무비용이 커질수록 커짐을 알 수 있다. 앞의 예에서 A기업이 고정영업비용 10억원과 고정재무비용 20억원으로 인한 손익확대 효과는 다음의 결합레버리지도로 측정할 수 있다.

$$DCL = \frac{(p-v)Q}{(p-v)Q-F^o-I} = \frac{S-V}{S-V-F^o-I} = \frac{100-40}{100-40-10-20} = 2$$

$$= DOL \times DFL = 1.2 \times 1.67 = 2$$

이것은 A기업의 매출액이 10% 변화할 것으로 예상될 때 고정영업비용과 고

---

5 $\text{결합레버리지도}(DCL) = \dfrac{\text{주당순이익 변화율}}{\text{매출액 변화율}} = \dfrac{\dfrac{\Delta EPS}{EPS}}{\dfrac{\Delta S}{S}} = \dfrac{\dfrac{\Delta EBIT}{EBIT}}{\dfrac{\Delta S}{S}} \times \dfrac{\dfrac{\Delta EPS}{EPS}}{\dfrac{\Delta EBIT}{EBIT}} = DOL \times DFL$

$= \dfrac{(p-v)Q}{(p-v)Q-F^o} \times \dfrac{(p-v)Q-F^o}{(p-v)Q-F^o-I} = \dfrac{(p-v)Q}{(p-v)Q-F^o-I} = \dfrac{S-V}{S-V-F^o-I}$

정재무비용으로 인해 주당순이익이 20% 변화함을 의미한다. 이러한 손익확대효과는 매출액과 총변동비용이 각각 10% 증감할 때 영업이익이 12% 증감하고 주당순이익은 20% 증감하는 것으로도 확인할 수도 있다.

$$
\begin{aligned}
\text{매출액} &\quad: \quad 90억원 \leftarrow 100억원 \rightarrow 110억원 \ (10\% \ 증감) \\
\underline{\text{영업이익}} &\quad: \quad \underline{44억원 \leftarrow \ 50억원 \rightarrow \ 56억원 \ (12\% \ 증감)} \\
\text{주당순이익} &\quad: \quad 2,400원 \leftarrow 3,000원 \rightarrow 3,600원 \ (20\% \ 증감)
\end{aligned}
$$

$$
\rightarrow \ 결합레버리지도(DCL) = \frac{주당순이익\ 변화율}{매출액\ 변화율} = \frac{\varDelta 20\%}{\varDelta 10\%} = 2
$$

뉴스로 보는 재무이야기

[금융사전] 약도 되고 독도 될 수 있는 '레버리지 효과'

　레버리지 효과란 차입금 등 타인자본을 지렛대로 삼아 자기자본이익률을 높이는 것으로 '지렛대 효과'라고도 한다. 가령 100억원의 투하자본으로 10억원의 순익을 올리게 되면 자기자본이익률은 10%가 된다. 하지만 자기자본 50억원에 타인자본 50억원을 더해 10억원의 수익을 낸다면 자기자본이익률은 20%가 된다. 차입금 등의 금리 비용보다 높은 수익률이 기대될 때는 타인자본을 적극적으로 활용해 투자를 하는 것이 유리하다. 그러나 과도하게 타인자본을 도입하면, 불황 시에 금리 부담으로 저항력이 약해진다.

　그리스의 철학자이자 수학자였던 아르키메데스는 많은 일화를 남긴 인물이다. 그 중 하나가 바로 사라쿠사 왕 히에론 앞에서 "긴 지렛대(leverage: 레버리지)와 지렛목만 있으면 지구라도 움직여 보이겠다"고 장담했다는 일화이다. 과학에서 지레는 일의 원리를 설명할 수 있는 중요한 도구이다. 일을 할 때 지렛대를 이용하면 힘의 크기를 줄일 수 있어 적은 힘으로도 같은 일을 할 수 있기 때문이다. 경제에서 '레버리지 효과'가 갖는 의미도 과학에서 말하는 지레의 원리와 크게 다르지 않다. 일반적으로 레버리지 효과는 타인으로부터 빌린 자본을 지렛대 삼아 자기자본이익률을 높이는 것을 말한다.

　◇ 왜 사람들은 빚을 내서 집을 살까?

　지난 2008년 글로벌 금융위기 이전까지 부동산가격 폭등이 이어지면서 사람들은 경쟁적으로 은행에서 빚을 내서 집을 샀다. 직장인 김씨가 5억원짜리 집을 산다고 가정해 보자. 김씨는 현재 2억 5,000만원을 전세보증금으로 갖고 있다. 어느 날 그는 전세를 얻느니 차라리 집을 사겠다고 결정하고 2억원을 은행에서 대출받았다. 나머지 5,000만원은 그동안 모아둔 적금으로 충당했다. 1년 후 김씨가 산 집값이 6억원으로 1억원 올랐다고 하자.

김씨가 집을 사기 위해 투자한 자기 돈은 3억원(전세보증금 2억 5,000만원＋적금 5,000만원)이다. 따라서 순수익률을 따지기 위해서는 3억원과 대비해 얼마나 벌었는지를 따져봐야 한다. 3억원을 투자해 1억원을 벌었으니 김씨는 약 33.3%(1억/3억＝33.3%)의 수익률을 올렸다. 대출받은 2억원은 나중에 집을 팔아 갚으면 되기 때문에 수익률 계산에서는 빠진다.

〈은행에서 2억원을 빌렸을 경우, 수익 1억원 가정(레버리지 효과)〉

만약 김씨가 5억원을 전부 자기자본으로 마련해 1억원을 벌었다면 수익률은 20%(1억/5억＝20%)에 불과하다. 물론 여기에 5억원을 모으기까지 걸리는 시간을 기회비용으로 더한다면 수익률 격차는 더욱 커질 수밖에 없다. 이처럼 개인이 빚을 지렛대 삼아 주식이나 부동산 등에서 수익률을 높이는 사례를 보고 레버리지 효과를 냈다고 한다.

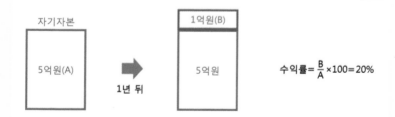

〈자기자본으로만 5억원짜리 집을 살 경우(1년 뒤 1억원의 수익을 낸다고 가정)〉

레버리지 효과는 기업에도 적용된다. 예를 들어, 새로 사업을 시작하려는 벤처기업가를 생각해 보자. 종자돈 10억원을 투자해 1억원의 순이익을 거뒀다면 수익률은 10%(1억/10억＝10%)가 된다. 만약 1억원의 종자돈만 갖고, 9억원을 은행에서 대출받은 뒤 사업을 통해 1억원을 벌었다면 수익률은 100%(1억/1억=100%)가 된다. 경영학에서는 이 같은 레버리지를 특히 '재무레버리지'라고 한다. 재무레버리지란 기업이 타인자본을 활용해 기업 이익의 변동성을 확대하는 것을 말한다.

대기업들이 신규 사업에 진출할 때도 은행에서 대출을 받는 경우가 많은데 이는 여유자금이 없어서라기보다는 레버리지 효과를 활용하기 위한 측면이 크다(이와는 조금 다르지만 기업의 매출원가 및 영업비용 중에서 기계설비 등 고정비를 부담하는 정도를 '영업레버리지'라고 한다. 즉 기업이 변동비보다 고정비를 많이 사용할 때 매출액증가율보다 영업이익증가율이 확대돼 나타나는데 이를 영업레버리지 효과라고 한다).

◇ 레버리지 효과, 약도 되고 독도 된다

하지만 빚을 낸다는 건 굉장한 모험이다. 당장 주위를 둘러봐도 빚을 내 주식을 산 사람치고 성공한 사례는 찾아보기 어렵다. 오히려 큰 손실을 입는 경우가 많다. 왜일까? 위에서 설명한 김씨 사례가 한 가지 중요한 가정을 밑바탕에 깔고 있기 때문이다. 바로 집값이 오를 것이란 가정이다. 반대로 1년 후 김씨의 집값이 5,000만원 떨어진 경우를 생각해 보자.

만약 김씨가 5억원 전체를 자기 돈으로 마련했다면 손실률은 10%에 그친다. 하지만 레버리지 효과를 노리고 빚을 냈을 경우 자기자본 3억원을 기준으로 손실률을 추산하면 30%가 넘는다. 극단적으로 경기 악화로 부동산 시장이 위축되면서 집값이 폭락해 2억원까지 떨어졌다고 하자. 대출이자를 견디다 못한 김씨는 결국 2억원에 집을 내놓게 된다. 집을 팔아 손에 쥔 2억원은 대출금을 갚고 나면 한 푼도 남지 않는다.

만약 김씨가 온전히 자기 돈으로 집을 샀다면 아무리 경기가 나빠지더라도 집 자체는 남게 된다. 하지만 김씨는 대출을 통해 집을 마련했고 그 결과 빈털털이가 됐다. 이처럼 레버리지 효과는 집값이 오를 때는 엄청난 상승효과를 낼 수 있지만, 반대로 집값이 하락할 때는 큰 손실이 불가피하다. 이는 빚을 내서 집이나 주식을 사는 것은 무척 위험한 일임을 보여주는 단적인 예다. 실제로 글로벌 금융위기 이후 거품이 가라앉고 부동산 불패론이 힘을 잃으면서 김씨와 같은 부동산 투자자들은 막대한 손실을 봤다.

기업도 마찬가지다. 주주입장에서 보면 레버리지 효과는 양날의 검이나 다름없다. 매출액의 변화보다 영업이익의 변화폭이 크다는 것은 기업의 불안정성이 높다는 의미이기 때문이다. 이는 불황 및 금리 상승 등 기업에 우호적이지 않은 경제상황이 발생했을 때 커다란 위협으로 작용할 수 있다.

◇ 경제와 레버리지 효과

레버리지 효과는 김씨 개인의 문제가 아니다. 경제 전체에 김씨와 같은 사람이 많으면 어떻게 될까? 집값 하락은 개인에게도 비극이지만 수많은 사람이 집을 잃고 길바닥에 나앉게 된다. 집을 잃는 사람이 많아지면 소비가 침체되고 물건을 사는 사람이 없으니 다시 생산과 기업 활동도 위축될 수밖에 없다. 이로 인해 문을 닫는 기업이 많아지면 다시 소비가 위축되는 악순환이 반복된다. 또한 개인이 빚을 갚지 못하면 은행의 수익이 악화되고 금융위기도 피할 수 없다. 뿐만 아니라 한국 경제를 불안하게 여긴 외국인들이 투자한 돈마저 빼가면서 경제는 총체적 난국에 빠지게 된다.

　정부가 걱정하는 부분이 바로 이 점이다. 집값이 올라 서민의 내 집 마련이 어려워지는 것도 문제지만 사람들이 과도하게 빚을 내 집을 산 후 집값이 폭락하면 경제 전반의 위기를 불러오게 된다. 미국발 금융위기의 단초가 됐던 서브프라임 사태도 결국 이 같은 과도한 레버리지 효과의 폐해로 이해할 수 있다.

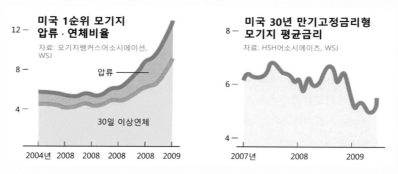

〈서브프라임 사태가 발생한 2007년을 기점으로 모기지 금리는 내리고,
연체 및 압류비율은 오르는 추세를 보인다.〉

　이 때문에 정부는 김씨와 같은 사람들이 집을 사기 위해 은행 등 금융권에서 얻는 빚, 즉 주택담보대출 규모를 줄이고자 많은 노력을 기울인다. 흔히들 말하는 주택담보인정비율(LTV)이나 총부채상환비율(DTI)도 과도한 레버리지 효과를 제한하기 위한 정책수단 중 일부이다. 또한 기업이 과도한 레버리지 효과를 노리는 것을 경계하기 위해 정부는 기업의 실질부채비율을 감독하고, 차입매수(LBO)를 통한 인수합병(M&A)을 규제하는 등 각종 정책을 활용하고 있다.

[매일경제(www.mk.co.kr), 2010. 8. 20.]

연습 문제

1 레버리지도에 대한 설명으로 틀린 것은? ( )

① 매출액 변화에 대한 영업이익이나 주당순이익의 변화가 더 크게 확대되는 현상이다.

② 고정영업비용이 커질수록 영업레버리지도(DOL)가 커진다.

③ 결합레버리지도(DCL)는 영업레버리지도(DOL)와 재무레버리지도(DFL)를 곱하여 구할 수 있다.

④ 무부채기업의 재무레버리지도(DFL)는 0이다.

2 A기업의 매출액은 10,000원, 변동비용 5,000원, 고정비용 3,000원, 영업이익 2,000원, 이자비용 1,000원이다. 향후 A기업의 매출액과 변동비용이 각각 11,000원, 5,500원으로 상승할 수 있다. 다음 설명 중 틀린 것은? ( )

① 영업레버리지도(DOL)은 2.5이다.

② 재무레버리지도(DFL)은 2이다.

③ 영업레버리지도(DOL)은 고정재무비용의 존재로 매출이 10% 변화할 때 영업이익이 25% 변화함을 나타낸다.

④ 이자비용이 1,500원이 될 경우 재무레버리지도(DFL)는 현재보다 더 커질 것이다.

3 (2004년 CPA) A기업의 경우, 매출량이 1% 증가하면 영업이익(EBIT)은 3% 증가한다. 이 기업의 결합레버리지도(DCL)는 6이며, 현재 이 기업의 주가수익비율(PER)은 12이다. 영업이익이 10% 증가하는 경우, 주가가 10% 상승한다면 주가수익비율(PER)은 얼마가 되는가? ( )

① 10   ② 11

③ 12   ④ 15

⑤ 18

4 (2012년 CPA 수정) ㈜윈드는 풍력 발전에 사용되는 터빈을 생산하는 기업이며 생산된 터빈은 모두 판매되고 있다. ㈜윈드의 손익분기점은 터빈을 2,500개 판매할 때이다. ㈜윈드가 터빈을 3,400개 판매할 때의 영업레버리지도(degree of operational leverage; DOL)로 가장 적절한 것은? 단, 고정재무비용은 없다고 가정한다. ( )

① $DOL \leq 1.5$

② $1.5 < DOL \leq 2.5$

③ $2.5 < DOL \leq 3.5$

④ $3.5 < DOL \leq 4.5$

⑤ $DOL > 4.5$

5 (2013년 CPA 수정) 기계설비 투자안에 대한 자료가 다음과 같다. 자본비용은 10%이고 세금은 고려하지 않으며 연간 판매수량은 동일하다. 감가상각은 정액법을 따르며 투자종료 시점에서 잔존가치와 매각가치는 없다고 가정한다.

- 기계 구입가격 3,000만원
- 기계 내용연수 3년
- 단위당 판매가격 10만원
- 단위당 변동비 5만원
- 감가상각비를 제외한 연간 고정비 1,000만원

다음 설명 중 가장 적절하지 않은 것은? (단, 회계적 손익분기점, 현금 손익분기점, 재무적 손익분기점은 각각 영업이익, 영업현금흐름, 순현가를 0으로 하는 연간 판매수량을 의미한다. 3년 연금의 현가요소는 이자율이 10%일 때 2.4869이다.) ( )

① 회계적 손익분기점에서 회수기간은 투자안의 내용연수와 동일하다.

② 재무적 손익분기점에서 할인율은 내부수익률과 같다.

③ 현금 손익분기점에서 내부수익률은 0%이다.

④ 순현가를 양(+)으로 하는 최소한의 연간 판매수량은 442개이다.

⑤ 세 가지 손익분기점을 큰 순서대로 나열하면 재무적 손익분기점, 회계적 손익분기점, 현금 손익분기점이다.

6 (2016년 CPA) 영업레버리지도(DOL), 재무레버리지도(DFL), 결합레버리지도(DCL)에 관한 설명으로 가장 적절하지 않은 것은? (　)

① 영업이익(EBIT)이 영(0)보다 작은 경우, 음(−)의 DOL은 매출액 증가에 따라 영업이익이 감소함을 의미한다.

② 고정영업비용이 일정해도 DOL은 매출액의 크기에 따라 변화한다.

③ DCL은 DOL과 DFL의 곱으로 나타낼 수 있다.

④ 이자비용이 일정해도 DFL은 영업이익의 크기에 따라 변화한다.

⑤ 영업이익이 이자비용(이자비용>0)보다 큰 경우, 영업이익이 증가함에 따라 DFL은 감소하며 1에 수렴한다.

7 (2017년 CPA) A기업의 재무레버리지도(DFL)는 2이고 결합레버리지도(DCL)는 6이다. 현재 A기업의 영업이익(EBIT)이 20억원이라면, 이 기업의 고정영업비용은? (　)

① 20억원 　　　　　　　　　② 25억원

③ 30억원 　　　　　　　　　④ 35억원

⑤ 40억원

연습문제
해답

1 ④

〈답〉

④ 무부채기업의 재무레버리지도는 1이다.

2 ③

〈답〉

③ 영업레버리지도(DOL)은 고정영업비용의 존재로 매출이 10% 변화할 때 영업이익이 25% 변화함을 나타낸다.

3 ②

〈답〉

$$DOL = \frac{\text{영업이익 변화율}}{\text{매출액 변화율}} = \frac{3\%}{1\%} = 3$$

$$\rightarrow DCL = DOL \times DFL \rightarrow 6 = 3 \times DFL \rightarrow DFL = 2$$

현재주가수익비율$(PER) = \dfrac{\text{주가}}{EPS} = 12 \rightarrow$ 주가 $= 12 \times EPS$

영업이익이 10% 증가 시 $DFL = 2$이므로 주당순이익이 20% 증가하고, 주가가 10% 상승할

경우, 주가수익비율$(PER) = \dfrac{1.1 \times \text{주가}}{1.2 \times EPS} = \dfrac{1.1 \times 12 \times EPS}{1.2 \times EPS} = 11$

4 ④

〈답〉

손익분기점: $(p-v)Q - F = 0 \rightarrow (p-v)(2,500) - F = 0 \rightarrow F = (p-v)(2,500)$

$Q = 3,400$일 때: $DOL = \dfrac{(p-v)Q}{(p-v)Q - F^o(=F)} = \dfrac{(p-v)3,400}{(p-v)3,400 - (p-v)2,500} = 3.8$

5 ③

〈답〉

① 회계적 기준으로 볼 때, $F = (p-v)Q$이므로 초기투자금액(기계구입비용)과 투자기간 동안 벌어들이는 현금흐름이 항상 같기 때문에 투자안의 회수기간과 투자안의 수명은 정확히 같다.

② 재무적 손익분기점은 순현가를 0으로 만드는 판매량이므로 이 판매량 수준에서 순현가는 0이다. 따라서 순현가가 0이 되는 수준에서의 요구수익률은 순현가를 0으로 만드는 할인율인 IRR과 같다.

③ 현금 손익분기점은 현금유출이 없는 감가상각비는 고려하지 않고 감가상각비의 절세효과만을 고려한 영업현금흐름을 0으로 만드는 판매량이므로 이 판매량 수준에서는 투자안으로부터 어떠한 현금도 벌지 못한다. 따라서 초기투자액이 전부 손실로 발생하므로 IRR은 −100%이다.

④ $3,000 = $ 영업현금흐름 $\times 2.4869 \rightarrow$ 영업현금흐름 $= 1,206.32$

$\therefore$ 재무적 손익분기점 $Q = \dfrac{F + \text{영업현금흐름}}{p-v} = \dfrac{1,000 + 1,206.32}{10-5} = 441$개

따라서 순현가를 양(+)으로 하는 최소한의 연간 판매량은 442개이다.

⑤ 회계적 손익분기점 $Q = \dfrac{F(\text{감가상각비 포함})}{p-v} = \dfrac{1,000 + 1,000}{10-5} = 400$개

현금 손익분기점 $Q = \dfrac{F(\text{감가상각비 제외})}{p-v} = \dfrac{1,000}{10-5} = 200$개

6 ①

〈답〉

① 영업레버리지도(DOL)가 음(−)인 경우에도 매출액 증가에 따른 영업이익의 증가(또는 영업손실의 감소)를 의미한다.

7 ⑤

〈답〉

$DCL = DOL \times DFL \rightarrow DOL = \dfrac{DCL}{DFL} = \dfrac{6}{2} = 3$

$= \dfrac{\left(\dfrac{(p-v)Q}{(p-v)Q - F^o - I}\right)}{\left(\dfrac{(p-v)Q - F^o}{(p-v)Q - F^o - I}\right)} = \dfrac{(p-v)Q}{(p-v)Q - F^o} = \dfrac{\text{공헌이익}}{\text{영업이익}} = \dfrac{\text{공헌이익}}{20\text{억원}}$

$\therefore$ 공헌이익 $= 20\text{억원} \times 3 = 60\text{억원}$

한편, 매출액 − 변동영업비용 − 고정영업비용 = 영업이익

$\rightarrow$ 고정영업비용 = (매출액 − 변동영업비용) − 영업이익

$= $ 공헌이익 − 영업이익

$= 60\text{억원} - 20\text{억원} = 40\text{억원}$

자본구조와
배당정책

자본비용

본 장에서는 기업운영자금을 공급하는 주주와 채권자가 자금공급의 대가로 요구하는 자기자본비용과 타인자본비용에 대해서 자세히 살펴본다. 또한 자기자본비용과 타인자본비용으로부터 기업전체의 가중평균자본비용을 어떻게 구하는지 살펴보고 자금 조달 시 발생하는 발행비용을 자본비용에 어떻게 반영하는지 알아본다.

– 자기자본비용   – 타인자본비용
– 가중평균자본비용   – 발행비용

⦂ SECTION 01   자기자본비용

자본비용(cost of capital)은 자금을 사용한 대가를 말한다. 경영을 위하여 기업이 자금을 차입하면 이자라는 비용을 지불해야 한다. 기업이 기업의 소유주인 주주로부터 자금을 조달하면, 주주는 자기자본을 다른 곳에 투자하여 얻을 수 있는 수익을 포기해야 하므로 그만큼 기회비용이 발생한다. 이런 의미에서 자본비용은 자본의 공급자인 주주와 채권자가 자신들의 자본을 사용하게 한 보상으로 기업에게 요구하는 요구수익률이라고 할 수 있다.

자본비용은 자금조달원천이 주주인지 채권자인지에 따라 크게 자기자본비용과 타인자본비용으로 나뉜다. 먼저 자기자본비용(r_e)은 주주들이 자기자본 투자에 대해 얼마의 수익률을 요구하는지 직접 알 수 없기 때문에 증권시장선(SML)이나 배당할인모형을 이용하여 추정한다.

1. 증권시장선

증권시장선(SML)은 $E(r_i) = r_f + [E(r_M) - r_f]\beta_i$로 표시되며 주주들은 베타($\beta_i$)로 측정한 주식의 위험에 상응하는 기대수익률만큼의 수익률을 얻고자 한다. 따라서 기대수익률을 주주들의 요구수익률인 자기자본비용(r_e)으로 사용할 수 있다. 또한 주식은 장기자산으로 볼 수 있으므로 증권시장선(SML)에서 장기국채의 만기수익률을 무위험수익률로 사용하는 것이 합리적이다. 예를 들어, 투자안의

현금흐름이 20년 동안 발생한다면 20년물 국채의 채권수익률을 무위험수익률로 사용할 수 있다.

$$r_e (= E(r_i)) = r_f + [E(r_M) - r_f]\beta_i \tag{9-1}$$

> **예제   증권시장선(SML)을 이용한 자기자본비용 추정**
>
> A기업이 자기자본비용을 추정하고자 한다. 이 기업의 주식베타가 1.5일 경우 자기자본비용은 얼마로 추정되겠는가? 단, 무위험수익률은 5%이고 시장의 기대수익률은 12%이다.
>
> **답** $r_e = r_f + [E(r_M) - r_f]\beta_i = 0.05 + (0.12 - 0.05)(1.5) = 0.155$

증권시장선(SML)을 이용하여 자기자본비용(r_e)을 추정할 때 가장 중요한 변수는 베타(β_i)이다. 실제로 상장기업의 베타는 주가수익률 자료를 이용하여 회귀분석을 통해서 쉽게 계산할 수도 있고 직접 계산하지 않더라도 금융정보제공업체들(Reuters, Bloomberg, 한국거래소 등)이 상장기업의 베타를 제공하고 있다. 하지만 비상장기업이나 특정 투자안의 베타는 직접 관련 자료를 찾아서 구하기가 쉽지 않은 문제가 있다.

2. 배당할인모형

주식은 미래현금을 요구수익률로 할인한 현재가치인 내재가치(intrinsic value)를 구하여 가치를 평가하며 대표적으로 배당할인모형이 사용된다. 일반적인 배당할인모형을 실제로 적용할 경우 배당이 일정한 성장률 g로 성장한다고 가정하는 항상성장모형을 이용하여 식(9-2)와 같이 자기자본비용(r_e)을 추정할 수 있다.

$$P_0 = \frac{D_1}{r - g} \quad \rightarrow \quad r_e = r = \frac{D_1}{P_0} + g \tag{9-2}$$

예제　항상성장모형에 의한 보통주의 자기자본비용 추정

A기업은 작년 말에 배당금(D_0) 5,000원을 지급하였으며 이 기업의 배당금은 매년 10%로 일정하게 증가할 것으로 기대되고 있다. 이 기업의 현재주가는 55,000원이다. 자기자본비용은 얼마인가?

답　$r_e = r = \dfrac{D_1}{P_0} + g \rightarrow \dfrac{5,000(1+0.1)}{55,000} + 0.1 = 20\%$

3. 우선주의 자본비용

우선주(preferred stock)는 이익배당청구권과 잔여재산분배청구권에 있어 채권의 소유자보다는 우선순위가 낮으나 보통주주보다는 우선적인 지위가 있는 주식이다. 기업입장에서 우선주를 가지고 있는 주주에게 배당금을 지급해야 하는데 이 배당금이 우선주로 조달한 자금사용의 대가가 된다.

우선주는 일반적으로 이자와 같이 고정된 배당을 받고 있다. 이는 마치 몇 %의 이자를 약속하는 채권(bond)과 실제로 같기 때문에 우선주 종목 뒤에 'B'자를 붙여서 발행한다. 이러한 우선주의 가치는 항상 일정한 배당을 영원히 받기 때문에 성장이 없을 경우의 배당할인모형인 제로성장모형으로 계산한다.

$$P_0 = \frac{D_0}{r} \quad \rightarrow \quad r_p = r = \frac{D_0}{P_0} \tag{9-3}$$

예제　제로성장모형에 의한 우선주의 자기자본비용 추정

A기업은 작년 말에 우선주에 대한 배당금(D_0)을 2,000원 지급하였다. 이 회사의 우선주에 대한 배당금은 매년 2,000원으로 일정하게 유지될 것으로 기대된다. 이 기업의 주가가 25,000원일 경우 우선주의 자기자본비용을 얼마로 추정할 수 있는가?

답　$r_p = r = \dfrac{D_0}{P_0} = \dfrac{2,000}{25,000} = 8\%$

SECTION 02 타인자본비용

채권발행 혹은 은행으로부터 차입과 같이 타인자본을 사용하는 대가인 타인
자본비용은 만기수익률 접근법이 널리 사용된다. 채권에 투자한, 즉 기업에 돈
을 빌려준 투자자 입장에서는 채권의 기간당 평균수익률인 만기수익률만큼의
자금제공의 대가를 얻게 된다. 그리고 돈을 빌린 채권발행자 입장에서는 부채를
사용한 대가로 채권투자자에게 만기수익률만큼의 이자를 지불하므로 만기수익
률이 타인자본비용(r_d)이 된다.

$$P_0 = \frac{C}{(1+r)^1} + \frac{C}{(1+r)^2} + \cdots + \frac{C+F}{(1+r)^n} \rightarrow r(=r_d: \text{만기수익률}) \qquad (9\text{-}4)$$

하지만 타인자본 사용에 대한 이자는 회계상 법인세를 줄여주는 지급이자에
해당되어 법인세 절세효과를 가져온다. 예를 들어, 부채가 1,000원이고 이자비
용이 100원일 경우 법인세가 없으면 타인자본비용은 10%이다. 하지만 법인세
가 20% 존재할 경우에는 20원(=100원×20%)만큼을 세금으로 덜 내게 되어 기업
이 실제로 부담하는 이자비용은 법인세 절세효과를 고려하여 80원(=100원−20원
=100원(1−20%))된다. 따라서 세후 타인자본비용은 8%(=10%(1−20%))가 되며,
통상적으로 타인자본비용은 기업이 실제로 부담하게 되는 식(9-5)의 세후 타인
자본비용을 말한다.

$$\text{세후 타인자본비용} = r_d(1-t) \qquad (9\text{-}5)$$

예제 타인자본비용

A기업은 신규 투자안에 사용할 자금을 조달하기 위하여 채권을 발행하였다. 이 채권의 액
면가는 10,000원, 연 8% 매년 이자후급, 만기 5년이고 채권의 현재가격이 11,250원이다.
A기업 부채의 세전 타인자본비용은 얼마인가? 만약 세율이 30%일 경우 세후 타인자본비
용은 얼마인가?

답 만기수익률(r): $11,250 = \dfrac{800}{(1+r)^1} + \dfrac{800}{(1+r)^2} + \cdots + \dfrac{10,800}{(1+r)^5}$

→ 엑셀의 'RATE(기간, 정기불입액, 현재가치, 미래가치, 지급시점, 추정값)'함수

를 이용하여 만기수익률(=추정값)을 계산하면 세전 타인자본비용이 5.1%로 구해진다. 따라서 세후 타인자본비용은 $r_d(1-t) = 0.051(1-0.3) = 3.57\%$이다.

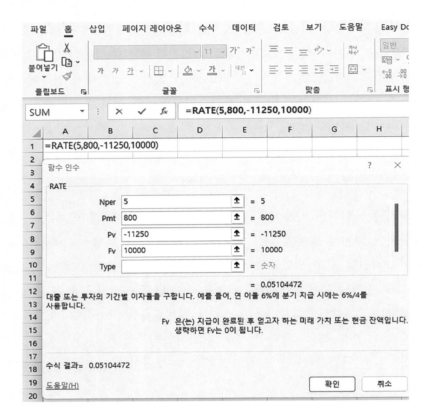

뉴스로 보는 재무이야기

[경영에세이] 자기자본의 겉과 속

자본은 영어로 'Capital(캐피털)'이라고 한다. 캐피털이란 장기적으로 사용할 수 있는 돈을 의미한다. 기업이 사용하는 자본에는 크게 두 가지 종류의 돈이 있다. 쉽게 말해 '내 돈'과 '남의 돈'이다. 재무관리에서 '내 돈'은 자기자본이라 부르고, '남의 돈'은 타인자본이라고 부른다. 제공하는 자본의 종류에 따라 투자자를 분류해 보면, 자기자본을 제공한 투자자를 '주주'라고 부르고, 타인자본을 제공한 투자자는 '채권자'라고 부른다.

필자는 기업 임원들에게 재무관리 교육을 시작하며 늘 빼놓지 않고 자기자본과 타인자본 중 어느 자본이 더 비싼 자본인지 먼저 물어본다. 임원들 대부분은 타인자본이 더 비싼 자본이라고 대답한다. 그 이유는 타인자본의 경우 이자를 지급해야 하는데, 일반적으로 이자가 자기자본에 대해 지급하는 배당보다 많다는 것이다. 이는 기업의 실제 현황을 이야기하는 것은 될지 몰라도 기업이 실제로 부담해야 하는 자본비용에 대한 올바른 설명은 되지 못한다.

필자는 임원들에게 다시 되묻는다. "예를 들어, 여러분이 여윳돈이 있어 투자를 하는데, 어느 기업의 회사채 이자율은 7%이고, 동일한 기업의 기대되는 (배당을 포함한) 주가수익률은 5%라면 회사채에 투자하겠습니까? 아니면 주식에 투자하겠습니까?" 이 질문에 대해 모든 임원들은 회사채에 투자하겠다고 한다. 그러면 "주식에 투자하려면 기대되는 주가수익률이 몇 %정도 되면 되겠습니까?"라고 계속 질문을 한다. "회사채와 같으면 되겠습니까?"라는 질문에 안 된다고 한다.

대부분의 임원들이 주식에 투자하겠다고 대답할 때까지 기대 주가수익률을 올려보면 대략 회사채수익률의 배쯤 돼야 한다. 임원들은 본인들 회사의 경우에는 자기자본을 제공한 주주보다 타인자본을 제공한 채권자에게 더 높은 수익률을 제공해야 한다고 생각한다. 반면에 본인들의 돈을 투자할 때는 회사채에 투자할 때보다 주식에 투자할 때 보다 높은 수익률을 얻어야 한다고 생각한다.

그러나 임원들이 속해 있는 기업에 투자한 투자자들도 임원들과 똑같은 생각을 하고 있다. 즉, 그들도 자기자본에 대한 투자수익률이 더 높을 것을 기대하고 있고 회사는 그 기대에 부응할 필요가 있다. 그렇지 않을 경우 투자자들은 자기자본을 제공하지 않을 것이고 자기자본(내돈)이 없는 기업은 타인자본(남의 돈) 또한 얻을 수 없기 때문이다.

이 때문에 자기자본과 타인자본 중 자기자본이 더 비싼 자본이 되는 것이다. 즉, 자본비용은 자본을 제공한 투자자들이 요구하는 수익률인 것이다. 기업은 자본비용을 적게 부담할수록 같은 돈을 벌어도 기업가치를 높게 유지할 수가 있다.

기업가치는 기업이 벌어들일 미래 현금흐름을 자본비용으로 할인한 것이다. 그렇다면 어떻게 자본비용을 낮게 유지할 수 있을까. 다시 자본비용의 개념으로 돌아가 보자. 자본비용은 투자자의 요구수익률이다. 투자자는 투자 대상이 가져다줄 미래 현금흐름의 불확실성에 따라 요구수익률을 달리 가져간다.

미래 현금흐름이 불확실한 주식에 투자할 때는 더 높은 수익률을 원한다. 투자자들은 기업지배구조가 안 좋고 경영활동이 불투명한 기업에 대해서 더 높은 수익률을 요구한다. 즉, 기업은 자본비용을 낮추기 위해서 기업홍보부터 기업지배구조 개선, 공시의 투명성까지 투자자들이 느끼는 위험을 최소화함으로써 그들의 요구수익률을 낮추고 기업가치를 극대화할 수 있는 것이다.

[매경이코노미(news.mk.co.kr), 2007. 12. 19.]

⋮ SECTION 03   가중평균자본비용

1. 가중평균자본비용의 개념

가중평균자본비용(WACC)은 기업이 현재 자산을 가지고 벌어들여야 하는 수익률로서 평균적인 위험을 갖는 기업의 투자안들에 대해 요구되는 수익률을 의미한다. 가중평균자본비용은 기업을 자기자본과 타인자본으로 구성된 하나의 포트폴리오로 생각하여 자기자본비용(r_e)과 타인자본비용(r_d)을 총자본에서 자기자본(S)과 타인자본(B)이 차지하는 비중으로 가중평균하여 계산하며, 법인세(t)가 존재할 경우에는 식(9-6)과 같이 타인자본비용에 법인세 절세효과를 고려해야 한다.

$$WACC = \left(\frac{S}{S+B}\right)r_e + \left(\frac{B}{S+B}\right)r_d(1-t) \tag{9-6}$$

한편, 기업의 자본구조에 우선주가 포함될 경우에는 식(9-7)로 가중평균자본비용을 계산한다.

$$WACC = \left(\frac{S_c}{S_c+S_p+B}\right)r_e + \left(\frac{S_p}{S_c+S_p+B}\right)r_p + \left(\frac{B}{S_c+S_p+B}\right)r_d(1-t) \tag{9-7}$$

여기서 S_c: 보통주 시장가치, S_p: 우선주 시장가치, B: 부채 시장가치

예제   가중평균자본비용

A기업의 자본구조는 부채 30%, 우선주 20%, 보통주 50%로 형성되어 있다. A기업은 신규 투자안에 사용할 자금을 조달할 때에도 현재의 자본구조를 유지하기를 원한다. 부채의 세전자본비용은 6%, 우선주의 자기자본비용은 8%, 보통주의 자기자본비용은 10%이다. 법인세율이 40%일 때 가중평균자본비용은 얼마인가?

(답) $WACC = (0.3)(0.06)(1-0.4) + (0.2)(0.08) + (0.5)(0.1) = 7.68\%$

2. 가중평균자본비용과 투자안의 자본비용

특정 투자안의 투자여부를 결정할 때 검토대상 투자안에 대한 자본비용을 추정해야 한다. 이때 검토대상 투자안의 위험이 기업 전체의 위험과 같지 않다면 기업의 평균적인 위험과 재무구조에 따라 결정된 가중평균자본비용을 투자안의 할인율로 사용해서는 안 된다.

예를 들어, 기업의 베타가 1.2이고 A투자안의 베타가 0.6, B투자안의 베타가 1.2 C투자안의 베타가 1.7이라고 하자. 무위험수익률이 5%, 시장수익률이 10%일 경우 기업 전체의 자본비용은 11%($=0.05+(0.1-0.05)(1.2)$), A투자안의 자본비용은 8%($=0.05+(0.1-0.05)(0.6)$), B투자안의 자본비용은 11%($=0.05+(0.1-0.05)(1.2)$), C투자안의 자본비용은 13.5%($=0.05+(0.1-0.05)(1.7)$)가 된다.

〈그림 9-1〉에서 가중평균자본비용을 투자안의 요구수익률인 자본비용이라고 하면, A투자안에 대해서는 A투자안의 자본비용보다 너무 높은 가중평균자본비용을 적용하여 채택하지 않게 된다. 반면 C투자안에 대해서는 C투자안의 자본비용보다 너무 낮은 가중평균자본비용을 적용하여 위험이 큰 C투자안을 채택하게 되는 오류를 범하게 된다. 오직 기업과 동일한 위험을 가진 B투자안만이 공정하게 평가된다.

●● 그림 9-1 | 투자안의 자본비용과 기업의 가중평균자본비용

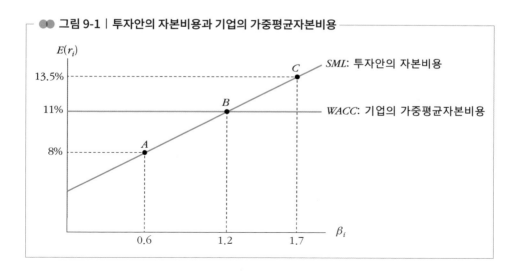

하지만 자본비용은 직접적으로 관측되지 않기 때문에 여러 가지 가정과 추정치를 사용하여야 한다. 또한 각 투자안의 분석에 사용되는 자본비용은 해당 투자안의 특성에 따라 서로 달라지므로, 검토대상 투자안별로 자본비용을 각각 추정하기가 쉽지 않다. 이에 실무에서는 일단 가중평균자본비용을 자본비용으로 추정한 후 기업의 평균적인 투자안과 검토대상 투자안의 위험을 비교하여 자본비용을 조정하기도 한다.

때로는 검토대상 투자안의 위험이 기업의 평균적인 위험을 가진 투자안과 동일한 위험을 가진다는 가정과 검토대상 투자안은 투자 후 투자종료 시점까지의 기간동안 일정한 목표자본구조를 가진다는 가정하에서 가중평균자본비용을 투자안의 자본비용으로 그대로 사용하기도 한다.

⠿ SECTION 04   발행비용

기업이 주식이나 채권 등을 발행하여 자금을 조달할 때 일반적으로 간접발행 방식을 취한다. 간접발행은 금융회사가 증권발행에 따른 사무를 기업 대신 처리해주고 이에 대한 수수료를 받는 것이다. 이때 수수료와 같이 자금 조달할 때 발생하는 비용을 발행비용(flotation cost)이라 한다.

일반적으로 채권과 우선주의 경우에는 발행비용이 발행액의 1% 이하로 매우 작기 때문에 자본비용 추정에 반영하지 않거나 단순히 현금유출로 처리하여 자본조달수단으로부터 유입액이 줄어드는 것으로 처리할 수도 있다. 하지만 보통주로 자금을 조달할 경우 발행비용이 커질 수가 있는데 이때 발행비용을 어떻게 처리해야 할까? 이에 대해서 두 가지 방법이 있다.

1. 자본비용에서 조정하는 방법

발행비용을 자본비용에서 조정할 수가 있다. 발행비용을 주당 금액(F)으로 정의하면 주식가격 P_0에서 F를 차감하고, 발행비용을 주당비율(f)로 정의하면 주식가격 P_0에서 $P_0 f$를 차감하여 자본비용을 계산한다.

$$r(=r_e) = \frac{D_1}{P_0 - F} + g \quad \text{또는} \quad r(=r_e) = \frac{D_1}{P_0(1-f)} + g \tag{9-8}$$

예를 들어, A기업은 올해 말에 배당금(D_1) 5,500원을 지급하였으며 이 기업의 배당금은 매년 10%로 일정하게 증가할 것으로 기대되고 있다. 이 기업의 현재 주가는 55,000원이다. 신규투자를 위하여 주식을 발행하여 자금을 조달해 오고 자 하는데 발행비용이 발행액의 8%가 소요된다고 하자. 이때 자기자본비용은 발행비용이 없을 경우의 자기자본비용 20%(= 5,500/55,000 + 0.1)보다 다소 높은 20.87%가 된다.

$$r(=r_e) = \frac{D_1}{P_0(1-f)} + g \rightarrow \frac{5,500}{55,000(1-0.08)} + 0.1 = 20.87\%$$

특정 투자안의 자금조달 수단에 대한 정보가 자세하게 파악된다면, 발행비용 이 투자안의 개시시점에서 발생하기 때문에 발행비용만큼 최초 투자되는 투자 금액을 감소시키면 된다. 하지만 자금조달 수단이 무엇인지 알기 힘든 상황에서 는 일반적인 발행비용을 자본비용에 반영하여 조정된 할인율로 미래현금흐름의 현재가치를 계산해 주는 방법이 유용하다. 뿐만 아니라 발행비용을 자본비용에 서 조정하게 되면 내부자기자본인 이익잉여금을 다 사용하고 난 후에 외부자기 자본인 신주발행으로 자금을 조달함에 따라 자본비용이 어떻게 변화하는지 쉽 게 알 수 있다.

2. 현금흐름에서 조정하는 방법

발행비용을 최초의 현금흐름의 일부로 보아 발행비용을 최초의 현금흐름에서 차감하는 방법이 있다.[1] 예를 들어, A기업은 올해 말에 배당금(D_1) 5,500원을 지급하였으며 이 기업의 배당금은 매년 10%로 일정하게 증가할 것으로 기대되 고 있다. 이 기업의 현재주가는 55,000원이다. 100억원이 투자되는 신규투자를 위하여 A기업은 주식을 발행하여 60억원을 조달해 오고자 하는데 이때 발행비

---

1   John R. Ezzell and R. Burr Porter, "Flotation Costs and the Weighted Average Cost of Capital," *Journal of Financial and Quantitative Analysis* 11, September 1976.

용은 발행액의 5%가 소요된다. 나머지 40억원은 부채로 조달할 것이며 타인자본비용은 5%, 법인세율은 40%라고 하자. 이 투자로 인해 A기업은 향후 7년 동안 매년 35억원씩 벌어들일 것으로 기대된다.

만약 발행비용이 없다고 가정할 경우 배당할인모형에 의한 A기업의 자기자본비용은 20%(= 5,500/55,000 + 0.1)가 되고 기업의 가중평균자본비용($WACC$)은 $(0.6)(0.2) + (0.4)(0.05)(1 - 0.4) = 13.2\%$가 된다. 이 할인율을 적용하여 계산한 투자안의 NPV는 다음과 같이 53.83억원이 된다.

$$\text{NPV}_{\text{발행비용무}} = \frac{35}{(1 + 0.132)^1} + \cdots + \frac{35}{(1 + 0.132)^7} - 100 = 53.83\,억원$$

하지만 실제로 발행비용이 존재하며 이 발행비용을 현금흐름에서 조정할 경우에는 NPV가 50.83억원이 되어 발행비용을 고려하지 않을 경우보다 NPV가 자본비용만큼 작게 나타난다.

$$\text{NPV}_{\text{발행비용유}} = \frac{35}{(1 + 0.132)^1} + \cdots + \frac{35}{(1 + 0.132)^7} - 100 - 60(0.05) = 50.83\,억원$$

만약 발행비용을 앞에서 설명한 것과 같이 자본비용에서 조정하였다고 해보자. 이 경우의 자기자본비용은 20.53%(= 5,500/(55,000(1 - 0.05)) + 0.1)가 되고 가중평균자본비용은 $(0.6)(0.2053) + (0.4)(0.05)(1 - 0.4) = 13.52\%$가 되므로 NPV는 52.32억원으로 계산되어 발행비용을 현금흐름에서 조정하여 구한 NPV 50.83억원과 다소 차이가 발생한다.

$$\text{NPV} = \frac{35}{(1 + 0.1352)^1} + \frac{35}{(1 + 0.1352)^2} + \cdots + \frac{35}{(1 + 0.1352)^7} - 100$$
$$= 52.32\,억원$$

뉴스로 보는 재무이야기

자본비용 줄여야 기업 몸값 상승

재료비, 인건비, 관리비…. 기업이 상품이나 서비스를 생산·공급하는 과정에는 여러 가지 비용이 수반된다. 경영자는 이들 비용을 줄이기 위해 많은 노력을 기울이는데 예를 들어, 일본 도요타자동차는 TPS(Toyota Production System)라는 물류시스템으로 원가를 줄이고자 힘쓰고 있다. 그러나 회계장부상 비용이 기업 비용의 전부는 아니다. 기업은 자산을 취득하기 위해 자금을 조달해야 한다. 이 자금도 비용을 발생시키는데 이를 자본비용이라 한다. 집을 사기 위해 은행에서 돈을 빌리면 대출이자를 내야 하듯이 기업 역시 자본을 제공한 이에게 대가를 지불해야 하는 것이다.

◇ 자기자본비용 산정

그렇다면 기업의 주식에 내포된 자기자본비용은 어떻게 산정할까. 이는 주주들이 기업의 주식을 소유할 때 얼마나 수익을 올릴 수 있을지 기대하는 정도, 즉 기대수익률에 따라 결정된다. 또 주식이 내포한 위험 수준과 관계가 있는데 고위험 주식은 기대수익률도 높아야 하고, 저위험 주식은 기대수익률도 낮아야 한다.

조정과정은 이렇다. 기대수익률은 아주 높은데 위험이 없는 주식이 있다면 이 주식을 사려고 투자자들이 몰려들어 현재 주식 가격이 올라간다. 이 경우 향후 기대하는 수익에 비해 현재 주식가격이 올라가 있으므로 기대수익률이 떨어지게 된다. 이러한 조정은 주식의 기대수익률이 위험이 전혀 없는 증권(예를 들면, 국공채)의 수익률과 같아질 때까지 계속된다. 이 주식 수익률이 무위험수익률보다 조금이라도 높다면 투자자들은 계속해서 주식을 사려고 할 것이고, 주식 가격이 상승해 기대수익률은 떨어지게 된다. 이런 논리에 따라 주식 기대수익률은 그 기업이 내포하고 있는 위험 수준에 따라 결정된다.

◇ 자본비용에는 타인자본과 자기자본이 있어…자기자본비용도 중요

기업의 자본은 타인자본과 자기자본으로 나뉜다. 앞서 말한 은행 대출의 예와 같이 설비를 갖추기 위해 은행에서 차입해 사용한 자금을 타인자본이라 한다. 반면 주식을 발행해 그로부터 생성된 자금은 자기자본이 된다. 타인자본의 자본비용은 상대적으로 쉽게 계산할 수 있다. 은행에서 돈을 빌린 경우 정해진 대출이자율이 곧 자본비용의 산정기준이 된다. 타인자본은 계산이 쉽고 회계장부상에 영업외 비용으로 기록되므로 경영자들이 비교적 명확히 인식하고 있다.

이번엔 자기자본비용을 보자. 이 비용은 주주들이 기업에 자금을 제공하면서 (즉, 주식을 구입하면서) 기대하는 수익률이다. 기대수익률이 비용으로 계산되는 이유는 주주들이 자금을 기업에 투자함으로써 잃게 된 기회비용을 포함하기 때문이다. 아들의 사업을 위해 아버지가 자기 소유 사무실을 아들에게 무상으로 빌려준다면 아버지는 이를 다른 사람에게 임대할 경우 받을 수 있었던 임대료를 받지 못한다. 따라서 받지 못한 임대료 수익을 비용으로 산정해야 한다. 기업의 경우에도 주주가 다른 곳에 자금을 사용했을 때 받을 수 있는 수익을 자기자본비용으로 간주해야 한다. 자기자본비용은 매년 배당금을 제외하고 명시적으로 지출되는 현금이 없어 비용으로 인식하지 못하는 경우가 있다. 그러나 기회비용의 개념으로 자기자본비용을 이해한다면 이를 비용으로 인식해야 한다.

◇ 자본비용 절감과 기업가치 상승

타인자본비용과 자기자본비용을 기업의 자본구성에 맞추어 가중평균하면 기업의 자본비용이 된다. 이자비용으로 나타나는 타인자본비용은 절감을 위한 노력을 많이 한다. 자기자본비용의 경우는? 이 또한 기업이 암묵적으로 부담하는 비용으로 절감 노력이 필요하다. 특히 향후 주식을 발행할 때 더 높은 공모가를 받기 위해 기업의 위험을 감소시키고 현재의 자본비용을 줄이려는 노력을 해야 한다. 자본비용은 기업의 미래 현금흐름을 할인하는 기준으로 자본비용을 감소시키면 기업가치가 상승한다.

자본비용의 감소를 위해 경영자는 어떠한 노력을 해야 할까. 대출이자율과 기대수익률은 기업이 내포한 위험에 따라 결정되므로 자본비용 감소를 위해 경영은 자본 공여자들이 느끼는 위험을 감소시켜야 한다. 타인자본과 자기자본의 적절한 조합을 통해 최적자본구조를 이루고 위험관리를 통해 현금흐름을 관리해야 한다. IR(investor relation) 확충 등 기업 내부 관리자와 외부 주주 간의 정보 비대칭성을 줄이려는 노력 또한 기업이 내포한 위험을 줄인다. 위험 감소는 자본비용을 절감시켜 궁극적으로 기업가치를 높이는 전략이 된다. 모든 법칙에 예외가 있듯 자본비용 감소가 항상 기업의 가치를 증가시켜주지는 않는다. 가스, 전기, 통신과 같은 규제기업은 자본비용 감소가 가격을 하락시켜 현금흐름이 감소할 가능성이 있다.

[매일경제(www.mk.co.kr), 2006. 11. 23.]

⋮ 연습
문제

1 자본비용에 관한 설명으로 옳지 않은 것은? (   )

① 가중평균자본비용은 기업의 평균적인 위험과 재무구조에 따라 결정된다.

② 가중평균자본비용은 기업가치와 역의 관계를 갖는다.

③ 법인세 존재 시 자기자본비용에 대한 세금을 고려하여 가중평균자본비용을 구한다.

④ 투자결정 시 원칙적으로 검토대상 투자안별로 자본비용을 추정해야 한다.

2 A기업의 올해 초 배당금은 1,000원이다. 이 기업은 5%로 성장할 것으로 기대된다. 올해 초 주가가 10,000원일 경우 보통주의 자본비용은 얼마인가? (   )

① 14.7%   ② 15.5%

③ 16.2%   ④ 17.8%

3 A기업의 부채비율(B/S)은 100%이다. 자기자본비용이 10%, 타인자본비용이 20%일 경우 가중평균자본비용은 얼마인가? 단, 법인세는 40%이다. (   )

① 8%   ② 9%

③ 10%   ④ 11%

4 (2002 CPA) (주)벤처의 총자산은 부채 5,000만원과 보통주 5,000만원으로 이루어져 있다. 총자산 규모가 2억원이 되도록 사업을 확장하려고 한다. 현재 최적인 자본구조를 계속 유지할 것이며, 사업확장에 필요한 자본은 지급이자율이 5%인 회사채와 보통주를 발행하여 조달하기로 결정하였다. 보통주의 시장가격은 20,000원이고, 배당금은 주당 1,000원을 지급하고 있으며 향후 5%로 계속 성장할 것으로 예상하고 있다. 신주의 발행비용은 주당 2,500원이 소요되고 법인세가 40%일 때 (주)벤처의 자본조달비용은 얼마인가? (부채의 발행비용은 없으며 조달된 자본으로 시작하는 사업은 현행과 동일한 것이고 위험변화는 없다고 가정함) (   )

① 6%   ② 7%

③ 8%   ④ 9%

⑤ 10%

⦂ 연습문제
해답

1 ③

2 ②

〈답〉

$$r_e = r = \frac{D_1}{P_0} + g \ \rightarrow \ \frac{1,000(1+0.05)}{10,000} + 0.05 = 15.5\%$$

3 ④

〈답〉

$$WACC = \left(\frac{S}{S+B}\right)r_e + \left(\frac{B}{S+B}\right)r_d(1-t) \ \rightarrow \ (0.5)(0.1) + (0.5)(0.2)(1-0.4) = 11\%$$

4 ②

〈답〉

현재의 최적자본구조(타인자본:자기자본=5,000만원:5,000만원)

사업확장 후 최적자본구조(타인자본:자기자본=1억원:1억원)

자본조달액: $P_0 -$ 신주발행비용$= \dfrac{D_1}{r-g} \ \rightarrow \ 20,000 - 2,500 = \dfrac{1,000(1.05)}{r-0.05}$

$$\rightarrow \ r = 0.11$$

$$\therefore \ WACC = \left(\frac{S}{S+B}\right)r_e + \left(\frac{B}{S+B}\right)r_d(1-t) = \left(\frac{1}{2}\right)(0.11) + \left(\frac{1}{2}\right)(0.05)(1-0.4)$$

$$= 0.07$$

자본구조이론

본 장에서는 재무담당자가 자기자본과 타인자본으로 자본을 조달할 때 기업가치를 극대화시 킬 수 있는 최적자본구조가 존재하는지에 대해서 MM(1958, 1963)의 자본구조이론을 통해 살 펴본다. 또한 MM의 자본구조이론과 CAPM으로부터 부채기업의 체계적 위험과 무부채기업의 체계적 위험 간의 관계식의 도출과 파산비용, 대리인비용, 정보불균형 등이 존재할 경우의 최 적자본구조 이론들에 대해 살펴본다.

- 전통적 접근법
- MM(1963)의 자본구조이론: 수정이론
- 대리인비용와 최적자본구조
- MM(1958)의 자본구조이론: 무관련이론
- 파산비용과 최적자본구조
- 우선순위이론

፥ SECTION 01   전통적 접근법

자본구조(capital structure)란 기업이 경영활동을 수행하기 위해 조달한 자기자 본과 타인자본의 구성비율을 말한다. 재무관리자는 자금을 조달할 때 ① 기업 가치를 극대화하는 구성비율이 과연 있는지 고민하게 되고, ② 만일 있다면 구 성비율이 얼마인지를 알고 싶어 한다. 기업가치는 기업이 벌어들이는 미래현금 흐름을 기업전체의 자본비용인 가중평균자본비용(WACC)으로 할인한 값이다. 만일 기업이 일정한 현금흐름을 영원히 벌어들인다면, 기업가치는 다음과 같이 나타낼 수 있다.

$$V = \sum_{t=1}^{\infty} \frac{E(CF)}{(1+WACC)^t} \quad \rightarrow \quad V = \frac{E(CF)}{WACC} \tag{10-1}$$

식(10-1)을 보면, 서로 다른 자본구조를 갖는 기업들의 기대현금흐름 $E(CF)$ 가 동일할 때 가중평균자본비용이 최소이면 기업의 가치가 최대가 된다. 가중평 균자본비용은 식(10-2)로 계산되며, 자본구조이론의 쟁점은 자본구조에 따라 자기자본비용(r_e)과 타인자본비용(r_d)이 어떻게 변하고 그에 따라 가중평균자본 비용이 어떻게 최소가 되는가이다.

$$WACC = \left(\frac{S}{S+B}\right)r_e + \left(\frac{B}{S+B}\right)r_d(1-t) \tag{10-2}$$

Modigliani와 Miller(1958, 이후 MM)는 이러한 쟁점을 규명하기 위한 최초의 이론적 증명을 하였다. MM(1958) 이전에는 전통주의자(traditionalist)들이 자본구조에 대해 주장하는 전통적 접근법(traditional approach)이 있었다. 전통적 접근법은 타인자본비용이 자기자본비용보다 낮다는 가정하에서 출발한다.

전통적 접근법에서는 〈그림 10-1〉에서 보듯이 부채비율이 낮은 단계인 A점 수준까지 타인자본을 차입할 경우, 타인자본조달비용은 자기자본조달비용보다 저렴하기 때문에 가중평균자본비용이 점차 하락하여 A점 수준에서 최소가 된다. 또한 A점 수준까지의 타인자본 조달에 대해서 주주들도 재무위험에 대해서 심각하게 인식하지 않는다. 하지만 A점 수준을 초과하여 타인자본을 사용하게 되면 이때부터 주주들은 재무위험을 심각하게 인식하여 파산을 염려하기 때문에 더 높은 수준의 수익률을 요구함에 따라 기업의 가중평균자본비용이 상승하게 된다.[1]

결국, A점 수준에서 가중평균자본비용이 가장 낮게 되고 이때 기업가치가 최대가 된다. 따라서 전통적 접근법에 의하면 기업가치는 자본구조에 따라 영향을 받고 가중평균자본비용을 최소로 만드는 최적자본구조가 존재한다고 주장한다.

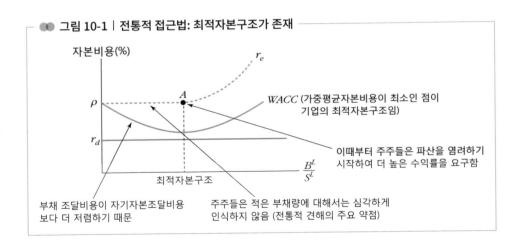

●● 그림 10-1 | 전통적 접근법: 최적자본구조가 존재

---

[1] 이 부분이 전통주의자들의 주장에서 가장 주된 오류로 지적되고 있다. A점 이전까지는 주주들이 가만히 있다가 A점에 이르면 부채에 대해 갑자기 우려하기 시작하는 것이 사리에 맞지 않고 설득력이 없다는 것이다.

⁞ SECTION 02   MM(1958)의 자본구조이론: 무관련이론

전통적 접근법에 대한 최초의 이론적 반박이 1958년에 발표된 MM의 논문이다.[2] MM은 다음의 가정하에 세 가지 명제를 도출하여 자본구조가 달라도 기업가치가 동일하다는 것을 증명하였다. 즉, MM은 자산의 수익성과 위험성에 따라 기업가치가 달라지는 것이지 기업의 자본구조와는 관련이 없다고 주장하였다.

① 자본시장은 어떠한 마찰적 요인도 존재하지 않는 완전자본시장[3]이다.
② 모든 개인은 무위험이자율로 차입하거나 대출할 수 있다.
③ 기업은 오직 무위험부채와 위험이 존재하는 보통주 두 가지만 발행하여 자금을 조달한다.
④ 모든 기업은 자신들의 경영위험에 따라 동일한 위험집단에 속하는 것으로 가정한다.
⑤ 기업은 성장이 없기 때문에 해마다 벌어들이는 현금흐름은 항상 일정하고 영구적이다.

1. 명제 I

일반적으로 기업가치는 기업이 매년 벌어들일 것으로 예상되는 기대현금흐름을 그 기업이 속하는 위험집단 수준에서 적절하다고 간주 되는 할인율로 할인하여 계산한다. 본 절에서는 부채를 사용하는 부채기업(L)과 부채를 사용하지 않는 무부채기업(U)이 매년 벌어들일 것으로 예상되는 기대현금흐름의 살펴보고, 이를 할인한 기업가치를 구해보자.

〈그림 10-2〉에는 법인세가 존재하지 않을 경우 부채기업(L)이 벌어들이는 순영업이익인 기대현금흐름의 귀속을 나타내었다. 즉, 무위험이자율 r_d로 부채(leverage) B^L을 사용하는 부채기업(L)이 벌어들이는 기대현금흐름은 주주에게 귀속되는 현금흐름과 채권자에게 귀속되는 현금흐름으로 나뉜다.

---

2   Franco Modigliani and Merton H. Miller,"The Cost of Capital, Corporation Finance and the Theory of Investment,"*American Economic Review* 48, June 1958.
3   거래비용, 법인세 및 개인소득세 등의 세금, 파산비용이 없는 이상적인 자본시장을 의미한다.

●● 그림 10-2 | 법인세가 존재하지 않을 경우 부채기업(L)의 E(NOI)의 귀속

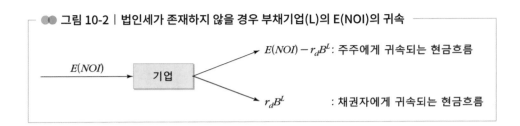

일반적으로 미래 기대현금흐름을 기대순영업이익 $E(NOI)$라고 할 때, $E(NOI)$ 중에서 채권자에게 귀속되는 금액은 이자 r_dB^L이고, 이자를 뺀 나머지 부분 $E(NOI)-r_dB^L$이 주주에게 귀속되는 현금흐름이 된다. 예를 들어, 무위험이자 율이 5%이고 타인자본 400, 자기자본 600을 사용하는 기업의 기대순영업이익 이 100이라고 할 때 채권자에게 귀속되는 현금흐름은 $400 \times 5\% = 20$이고, 주주 에게 귀속되는 현금흐름은 $100-20=80$이 된다.

기업의 시장가치는 기업이 매년 벌어들일 $E(NOI)$를 그 기업이 속한 위험집단 의 수준에 맞는 할인율로 할인하여 계산하므로, 부채기업(L)의 가치(V^L)는 부채 기업(L)이 벌어들이는 $E(NOI)$를 부채기업(L)의 가중평균자본비용으로 할인하여 식(10-3)과 같이 계산한다.

$$V^L(=S^L+B^L) = \sum_{t=1}^{\infty} \frac{E(NOI)}{(1+WACC)^t} = \frac{E(NOI)}{WACC} \tag{10-3}$$

여기서, $WACC$: 부채기업의 가중평균자본비용
$\quad\quad\quad S^L$: 부채기업의 자기자본 시장가치
$\quad\quad\quad B^L$: 부채기업의 타인자본 시장가치

한편, 부채를 전혀 사용하지 않는 무부채기업(U)의 가치(V^U)는 무부채기업(U) 이 벌어들이는 $E(NOI)$를 무부채기업(U)의 가중평균자본비용(WACC=자기자본비 용=ρ)으로 할인하여 식(10-4)와 같이 계산한다.

$$V^U(=S^U) = \sum_{t=1}^{\infty} \frac{E(NOI)}{(1+\rho)^t} = \frac{E(NOI)}{\rho(=WACC)} \tag{10-4}$$

여기서, ρ: 무부채기업의 자기자본비용(=가중평균자본비용)
$\quad\quad\quad S^U$: 무부채기업의 자기자본 시장가치

MM은 "기업가치는 그 기업이 벌어들이는 기대순영업이익을 동일한 위험등급에 속하는 모든 기업에 적용할 수 있는 적절한 할인율로 할인함으로써 결정되는 것이지 그 기업의 자본구조에 따라 결정되는 것이 아니다"라고 주장하였다. 따라서 MM은 식(10-3)의 무부채기업(U)의 가치(V^U)와 식(10-4)의 부채기업(L)의 가치(V^L)가 동일하다고 하면서, 이를 차익거래과정을 통하여 증명하였다. 예를 들어, 어느 투자자가 무부채기업(U)의 주식을 10% 사거나, 부채기업(L)의 주식과 채권을 각각 10% 사는 경우를 생각해 보자.

전략 1: 무부채기업(U) 10% 투자＝무부채기업(U)의 주식을 10% 매수
전략 2: 부채기업(L) 10% 투자＝부채기업(L)의 주식과 부채를 각각 10% 매수

전략 1에서 무부채기업(U)의 주식 S^U를 10% 매수할 경우 투자수익은 $(0.1)[E(NOI)]$가 된다. 전략 2에서 부채기업(L)을 10% 매수하는 것은 부채기업(L)의 주식 S^L 10%와 부채 B^L 10%를 매수하는 것이다. MM은 완전자본시장에 기업이든 개인이든 누구나 동일하게 접근할 수 있고 개인은 기업이 하는 것은 무엇이든지 동일하게 할 수 있다고 가정하였다. 따라서 기업이 발행하는 증권을 개인도 동일하게 발행할 수 있으므로 자가부채(homemade leverage)를 통하여 부채기업(L)의 부채 10%를 매수하는 것과 동일한 효과를 낼 수 있다고 하였다. 즉, 부채기업(L)의 매수자가 개인적으로 부채기업(L)의 부채 10%만큼을 자신에게 대출하여 가지고 있으면 부채기업(L)의 매수자입장에서는 부채기업(L)의 부채 10%를 매수한 것과 동일해진다. 따라서 전략 2의 투자수익은 $(0.1)[E(NOI)]$가 된다.

●● 표 10-1 | $V^U = V^L$

거래		투자금액	투자수익
전략 1: V^U 매수	S^U의 10% 매수	$(0.1)S^U (=(0.1)V^U)$	$(0.1)[E(NOI)]$
전략 2: V^L 매수	S^L의 10% 매수	$(0.1)S^L$	$(0.1)[E(NOI)-r_d B^L]$
	B^L의 10% 매수 (= $(0.1)B^L$만큼 대출)	$(0.1)B^L$	$(0.1)r_d B^L$
	합계	$(0.1)V^L$	$(0.1)[E(NOI)]$

이와 같이 두 전략의 투자수익이 $(0.1)[E(NOI)]$로 동일하므로 차익거래이익
이 발생하지 않으려면 두 투자안의 투자금액도 같아야만 한다. 즉, $(0.1)V^U=$
$(0.1)V^L \to V^U=V^L$이 되어야 한다. 결국, 기업가치는 채권자와 주주의 전체수
익에 해당 되는 영업이익에 의해서 결정되며, 영업이익이 같으면 자본구조가 달
라도 기업의 가치는 동일하다는 것을 의미한다.

예를 들어, 동일한 위험집단에 속하여 경영활동이 똑같은 무부채기업(U)과 부
채기업(L)이 있다고 하자. 무부채기업의 총자산은 1,000만원이고, 부채기업(L)
은 채권 400만원과 주식 600만원으로 총자본, 즉 총자산을 1,000만원으로 구성
하고 있다. 재무상태표에서 두 기업의 차변은 일치하지만 자본을 조달하는 방식
이 다르기 때문에 대변은 일치하지 않는다. 즉, 두 기업의 자산가치(기업가치)는
같지만 두 기업의 자본구조는 다르다. MM은 논문 발표 30년 후에 노벨 경제학
상을 수상하였으며, "기업가치를 피자의 크기라고 한다면 피자의 크기인 기업
가치는 정해져 있는데 피자를 몇 등분으로 나누든(자본구조를 어떻게 가져가든) 피
자의 크기(기업가치)는 변함이 없다"라고 비유적으로 설명하였다.

예제 MM(1958)의 명제 Ⅰ

동일한 위험집단에 속하는 무부채기업 U와 부채기업 L의 영업이익은 1,000만원으로 서로
같다. 무부채기업의 자기자본비용은 10%이고, 부채기업 L은 이자율 5%인 채권 4,000만
원과 자기자본 9,000만원으로 자본을 구성하고 있다. 부채기업 L에 20%를 투자하고 있는
투자자입장에서 부채기업 L과 무부채기업 U의 기업가치가 같아지는 과정을 MM이론에 따
라 설명하시오. 단, 법인세는 존재하지 않는다.

답 $V^U(=S^U) = \dfrac{E(NOI)}{\rho} = \dfrac{1,000}{0.1} = 10,000$만원

$V^L = S^L + B^L = 9,000$만원$+4,000$만원$=13,000$만원

$V^L(=13,000$만원$) > V^U(=10,000$만원$) \to V^L$ 매도, V^U 매수 → 투자수익의 변화
없이 차익거래이익 600만원($=3,000$만원$\times 20\%$)을 얻게 된다. 따라서 차익거래이익
이 존재하지 않을 때까지 이러한 차익거래가 계속되어 결국 $V^U=V^L$이 성립한다.

(단위: 만원)

거래		투자금액	투자수익
V^U 매수	S^U의 20% 매수	$(0.2)S^U$ $= (0.2)(10,000)$	$(0.2)[E(NOI)]$ $= (0.2)(1,000)$
V^L 매도	S^L의 20% 매도	$(0.2)S^L$ $= (0.2)(9,000)$	$-(0.2)[E(NOI) - r_d B^L]$ $= -(0.2)(1,000 - 4,000 \times 0.05)$
	B^L의 20% 매도 $(= (0.2)B^L$ 만큼 차입$)$	$(0.2)B^L$ $= (0.2)(4,000)$	$-(0.2)(r_d B^L)$ $= -(0.2)(4,000 \times 0.05)$
차익거래이익		600	0

2. 명제 II

MM은 명제 I과 연관시켜 명제 II라고 불리는 자기자본비용 r_e를 결정하는 공식을 유도하였다. 먼저, 식(10-4)에서 무부채기업(U)의 자기자본에 대한 요구수익률 ρ는 무부채기업(U)이 벌어들이는 $E(NOI)$를 무부채기업(U)의 자기자본 S^U로 나누어 구할 수 있고, MM의 명제 I에 의하여 $V^U = V^L$이 성립하므로 ρ는 식(10-5)와 같이 나타낼 수 있다.

$$\rho = \frac{E(NOI)}{S^U(=V^U)} = \frac{E(NOI)}{V^U(=V^L)} = \frac{E(NOI)}{S^L + B^L} \rightarrow E(NOI) = \rho(S^L + B^L) \qquad (10\text{-}5)$$

그리고 부채기업(L)의 자기자본비용 r_e는 주주에게 귀속되는 현금흐름 $E(NOI) - r_d B^L$을 자기자본 S^L로 나누어 구할 수 있다. 이때 식(10-5)에서 $E(NOI) = \rho(S^L + B^L)$이므로 자기자본비용 r_e는 식(10-6)과 같이 유도된다.

$$r_e = \frac{E(NOI) - r_d B^L}{S^L} = \frac{\rho(S^L + B^L) - r_d B^L}{S^L}$$

$$\rightarrow r_e = \rho + (\rho - r_d)\frac{B^L}{S^L} \qquad (10\text{-}6)$$

식(10-6)의 명제 II는 기업이 타인자본의 사용을 증가시킴에 따라 자기자본비용 r_e도 부채비율(B^L/S^L)에 비례하여 증가함을 보인다. 즉, 부채비율(B^L/S^L)

이 높을수록 자기자본비용 r_e가 높아진다.

3. 명제 III

일반적으로 재무곤경비용(financial distress cost)이 없고 채권자가 주주보다 기업의 자산과 수익에 선순위청구권을 가진다면 타인자본사용의 위험이 자기자본사용의 위험보다 작기 때문에 타인자본비용은 자기자본비용보다 작다고 할 수있다. MM은 타인자본을 특히 위험이 없는 무위험부채로 조달한다고 가정하였기 때문에 타인자본비용이 자기자본비용보다 매우 저렴하다고 보았다.

이러한 가정에 의하여 MM은 기업이 자금조달을 위해 부채의 사용을 늘리면 채권자가 주주보다 선순위청구권을 가지기 때문에 자기자본비용이 증가하게 되지만 저렴한 타인자본비용이 증가하는 자기자본비용을 완전히 상쇄하여 가중평균자본비용은 변화가 없게 된다고 하였다. 이는 기업이 부채를 증가시켜도 기업가치를 계산하는 할인율로 사용되는 가중평균자본비용이 부채의 사용과 상관없이 항상 ρ로 일정하기 때문에 기업의 가치는 자본구조와 무관하며, 기업가치를 극대화하는 특별한 최적자본구조가 따로 없다는 것을 의미한다.

$$
\begin{aligned}
WACC &= \left(\frac{S^L}{S^L + B^L}\right) r_e + \left(\frac{B^L}{S^L + B^L}\right) r_d \\
&= \frac{S^L}{S^L + B^L}\left[\rho + (\rho - r_d)\frac{B^L}{S^L}\right] + \frac{B^L}{S^L + B^L} r_d \quad (\because \ r_e = \rho + (\rho - r_d)\frac{B^L}{S^L}) \\
&= \frac{S^L + B^L}{S^L + B^L}\rho \\
&= \rho
\end{aligned}
\tag{10-7}
$$

또한 투자안의 채택여부를 결정하는 투자의사결정 시에도 미래현금흐름을 가중평균자본비용으로 할인하는데, 가중평균자본비용이 자본구조에 영향을 받지 않기 때문에 투자의사결정과 자금조달의사결정(자본구조)이 서로 무관함을 알 수 있다.

예제 MM(1958)의 명제 Ⅱ와 Ⅲ

동일한 위험집단에 속하는 무부채기업 U와 부채기업 L이 있다. 두 기업의 영업이익은 동일하게 매년 1,000만원으로 영구적으로 기대된다. 무부채기업의 자기자본비용은 10%이다. 부채기업 L은 이자율 5%인 채권 4,000만원과 1주당 3만원인 주식을 발행하고 있다. 부채기업 L의 발행주식수는 2,000주이다.

(1) 부채기업 L의 자기자본비용과 가중평균자본비용을 구하시오.

(2) 무부채기업 U와 부채기업 L의 기업가치를 각각 구하시오.

(3) 부채기업 L이 자기자본 80%, 타인자본 20%로 자본구조를 변경할 경우 자기자본비용과 가중평균자본비용, 기업가치를 각각 구하고 (2)번에서 구한 기업가치와 비교하여 설명하시오.

답 (1) $r_e = \rho + (\rho - r_d)\dfrac{B^L}{S^L} = 0.1 + (0.1 - 0.05)\left(\dfrac{4,000}{6,000}\right) = 0.1333$

$$WACC = \left(\dfrac{S^L}{S^L + B^L}\right)r_e + \left(\dfrac{B^L}{S^L + B^L}\right)r_d$$

$$= \left(\dfrac{6,000}{6,000 + 4,000}\right)(0.1333) + \left(\dfrac{4,000}{6,000 + 4,000}\right)(0.05) = 0.1 = \rho$$

(2) $V^U(=S^U) = \dfrac{E(NOI)}{\rho} = \dfrac{1,000}{0.1} = 10,000$만원

$$V^L = \dfrac{E(NOI)}{WACC} = \dfrac{1,000}{0.1} = 10,000$$만원

혹은 $S^L = \dfrac{E(NOI) - r_d B^L}{r_e} = \dfrac{1,000 - (0.05)(4,000)}{0.1333} = 6,000$만원,

$B^L = 4,000$만원 $\rightarrow V^L = S^L + B^L = 6,000$만원 $+ 4,000$만원 $= 10,000$만원

(3) $r_e = \rho + (\rho - r_d)\dfrac{B^L}{S^L} = 0.1 + (0.1 - 0.05)\left(\dfrac{2}{8}\right) = 0.1125$

$$WACC = \left(\dfrac{S^L}{S^L + B^L}\right)r_e + \left(\dfrac{B^L}{S^L + B^L}\right)r_d$$

$$= \left(\dfrac{8}{8 + 2}\right)(0.1125) + \left(\dfrac{2}{8 + 2}\right)(0.05) = 0.1 = \rho$$

$$V^L = \dfrac{E(NOI)}{WACC} = \dfrac{1,000}{0.1} = 10,000$$만원

혹은 $S^L = \dfrac{E(NOI) - r_d B^L}{r_e} = \dfrac{1,000 - (0.05)(2,000)}{0.1125} = 8,000$만원,

$B^L = 2,000$만원 $\rightarrow V^L = S^L + B^L = 8,000$만원 $+ 2,000$만원 $= 10,000$만원

자기자본 60%, 타인자본 40%의 자본구조에서 자기자본 80%, 타인자본 20%로 자본구조를 변경하여도 가중평균자본비용($WACC$)은 변함이 없으며 따라서 자본구조 변경 전후의 기업가치도 변함이 없다.

뉴스로 보는 재무이야기

[노벨 경제학상 이야기] 프랑코 모딜리아니(1985년)

1985년 노벨 경제학상을 받은 프랑코 모딜리아니는 이탈리아 로마에서 태어나 대학졸업 후 미국으로 건너간 경제학자다. 모딜리아니는 힉스, 사무엘슨의 뒤를 이었던 케인지언 경제학자의 대표적인 인물이다. 특히 펜실베니아 대학의 안도(A. Ando)와 함께 프리드만의 통화주의에 맞섰던 '재정주의학파'로 분류된다.

모딜리아니의 연구 활동 중에 가장 대표적인 것은 역시 소비이론인 '라이프사이클 가설'이다. 소비는 전 생애에 걸쳐 일정하거나 혹은 서서히 증가하는 형태를 띤다. 하지만 소득은 일반적으로 중년기 때 가장 높고 유년기와 노년기에는 낮다. 당연히 저축률은 중년기에 높고 유년기나 노년기에는 저축률이 낮을 뿐만 아니라 마이너스 저축까지 하게 된다. 모딜리아니는 이 같은 가설에 따라 소비가 미래소득흐름의 현재가치의 함수라고 정의했다. 현재소득이나 자산만을 근거로 이뤄지는 것이 아니라 남은 생애 동안 기대되는 평균예상근로소득의 영향을 받는다는 것이다.

평균소비성향이 가계소득의 증감에 따라 변한다는 이전의 논리에 대해 밀튼 프리드먼의 '항상소득가설' 즉, 저축은 현재소득이 아니라 예상되는 평생소득의 함수라는 가설과 함께 모딜리아니의 라이프사이클가설은 장기소비성향이 대체로 일정하다는 사실을 잘 설명했다. 이 이론 중 자산을 소비현상을 설명하는 변수로 명백히 포함시킬 수 있다는 것을 증명한 업적도 평가받는 부분이다.

모딜리아니는 또 현대재무이론의 출발점으로 불리는 '모딜리아니-밀러 정리'를 정립한 것으로 유명하다. 이 두 사람은 '만약 세금이 없는 완전자본시장이라는 가정 아래' 기업가치는 그 자본구조와 무관하며 최적자본구조는 존재하지 않는다는 사실을 증명해냈다. 이는 얼마만큼 돈을 빌려 기업을 하든지, 즉 부채-자본비율은 기업가치와 상관없다는 것으로 기존 생각과는 크게 위배되는 것이었다.

[매일경제(www.mk.co.kr), 2000. 8. 12.]

⁝ SECTION 02   MM(1963)의 자본구조이론: 수정이론

1963년 MM은 법인세(corporate tax)가 존재하는 완전시장에서의 자본구조이론을 다시 발표하여 1958년의 자본구조 무관련이론과 상반된 결과를 내놓았다.[4] 1963년 논문에서는 법인세가 존재할 경우 부채로 인한 이자비용의 절세효과(tax shield effect)가 존재하며, 부채의 증가로 이자비용의 절세효과가 비례적으로 커짐에 따라 기업가치가 증가하여 최적자본구조가 존재한다고 주장하였다. 이를 구체적으로 살펴보면 다음과 같다.

1. 명제 Ⅰ

법인세가 존재할 경우 무부채기업(U)의 가치(V^U)는 무부채기업(U)이 벌어들이는 $E(NOI)$에서 법인세를 차감한 후의 세후 현금흐름을 무부채기업(U)의 가중평균자본비용(WACC=자기자본비용=ρ)으로 할인하여 식(10-8)과 같이 구한다.

$$V^U = \frac{\sum_{t=1}^{\infty} E(NOI)(1-t_c)}{(1+\rho)^t} = \frac{E(NOI)(1-t_c)}{\rho} \tag{10-8}$$

여기서, ρ: 무부채기업의 자기자본비용(=가중평균자본비용)
t_c: 법인세율

한편, 법인세가 존재할 경우 부채기업(L)이 벌어들이는 $E(NOI)$ 중에서 채권자에게 귀속되는 현금흐름은 이자 $r_d B^L$이고, 주주에게 귀속되는 현금흐름은 $E(NOI)$에서 이자 $r_d B^L$을 지급하고 법인세를 낸 후의 나머지 금액인 $(E(NOI)-r_d B^L)(1-t_c)$이 된다. 따라서 부채기업(L)의 세후 기대현금흐름은 식(10-9)가 된다.

$$CF^L = [E(NOI)-r_d B^L](1-t_c)+r_d B^L$$
$$= E(NOI)(1-t_c)+r_d B^L t_c \tag{10-9}$$

---

4 Franco Modigliani and Merton H. Miller, "Taxes and Cost of Capital: A Correction," *American Economic Review* 53, June 1963.

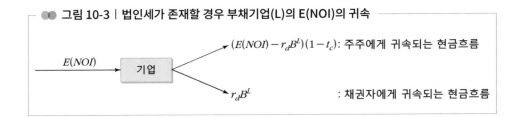

그림 10-3 | 법인세가 존재할 경우 부채기업(L)의 E(NOI)의 귀속

부채기업(L)의 가치(V^L)는 식(10-9)의 세후 기대현금흐름 CF^L에서 무부채기업(U)의 주주에게 귀속되는 현금흐름과 동일한 $E(NOI)(1-t_c)$부분은 ρ로 할인하고, $r_d B^L t_c$는 타인자본 사용에 따른 법인세 절세액으로서 타인자본비용 r_d로 할인하여 식(10-10)과 같이 구할 수 있다.

$$V^L(=S^L+B^L) = \frac{E(NOI)(1-t_c)}{\rho} + \frac{r_d B^L t_c}{r_d} = V^U + t_c B^L \tag{10-10}$$

식(10-10)에서 보듯이 MM은 부채기업(L)의 가치(V^L)는 무부채기업(U)의 가치(V^U)에 법인세 절세효과 $t_c B^L$을 더한 것과 같다고 주장하였으며 이것이 MM의 명제 I 이다. MM의 명제 I 에서 $t_c B^L$을 레버리지 이득(gain from leverage)이라고 한다. 만약 법인세가 없으면($t_c=0$)이면 $V^U = V^L$이 되어 법인세가 존재하지 않을 경우의 명제 I (MM(1958)의 무관련이론)과 동일하게 된다.

2. 명제 II

법인세가 존재할 경우 부채기업(L)의 자기자본비용 r_e를 구해보자. 먼저, 무부채기업(U)의 자기자본비용 ρ는 무부채기업(U)이 벌어들이는 $E(NOI)$에서 법인세를 내고 난 후의 $E(NOI)(1-t_c)$를 무부채기업(U)의 자기자본 S^U로 할인하여 구할 수 있고, 명제 I 에 의하여 $V^U = V^L - t_c B^L$이 성립하므로 ρ는 식(10-11)과 같이 나타낼 수 있다.

$$\rho = \frac{E(NOI)(1-t_c)}{S^U(=V^U)} = \frac{E(NOI)(1-t_c)}{V^L - t_c B^L} = \frac{E(NOI)(1-t_c)}{S^L + (1-t_c)B^L}$$

$$\rightarrow \ E(NOI) = \frac{\rho S^L}{1-t_c} + \rho B^L \tag{10-11}$$

그리고, 부채기업(L)의 자기자본비용 r_e는 주주에게 귀속되는 현금흐름 $[E(NOI) - r_d B^L](1-t_c)$를 부채기업(L)의 자기자본 S^L로 나누어 구할 수 있다. 이때 식(10-11)에서 $E(NOI) = \rho S^L/(1-t_c) + \rho B^L$이므로 자기자본비용 r_e는 식(10-12)와 같이 유도된다.

$$r_e = \frac{[E(NOI) - r_d B^L](1-t_c)}{S^L} = \frac{\left[\dfrac{\rho S^L}{1-t_c} + \rho B^L - r_d B^L\right](1-t_c)}{S^L}$$

$$= \rho + (\rho - r_d)(1-t_c)\frac{B^L}{S^L} \tag{10-12}$$

식(10-12)를 법인세가 존재할 경우의 명제 Ⅱ라고 한다. 식(10-12)를 식(10-6)과 비교해 보면, 부채비율(B^L/S^L)이 증가함에 따라 자기자본비용 r_e가 증가하나 $(1-t_c)$가 항상 1보다 작기 때문에 자기자본비용 r_e는 법인세가 없는 경우의 명제 Ⅱ의 경우에 비해 보다 작게 증가함을 의미한다.

3. 명제 Ⅲ

명제 Ⅲ의 가중평균자본비용은 식(10-13)과 같이 레버리지에 의하여 영향을 받기 때문에 기업이 부채를 100% 사용할 때 가중평균자본비용이 가장 낮은 수준인 $\rho(1-t_c)$가 되어 이때 기업가치가 가장 커진다는 주장이다. 즉, 법인세가 존재할 경우, 무위험부채 사용의 대가인 저렴한 타인자본비용의 사용으로 얻을 수 있는 매우 낮은 자본조달비용이라는 이점을 법인세의 존재로 인해 부채사용에 따라 커지는 자기자본비용을 완전히 상쇄하지 못하기 때문에 부채비율의 증가에 따라 가중평균자본비용이 감소하여 기업가치는 증가하게 된다.

$$WACC = \frac{S^L}{S^L+B^L}r_e + \frac{B^L}{S^L+B^L}r_d(1-t_c)$$

$$= \frac{S^L}{S^L+B^L}\left[\rho+(1-t_c)(\rho-r_d)\frac{B^L}{S^L}\right] + \frac{B^L}{S^L+B^L}r_d(1-t_c)$$

$$= \rho\left(1-t_c\frac{B^L}{S^L+B^L}\right) \qquad\qquad (10\text{-}13)$$

지금까지의 결과를 정리하면, 법인세가 존재하지 않는 경우(MM(1958))의 기업 가치는 자본구조와 독립적(무관)이지만, 법인세가 존재할 경우(MM(1963))에는 100% 부채로 자금을 조달할 때 가중평균자본비용이 최소인 $\rho(1-t_c)$가 되어 이 때 기업의 가치가 최대가 된다. 이를 〈그림 10-4〉에 나타내었다.

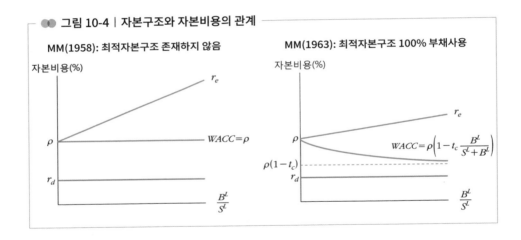

●● 그림 10-4 | 자본구조와 자본비용의 관계

예제   MM(1963) (2005 CPA 2차)

한별소프트(주)는 자기자본만으로 자금을 조달하여 운영하는 회사인데 매년 2억원의 기대 영업이익이 영구적으로 예상되며 현재 자기자본비용은 15%이다. 이 회사는 자본구조를 바꾸기 위하여 8억원의 부채를 10%의 이자율로 조달하여 주식의 일부를 재매입하고자 한다. 부채 만기 후 부채는 동일한 조건으로 재조달할 수 있다고 가정한다. 법인세율은 25%이며 법인세가 존재하는 것 이외에 자본시장은 완전하다고 가정한다.

(1) 자본구조 변경 후의 기업가치는 얼마인가?

(2) 자본구조 변경 후 이 기업의 자기자본비용과 가중평균자본비용을 각각 구하시오. (퍼센

트 기준으로 반올림하여 소수점 첫째 자리까지만 표시한다.)

(3) 만약 기업의 부채비율을 400%로 조정하고자 한다면 지문에서 제시된 8억원 대신 얼마의 부채를 조달하여 주식의 일부를 재매입해야 하는가? 부채의 조달조건은 금액에 관계없이 동일하다고 가정한다.

답 (1) $V^L = V^U + t_c B^L$

$$= \frac{E(NOI)(1-t_c)}{\rho} + t_c B^L = \frac{(2)(1-0.25)}{0.15} + (0.25)(8) = 10 + 2 = 12억원$$

(2) $V^L = S^L + B^L \quad \rightarrow \quad 12억원 = S^L + 8억원 \quad \rightarrow \quad S^L = 4억원$

$$r_e = \rho + (\rho - r_d)(1-t_c)\frac{B^L}{S^L} = 0.15 + (0.15 - 0.1)(1-0.25)\left(\frac{8}{4}\right) = 0.225$$

$$WACC = \rho\left(1 - t_c\frac{B^L}{S^L + B^L}\right) = (0.15)\left(1 - (0.25)\frac{8}{4+8}\right) = 0.125$$

(3) $\dfrac{B^L}{S^L} = 4 \quad \rightarrow \quad S^L = \dfrac{B^L}{4} = 0.25B^L$

$V^L = S^L + B^L \quad \rightarrow \quad V^L = 0.25B^L + B^L = 1.25B^L$

명제 I 에 의하여, $V^L = V^U + t_c B^L \quad \rightarrow \quad 1.25B^L = 10 + (0.25)B^L$

$\rightarrow \quad B^L = 10억원$

⦂ SECTION 03　MM(1958, 1963)과 CAPM(1964)의 결합

　MM(1958, 1963)은 기업 내의 모든 투자안의 경영위험이 동일한 것으로 가정하였다. 논문이 발표될 당시에는 각 투자안의 체계적 위험의 차이를 수정할 만한 이론이 없었다. 따라서 '기업의 모든 투자안은 동일한 경영위험을 가진다'는 가정이 적절한 것으로 받아들여졌다. 〈그림 10-5〉에서 보듯이 MM이론(1958, 1963)에서는 각 투자안의 가중평균자본비용이 체계적 위험의 함수가 아니며, 체계적 위험의 정도에 상관없이 항상 일정한 값을 가진다.

　하지만 1964년 Sharpe에 의해 CAPM이 발표된 이후 오늘날의 시각에서 보면 기업이나 투자안에 따라 위험이 서로 차이가 있기 때문에 MM의 위험이 동일하다는 가정이 맞지 않게 된다. 특히 MM이론(1958, 1963)은 기존 기업과 서로 다른

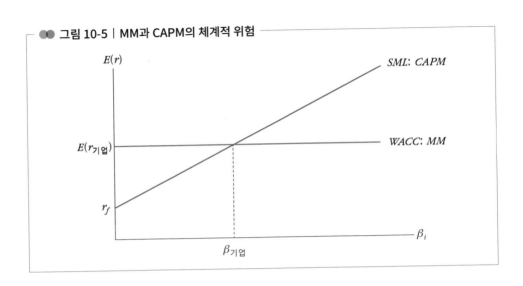

●● 그림 10-5 | MM과 CAPM의 체계적 위험

체계적 위험을 가지는 새로운 투자안을 평가할 때 많은 어려움이 따르게 된다.

이에 Hamada(1969)는 CAPM과 MM의 자본비용식을 결합하여 위험부채의 사용효과에 대한 통합적 접근방법을 최초로 제시하였다.[5] 이를 구체적으로 살펴보면, MM은 무위험부채를 가정하였으므로 타인자본비용 r_d는 무위험이자율인 r_f가 된다. 또한 1958년 MM의 논문이 발표될 당시에는 체계적 위험이라는 개념 자체가 없었기 때문에 무부채기업(U)에 적용할 수 있는 적절한 할인율을 단지 ρ라고 하였다. 하지만 1964년 CAPM이 발표된 이후 우리는 무부채기업(U)의 자기자본비용 ρ가 증권시장선(SML)에 의하여 체계적 위험 β_S^U에 따라 결정된다는 사실을 알고 있다.

문제는 현실적으로 부채를 사용하지 않는 경우의 체계적 위험을 나타내는 β_S^U를 구하는 것이 쉽지 않다는 것이다. 이에 금융정보제공업체들로부터 쉽게 구할 수 있는 상장된 부채기업(L)의 주식베타 β_S^L를 이용하여 자기자본비용에 대한 MM의 정의와 CAPM의 정의를 일치시킴으로써 β_S^L과 β_S^U 사이의 관계를 도출해낼 수 있다.

MM의 자본구조이론에서 무부채기업(U)의 자기자본비용 ρ와 CAPM의 관점

---

5   Robert S. Hamada, "Portfolio Analysis, Market Equilibrium and Corporation Finance," *Journal of Finance* 24, March 1969.

에서 체계적 위험 β_S^U에 근거하여 산출되는 무부채기업(U)의 자기자본비용 $r_f + (E(r_M) - r_f)\beta_S^U$가 서로 같다고 보면, 즉 $\rho = r_f + (E(r_M) - r_f)\beta_S^U$이면 법인세가 존재하는 경우의 자기자본비용 r_e를 나타내는 식(10-12)는 식(10-14)로 정리할 수 있다.

$$r_e = \rho + (\rho - r_d)(1 - t_c)\frac{B^L}{S^L}$$

$$= \rho + (\rho - r_f)(1 - t_c)\frac{B^L}{S^L} \quad (\because \ r_d = r_f)$$

$$= \left[r_f + (E(r_M) - r_f)\beta_S^U\right] + \left[\left\{r_f + (E(r_M) - r_f)\beta_S^U\right\} - r_f\right](1 - t_c)\frac{B^L}{S^L} \quad (10\text{-}14)$$

한편, CAPM의 관점에서 부채를 사용하는 기업의 체계적 위험 β_S^L에 근거하여 산출되는 부채기업(L)의 자기자본비용은 식(10-15)가 된다.

$$r_e = r_f + [E(r_M) - r_f]\beta_S^L \tag{10-15}$$

이제, 부채기업(L)이 부채를 사용할 경우의 식(10-14)로 표현되는 자기자본비용 r_e와 부채기업(L)의 체계적 위험 β_S^L에 근거하여 산출되는 식(10-15)의 자기자본비용 r_e는 동일하므로 두 식을 같게 놓고 정리하면 식(10-16)이 된다.

$$\left[r_f + (E(r_M) - r_f)\beta_S^U\right] + \left[\left\{r_f + (E(r_M) - r_f)\beta_S^U\right\} - r_f\right](1 - t_c)\frac{B^L}{S^L}$$

$$= r_f + [E(r_M) - r_f]\beta_S^L$$

$$\rightarrow \beta_S^L = \left[1 + (1 - t_c)\frac{B^L}{S^L}\right]\beta_S^U \tag{10-16}$$

〈표 10-2〉에 MM의 자본구조이론과 CAPM이 (1) 타인자본비용, (2) 무부채기업(U)의 자기자본비용, (3) 부채기업(L)의 자기자본비용, (4) 가중평균자본비용을 어떻게 서로 다르게 정의하는지 관계식들을 비교하였다. 특히 가중평균자본비용의 정의에 대한 CAPM개념과 MM의 개념은 식(10-13)에서 보듯이 표현식만 다를 뿐 서로 동일함을 알 수 있다.

●● 표 10-2 | MM과 CAPM의 자본비용식 비교

자본의 형태	MM의 정의	CAPM의 정의
타인자본비용	$r_d = r_f, \ \beta_B^L = 0$	$r_d = r_f + [E(r_M) - r_f]\beta_B^L$
무부채기업의 자기자본비용	$\rho = \rho$	$\rho = r_f + [E(r_M) - r_f]\beta_S^U$
부채기업의 자기자본비용	$r_e = \rho + (\rho - r)(1 - t_c)\dfrac{B^L}{S^L}$	$r_e = r_f + [E(r_M) - r_f]\beta_S^L$
가중평균자본비용	$WACC = \rho\left(1 - t_c \dfrac{B^L}{S^L + B^L}\right)$	$WACC = \dfrac{S^L}{S^L + B^L}r_e + \dfrac{B^L}{S^L + B^L}r_d(1 - t_c)$

예제   MM(1963)과 CAPM (2007 CPA 2차)

자본구조를 제외하고 모든 점이 동일한 두 개의 기업 U와 L이 있다. 전액 자기자본만으로 조달된 기업 U의 자본비용은 20%이다. 기업 L의 자본구조는 총액면가액 2억원, 액면이자율 7%, 만기수익률 10%의 영구채와 총 10,000주의 주식으로 구성되어 있다. 매년 말 2억원의 세전 영업이익(EBIT)이 영구적으로 발생할 것으로 기대된다. 무위험이자율은 10%, 시장포트폴리오의 기대수익률은 15%, 법인세율은 40%이다. MM자본구조이론과 CAPM 환경 하에서 다음에 답하시오. (모든 수치는 소수점 다섯째 자리에서 반올림하시오.)

(1) 기업 U의 총시장가치를 구하시오.

(2) 기업 L의 부채의 시장가치를 구하시오.

(3) 기업 L의 기업가치와 주당 시장가격을 각각 구하시오.

(4) 기업 L의 자기자본비용 및 가중평균자본비용을 MM이론을 적용하여 각각 구하시오.

(5) 기업 L은 현재의 시가기준 부채비율을 목표비율 50%로 조정하려고 한다. 이러한 자본구조조정에 따른 새로운 ① 자기자본비용, ② 가중평균자본비용 및 ③ 기업가치를 하마다(Hamada)모형을 이용하여 각각 산출하시오.

(6) (3)에서 (5)의 결과에 근거하여 법인세를 고려한 MM(1963)이론이 시사하는 바를 언급하고, 지금까지 알려진 이론들에 근거하여 현실적용 시 추가적으로 고려해야 할 요인 3개를 제시하시오.

답 (1) $V^U = \dfrac{E(NOI)(1 - t_c)}{\rho} = \dfrac{(2)(1 - 0.4)}{0.2} = 6$억원

(2) $B^L = \dfrac{(2)(0.07)}{(1 + 0.1)^1} + \dfrac{(2)(0.07)}{(1 + 0.1)^2} + \cdots = \dfrac{(2)(0.07)}{0.1} = 1.4$억원

(3) $V^L = V^U + t_c B^L = 6 + (0.4)(1.4) = 6.56$억원

$$V^L = S^L + B^L \;\rightarrow\; 6.56 = S^L + 1.4 \;\rightarrow\; S^L = 5.16억원$$
$$\rightarrow\; P_0 = 5.16억원/10,000주 = 51,600원$$

(4) $r_e = \rho + (\rho - r_d)(1 - t_c)\dfrac{B^L}{S^L} = 0.2 + (0.2 - 0.07)(1 - 0.4)\left(\dfrac{1.4}{5.16}\right) = 0.2163$

$WACC = \rho\left(1 - t_c\dfrac{B^L}{S^L + B^L}\right) = (0.2)\left(1 - (0.4)\dfrac{1.4}{6.56}\right) = 0.1829$

(5) $r_e = r_f + [E(r_M) - r_f]\beta_S^L \;\rightarrow\; 0.2163 = 0.1 + (0.15 - 0.1)\beta_S^L \;\rightarrow\; \beta_S^L = 2.326$

$\beta_S^L = \left[1 + (1 - t_c)\dfrac{B^L}{S^L}\right]\beta_S^U \;\rightarrow\; \beta_S^U = \dfrac{\beta_S^L}{\left[1 + (1 - t_c)\dfrac{B^L}{S^L}\right]}$

$\qquad = \dfrac{2.326}{\left[1 + (1 - 0.4)\dfrac{1.4}{5.16}\right]} = 2$

$\beta_S^L = \left[1 + (1 - t_c)\dfrac{B^L}{S^L}\right]\beta_S^U = [1 + (1 - 0.4)(0.5)](2) = 2.6$

① $r_e = r_f + [E(r_M) - r_f]\beta_S^L = 0.1 + (0.15 - 0.1)(2.6) = 0.23$

② $\dfrac{B^L}{S^L} = 0.5 \;\rightarrow\; B^L = (0.5)S^L \;\rightarrow\; S^L = (2)B^L$

$WACC = \rho\left(1 - t_c\dfrac{B^L}{S^L + B^L}\right) = 0.2\left(1 - (0.4)\dfrac{1}{3}\right) = 0.1733$

또는 $WACC = \dfrac{S^L}{S^L + B^L}r_e + \dfrac{B^L}{S^L + B^L}r_d(1 - t_c)$

$\qquad = \left(\dfrac{2}{3}\right)(0.23) + \left(\dfrac{1}{3}\right)(0.1)(1 - 0.4) = 0.1733$

③ 기업가치 $V^L = \dfrac{E(NOI)(1 - t_c)}{WACC} = \dfrac{2(1 - 0.4)}{0.1733} = 6.9244억원$

(6) ① 부채비율(B^L/S^L)이 27.19%(=1.4억/5.16억)에서 50%로 증가할 경우 법인세의 존재로 인하여 자기자본비용이 상대적으로 저렴한 타인자본사용에 대한 이점을 완전히 상쇄할 정도로 증가하지 않았기 때문에(21.63% → 23%) 가중평균자본비용은 18.29%에서 17.33%로 감소하여 기업가치가 6.56억원에서 6.9244억원으로 증가하게 된다.

② 개인소득세, 파산비용, 대리인비용 등의 시장불완전요인을 고려하여 자본구조이론을 설명해야 한다.

뉴스로 보는 재무이야기

[정글경제의 원리] 금융의 지렛대로 꿈도 들 수 있을까?

◇ 피자를 몇 쪽으로 자르면 가장 좋을까요?

요즘 사람들이 지나치게 레버리지에 탐닉한 잘못을 2,200년 전에 지레의 원리를 설명했던 한 물리학자 탓으로 돌릴 수는 없다. 하지만 50여 년 전에 기업가치는 자본구조(부채와 자기자본의 조합)와 무관하다는 이론을 내놔 엄청난 파장을 일으킨 금융경제학자들 탓으로 돌린다면 어떨까? 1985년 노벨 경제학상을 받은 프랑코 모딜리아니(Franco Modigliani)와 그보다 다섯 살 아래인 동료로서 5년 후 같은 상을 받은 머튼 밀러(Merton Miller) 이야기다.

모딜리아니와 밀러는 기업의 가치는 빚을 많이 쓰느냐 적게 쓰느냐와는 상관이 없고 오직 그 기업의 수익창출 능력과 리스크에 달려 있다는 이른바 MM정리(MM theorem)로 학계를 발칵 뒤집어놨다. (The Cost of Capital, Corporation Finance, and the Theory of Investment, American Economic Review, 1958년 6월) 그들은 MM이론을 어떻게 보통사람들에게 쉽게 설명할 수 있을까 고민하다 피자와 밀크에 대한 흥미로운 통찰(?)을 들려주었다.

모딜리아니가 노벨상을 탔을 때 그의 동료 밀러를 찾아온 방송기자는 MM정리를 시청자들이 이해할 수 있게 간략히 설명해달라고 요청했다. 밀러가 얼마나 짧게 설명하면 되냐고 묻자 "10초 동안"이라는 대답이 돌아왔다. 필생의 연구 성과이자 각주(footnotes)만 60개에 이르는 복잡한 논문들을 단 10초 만에 설명하라니! 난감해하던 밀러는 이렇게 풀었다. "기업을 거대한 밀크 통이라고 생각해봅시다. 농부는 밀크를 그대로 팔 수도 있고 크림을 걷어내 따로 비싸게 팔 수도 있지요. 물론 나머지 탈지유(skim milk)는 원래 우유보다 싸게 팔아야겠지요. MM정리는, 유지방 분리에 돈이 안 든다면, 크림과 탈지유 값을 합치면 원래 우유 값과 같다는 이야기입니다."

그래도 너무 복잡하니 좀 더 간단하게 설명해줄 수 없느냐는 부탁에 밀러는 다시 이렇게 설명했다. "기업을 거대한 피자라고 생각해봅시다. MM정리는, 네 쪽으로 자른 피자를 한 번씩 더 잘라 여덟 쪽이 됐다고 해도, 피자 조각의 수는 늘었지만 피자가 더 많아진 건 아니라는 걸 이야기하는 것입니다."

MM이론이 기업들의 무모한 레버리지전략을 정당화했다거나 광란의 기업 인수합병(M&A) 바람을 부추겼다고 비난한다면 MM은 당연히 억울해 할 것이다. MM이론을 공격하는 많은 이들이 순수한 MM이론의 여러 가정(거래비용과 세금, 파산비용, 정보비대칭, 기업과 투자자의 차입금리 차이가 없다는 가정)을 충분히 새겨듣지 않은 채 비난부터 퍼붓는 게 사실이다. 하지만 MM이론이 기업의 빚더미가 커질수록 파산비용도 커질 수밖에 없는 현실을 무시한 채 논리를 전개한다는 비판은 끊이지 않고 있다.

[매일경제(www.mk.co.kr), 2010. 2. 15.]

:: SECTION 04 최적자본구조 가능성에 대한 이론

1. 파산비용과 최적자본구조

기업이 재무적 의무를 다하지 못할 경우 재무적 곤경(financial distress)에 처하게 되는데 부채를 과다하게 사용하는 기업이 부채의 원리금을 갚지 못해 파산하는 경우 발생하는 제반비용인 파산비용(bankruptcy costs)이 대표적인 재무적 곤경비용에 해당한다. 파산비용 중 직접파산비용은 기업의 파산과정에서 기업이 제3자에게 지급하는 보수 등의 비용(변호사수수료, 회계사수수료, 소송비용 등)을 말하고, 간접파산비용은 주요직원의 기업이탈, 정상가격 이하로 기업자산 매각, 매출액 감소 등에 의해서 간접적으로 기업이 입게 되는 손실을 의미한다.

부채를 사용하게 되면 기업가치에 긍정적인 측면과 부정적인 측면이 동시에 발생한다. 즉, 부채사용이 증가할수록 법인세 절세효과가 커져 기업가치가 상승하는 것은 긍정적이지만 증가하는 파산비용 때문에 기업가치가 하락하는 것은 부정적이다. 이처럼 부채사용은 기업가치에 상반된 영향을 미치므로 최적자본구조가 존재할 것이라는 가능성을 최초로 Baxter(1967)[6]가 제시하였다.

〈그림 10-6〉은 파산비용으로 인해 최적자본구조가 존재하게 되는 것을 보여주고 있다. 우선 점선으로 표시된 $WACC$, r_e, r_f는 법인세만 존재하는 세계에서 부채구성비율 $B^L/(S^L+B^L)$의 증가에 따라 $WACC$가 계속 감소하여 부채구성비율이 100%일 때 최적자본구조라는 MM(1963)의 결과를 나타내고 있다.

반면 실선으로 표시된 $WACC'$은 파산비용을 고려하는 경우의 결과이다. 기업이 부채를 많이 사용할수록 파산할 가능성이 증가하므로 채권자들의 요구수익률 r_d'도 부채구성비율 $B^L/(S^L+B^L)$이 증가함에 따라 상승한다. 또한 r_e'은 법인세만 고려한 r_e에 비해 법인세와 개인소득세를 고려하므로 부채구성비율 $B^L/(S^L+B^L)$이 증가함에 따라 증가하되 세금이 없는 경우에 비해 조금 더 작은 값을 가진다.

---

6 Nevins D. Baxter, "Leverage, Risk of Ruin and the Cost of Capital," *Journal of Finance* 22, September 1967.

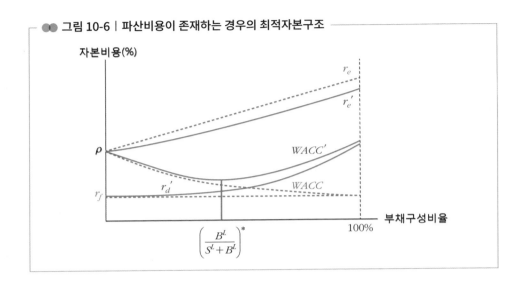

●● 그림 10-6 | 파산비용이 존재하는 경우의 최적자본구조

결과적으로 〈그림 10-6〉에서 보듯이 $WACC'$은 U자형이 되고, 부채사용의 한계이익(=부채의 법인세 절세효과)과 한계비용(=파산비용)이 같아지는 점에서 $WACC'$이 가장 낮은 값을 가지며, 이때 최적자본구조 $[B^L/(S^L+B^L)]^*$가 얻어진다.

만약 파산비용이 무시할 만큼 작다면 위의 설명으로 최적자본구조를 설명하는데 무리가 있다. 따라서 파산비용이 정확하게 얼마나 큰가는 매우 중요한 문제이다. 부채사용으로 인한 세금절세효과와 무시할 수 없을 만큼 큰 파산비용이 존재한다면 위와 같은 최적자본구조이론이 설득력을 가질 수 있다.

2. 대리인비용과 최적자본구조

Jensen과 Meckling(1976)[7]은 대리인비용(agency cost)을 도입하여 최적자본구조를 설명하였다. 대리관계(agency relationship)는 자금제공의 주체가 자신을 대신하여 다른 사람에게 의사결정을 하도록 의사결정권한을 위임한 계약관계로 정의한다.

---

7   Michael C. Jensen, and William H. Meckling, "Theory of the Firm: Managerial Behavior, Agency Costs and Ownership Structure," *Journal of Financial Economics* 3, October 1976.

대리관계에서 발생하는 대리인비용에는 대리인의 행위가 주체의 이익으로부터 이탈하는 것을 감시하기 위하여 주체가 부담하는 비용인 감시비용(monitoring cost), 대리인이 주체에게 해가 되는 행위를 하지 않고 있음을 확증하기 위하여 대리인이 부담하는 비용인 확증비용(bonding cost), 감시와 확증에도 불구하고 제거되지 않는 비용인 잔여손실(residual loss)이 있다.

대리인비용은 내부주주인 기업의 경영자가 기업에 필요한 자금을 주식을 발행하여 외부주주로부터 조달하는 경우에 발생하는 자기자본 대리인비용과 주주가 기업에 필요한 자금을 부채를 통해 채권자로부터 조달하는 경우에 발생하는 타인자본 대리인비용으로 구분할 수 있다.

(1) 자기자본 대리인비용

기업의 소유경영자가 있다고 하자. 소유경영자가 주식을 발행하여 소유권의 일부를 외부의 신규 주주들에게 매각할 경우 소유경영자와 신규 주주들 간에 갈등이 발생할 수 있다. 기업에 자금을 공급한 신규 주주(외부주주)를 주인, 기존의 경영자인 소유경영자(내부주주)를 대리인으로 보아 이들 사이의 갈등에 따라 발생하는 대리인 비용이 자기자본의 대리인비용이다.

기존의 내부주주에 해당하는 소유경영자는 자신의 부 또는 효용을 증대시키기 위하여 가능한 모든 조치를 취할 것이다. 예를 들어, 기존의 소유경영자가 자신의 효용을 증대시키기 위해 기업으로부터 받는 급여뿐만 아니라 경영자가 향유하는 여유시간, 호화로운 사무용가구 구입 등의 특권적 소비를 통하여 회사의 재산을 낭비한다면 신규 주주인 외부주주와 갈등이 생긴다. 외부주주는 이러한 행동을 감시하기 위해 감시비용을 부담하게 되며, 자기자본에 의한 자금조달이 증가할수록 감시비용은 커지게 된다.[8]

(2) 타인자본 대리인비용

타인자본을 공급하는 채권자와 대리인인 주주 사이에도 갈등이 발생한다. 예

---

[8] 합리적인 외부주주는 대리인비용이 발생한다는 사실을 알고 있기 때문에 대리인비용을 부담하지 않으려고 한다. 따라서 이들은 자기자본의 대리인비용만큼 주가가 하락하지 않을 경우에는 그 기업의 주식을 사지 않을 것이기 때문에 실질적으로 대리인비용에 의해서 손실을 입게 되는 사람은 내부주주가 된다.

를 들면, 주주가 위험이 낮은 투자로부터 위험이 높은 투자로 전환할 경우 고위험으로 인한 잠재적 손실을 주주와 채권자 모두 입게 되지만, 고위험으로부터 얻어지는 혜택은 주주만 얻게 된다. 따라서 위험이 높은 투자안을 선택함으로써 채권자에서 주주로 부의 이전(wealth transfer)이 발생할 수 있다.

이에 대해 합리적인 채권자는 신규부채발행의 제한, 배당지급의 제한, 합병의 제한, 기업자산 매각 제한 등으로 자신의 이익을 방어하기 위한 계약 조항(protective covenant)과 감시장치(monitoring device)를 마련한다. 타인자본에 의한 자금조달이 증가할수록 이러한 감시비용이 증가하게 된다.[9]

(3) 대리인비용과 최적자본구조

Jensen과 Meckling은 자기자본의 비중이 높아짐에 따라 자기자본 대리인비용이 증가하는 한편 타인자본의 비중이 높아짐에 따라 타인자본 대리인비용이 증가한다면 총대리인비용을 최소화할 수 있는 외부 타인자본과 외부 자기자본의 최적조합이 존재한다고 주장하였다. 이는 세금이나 파산비용이 없는 경우에도 대리인비용이 존재하는 경우에는 최적자본구조가 존재할 수 있음을 의미한다. 이러한 Jensen과 Meckling의 이론을 〈그림 10-7〉에 나타내었다.

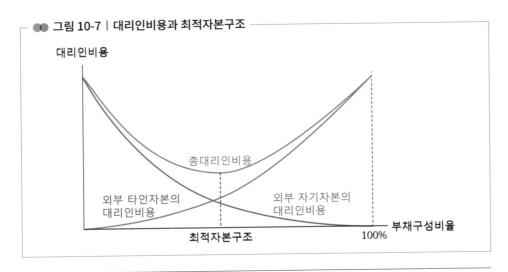

●● 그림 10-7 | 대리인비용과 최적자본구조

---

9   합리적인 채권자는 타인자본의 대리인비용에 상응하는 높은 이자율을 요구하므로, 실질적으로 타인자본 대리인비용을 대리인인 주주가 부담하게 된다.

3. 우선순위이론

기업이 자본조달을 하게 될 경우 Myers(1984)[10]는 투자소요자금의 원천으로 유보이익, 채권(타인자본), 주식발행(자기자본)의 순으로 자본을 조달해야 한다고 하였다. 이를 우선순위이론(pecking order theory)이라고 한다. 먼저, 자본을 조달해 올 때 주식발행이나 채권발행을 통한 외부자본을 조달할 경우에는 비용이 많이 들기 때문에 외부자본을 사용하는 것보다는 언제나 기업 내부의 자본인 유보이익을 사용하는 것을 선호한다.

외부자본으로 자금을 조달할 경우 비대칭 정보(asymmetric information)가 존재하기 때문에 채권발행을 주식발행보다 우선한다. 기업의 내부자인 경영자는 일반투자자들이 알지 못하는 많은 정보를 알고 있다. 일반적으로 기업이 배당 증가를 발표하면 투자자들은 배당 증가를 미래 이익이 클 것이라는 경영자의 의사표시로 받아들이기 때문에 보통 주가가 올라간다.

이처럼 경영자와 일반투자자 사이에 비대칭 정보가 존재하기 때문에 신규자본을 조달할 때 외부자본보다는 내부자본인 유보이익으로 조달하고, 외부자본인 주식과 채권 간에는 채권을 발행하여 자금을 조달하고, 마지막으로 주식을 발행하여 자금을 조달하는 순위를 갖는다.

예를 들어, 현재 주식의 기대가치가 10,000원으로 동일한 A기업과 B기업이 있는데 두 기업 모두 신규로 자금을 조달할 상황에 있다고 하자. A기업의 경영자가 주식의 진정한 가치를 15,000원으로 생각하고 있다면, 주식을 10,000원으로 발행(신주발행)하여 자금을 조달하는 것보다 채권발행으로 자금을 조달하는 것이 좋다고 생각할 것이다. B기업의 경영자가 주식의 진정한 가치를 5,000원으로 생각하고 있다면, 주식을 10,000원으로 팔아서(신주발행) 자금을 조달하는 것이 채권발행으로 자금을 조달하는 것 보다 좋다고 생각할 것이다.[11]

그러면 A기업과 B기업은 주식과 채권 중 어느 것을 이용하여 자금을 조달할까? 경영자는 투자자보다 더 많은 정보를 가지고 있고, 투자자가 합리적이라면

---

10 Stewart C. Myers, "The Capital Structure Puzzle," *Journal of Finance* 3, July, 1984.

11 이러한 사실을 시장의 투자자에게 정직하게 설명하려면 내부정보 및 자사정보를 매우 상세하게 밝혀 설득해야 하는데 이는 비용도 많이 들뿐만 아니라 경쟁회사에게 가치 있는 정보를 알려주는 것이 되어 투자자들에게 사실대로 설득하는 것이 실제로 쉽지 않다.

A기업과 B기업은 모두 주식발행보다는 채권을 발행하여 자금을 조달한다. 왜냐 하면, A기업의 경영자는 당연히 진정한 가치인 15,000원 보다 낮은 가격인 10,000원으로 주식을 발행하여 자금을 조달하지 않을 것이므로 채권을 발행하 여 자금을 조달하게 된다.

또한 B기업의 경영자가 만약 주식을 10,000원으로 발행하여 자금을 조달하려 고 하면, 합리적인 투자자들은 주식이 고평가되어 있다는 것을 알아채고 경영자 가 고평가된 가격으로 주식을 발행하려고 한다고 생각할 것이다. 다시 말하면, 주식을 발행하여 자금을 조달하려는 것은 현재 주식가격이 너무 높게 형성되어 있다는 신호를 외부 투자자에게 보내는 것이 되기 때문에 B기업의 경영자는 채 권으로 발행할 수밖에 없게 된다.

우선순위이론에서는 자금조달의 우선순위가 있기 때문에 목표자본구조(목표 타인자본과 자기자본의 최적 조합)는 존재하지 않는다. 기업에서 관찰되는 자본구조 인 부채비율은 외부 자금조달의 누적된 결과일 뿐이다. 또한 우선순위이론에서 는 수익성이 높은 기업이 일반적으로 외부자금을 적게 조달하는지에 대해서 설 명해준다. 즉, 수익성이 높은 기업은 내부유보금액이 충분하여 타인비용을 상대 적으로 적게 사용하고, 수익성이 낮은 기업은 내부유보금액이 충분하지 않아 외 부자금조달에서 부채를 먼저 발행하고 그 다음 순서로 신주발행을 한다는 것 이다.

⠿ 연습 문제

1 자본구조의 전통적 접근법에 관한 설명으로 옳지 않은 것은? ( )

① 자기자본비용이 타인자본비용보다 저렴하다.

② 자기자본비용은 부채 수준이 증가함에 따라 증가한다.

③ 최적자본구조가 존재한다.

④ 가중평균자본비용은 U자 형태로 나타나 최저로 낮아지는 점이 있다.

2 (2001 CPA) 자본비용과 관련된 다음 서술 중 가장 옳은 것은? ( )

① 자기자본비용은 부채의존도와는 무관하다.

② 타인자본비용이 자기자본비용보다 더 크다.

③ 신규투자안 평가 시 기존의 가중평균자본비용을 사용한다.

④ 가중평균자본비용이 최소가 되는 자본구성이 최적자본구조이다.

⑤ 사내유보이익을 투자재원으로 사용하는 경우 자본비용은 없다.

3 매년 영업이익이 100만원으로 기대되는 U기업은 타인자본을 전혀 사용하고 있지 않다. 이 기업의 자기자본가치는 1,000만원이다. 법인세는 존재하지 않는다고 가정한다. U기업의 자기자본비용은 얼마인가? ( )

① 10%   ② 12%

③ 15%   ④ 17%

4 문3에서 U기업이 채권수익률 6%의 사채 300만원어치 발행하여 주식을 매수하면, 자기자본가치가 700만원이 되고, 타인자본가치는 300만원이 된다. MM(1958)의 자본구조이론이 성립할 경우 사채발행 후 자기자본비용은 얼마인가? ( )

① 8.5%   ② 9.8%

③ 11.7%   ④ 12.6%

5 MM(1958)의 자본구조이론에 대한 설명으로 적절하지 않은 것은? ( )

① 최적자본구조는 존재하지 않는다.

② 차익거래과정을 전개하기 위한 논리적 근거는 자가부채이다.

③ 타인자본비용이 자기자본비용보다 저렴하다고 본다.

④ 가중평균자본비용은 타인자본을 증가시킴에 따라 감소한다.

6 법인세를 고려한 MM(1963)의 자본구조이론에 대한 설명으로 틀린 것은? (   )

① 타인자본 사용에 따른 법인세 절세액의 현재가치는 $t_c B^L$이다.

② 100% 부채사용 시 가중평균자본비용은 $\rho(1-t_c)$가 된다.

③ 기업가치가 가장 큰 최적자본구조가 존재한다.

④ 법인세가 없어도 레버리지 이득은 계속 존재한다.

[문7~문12] (2012 CPA 2차 수정) 전액 자기자본으로 조달된 ABC기업의 자본비용은 25%이다. 연간 5억원의 세전 영업이익이 영구히 발생할 것으로 기대된다. 최근 새로운 프로젝트에 대한 투자를 고려하여 총 액면가액 4억원, 액면이자율 8%, 만기수익률 10%의 영구채로 부채를 조달할 계획이다. 무위험이자율은 10%, 시장포트폴리오의 기대수익률은 20%, 법인세율은 30%이다. MM(1963)의 자본구조이론과 CAPM에 근거하여 다음에 답하시오.

7 자본구조 변경 후 부채의 시장가치는 얼마인가? (   )

① 1.3억원   ② 2.8억원

③ 3.2억원   ④ 4.5억원

8 자본구조 변경 전·후의 기업가치는 각각 얼마인가? (   )

① 13억원, 13.51억원   ② 14억원, 14.96억원

③ 15억원, 15.97억원   ④ 16억원, 17.22억원

9 새로운 자본구조하에서 자기자본비용과 가중평균자본비용을 MM(1963)의 자본구조이론을 적용하여 각각 구하면 얼마인가? (   )

① 0.2471, 0.2018   ② 0.2561, 0.2189

③ 0.2652, 0.2241   ④ 0.2786, 0.2340

10 기업은 현재의 시가기준 부채비율(B^L/S^L)을 60%로 조정하려고 한다. 변화된 자본구조에 따라 CAPM으로 계산한 자기자본비용은 얼마인가? (   )

① 29.5%   ② 31.3%

③ 32.8%   ④ 33.4%

11 기업은 현재의 시가기준 부채비율(B^L/S^L)을 60%로 조정하려고 한다. 변화된 자본구조에 따라 원천별 자본비용으로 계산한 가중평균자본비용은 얼마인가? (   )

① 22.19%

② 23.52%

③ 24.38%

④ 25.46%

12 기업은 현재의 시가기준 부채비율(B^L/S^L)을 60%로 조정하려고 한다. 변화된 자본구조에 따라 기업가치는 얼마인가? (   )

① 12.73억원

② 13.82억원

③ 14.23억원

④ 15.77억원

13 다음 중 기업가치를 극대화하는 최적자본구조가 존재한다는 이론은? (   )

① 전통적 접근법, MM(1963)이론, 파산비용이론, 대리인비용이론

② 전통적 접근법, MM(1958)이론, 파산비용이론

③ MM(1958)이론, 파산비용이론, 우선순위이론

④ MM(1963)이론, 대리인비용이론, 우선순위이론

14 자본구조와 기업가치에 대한 다음 설명 중 틀린 것은? (   )

① 큰 파산비용 존재 시 최적자본구조가 존재할 수 있다.

② Jensen & Meckling(1976)은 총대리인비용이 최소가 되는 외부부채와 외부 자기자본의 최적조합이 존재한다고 주장하였다.

③ Miller(1963)는 법인세를 고려할 경우 최적자본구조가 존재한다고 주장하였다.

④ Myers(1984)는 유보이익, 자기자본(신주발행), 타인자본의 순으로 자본을 조달해야 한다고 주장하였다.

15 대리인비용과 관련된 다음 서술 중 틀린 것은? (   )

① 감시비용은 주체가 부담한다.

② 확증비용은 대리인이 부담한다.

③ 자기자본 대리인비용에 의해서 주체가 실질적 손해를 입게 된다.

④ 타인자본 대리인비용은 대리인이 실질적으로 부담한다.

⦂ 연습문제
해답

1 ①

2 ④

〈답〉

① 명제 Ⅱ(1958) $r_e = \rho + (\rho - r_d)\dfrac{B^L}{S^L}$ 또는

명제 Ⅱ(1963) $r_e = \rho + (\rho - r_d)(1 - t_c)\dfrac{B^L}{S^L}$ 에 따르면 자기자본비용은 부채의존도에
영향을 받는다.

3 ①

〈답〉

$$V^U(= S^U) = \frac{E(NOI)}{\rho} \;\rightarrow\; 1{,}000 = \frac{100}{\rho} \;\rightarrow\; \rho = 10\%$$

4 ③

〈답〉

$$r_e = \rho + (\rho - r)\frac{B^L}{S^L} = 0.1 + (0.1 - 0.06)(300/700) = 11.7\%$$

5 ④

6 ④

7 ③

〈답〉

$$B^L = \frac{(4)(0.08)}{(1 + 0.1)} + \frac{(4)(0.08)}{(1 + 0.1)^2} + \cdots = \frac{(4)(0.08)}{0.1} = 3.2\,억원$$

8 ②

〈답〉

$$V^U = \frac{E(NOI)(1-t_c)}{\rho} = \frac{(5)(1-0.3)}{0.25} = 14억원$$

$$V^L = V^U + t_c B^L = 14 + (0.3)(3.2) = 14.96억원$$

9 ④

〈답〉

$$S^L = V^L - B^L = 14.96 - 3.2 = 11.76억원$$

$$r_e = \rho + (\rho - r_d)(1-t_c)\frac{B^L}{S^L} = 0.25 + (0.25 - 0.1)(1-0.3)\left(\frac{3.2}{11.76}\right) = 0.2786$$

$$WACC = \rho\left(1 - t_c\frac{B^L}{S^L + B^L}\right) = 0.25\left(1 - (0.3)\frac{3.2}{14.96}\right) = 0.2340 \quad 또는$$

$$WACC = \frac{S^L}{S^L + B^L}r_e + \frac{B^L}{S^L + B^L}r_d(1-t_c)$$

$$= \frac{11.76}{14.96}(0.2786) + \frac{3.2}{14.96}(0.1)(1-0.3) = 0.2340 \quad 또는$$

$$WACC = \frac{E(NOI)(1-t_c)}{V^L} = \frac{5(1-0.3)}{14.96} = 0.2340$$

10 ②

〈답〉

$$\rho = r_f + [E(r_M) - r_f]\beta_S^U \quad \rightarrow \quad 0.25 = 0.1 + (0.2 - 0.1)\beta_S^U \quad \rightarrow \quad \beta_S^U = 1.5$$

$$\beta_S^L = \left[1 + (1-t_c)\frac{B^L}{S^L}\right]\beta_S^U = [1 + (1-0.3)(0.6)](1.5) = 2.13$$

$$r_e = r_f + [E(r_M) - r_f]\beta_S^L \quad \rightarrow \quad r_e = 0.1 + (0.2 - 0.1)(2.13) = 0.313$$

11 ①

〈답〉

$$\frac{B^L}{S^L} = 0.6 \rightarrow B^L = 0.6S^L 이므로 \quad WACC = \frac{S^L}{S^L + B^L}r_e + \frac{B^L}{S^L + B^L}r_d(1-t_c)$$

$$= \frac{1}{1.6}(0.313) + \frac{0.6}{1.6}(0.1)(1-0.3) = 0.2219$$

12 ④

〈답〉

$$V^L = \frac{E(NOI)(1-t_c)}{WACC} = \frac{5(1-0.3)}{0.2219} = 15.77\,억원$$

13 ①

14 ④

15 ③

배당정책

본 장에서는 배당정책이 기업가치에 어떠한 영향을 주는지에 대해서 살펴본다. 고배당기업과 저배당기업을 선호하는 투자자층이 각각 따로 있다는 고객효과, 배당정책이 기업의 미래가치에 대한 신호를 시장에 보낸다는 정보효과에 대해 알아보고, 자사주매입, 주식배당, 주식분할 등의 유사배당에 대해서 살펴본다.

- 배당측정지표
- 배당정책과 기업가치
- 유사배당

- 배당절차
- 배당정책의 고객효과 및 정보효과

⁝ SECTION 01   배당측정지표와 배당절차

1. 배당측정지표

배당이란 기업의 이익을 주주들에게 배분하기 위하여 지급하는 현금을 말한다. 기업재무에서 배당의사결정은 주식가치에 영향을 주는 중요 관심사이다. 따라서 이익 중에서 배당으로 얼마를 지급하고 주주의 미래이익을 위해 얼마를 사내유보하여 투자해야 하는지가 배당정책(dividend policy)의 핵심이 된다.

먼저, 배당수준을 나타내는 측정지표로 배당률(dividend ratio), 배당수익률(dividend yield), 배당성향(dividend payout)에 대해서 살펴보자. 배당률은 식(11-1), 식(11-2)와 같이 액면가 또는 주가 대비 주당배당금의 비율을 말한다. 배당률은 우리나라와 같이 액면가제도가 있는 나라에서 배당수준을 나타내는 독특한 표현방법이다.

$$액면배당률 = \frac{주당배당금}{액면가} \times 100(\%) \tag{11-1}$$

$$시가배당률 = \frac{주당배당금}{결산기말\ 주가} \times 100(\%) \tag{11-2}$$

배당수익률은 시장가격 대비 주당배당금의 비율인 식(11-3)을 말한다. 즉, 배당수익률은 배당률과는 달리 실제 투자했을 때 얼마나 수익을 올릴 수 있는지를 나타내기 때문에 투자자 입장에서 채권수익률이나 은행예금이자율 등 다른 투자대상의 수익률과 비교가능하다.

$$배당수익률 = \frac{주당배당금}{주가} \times 100\,(\%) \qquad\qquad (11\text{-}3)$$

예를 들어, 액면가 5,000원인 A사의 결산기말 주가는 10,000원이다. 현재 주가가 높아져 주가가 20,000원이 되었고 주당배당금이 1,000원이면 액면배당률은 20%(=1,000원/5,000원)이고 배당수익률은 5%(=1,000원/20,000원)가 된다. 하지만, 시가배당률은 결산기말 주가를 기준으로 하므로 10%(=1,000원/10,000원)가 된다. 이처럼 액면배당률과 실제 배당수익률이 서로 괴리가 생김에 따라 2003년 2월부터 배당을 공시할 때 배당금이 결산기말 주가의 몇 %인가를 나타낸 식(11-2)의 시가배당률을 반드시 명시하도록 하고 있다.

식(11-4)의 배당성향은 당기순이익에서 배당으로 얼마나 주는지를 나타내는 지표이다. 배당금을 사외로 유출시킨 정도를 보여주기 때문에 기업의 배당정책을 측정하는 지표로 자주 사용되고, 기업이 당기순이익 중에서 어느 정도의 배당금을 미래에 지급할 것인가를 예측할 때 도움이 된다.

$$배당성향 = \frac{배당금총액}{당기순이익} \times 100\,(\%) \qquad\qquad (11\text{-}4)$$

2. 배당절차

우리나라 기업의 배당은 원칙적으로 주주총회에서 정하고 있고, 이사회의 의결이 있는 경우에는 중간배당이나 분기배당을 지급할 수 있다. 배당절차는 배당락일 → 배당기준일 → 배당공시일 → 배당지급일 순서로 이루어진다.

주주총회에서 정하는 배당금은 기업이 특정한 날(배당기준일)을 정해 이날 주주명부에 이름이 실린 주주에게 배당금을 지급할 수 있게 하고 있다. 따라서 배당기준일은 주주명부를 폐쇄하는 날로서 주식의 명의개서가 가능한 마지막 날이 된다. 주주총회일 전 3개월 이내의 한 날로 배당기준일을 정하면 되는데, 일반적으로 사업연도 말일을 배당기준일로 잡는 경우가 대부분이다. 12월말 결산인 대부분의 국내기업의 배당기준일(record date)은 보통 12월 31일이 된다.

우리나라에서 주식을 매수하면 결제에 주식매수일을 포함하여 3일이 소요되므로 배당기준일에 주주명부에 등재가 가능하려면 늦어도 그 직전 영업일보다 2영업일 앞선 날에는 주식을 사야 한다. 예를 들어, 배당기준일인 12월 31일(12월 31일에는 주식시장이 개장하지 않는다)이 월요일이라면 주식폐장일은 12월 28일(금요일)이므로 주주명부에 등재가 되려면 최소한 12월 26일(수요일)에는 해당 주식을 매수해야 주주명부에 이름이 올라가서 배당을 받을 수 있다.

만약 12월 27일(목요일)에 주식을 매수할 경우에 결제는 다음해 1월 초 주식개장일에 이뤄지므로 배당기준일인 12월 31일에 주주명부에 등재하지 못하여 배당 받을 자격을 얻지 못하게 된다. 이 절차에서 배당을 받을 권리가 상실되는 첫 거래일 예를 들어, 12월 27일을 배당락일(ex-dividend date)이라고 한다. 우리나라의 경우 대부분 12월 주식폐장일의 1영업일 전이 배당락일이 되고 있다. 만약 6월 30일 결산법인일 경우에는 6월 29일이 배당락일이 된다.

배당락일에는 이론적으로 배당금만큼 주가가 하락하게 된다.[1] 그런데 배당금이 정확히 얼마인지는 일반적으로 주주총회가 열리는 3월이나 되어야 결정되기 때문에 배당금이 얼마인지는 예상으로 짐작만 할 뿐이므로 배당락일 이후의 거래에는 어느 정도 불확실성이 있다.

상법 제462조에 의하면 이익배당은 주주총회의 결의로 정하지만 재무제표를 이사회가 승인하는 경우에는 이사회의 결의로 정하고 있다. 따라서 이사회에서 배당에 관한 구체적인 내용을 정하여 이날 공표하면 이사회 결의일이 배당공시일(declaration date)이 되고, 주주총회에서 배당금을 승인하면 주주총회일이 배당공시일이 된다.

실제 배당지급은 주주총회나 이사회의 결의를 한 날부터 1개월 이내에 하여야 한다. 다만, 주주총회 또는 이사회에서 배당금의 지급시기(배당지급일(payment date))를 따로 정할 수 있다.

우리나라의 배당절차와 달리 미국은 배당공시일 → 배당락일 → 배당기준일 →

---

1 배당락일에 주식을 사는 사람은 이미 주식을 보유하고 있는 사람들에 비해 따로 배당금을 받지 못하기 때문에 이에 대한 보상으로 주가가 배당금만큼 하락하게 된다.

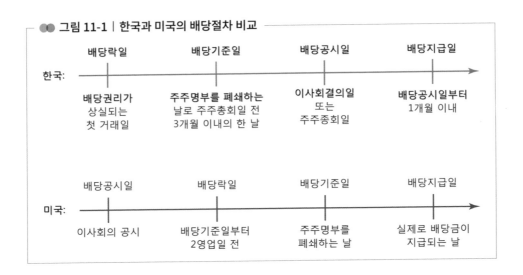

●● 그림 11-1 | 한국과 미국의 배당절차 비교

배당지급일의 절차를 가지며 배당지급은 이사회가 배당지급안을 승인함으로써 시작된다. 먼저 이사회는 배당계획에 관한 배당계획서를 공시하는데 이날을 배당공시일이라고 하고 배당공시일에 배당기준일과 배당지급일도 같이 발표한다.

배당공시일 이후 주식의 매수자가 배당금에 대한 권리를 갖지 못하는 배당락일이 찾아온다. 배당락일 후 2영업일째 되는 날은 배당기준일(주주명부에 등재된 주주가 배당을 지급받을 목적으로 주식을 보유한 것으로 보는 날)이다. 배당절차의 마지막 중요한 날은 기업이 실제로 배당을 주주들에게 지급하는 날인 배당지급일이다. 미국의 경우 영업일로 한정하는 배당락일과 배당기준일 등의 다른 중요 기일들과 달리 배당지급은 공휴일이나 주말로 정할 수도 있다.

SECTION 02 배당정책과 기업가치

주주 부의 극대화 목적에서 볼 때 주주에게 배당의 형태로 지급하는 것은 주주들의 이익을 직접적으로 충족시켜 줄 수 있다. 그리고 미래 성장을 위해 기업이 배당하는 대신 이익을 사내에 유보시킨다면 주주들은 주가상승, 즉 자본이득을 통해 간접적인 부의 증가를 기대할 수 있다. 본 절에서는 배당과 사내유보에 대한 배당정책이 기업가치에 어떠한 영향을 미치는지에 대해서 살펴본다.

1. 배당정책의 무관련성: MM이론(1961)

MM(1961)[2]은 100% 자기자본 기업, 세금이나 거래비용이 존재하지 않는 완전시장(perfect market), 현재시점에서 차입 가능, 2기간 세계라는 가정하에서 배당정책이 기업가치에 영향을 미치지 않는다는 것을 증명하는 논문을 발표하였다. 이를 구체적으로 살펴보자. 기업이 창출하는 현금흐름을 모두 배당금으로 지급한다고 하면, 현재시점에서 기업의 가치는 식(11-5)와 같다.

$$V_0 = D_0 + \frac{D_1}{1+r} \tag{11-5}$$

현재시점에서의 기업가치를 구하기 위해 현재시점의 배당금 D_0과 만기시점의 배당금 D_1을 구체적으로 살펴보자. 현재시점에서는 영업현금흐름 NOI_0과 신주발행(또는 차입)으로 인한 현금유입 F_0을 창출할 수 있으며 이 금액을 투자 I_0와 배당금 D_0에 사용하므로 식(11-6)과 같이 나타낼 수 있다.[3]

$$F_0 + NOI_0 = I_0 + D_0 \tag{11-6}$$

여기서, F_0: 현재시점에서의 신주발행으로 인한 현금흐름
NOI_0: 현재시점에서의 영업현금흐름
I_0: 현재시점에서의 투자액
D_0: 현재시점에서의 배당금

따라서 현재시점에서의 배당금은 식(11-7)이 된다.

$$D_0 = F_0 + NOI_0 - I_0 \tag{11-7}$$

만기시점에서는 신규투자를 위한 신주발행을 통한 현금유입이 없으므로 만기시점에서의 자금원천은 만기시점의 영업현금흐름 NOI_1만 존재한다. 이 영업현금흐름을 만기시점의 배당금 D_1과 현재시점에서 차입(신주발행으로 조달)한 금액

---

2   Merton H. Miller and Franco Modigliani,"Dividend Policy, Growth and the Valuation of Shares,"*Journal of Business* 34, October 1961.

3   편의상 재고자산이나 매출채권 등의 변화, 즉 재무상태표 항목들로부터의 자금운용과 원천은 무시할 수 있다고 가정한다.

의 원리금상환(신주발행의 기말가격)인 $F_0(1+r)$에 사용할 수 있으므로 이를 식(11-8)로 나타낼 수 있다.

$$NOI_1 = D_1 + F_0(1+r) \tag{11-8}$$

따라서 만기시점에서의 배당금은 식(11-9)와 같다.

$$D_1 = NOI_1 - F_0(1+r) \tag{11-9}$$

이제, 식(11-7)과 식(11-9)를 식(11-5)에 대입하면 기업가치는 다음과 같이 나타낼 수 있다.

$$V_0 = F_0 + NOI_0 - I_0 + \frac{NOI_1 - F_0(1+r)}{1+r}$$

$$= NOI_0 + \frac{NOI_1}{1+r} - I_0 \tag{11-10}$$

식(11-10)에서 기업가치(V_0)는 현재시점의 영업현금흐름 NOI_0과 새로운 투자의 $NPV(=NOI_1/(1+r)-I_0)$와의 합으로서 배당은 전혀 관련되지 않는다. 이에 근거하여 MM은 배당정책이 기업가치와 무관하다고 주장하였다.

이와 같은 MM이론의 핵심은 기업이 어떠한 투자를 하여 얼마만큼의 투자수익을 내느냐에 따라 기업가치가 결정된다는 것이다. 즉, 기업가치는 본질적으로 기업의 수익력에 의해 좌우되는 것이고, 배당과 사내유보에 대한 배당정책과는 무관하다는 것이다. 이는 투자정책과 배당정책이 완전히 독립적이라는 것을 의미한다.

따라서 기업은 투자결정에 영향을 주지 않고 원하는 수준의 배당을 지급할 수 있게 되므로, 기업은 신주를 발행(외부금융 이용)하여 영업현금흐름보다 많은 배당을 지급할 수도 있고 투자소요액이 영업현금흐름으로 충당하고도 남는 경우 여유자금을 사내유보할 수도 있으며 혹은 배당을 지급하거나 주식을 재매수하는데 사용할 수도 있게 된다.

예제 배당의 무관련성: MM(1961)이론

부채가 전혀 없는 A기업은 벌어들인 영업현금흐름을 전액 현금으로 배당한다. 현재시점에서 벌어들이는 영업현금흐름은 100억원이고, 1년 후 시점에는 130억원의 영업현금흐름을 벌 것으로 예상하고 있으며, 이익을 모두 배당으로 지급하기로 하였다. 현재 시장이자율은 4%이고 이 시장이자율로 차입 및 대출을 할 수 있다.

(1) 현재시점에서 기업가치(주주부)를 구하시오.

(2) 주주의 배당증가 요구를 반영하여 신주발행을 통하여 현재시점에서 20억원을 더 배당하도록 배당정책 변경을 고려하고 있다. 현재시점과 1년 후 시점에서 기존주주에게 지급되는 배당금을 구하고, 배당정책 변경 전과 후를 비교하시오.

답 (1) 기업가치(주주부) $V_0 = D_0 + \dfrac{D_1}{1+r} \rightarrow V_0 = 100 + \dfrac{130}{1+0.04} = 225$만원

(2) 20억원의 신주를 발행하여 기존주주에게 추가배당하므로 기존주주에게 현재시점에서 지급되는 배당금은 100억원 + 20억원 = 120억원이고, 내년에서는 새로운 주주에게 20억원 × (1 + 0.04) = 20.8억원을 지급해야 하므로 기존주주에게는 130억원 − 20.8 = 109.2억원밖에 배당할 수 없다. 따라서 배당정책이 변경된 후의 기존주주의 부는 다음과 같다.

$$V_0 = D_0 + \frac{D_1}{1+r} \rightarrow V_0 = 120 + \frac{109.20}{1+0.04} = 225$$만원

따라서 배당과 기업가치는 상관이 없다.

2. 고객효과

MM(1961)은 높은 배당과 낮은 배당을 지급하는 기업에게 각각 서로 다른 층의 투자자들이 존재한다는 고객효과(clientele effect)를 제시하였다. 배당소득세 감면혜택이 있는 기업, 낮은 세율을 적용받거나 원금에 손댈 수 없도록 법적 규제를 받는 연기금, 신탁자금, 저소득의 은퇴한 개인 등은 여유자금을 마련하기 위하여 배당수익률인 높은 기업, 즉 높은 배당을 지급하는 주식을 선호한다. 반면, 배당소득 이외에 다른 소득으로 충분한 소득을 얻을 수 있는 고소득계층의 투자자들은 낮은 배당을 지급하는 기업을 선호한다.

이처럼 높은 배당 혹은 낮은 배당을 선호하는 투자자 집단을 고객(clientele)이라고 하며, 서로 다른 투자자들이 서로 다른 주식, 즉 높은 배당을 지급하는 기

업 혹은 낮은 배당을 지급하는 기업을 선호하는 현상을 배당의 고객효과라고 한다.

고객효과가 충분히 크다면, 기업은 오직 특정 고객의 투자를 유치하기 위해 배당정책을 변경할 뿐이다. 예를 들어, 기업의 10%만이 고배당을 지급하고 투자자의 30%가 고배당을 선호하면 고배당을 지급하는 주식의 수요에 비해 공급이 부족하기 때문에 주가가 상승하게 된다. 결국, 저배당을 지급하는 기업은 30%의 수요부족(30%가 고배당 선호)이 채워질 때까지 배당정책을 바꾸게 되고 수요와 공급이 일치하게 되면 균형을 이루어 더 이상의 배당정책의 변화가 무의미하게 된다. 이에 MM은 기업입장에서 배당정책이 더 이상 중요하지 않게 되고 기업가치와 배당정책은 무관하다고 주장한다.

3. 자가배당

자가배당(homemade dividend)이란 주주들이 스스로 배당성향을 조정하여 자신이 원하는 수준의 배당을 받을 수 있다는 것을 말한다. 주주들은 자신들의 생각보다 배당이 미달할 경우 보유주식을 매각하여 현금화함으로써 배당을 받는 효과를 누린다. 반대로 생각보다 많은 배당을 받을 경우에는 초과배당금로 주식을 재매수함으로써 기업의 배당정책과 관계없이 자유롭게 배당수준을 조정할 수 있다. 즉, 자본손실은 배당소득으로, 배당손실은 자본이득으로 완전히 대체되므로 특별히 모든 투자자들이 선호할 기업가치를 극대화하는 배당정책이 따로 없게 된다. 결국 배당정책이 기업가치에 영향을 미치지 않게 된다는 것이다.

4. 정보효과

투자자가 배당금 변화를 기업내용 변화의 신호로 인식함에 따라 그 결과 주가가 변화하는 것을 배당의 정보효과(information content effect) 또는 신호효과(signaling effect)라고 한다. 시장참여자나 투자자들은 기업의 미래가치에 대한 정보를 모두 가지고 있지 못하고 경영자만 정보를 가지고 있는 정보비대칭하에서 배당금의 변화는 경영자가 투자자들에게 기업의 미래가치에 대한 정보를 전달하는 수단으로 이용될 수 있다.

기업의 미래수익과 현금흐름, 영업활동에 대한 전망이 긍정적일 때에는 배당금을 증가할 수 있다. 배당금의 증가는 기업의 미래 수익성이 좋다는 의미이다. 따라서 배당금의 예상치 못한 증가는 미래 배당금에 대한 기대치를 상승시키기 때문에 주가에 긍정적인 영향을 미친다.

반대로 배당금의 감소는 현재의 배당정책을 유지할 수 없음을 알려주어 결과적으로 미래 배당금에 대한 기대가 일반적으로 낮아지게 된다. 따라서 미래에 지급될 배당금의 현재가치가 감소하고 주가도 하락한다.

이처럼 배당금의 변화에 따라 주가가 움직이는데 이는 배당정책 때문이 아니라 미래 배당금에 대한 기대치가 달라지기 때문이다. 즉, 배당금의 변화는 배당정책의 효과로 인한 것이 아니라 단지 기업에 대한 정보를 시장에 알리는 신호 역할을 하는 것뿐이다.

5. 고배당정책 선호 요인

(1) 현재소득에 대한 선호

미래소득보다는 현재소득을 더 선호하는 투자자는 높은 배당을 선호한다. 현재소득을 더 선호하는 투자자는 배당을 받아서 현재소비를 하여 자신의 효용을 높일 수 있기 때문에 지금 당장 현금으로 배당을 많이 받아서 현재소비에 대한 욕구를 충족하려 한다.

특히, 은퇴 후 생계를 위해 안정적인 현금을 선호하는 노인계층은 주식을 팔아서 현금을 마련하는 것보다 주식거래 시의 거래비용과 주식매도에 대한 막연한 두려움이 없는 높은 현금배당을 더 선호한다. 이들은 높은 배당을 지급하는 주식을 프리미엄까지 지불하여 구매할 의사도 있다.

(2) 대리인 비용의 감소

소유경영자가 자신의 지분 일부를 외부주주에게 매각할 경우에 대리인 비용이 발생한다. 즉, 소유경영자가 특권남용, 책임회피 등을 통해 개인적인 부를 축적하거나 혹은 외부주주의 부를 증가시키기 위해 유보이익을 사용하지 않을 경우에 발생한다.

따라서 외부주주는 이러한 대리인 비용을 감소시키기 위해 감시비용이나 보증비용을 부담하는데 배당지급이 소유경영자의 경영성과를 감시하거나 보증할 수 있는 하나의 수단으로 사용할 수 있다. 즉, 외부주주는 높은 배당을 요구함으로써 외부주주에게 지급되어야 할 현금을 소유경영자가 남용 혹은 낭비하지 못하도록 할 수 있다.[4] 실제로 선진국의 기업들처럼 지배구조가 잘 작동하고 있는 기업은 높은 배당을 지급하지만 기업의 지배구조가 제대로 작동하지 않는 후진국에서는 배당성향이 상대적으로 낮은 경향이 있다.[5]

6. 저배당정책 선호 요인

(1) 세금

투자자가 배당을 받게 되면 받은 배당금의 일부는 배당소득세로 내게 된다. 따라서 배당을 받게 되면 실질적으로는 배당소득세만큼 불리하게 된다. 이에 투자자들은 낮은 배당을 주는 기업을 선호하게 되고 기업들도 굳이 높은 배당을 지급하기보다 미래를 대비하여 사내유보하려고 한다.

한편, Miller와 Scholes(1978)[6]는 일반적으로 배당소득세율이 자본이득세율보다 높다고 하더라도 개인투자자들은 높은 배당소득세를 제거할 수 있음을 증명하였다. 예를 들어, 어떤 투자자가 연초에 주당 10만원인 주식을 750주 가지고 있다. 기업은 연말에 1만원을 벌어서 연말에 이 투자자에게 주당 4,000원을 배당으로 지급하고 나머지 6,000원은 사내에 유보시켜 연말 주가가 10.6만원이 될 것으로 기대하고 있다. 따라서 이 투자자는 300만원(=750주×4,000원)의 배당소득에 대한 배당소득세를 제거하기 위하여 무위험이자율 6%로 5,000만원(=300만원/0.06)을 차입하여 6%의 이자를 지급하는 면세채권에 투자한다.

---

4 Michael C. Jensen, "Agency Costs of Free Cash Flow, Corporate Finance, and Takeovers," *American Economic Review* 76, May 1986.

5 Rafael La Porta, Florencio Lopez-de-Silanes, Andrei Shleifer, and Robert W. Vishny, "Agency Problems and Dividend Policies around the World," *Journal of Finance* 55, February 2000.

6 M. H. Miller, and M. Scholes, "Dividends and Taxes," *Journal of Financial Economics*, Vol. 6, 1978, 333-364.

이와 같이 함으로써 배당소득 300만원의 소득은 5,000만원 차입에 대한 이자비용으로 지출하는 300만원과 정확하게 일치되어 과세소득이 0이 되고, 면세채권투자에 대한 이자소득 300만원(=5,000원×6%)에 대해서는 세금이 없고 이 금액과 자본이득 450만원(=(10.6만원-10만원)×750주)을 합한 750만원이 투자자의 진정한 경제적 소득이 된다. 이는 투자자 입장에서 배당소득과 자본이득세가 다르더라도 투자자들이 배당소득과 자본이득에 대해서 무차별할 것이라는 사실을 암시한다.

(2) 발행비용

MM(1961)의 무관련이론은 기업이 배당을 지급하기 위해서 신주를 발행할 수 있다고 보았다. 신주를 발행할 경우 발행비용이 발생하고, 발행비용을 고려할 경우 기업은 배당을 낮추려고 한다.

예를 들어, A기업이 유사한 다른 기업보다 상대적으로 배당금을 많이 지급하게 되면 유사한 다른 기업에 비해 자기자본이 그 만큼 줄어들게 되고, 이를 보충하기 위해서는 A기업은 신주를 발행할 수밖에 없다. 신주를 발행할 경우 A기업의 발행비용이 커지게 되고 이에 따라 자기자본비용이 커져서 A기업 주식가치의 하락을 초래한다. 결국 기업은 배당금을 낮추려는 경향을 갖게 된다.

뉴스로 보는 재무이야기

[다산칼럼] 배당이 중요한 이유

2003년 배당수익률을 보면 한국 주식시장(KOSPI 기준)의 경우는 1.84%이고 미국 주식시장(다우존스 기준)은 2.01%이다. 이 수치는 그리 매력적으로 보이지는 않는다. 실제로 많은 투자자들이 배당을 중요하게 생각하지 않으며, 주가 상승에 따른 차익을 주식투자의 주요한 수익원으로 여기기 때문이다. 그러나 배당의 중요성은 과소평가되어서는 안 된다. 지난 50년 동안 미국 주식시장 전체수익의 3분의 2가 배당과 배당의 재투자로 이루어졌으며, 1950년대까지는 배당수익률이 국채수익률보다 높았다.

재무관련 교재들도 투자자들의 현금수입에 대한 욕구를 당연시 여겼고 이에 따라 기업들은 수익의 상당 부분을 현금배당으로 지불했다. 1960년대에 유력한 개념으로 등장한 차익거래를 중심으로 새로운 금융이론이 발전하기 시작했다. 노벨 경제학상 수상자인 프랑코 모딜리아니와 머튼 밀러는 주식의 가치를 배당정책으로 평가하는 것이 부적절함을 증명하였다.

그들의 논증은 매우 간단하다. 투자자들이 배당을 선호함에도 불구하고 기업이 배당을 하지 않는다면 투자자들은 보유 중인 주식의 일부를 팔아 각자의 선호에 따라 현금흐름을 발생시켜 직접 배당을 할 것이다. 반대로 투자자들이 배당을 원하지 않는 가운데 기업이 배당을 지급하는 경우라면 투자자들은 배당을 재투자하여 추가적으로 주식을 매입할 것이다.

따라서 기업의 실제 배당정책으로 주식의 가치를 평가하는 것은 부적절하다. 주식의 가치는 배당지급 여부에 대한 실제 결정이 아니라 기업의 수익성과 배당지급 능력에 의해 결정되는 것이다. 물론 이러한 평가방법은 세금과 거래비용이 없으며 정보공유가 충분히 이루어지는 효율적인 시장이라는 조건하에서 적용된다.

실제 많은 나라의 세금 제도는 배당지급을, 비과세이거나 낮은 세율을 적용시키는 자본이득보다 불리하게 만들어 놓았다. 상황이 이렇다면 기업입장에서는 배당을 지급하지 않는 것이 더 효율적일 것이다. 미국의 과세제도가 그래 왔으며 배당에 대한 불리한 과세제도는 최근 들어서야 완화됐다.

그러나 불리한 과세제도에도 불구하고 미국기업은 항상 배당을 지급해 왔다. 어떻게 그렇게 할 수 있었던 것일까? 정보공유가 효율적으로 이루어지지 않는 세계에서 경영자들은 배당을 통해서 기업의 실제 상태에 대한 정보를 알릴 수 있다. 배당의 증가는 기업의 개선된 전망을 의미하는 것이다. 만약 경영자가 지속할 수 없는 높은 배당금으로 투자자들을 속이려 한다면 결국 그 기업은 파산에 이르게 될 것이므로 배당은 신뢰할 만한 지수다. 이 해석은 이론적이며 그럴듯하다.

그러나 배당의 중요성에 대해 더 설득력 있는 이유가 있다. "손 안의 참새가 지붕 위 비둘기보다 낫다"라는 오래된 속담에도 있듯이 1달러의 가치는 기업 금고 안에 있는 것보다 주주의 수중에 있을 때 그 가치가 더 크다. 왜 그럴까? 기업이 현금을 보유하게 되면 경영진은 이를 어떻게 사용할지 결정할 수 있는데 성공적이지 못한 투자로 낭비할 수도 있으며 자회사의 손실을 보전하기 위해 이용할 수도 있다.

기업은 더욱 매력적인 투자처에 수익을 재투자함으로써 주주의 가치를 높일 수 있기 때문에 높은 배당을 지급하지 않는 게 오히려 주주들에게 더 유리하다고 주장한다. 불행히도 역사적으로 기업은 자신의 투자기회를 과대평가하는 경향이 있으며 실제로 수익성 없는 과잉투자를 통해 주주의 돈을 낭비하는 사례를 빈번히 볼 수 있다.

그렇다고 배당지급이 기업들의 투자기회 포기를 의미하는 것은 아니다. 기업은 주주들에게 배당을 지급하면서 동시에 증자를 통해 자금을 돌려달라고 요청할 수 있다. 그렇게 함으로써 주주들은 경영진의 투자정책에 찬성하는지 여부를 스스로 결정할 수 있게 된다. 이런 이유로 높은 배당지급률은 건전한 기업지배구조의 조건 중 주요한 항목을 차지한다.

기업들은 이를 좋아하지 않을 듯 하지만 귀 기울이는 것이 바람직하다. 그렇지 않는다면 시장이 해당 주식의 가치를 낮게 평가할 수 있기 때문이다. 미국기업들이 수익의 반 이상을 배당금으로 지급할 때 한국의 작년 평균 배당성향은 20%였다. '코리아 디스카운트'를 제거하기 위한 필수조건 중 하나는 이 차이를 좁히는 것이다.

[한국경제(www.kankyung.com), 2004. 6. 27.]

SECTION 03 유사배당

1. 자사주매입

기업은 주주에게 배당을 지급하는 대신 주식을 다시 매수하는 자사주매입(stock repurchase)을 통하여 배당을 지급한 것과 동일한 효과를 낼 수 있다. 일반적으로 대규모의 잉여현금이 사내에 축적되었거나 자기자본을 타인자본으로 대체하여 자본구조를 변경하고자 하는 기업들이 자사주를 다시 사들인다.

자사주매입[7]은 크게 공개시장매입(open market purchase), 주식공개매입(tender offer), 지정자사주매입(targeted repurchase)의 세 가지 방법 중 하나로 이루어진다. 공개시장매입은 공개시장에서 일반투자자가 주식을 매입하는 것처럼 단순히 자사의 주식을 매입하는 것으로 주식매도자는 일반투자자가 매입하는지 해당 기업이 매입하는지 알지 못한다. 주식공개매입은 기업이 자기 기업의 주식을 갖고 있는 모든 주주들에게 특정한 가격에 특정한 수량의 주식을 매입하려고 한다는 것을 공표하는 것으로 일반적으로 시중의 주가보다 높은 가격으로 매입가격을 제의하여 주주들이 주식을 팔도록 유도하는 방법이다. 지정자사주매입은 특정한 개별주주로부터 자사주를 매입하는 것으로 다른 주주들은 거래에서

---

[7] 우리나라 자사주제도의 경우 증권거래법령에서는 자사주의 취득으로 인한 자본공동화 등 부작용을 방지하기 위하여 자사주의 취득한도, 방법, 절차 등을 엄격하게 제한하고 있다. 취득한도는 이익배당가능금액이내이며, 반드시 이사회 결의에 의하여 취득 및 처분하여야하고, 자사주 취득 및 처분에 관한 이사회 결의 시 결의내용을 지체 없이 공시하여야 한다. 또한, 인위적인 시장가격의 왜곡을 방지하기 위하여 일정한 기간에는 자사주의 취득 및 처분을 제한하고 있으며, 장내 취득 및 처분의 경우 자사주 매매주문으로 인하여 발생할 수 있는 가격왜곡을 방지하기 위하여 주문가격 등을 제한하고 있다.

배재된다.

자사주매입은 현금배당의 대안으로 사용된다. 즉, 자사주매입은 발행주식수를 줄여 주당순이익과 주당미래현금흐름의 향상으로 주가를 상승시켜 실질적으로 배당금을 지급하는 효과가 있는데, 구체적으로 다음의 예를 통하여 현금배당과 비교해 보자.

예를 들어, 〈표 11-1〉에서 보듯이 세금이나 거래비용 등이 존재하지 않는 완전시장하에서, 현금 20,000원과 현금 이외의 자산 80,000원을 가지고 있고 부채가 없는 기업이 있다고 하자. 이 기업의 발행주식수는 총 10주이다.

●● 표 11-1 | 배당금 지급 전 재무상태표

자산		부채 및 자본	
현금	20,000원	부채	0
현금 이외의 자산	80,000원	자본	100,000원
총자산	100,000원	총자본	100,000원

이 기업은 1주당 2,000원(=20,000원/10주)의 현금배당으로 20,000원을 사용할 수 있고, 2주(=20,000원/(자본금 100,000원÷10주))의 자사주를 매입할 수도 있다. 현금배당을 하든 자사주를 매입하든 현금 20,000원을 사용하므로 배당으로 현금을 사용한 후의 재무상태표는 〈표 11-2〉와 같다.

●● 표 11-2 | 배당금 지급 후 재무상태표

자산		부채 및 자본	
현금	0	부채	0
현금 이외의 자산	80,000원	자본	80,000원
총자산	80,000원	총자본	80,000원

이제, 현금배당이나 자사주매입을 한 경우의 주주 부를 살펴보자. 먼저, 현금배당을 한 경우 총발행주식수는 여전히 10주이므로 1주당 주가는 8,000원(=80,000원/10주)이 된다. 이는 배당금이 지급되기 전의 1주당 주가(주주 부) 10,000원(=100,000원/10주)에 비해 2,000원이 하락했다. 하지만 배당금으로 20,000원

(=2,000원×10주)을 받기 때문에 주주 부는 80,000원(=8,000원×10주)+20,000원 =100,000원이 되고, 1주당 주주 부는 10,000원이 되어 현금배당 전과 후의 주주 부는 변함이 없다.

다음으로 자사주를 매입하는 경우의 주주 부를 살펴보자. 20,000원으로 자사주를 2주를 사들이면 총발행주식수는 8주로 줄어들지만 1주당 주가는 10,000원 (=80,000원/8주)로 자사주를 매입하기 전과 동일하므로 자사주를 매입하기 전과 후의 주주 부는 변함이 없다.

2. 주식배당

주식배당(stock dividend)은 주식으로 배당금을 지급하는 것을 말한다. 주식배당은 현금을 지급하는 것이 아니기 때문에 실질적인 배당금이라고 할 수는 없다. 주식배당을 하게 되면 주주들이 보유하는 주식수가 늘어나게 되어 총발행주식수의 증가로 주가는 떨어지지만 보유하는 주식수가 그만큼 늘어나 주주의 부는 불변이 된다.

예를 들어, 〈표 11-3〉에서 보듯이 A기업의 발행주식수가 10주이고 액면가액이 5,000원인 주식의 주가가 8,000원이고, 이익잉여금은 20,000원 있다고 하자. 이 주식의 현재 총시장가치는 80,000원(=8,000원×10주)이다. 따라서 A기업의 재무상태표상의 총자본에는 자본금 50,000원(=5,000원×10주), 자본잉여금(주식발행초과금) 30,000원(=3,000원×10주), 이익잉여금 20,000원이 계상되어 총자본은 100,000원이 계상된다.

만약 A기업이 10%의 주식배당을 한다면, A기업의 주식수는 1,100주(=10주+1주)로 증가하여 자본금 55,000원(=5,000원×11주), 자본잉여금(주식발행초과금)

●● 표 11-3 | 주식배당 전과 후의 재무상태표의 자본

주식배당 전 자본		주식배당 후 자본	
자본금	50,000원	자본금	55,000원
자본잉여금(주식발행초과금)	30,000원	자본잉여금(주식발행초과금)	33,000원
이익잉여금	20,000원 →	이익잉여금	12,000원
총자본	100,000원	총자본	100,000원

33,000원(=3,000원×11주)이 계상되고, 주식배당으로 인해 실제로 들어오거나 나가는 돈이 없어서 총자본은 변하지 않았기 때문에 이익잉여금 8,000원(= 8,000원×1주)만큼 감소하여 이익잉여금이 12,000원으로 계상된다. 즉, 주식배당 후에도 총자본(=총자산=기업가치)은 변함이 없다.

그러면, 주식배당은 주주 부에 어떤 영향을 미칠까? 주식배당 전의 총시장가치는 80,000원(=8,000원×10주)이었다. 주식배당을 하면 총발행주식수가 10주에서 11주로 증가하게 되고 주가는 7,273원(=80,000원/11주)으로 하락한다. 하지만 예를 들어, 주식배당 전에 1주를 가지고 있는 주주의 경우 주주 부는 8,000원(= 8,000원×1주)이다. 10% 주식배당 이후에는 1.1주가 되므로 주식배당 이후의 주주 부도 8,000원(=7,273원×1.1주)이 된다. 따라서 주식배당 전과 후의 주주 부는 변함이 없다.

3. 주식분할

주식분할(stock split)은 자기자본의 증가 없이 총발행주식수를 늘리는 것을 말한다. 2대 1 주식분할의 경우는 기존의 1주를 신규주식 2주로 나누어 액면가액은 기존주식의 반으로 줄이고 주식수는 2배로 늘리는 것을 말한다. 예를 들어, 위의 A기업의 경우 2대 1로 주식분할 했다고 하자. 이 경우 A기업의 주식수는 20주로 증가하고 액면가액은 2,500원으로 감소한다. 따라서 주식분할 전과 후의 재무상태표상의 자본은 〈표 11-4〉와 같다.

주식분할 이전과 비교했을 때 액면가액이 감소하고 총발행주식수만 증가했을 뿐 자본계정의 수치가 변한 것이 하나도 없다. 주식배당과 마찬가지로 주식분할이 주주 부나 기업가치에는 어떤 영향을 미치는지 살펴보면, 발행주식수가 20

●● 표 11-4 | 주식분할 전과 후의 재무상태표의 자본

주식분할 전 자본		주식분할 후 자본	
자본금	50,000원	자본금	50,000원
자본잉여금(주식발행초과금)	30,000원	자본잉여금(주식발행초과금)	30,000원
이익잉여금	20,000원	이익잉여금	20,000원
총자본	100,000원	총자본	100,000원

주로 증가하지만, 주가는 4,000원(=80,000원/20주)이 되어 주식분할 전에 비해 반으로 줄어든다. 하지만 주식배당과 마찬가지로 주주 부나 기업가치(총자산)에는 아무런 영향을 미치지 못한다.

이처럼 주식분할은 주식배당과 거의 유사하며 기업과 주주들에게 미치는 영향이 본질적으로 같다. 일반적으로 주식분할은 주로 주가가 너무 높아져서 거래가 원활하지 않을 때 거래의 원활과 적절한 주가의 확보를 위해 실시하게 된다. 〈표 11-5〉에 배당과 유사배당에 대해서 정리하였다.

●● 표 11-5 | 배당 및 유사배당 비교

	현금배당	자사주매입	주식배당	주식분할
발행주식수	불변	감소	증가	증가
주가	하락	불변	하락	하락
자기자본가치	감소	감소	불변	불변
기업가치(총자산)	감소	감소	불변	불변
주주 부	불변	불변	불변	불변

뉴스로 보는 재무이야기

[월드투데이] 배당금 시대의 종말

지난 1960년대 자동차의 안전성 문제를 제기해 명성을 얻었던 미국 소비자운동의 대부인 랄프 네이더는 최근 기업들이 제시하는 초라한 배당금에 맞서 싸우고 있다. 네이더는 마이크로소프트(MS)의 보유현금이 무려 3백 60억 달러에 달한다며 MS는 투자자들에게 배당금을 지급해야 한다고 주장했다. 그는 이어 MS가 현금을 세금회피를 위한 로비자금과 시장에서 독점 추구 목적으로 사용하고 있다고 비난했다.

미 기업들 중 MS만이 현금을 보유한 채 배당금 지급을 보류한 것은 아니다. 최근 들어 배당금을 지급하는 기업이 현저히 줄어들었다. 스탠더드앤드푸어스(S&P)500지수 편입 기업 중 지난 해에 배당을 한 기업은 72%에 불과했다. 이는 지난 80년의 94%보다 20%포인트 이상 줄어든 것이다. 미국인들은 금리가 낮으므로 주식을 장기적으로 보유하면서 배당금을 지급받는 형태로 재테크를 해왔는데 이것마저 힘들게 된 것이다. 그리고 배당률도 지난 50년 이래 최저치인 3.3%까지 내려갔다.

경제 이론상으로 배당금은 주가에 아무런 영향을 미치지 못한다. 경제학자인 머튼 밀러와 프랑코 모딜리아니는 배당은 주식가치에 아무런 영향을 미치지 못한다고 주장했다. 이들은 자료분석을 통해 기업이 현금을 보유하고 있거나 현금을 주주들에게 돌려주거나 기업가치는 같다는 것을 증명했다.

하지만 많은 이코노미스트들은 실제로는 중요한 문제라고 지적한다. 기업이 배당금을 줄이거나 지급하지 않을 경우 확실히 주가는 영향을 받는다는 것이다. 일반 투자자들은 배당금을 지급하지 않는다는 뉴스를 기업의 실적이 좋지 않다는 신호로 받아들이기 때문이다. 이렇게 볼 때 경제이론과 실제 주식시장의 반응은 일치하지 않는다고 할 수 있다.

그러면 배당금을 지급하는 기업의 주가가 항상 상승하는가. 그렇지 않은 경우가 종종 있다. 메릴린치의 스티브 밀루노비치 이코노미스트는 배당금을 지급한 인텔 컴퓨터어소시에이츠 컴팩중 2개 기업의 주가수익비율(PER)이 경쟁업체보다 떨어진 것으로 나타났다고 밝혔다. 이러한 결과는 성장이 빠른 기업이 배당금을 지불할 경우 배당금이 주가에 나쁜 영향을 미친다는 것을 의미하기도 한다. 또 배당금 지급은 일부 투자자에게는 회사가 안전하다는 신호가 될 수 있지만 다른 투자자에게는 참신한 투자처가 고갈됐다는 신호를 의미한다고 해석될 수 있다.

한편 배당금 지급률이 계속 떨어지고 있는 가운데 기업들의 자사주 매입은 오히려 증가하고 있다. 실제로 자사주 매입은 주가의 상승을 이끌어왔다. 그만큼 시장에 거래 가능한 주식수가 적어지기 때문에 주식 값이 오르는 것이다. 또 자사주 매입은 배당금보다 세금 문제에 있어 주주들에게 혜택을 더 준다. 자본이득에 대한 세율이 배당수익에 대한 세율보다 낮기 때문이다. 또 자사주 매입은 분기 및 반기로 고정돼 있는 배당금 지불시기보다 회사 입장에서 볼 때 재량권을 더 많이 행사할 수 있다. 예를 들어 기업은 투자 환경이 좋지 않을 때에는 자사주 매입으로 주가를 올림으로써 주주들에게 이익을 주고 수익성 높은 투자처가 있을 때는 자사주 매입 대신 투자를 하면 되기 때문이다.

결론적으로 말하자면 배당금 지불과 자사주 매입 등은 주주이익 극대화라는 목적으로 이뤄져야 한다는 것이다. 그러므로 회사의 경영진들은 배당금 지급 등 자금운용 문제에 대해 신중하게 결정해야 한다. 회사가 이익금을 다시 투자할 수도 있고 주주들에게 반환할 수도 있다. 또 자사주를 매입해 주가를 끌어올릴 수 있다. 경영진들은 이러한 문제를 놓고 가장 바람직한 선택을 해야 하는 것이다.

[한국경제(www.kankyung.com), 2002. 1. 17.]

⁝ 연습 문제

1 (2008 CPA 수정) 시장의 불완전성이 배당정책에 미치는 영향에 대한 다음의 설명 중 가장 적절하지 않은 것은? ( )

① 배당을 늘리면 경영자의 특권적 소비를 줄이는 효과가 있기 때문에 기업가치에 긍정적 영향을 줄 수 있다.

② MM은 기업가치는 배당정책의 영향을 받지 않는다고 주장하였다.

③ 배당의 증가는 미래에 양호한 투자처가 없어서 재투자를 하지 않고 배당을 증가시킨다는 부정적인 정보를 제공하므로 주가에 부정적인 영향을 주며 이를 배당의 신호효과라고 한다.

④ 배당을 늘리면 미래에 신주발행을 통해 투자자금을 확보해야 하는 가능성이 높아지며 신주발행에 관련된 비용도 증가할 수 있으므로 기업가치에 부정적인 영향을 줄 수 있다.

2 MM의 배당정책이론에 관한 설명으로 틀린 것은? ( )

① 100% 자기자본기업을 가정하였다.

② 세금과 거래비용이 없는 완전시장을 전제한다.

③ 배당정책이 기업가치에 영향을 미치지 않는다.

④ 투자정책에 의해 배당정책이 영향받을 수 있다.

3 주주들이 스스로 배당성향을 조정하여 자신이 원하는 수준의 배당을 스스로 조정하여 주주들의 부가 변함없다는 논리는 무엇인가? ( )

① 고객효과   ② 신호효과

③ 자가배당   ④ 정보효과

4 배당을 많이 지급할수록 주주들이 긍정적으로 평가하여 기업가치가 높아진다는 주장에 대한 근거는 무엇인가? ( )

① 자가배당   ② 정보효과

③ 자가부채   ④ 고객효과

5 (2008 CPA) A기업의 현재 발행주식수는 20,000주, 당기순이익은 5,000만원, 주가는 10,000원이다. 주가가 이론적 주가로 변한다고 가정할 때 A기업이 고려하고 있는 다음의 재무정책들 중에서 현재보다 주가수익비율(PER)이 감소하는 정책들을 모두 모은 것은? 단, 재무정책 실시에 따른 정보효과가 없다고 가정한다. (   )

> a. 순이익의 20%를 현금으로 배당한다.
> b. 발행주식수의 20%를 주식으로 배당한다.
> c. 2:1로 주식을 분할한다.
> d. 2:1로 주식을 병합한다.
> e. 순이익의 20%에 해당하는 금액의 자사주를 10,000원에 재매입한다.

① b, c, d   ② c, d, e
③ a, b   ④ a, e
⑤ d

6 (2002 CPA) 다음은 10:1 주식분할(stock split)에 대한 설명이다. 이 중 가장 옳지 않은 것은? (단, 주식분할과 관련된 모든 비용은 무시한다.) (   )
① 주식의 액면가는 1/10로 하락한다.
② 장부상 자본잉여금이 보통주 자본금으로 전입될 뿐 자기자본 총액에는 변동이 없다.
③ 주주의 지분권(기업지배권)에는 변동이 없다.
④ 발행주식수가 10배 증가한다.
⑤ 주당순이익(EPS)이 1/10로 하락하고, 이론적인 주가는 1/10로 하락한다.

연습문제 해답

1 ③

2 ④

3 ③

4 ②

5 ④

〈답〉

현재 $EPS = \dfrac{5,000만원}{20,000주} = 2,500원$, 주가$=10,000원$

$\rightarrow PER = \dfrac{주가}{EPS} = \dfrac{10,000원}{2,500원} = 4$

a. 현금배당

   $2,500원 \times 0.2 = 500원$의 주당 현금배당, 배당락주가$=9,500원$

   $\rightarrow PER = \dfrac{9,500원}{2,500원} = 3.8(하락)$

b. 주식배당

   $EPS = \dfrac{5,000만원}{24,000주} = 2,083원$, 배당락주가$= \dfrac{20,000주 \times 10,000원}{24,000주} = 8,333원$

   $\rightarrow PER = \dfrac{8,333원}{2,083원} = 4(불변)$

c. 주식분할

   $EPS = \dfrac{5,000만원}{40,000주} = 1,250원$, 주식분할 후 주가$= \dfrac{20,000주 \times 10,000원}{40,000주} = 5,000원$

   $\rightarrow PER = \dfrac{5,000원}{1,250원} = 4(불변)$

d. 주식병합

   $EPS = \dfrac{5,000만원}{10,000주} = 5,000원$, 주식병합 후 주가$= \dfrac{20,000주 \times 10,000원}{10,000주} = 20,000원$

   $\rightarrow PER = \dfrac{20,000원}{5,000원} = 4(불변)$

e.   자사주매입

$$주식매입수 = \frac{5,000만원 \times 0.2}{10,000원} = 1,000주$$

$$\rightarrow EPS = \frac{5,000만원}{19,000주} = 2,632원, \quad 주가 = 10,000원$$

$$\rightarrow PER = \frac{10,000원}{2,632원} = 3.8(하락)$$

6 ②

〈답〉

장부상 자본잉여금이 보통주 자본금으로 전환되는 것은 무상증자이다.

재무관리의
기타 주제

인수합병

본 장에서는 인수합병의 개념을 살펴보고, 인수합병의 이득과 비용을 분석하는 방법을 학습한다. 또한 인수합병기업의 공격전략과 인수합병대상기업의 방어전략에 대해서 다룬다.

– 인수합병의 개념   – 인수합병의 이득과 비용
– 인수합병의 공격전략   – 인수합병의 방어전략

⦂ SECTION 01   인수합병의 개요

1. 인수합병의 개념

합병(merger)은 둘 이상의 기업이 결합하여 법률적으로나 실질적으로 하나의 기업이 되는 것으로 기업결합의 가장 강력한 법적 형태를 말한다. 인수(aquisition)는 인수대상기업의 자산[1]이나 주식[2]을 취득하여 경영권을 획득하는 것을 말한다. 이 둘을 합하여 M&A라고 하는데 실무적인 편의에 따라 인수합병, 합병, 기업합병매수, 기업매수합병, 합병매수, 기업합병인수 등 여러 용어로 사용되고 있다.[3]

특히 acquisition을 인수 혹은 매수라고 하는데 인수는 물건이나 권리를 넘겨받은 모든 것을 의미하고 매수는 물건을 사서 넘겨받는 것을 의미하므로 인수가 보다 넓은 의미이나 이 둘은 사실상 같은 개념으로 사용되고 있다. 본서에서는 인수라는 용어로 사용하기로 하며 M&A를 인수합병으로 부르기로 한다.

---

1 자산인수는 인수대상기업의 자산을 취득하여 경영권을 확보하는 것을 말한다.
2 주식인수는 인수의 가장 전형적인 방법으로 인수대상기업의 발행주식을 기존주주로부터 취득하거나 새로 발행되는 주식을 취득하여 인수대상기업의 경영권을 획득하는 것이다.
3 합병은 신설합병과 흡수합병으로 구분된다. 신설합병은 두 기업 이상의 기존기업이 모두 해산 혹은 소멸되고 전혀 새로운 기업이 설립되어 해산된 기업의 주주 및 재산을 신설기업에 승계하는 것이다. 흡수합병은 기존의 기업 가운데 하나가 존속하여 다른 기업들의 줓 및 재산을 승계하는 것이다. 또한 합병을 수평적(horizontal) 합병, 수직적(vertical) 합병, 복합적(conglomerate) 합병으로 구분하기도 한다. 수평적 합병은 동일한 형태의 사업을 하는 기업들끼리 합병하는 것이다. 수직적 합병은 서로 다른 생산단계에 있는 기업들끼리의 합병이다. 복합적 합병은 서로 관계가 없는 형태의 사업을 하는 기업들끼리 합병하는 것을 말한다.

2. 인수합병의 이득과 비용

(1) 인수합병의 이득

두 기업 간의 인수합병은 두 기업이 합쳐짐에 따라 발생하는 이득의 증가인 시너지(synergy)가 있을 경우에 추진된다. 인수합병은 규모의 경제(economies of scale)를 통한 비용절감, 자금조달 비용의 절감, 세금의 절감, 마케팅의 효율화, 시장의 경쟁적 환경을 보다 잘 이용할 수 있는 전략적 우위와 시장지배력의 향상 등의 이득을 추구할 수 있다.

예를 들어, A기업의 B기업 매입가능성에 대해서 분석해보자. A기업의 가치 $V(A)$는 1,000억원(=총발행주식수 100만주×주당가격 100,000원), B기업의 가치 $V(B)$는 400억원(=총발행주식수 80만주×주당가격 50,000원)이다. 그리고 A기업이 500억원을 지급하여 B기업을 인수합병하고, 두 기업이 합쳐질 경우의 가치가 1,600억원으로 평가되었다. 두 기업 각각의 가치의 합은 1,400억원이고, 합칠 경우의 가치는 1,600억원이므로 인수합병으로 인한 시너지 ΔV는 200억원(=1,600억원-1,400억원)이 된다.

(2) 현금으로 지불한 인수합병의 비용

인수합병을 할 때 이득만 고려해서는 안 되고 B기업을 인수하는 비용[=B기업 인수합병 시 지급한 현금-$V(B)$]도 같이 고려한 NPV를 측정하여 NPV가 양(+)인 경우에만 합병을 추진해야 한다.

$$NPV = 이득 - 비용$$
$$= \Delta V - [B기업\ 인수합병\ 시\ 지급한\ 현금 - V(B)]$$
$$= 200억원 - (500억원 - 400억원)$$
$$= 100억원$$

NPV가 100억원이므로 A기업 입장에서는 B기업의 인수합병이 비로소 이득이라고 할 수 있다. 그러면 B기업을 인수합병한 이후에 A기업의 주가는 어떻게 될까? B기업을 인수합병할 때 현금을 지급하였기 때문에 인수합병 이후에도 A기업의 주식 수는 그대로 100만주로 유지된다. 인수합병 후 A기업의 가치는 다음과 같게 된다.

$$V(A+B) = V(A) + V(B) + \Delta V - \text{B기업 인수합병 시 지급한 현금}$$
$$= 1,000억원 + 400억원 + 200억원 - 500억원$$
$$= 1,100억원$$

이는 인수합병 전의 A기업의 가치 1,000억원에 인수합병의 NPV 100억원을 합친 것으로 인수합병 이후의 주가는 주당 110,000원(=1,100억원/100만주)이 된다. A기업은 B기업을 인수합병함으로써 주가가 주당 100,000원(=1,000억원/100만주)에서 10,000원이 더 오른 110,000원이 된다.

(3) 주식으로 지불한 인수합병의 비용

많은 경우 인수합병 시 인수합병하는 기업(A기업)의 주식으로 인수합병의 비용을 지불한다. 인수합병 시 위의 경우처럼 A기업이 인수합병비용을 현금으로 지불하게 되면 B기업 주주들은 자신들의 주식을 내주고 현금을 받고 기업에 관여하지 않는다. 하지만 인수합병 시 A기업이 인수합병비용을 주식으로 지불하게 되면 B기업 주주들은 인수합병 후 기업의 새로운 주주가 되기 때문에 인수합병 후 기업의 가치는 인수합병하기 전 두 기업의 가치에 인수합병으로 인한 가치증가분(ΔV)을 합친 것이 된다.

$$V(A+B) = V(A) + V(B) + \Delta V$$
$$= 1,000억원 + 400억원 + 200억원$$
$$= 1,600억원$$

인수합병 시 A기업은 B기업에게 500억원어치의 주식으로 지불하므로 500,000주(=500억원/100,000원)를 B기업 주주에게 주어야 한다. 인수합병 이후에 총발행주식수는 150만주(=100만주+50만주)가 되므로 주가는 주당 106,667원(=1,600억원/150만주)이 된다.

주식으로 지불할 경우 표면상으로는 500억원어치를 지불한 것으로 보인다. 하지만 B기업 주주들이 받은 500,000주의 주가는 인수합병 후 주가가 주당 106,667원이 되므로, 실제가치는 533억원(=50만주×106,667원)원이 된다. 즉, A기업은 B기업 주주들에게 실질적으로 533억원을 지불한 셈이다. 따라서 인수합병의 NPV는 다음과 같이 67억원이 되며, 현금으로 지불할 경우의 NPV인 100억원보다 더 작다. NPV 측면에서 보면 주식보다 현금으로 인수합병 비용을 지불하는 것이 더 유리하다.

$$NPV = 이득 - 비용$$
$$= \Delta V - [B기업\ 인수합병\ 시\ 지급한\ 주식의\ 가치 - V(B)]$$
$$= 200억원 - (533억원 - 400억원)$$
$$= 67억원$$

SECTION 02 인수합병의 공격전략과 방어전략

인수합병은 우호적 인수합병과 적대적 인수합병으로 구분할 수 있다. 인수합병기업은 인수합병대상기업을 인수합병하기 위한 공격전략으로 주식매집, 백지위임장경쟁, 주식공개매입 등을 구사할 수 있다. 반면에 인수합병대상기업은 적대적 인수합병에 대항하여 기업을 방어하는 측면에서 정관개정을 통한 방어전략, 재무구조조정을 통한 방어전략, 사업구조조정을 통한 방어전략 등을 구사할 수 있다.

1. 인수합병의 공격전략

(1) 주식매집

주식매집(stock accumulation)은 시장에서 은밀히 주식을 매집해서 경영권을 장악하려는 방법으로서, 적대적 인수합병을 시도하는 기업이 일반적으로 가장 먼저 생각해볼 수 있는 방법이다. 하지만 대규모 자금을 동원하여 비밀리에 주식을 매집하기 어렵기 때문에 성공하기가 쉽지 않다. 주식매집은 일정한 지분만 확보되면 비밀이 알려지더라도 매집한 주식을 되팔 수 있고 일정시점에서는 주식공개매수로 전환할 수도 있다.

(2) 백지위임장경쟁

백지위임장경쟁(proxy fight)은 주주총회에서의 의결권에 대한 위임장을 다수 확보함으로써 한 주의 주식도 소유하지 않고도 지배권을 확보할 수 있는 방법이다. 주주총회에서 확보한 위임장을 가지고 이사회를 지배하여 경영권을 확보할 수 있다. 즉, 인수합병하려는 쪽이 인수합병을 성사시키기 위해 인수합병대상기업의 주주들을 설득하여 이들로부터 의결권을 대행할 수 있는 권한을 위임받아 인수합병을 추진한다.

또한 백지위임장경쟁은 대주주의 지분율이 낮거나 지분분쟁이 있는 기업 또는 지분분산이 잘 되어 있거나 경영자가 무능한 기업에 주효한 방법이다. 이 방법은 대량주식의 취득이나 공개매수와 같이 대규모 자금을 동원하지 않기 때문에 경제적이다.

(3) 주식공개매입

주식공개매입(TOB: take over bid)은 불특정 다수인을 대상으로 거래소 밖에서 주식을 매입하는 것을 말한다. 거래소에서 거래되는 상장기업의 주식을 단기간에 대량으로 매입하는 것이 쉽지 않기 때문에 매입의도와 매입하고자 하는 대상기업의 주식수량, 매입가격 및 대금지불방법 등을 명확하게 공시하고 장외에서 주식을 매입하게 된다. 오늘날 전체 적대적 인수합병의 약 70~80% 정도가 주식공개매입을 통하여 이루어지고 있다. 우리나라에서도 적대적 인수합병을 하려고 할 경우에는 주식공개매입을 이용하도록 하고 있다.

한편, 인수합병기업이 인수합병대상기업의 주주들에게 직접 주식공개매입(tender offer) 제안을 할 수도 있다.[4] 제안이 받아들여진다면 인수합병기업은 경영진을 교체할 수 있다. 인수합병대상기업의 경영진은 자신들의 주주들에게 제안을 받아들이는지 혹은 거절하는지 등에 대해서 자문을 할 수도 있다.

---

4   TOB는 영국식 표현으로 미국에서는 tender offer라는 용어로 사용한다.

2. 인수합병의 방어전략

(1) 정관개정을 통한 방어전략

1) 황금낙하산

황금낙하산(golden parachute)은 인수합병기업이 적대적 인수합병을 시도할 경우에 대항하는 방어전략이다. 황금낙하산은 인수합병대상기업의 경영진이 인수합병으로 인하여 자신이 실직할 경우에 대비하여 거액의 퇴직금, 저가로 주식을 매수 할 수 있는 주식매수선택권(stock option)을 규정 이상으로 지급하거나 잔여 임기동안 과다한 상여금 지급 등을 보장하는 계약을 말한다. 이러한 계약을 회사정관에 규정하게 되면 경영자의 신분이 보장되는 동시에 매수비용이 크게 인상되어 적대적 인수합병에 대한 방어책으로 유효하다.

한편, 황금낙하산이 경영자를 위한 것이라면 종업원을 위한 규정인 주석낙하산(tin parachute)도 있다. 이것은 기업이 타기업에 인수합병 되더라도 인수합병된 기업의 종업원을 해고시킬 때는 막대한 퇴직금을 지급하도록 규정하여 인수합병하는 기업의 인수합병 의욕을 떨어뜨릴 수 있게 된다.

2) 시차임기제

시차임기제(staggered election)는 이사들의 임기를 조정하여 이사 전체가 교체되는 시점을 지연시키는 제도로서 유사시에도 이사회가 완전히 넘어가는 것을 막을 수 있다. 예를 들어, 현재 임기가 3년 남은 이사가 6명, 2년 남은 이사가 4명, 1년 남은 이사가 5명이 있는 기업이 있을 경우 내년에 누군가 적대적 인수합병을 한다고 하더라도 임기가 1년 남은 이사 5명 외에는 이사를 바꾸기 어렵다. 이렇게 하면 인수합병에 대한 경영지배권이 일시에 전환되는 것을 회피할 수 있다. 따라서 인수합병대상기업은 일정기간동안 기업에 대한 경영권을 유지하게 되어 인수합병기업의 경영권을 지연시킬 수 있게 된다.

3) 절대다수결규정

절대다수결규정(supermajority amendment)은 인수합병에 관한 사항 등에 대해 일반 안건보다 더 많은 수의 지지를 얻지 않으면 결의할 수 없도록 하는 정관

조항을 말한다. 예를 들어, 정관에 인수합병과 관련된 것에 승인을 하는 경우에는 80% 이상의 찬성을 얻어야만 승인되도록 특별한 규정을 설정하게 되면 50% 이상의 주식을 취득하더라도 인수합병된 기업의 경영권을 획득하지 못하거나 인수합병할 수 없기 때문에 인수합병하고자 하는 기업에 대한 인수합병대상기업의 방어전략이 된다.

(2) 재무구조조정을 통한 방어전략

1) 독약처방

독약처방(poison pill)은 인수합병대상기업이 자사의 매수매력을 떨어뜨리기 위해 취하는 일련의 조치들로서 인수합병을 포기하도록 유도하는 방어책이다. 예를 들어, 인수합병대상기업의 우선주에 프리미엄이 추가된 금액으로 인수합병을 시도하는 기업에게 매각할 수 있는 권리를 우선주주에게 부여하게 되면 인수합병비용이 높게 되어 인수합병기업의 인수합병 시도를 단념시킬 수 있다.

전환사채나 신주인수권부사채를 이용하여 인수합병기업의 인수합병 의욕을 꺾을 수도 있다. 예를 들어, 1985년에 필립모리스(Phillip Morris)로부터 인수합병 당하게 된 맥도널드(McDonald's)사는 자사의 기존주주에게 인수합병 당할 경우에 인수합병 후의 신주를 시가의 50%로 취득하는 권리를 가지는 신주인수권을 배당으로 주었다. 이처럼 인수합병 후에 인수합병 전의 인수합병대상기업의 기존주주의 권리가 높아지게 되면 인수합병시도가 쉽지 않게 된다.

2) 자기주식취득

자기주식취득은 인수합병대상기업이 미리 자기주식을 취득하는 것이다. 자기주식취득으로 인해 적대적 인수합병을 시도하려는 기업은 인수합병대상기업의 주식확보에 어려움을 겪게 된다. 또한, 자기주식취득은 대주주의 지분율을 상승시키고 주가도 상승시켜 인수합병비용을 증가시키는 효과가 있다.

(3) 사업구조조정을 통한 방어전략

1) 왕관보석매각

인수합병기업에게 인수합병대상기업의 가장 가치 있는 유·무형의 자산(crown

jewel)을 팔겠다고 위협하는 것을 말한다. 많은 경우 타기업에게 매력있는 유·무형의 자산 때문에 인수합병의 대상이 되기도 하는데 이 자산을 처분할 경우 인수합병대상기업의 가치는 하락하고 인수합병의 대상으로서의 매력도 크게 감소하게 된다.

2) 분리공개

분리공개(carve-out)는 인수합병대상기업이 가지고 있는 자회사 지분을 증권시장에 상장하거나 전체 사업부문 중에서 중요한 사업부문을 분리하여 상장하는 것이다. 인수합병대상기업의 자회사가 독립하거나 혹은 사업부문이 빠져나감으로써 인수합병시도를 어렵게 만든다.

3) 부분분할

부분분할(split-off)은 인수합병대상기업의 중요한 사업부문을 따로 분할하여 독립회사를 설립함으로써 인수합병시도를 무력화시키는 것이다. 부분분할의 경우 모회사의 주주는 보유한 주식을 분할설립되는 독립회사의 주식으로 교환하므로, 기존의 모회사 주주가 독립회사의 주주가 된다.

4) 완전분할

완전분할(split-up)은 인수합병대상기업을 완전히 둘 이상의 새로운 기업으로 나눔으로써 인수합병 시도를 어렵게 만드는 것이다. 완전분할을 하게 되면 모기업은 사라지게 되고 주주들은 기존의 주식을 분할된 새로운 기업의 주식으로 바꾼다.

(4) 기타 인수합병 방어전략

1) 백기사

인수합병대상기업은 적대적 인수합병에 대항하여 제3자의 우호적인 기업(백기사)이 자신을 인수하도록 유도할 수 있다. 백기사에게 특별한 조건 또는 보상을 지급하기도 하는데 이를 화이트메일(white mail)이라고 한다.

2) 그린메일과 정지협약

그린메일(green mail)은 잠재적인 기업매수자(raiders)가 특정 기업의 주식을 경영권을 위협하는 수준까지 대량으로 사 놓은 후, 기업매수자의 인수합병을 포기하는 대신 주식매입가격에 프리미엄을 더한 높은 가격으로 그 특정기업의 대주주에게 사도록 기업매수자가 요구하는 행위를 말한다. 이러한 그린메일은 보유주식을 팔기 위한 목적으로 대주주에게 편지를 보낼 때 초록색인 달러화를 요구한다는 의미에서 그린메일이라는 이름이 붙여졌다.[5]

한편, 인수합병대상기업은 프리미엄을 주고 주식을 되사주면서 앞으로 일정기간동안 인수합병대상기업의 지분을 일정액 이상 소유하지 않음으로써 인수합병 공격을 하지 않겠다는 약속을 받아 놓는데 이러한 약속을 정지협약 혹은 불가침협약(standstill agreement)이라 한다.

경영권을 담보로 보유 주식을 비싸게 되팔아서 프리미엄을 챙기려는 그린메일을 목적으로 할 경우에는 정지협약(불가침협약)은 인수합병시도의 효과적인 방어전략이 된다. 하지만, 실제로 경영권을 획득할 목적으로 대량의 주식을 매수하는 기업매수자(인수합병기업)에 대해서는 정지협약(불가침협약)은 거의 효과가 없다.

뉴스로 보는 재무이야기

M&A는 '그저' 기업사냥일까?

◇ M&A의 '마술'… 기업 넘어 산업 지형도를 바꾼다

합병(merger)과 인수(acquisition), 우리말로 붙여 쓰자면 인수·합병(M&A). 경제나 경영 관련 입문 서적을 꽤 읽어본 이는 어렴풋이 알고 있을 만한 단어다. '어렴풋이'라는 부사를 끌어 쓴 까닭은 막상 누군가에게 이를 설명할라치면 말문이 턱 막히기 때문이다. 간결하게 설명에 성공한 이도 있을 수 있다. 아마도 '기업을 돈 주고 사고파는 행위' 정도일까. 대부분의 단순화가 그러하듯, 이런 설명은 되레 부작용이 크다. 부정적 인식을 부추긴다. 수많은 사람의 땀과 피를 먹고 큰 기업을, 고작 돈 몇 푼 따위로 사고판다니! M&A를 기업사냥과 등치시키는 이들이 많은 것도 이 때문일 것이다. 딱딱하지만, 근본적인 정체(?)를 묻는 것도 이런 이유다. M&A

---

5   대주주에게 협박을 하면서 주식을 사라고 강요하는 경우가 있는데 이런 경우는 블랙메일(black mail)이라고 한다.

란 도대체 무엇인가.

투자은행(IB)의 본산답게, 역시 M&A의 시초는 미국이다. 제너럴 일렉트릭(GE), 스탠더드오일, 듀폰, 유에스스틸(U.S. Steel) 등. 지난 20세기 세계를 호령했던 미국 기업은 모두 M&A로 덩치를 키웠다. 단초는 역설적으로 미국 연방정부가 1890년 제정한 최초의 반(反)독점법인 셔먼법(Sherman Antitrust Act)이었다. 당시 미국은 남북전쟁 종전 이후 대륙 횡단 철도가 만들어지고, 전기통신망 확장 등 기회가 넘쳐나는 땅이었다. 이와 더불어 우후죽순 생겨나던 기업들의 담합(카르텔) 등이 판쳤다.

이를 막기 위해 반독점법이 제정됐지만, 역시 또 이를 피하기 위한 이합집산의 수단으로 M&A가 활용됐다. 실제로 1893년부터 1904년 사이 철강·석유·광산·철도 산업의 4,277개 회사가 257개로 재편됐다. (사례로 보는 M&A의 역사와 전략, 김화진) 1899년에만 무려 1,208건의 M&A가 이뤄진다. (메릴린치, 1989) 철강왕이니 석유왕이니, 철도왕이니 등의 '재벌'도 이 시기 탄생했다.

대표적인 사례가 유에스스틸이다. (철강왕 앤드류 카네기 탄생시킨 회사다.) 1901년 투자은행인 JP모건은 카네기스틸과 페더럴스틸, 네셔널스틸 등의 합병을 위해 4억9,200만달러(현재 가치로 환산하면 151억달러, 우리 돈으로 무려 17조원!)의 자금을 마련했다. 그렇게 탄생한 게 당시 세계 최대 기업인 유에스스틸이다. (물론 정반대 사례도 있다. 얼마 지나지 않은 1903년 M&A를 통해 미국 시장을 90% 장악했던 아메리칸타바코와 스탠더드오일은 반독점법으로 기소돼 강제 분할되는 운명을 맞기도.)

이후 미국의 반독점법은 클레이튼법(Clayton Act), 셀러키포버법(Celler-Kefauver Act) 등으로 진화했고, 이에 맞춰 M&A의 방법과 수단도 여러 갈래로 분화해왔다. 이 과정에서 텍스트론 등 복합기업(conglomerate, 여러 산업에 걸쳐 계열회사를 둔 기업집단으로 한국의 대기업과 유사하다)과 엑손모빌 등이 기업도 이때 탄생한다. 경제의 성장과 경영의 실패, 환경변화, 그리고 규제가 맞물리는 상황 등을 뚫기 위해 이들이 선택한 수단은 M&A였다.

M&A시장을 키운 동력이 독점과 반독점의 구도 때문이었을까. 여하튼 일반 대중들의 뇌리 속에 'M&A=기업사냥'이라는 부정적 이미지가 단단히 똬리를 틀게 된다.(물론 적대적 M&A가 가끔 벌어지긴 한다.) 흥미로운 것은 그럼에도 지난 100년 세계를 쥐고 흔들던 기업은 죄다 미국에서 나왔다는 점이다. 지금의 FAANG(Facebook, Amazon, Apple, Netflix, Google)도 마찬가지. 미국이 단일규모 최대 시장을 가진 게 이유일까. 혹은 미국이 혁신이 꽃피울 수 있는 유일한 땅이라 그럴까. 유독 미국서 빈번했던 M&A는 이들에게 어떤 기회를 만들어줬을까.

◇ IMF 위기발 매물 '헐값'에 사들여 대박친 외국자본... 지금은 다를까

M&A는 당연하게도 쌍방 구도다. 파는 이가 있으면 사는 이가 있어야 거래가 성립된다. 이 당연한 사실에 M&A의 본질을 이해하는 근본적 열쇠가 숨어 있다. 쉬운 예를 들어보자. 당신

이 직장이 이유든, 결혼 때문이든, 혹은 자식의 교육을 위해서든 집을 샀다고 생각해보자. 누구도 벌어들이는 현금으로만 살 수 없는 탓에 은행서 돈을 빌렸을 것이다. 세월이 지나서 집을 팔아야 할 이유가 생겼다. 역시 이유는 제각각이다. 직장을 옮겼든, 가정이 깨졌든, 혹은 자식이 장성해 독립을 했든. 또는 집값이 오르면서 생긴 자본이득을 현실화하는 것도 이유가 될 수 있다.

그런데 살 사람이 없다면 어떻게 될까. 당신은 훌쩍 멀어진 직장을 피곤하게 오가야 한다. 한 지붕을 이고 살 수 없을 만큼 틀어진 배우자와 '오월동주'해야 하는 상황이 벌어질 수도 있다. 자식들이 떠나가면서 휑해진 공간을 쓸데없는 것들로 채워 넣거나, 혹은 청소기를 돌리면서 투덜거릴 수도. 자본이득 실현은 언감생심. 가장 난처한 것은 벌이가 중단된 경우다. 은행 이자는 어떻게 낼 것인가. 하지만 안심하시라. 정상적으로 주택시장이 돌아가고 있다고 가정하면, 당신의 집을 사줄 이는 언제고 나타난다.(아 물론 특수한 상황이 벌어지기도 한다. 2013년을 전후해 언론에 오르내린 '하우스푸어'를 기억하는가. 집을 산다는 사람들이 갑자기 실종하는 바람에 많은 사람이 은행 빚을 갚지 못하고 길거리로 내몰렸다.)

기업을 사고파는 '회수시장(exit market)'이 중요한 것도 이 때문이다. 집과 달리 기업은 매수자를 찾는 일이 쉽지 않다. 경제가 어려워지면 많은 기업이 위기를 겪지만, 개별적으로 자금경색 때문에 어려움을 겪는 기업도 많다. 특히 '문어발식' 집단으로 꾸려진 우리 대기업의 경우 특정 계열회사를 매각해 위기를 타개하지 못하면 그룹 전체가 공중 분해될 가능성이 높다. (실제로 IMF 외환위기 당시 무수한 대기업이 쓰러졌다.)

이런 구도는 위기 때엔 더욱 극단적으로 나타난다. 실제로 이런 일이 IMF 외환위기 직후 대한민국에서 벌어졌다. 당시 국내 금융기관을 비롯해 대기업 대부분이 혹독한 구조조정을 통해 많은 계열회사를 인수합병(M&A) 시장에 내놨다. 문제는 금융기관도, 대기업도, 정부 모두가 돈줄이 마른 위기다 보니 이를 사줄 곳이 없었다는 점이다.

이 빈자리는 외국자본이 채웠다. 얼마나 많았을까. 2001년 한 유력 언론사는 이런 제목의 기사를 썼다. "외국자본 밀물… 주요 은행-증권사 3곳중 1곳 대주주". 제일은행을 인수한 뉴브리지캐피탈을 비롯해 많은 금융기관의 주인이 외국계였다. 뉴브리지캐피탈은 전 세계에서 다섯 손가락 안에 드는 PEF(경영참여형 사모펀드)인 텍사스퍼시픽그룹(TPG)의 전신이다. 2003년 외환은행을 사들인 론스타캐피탈은 17년이 지난 지금도 유명하다.(론스타가 외환은행을 사들일 당시 '단일' 최대주주는 독일의 코메르츠방크였다. 수출입은행 등 정부의 합산지분율이 더 크긴 했지만.)

금융기관뿐만이 아니다. 200년대 초반 SK브로드밴드의 전신인 하나로텔레콤을 비롯해 극동건설, STX중공업, 하이닉스 비메모리사업부(현 매그나칩), 하이마트, 위니아만도 등등 수많은 국내 기업이 외국계 PEF 등에 팔려나갔다. 이유는 단 하나. 국내 기업 중에선 살 곳이 없었기 때문. (이들을 다시 국내 기업이 사들여 올 때 매각 당시보다 훨씬 비싼 값을 치러야

했던 것은 두말하면 잔소리!)

◇ 회수시장 없인 혁신도 없다... 외국자본 자리 대신한 토종 PEF

위기 때야 모두 다 어려우니 그럴 수 있다 치지만, 안타깝게 평시에도 국내 M&A 시장은 그리 활발하지 않았다.(최근은 조금 다른 양상이다.) 혹자는 기업이 다른 기업이 인수하는 이유를 이렇게 설명한다. 가장 효율적인 투자! 연구 · 개발(R&D)과 설비투자를 통해 축적한 기술과 상품을 돈을 주고 손쉽게 확보하는 것이라고. 당장에 목돈이 들어가긴 하지만, 기업이 성장하는 가장 빠른 지름길이 바로 M&A다.

그런데 미국과 달리 우리나라 기업은 유독 M&A를 꺼리는 경향이 강하다. 재계 1 · 2순위인 삼성과 현대 · 기아차 그룹이 M&A를 했다는 소식은 아주 드물게 들려온다. (삼성은 1995년 컴퓨터 제조업체 세계 6위였던 AST를 인수했지만 5년 만에 되파는 처참한 실패를 맛본 뒤 M&A엔 소극적인 모습을 이어오고 있다.) SK그룹은 예외다. 대한석유공사(현 SK이노베이션)나 하이닉스를 인수하지 못했다면 지금의 SK는 없었을 것이다.

M&A는 기업의 혁신을 가속화하기도 한다. 기업의 층위는 다양하다. 이제 막 창업한 스타트업부터 어느 정도 궤도에 안착한 중소기업, 이보다 더 큰 중견기업과 대기업까지. 특히 스타트업의 경우엔 살아남는 것도 중요하지만, 팔리는 것은 더 중요하다. (기업을 사고파는 시장을 회수시장(exit market)이라고 부르는 것도 이 때문일지도 모른다.) 개별기업뿐만 아니라 산업차원에서도 중요하다. 미국에서 '세계 1등' 기업이 꾸준히 나올 수 있는 이유는 기술력 있는 스타트업이나 중소 · 중견기업을 막대한 자본을 축적한 대기업이 사들여 새 성장판으로 활용하기 때문이다. 구글의 지주회사인 알파벳 등이 대표적인 사례다. (구글은 2001년부터 샀다 되판 모토로라를 비롯해 확인된 것만 236개의 기업을 사들였다!)

PEF가 중요한 것은 이 때문이다. 경영권 인수(Buy–out) 투자를 통해 사실상 유일하게 국내 회수시장을 지탱하고 있는 게 PEF다. IMF 당시 외국 PEF가 하던 역할을 이젠 국내 PEF가 대신하고 있는 셈이다. 두산솔루스와 (주)두산 모트롤BG 사업부를 비롯해 두산인프라코어까지 구조조정이 진행 중인 두산그룹의 매물 대부분 사모펀드가 주요 인수 후보다.

자, 처음 질문으로 되돌아가 보자. M&A란 무엇인가. 산업의 발전이란 무릇 기업의 죽음과 삶을 토대로 세워지는 것이다. 그렇다고 죽어 나가는 기업을 그대로 두고, 또 새로운 기업이 태어나기만을 마냥 기다릴 수 없는 노릇. M&A는 파는 기업도, 사는 기업도 환경 변화에 대응하기 위한 가장 효율적인 생존 수단이라고 할 수 있다. 더 나은 성장을 위한 '지름길'도 되지만, 또 기업가에게 혁신을 불 지피는 원동력이 되기도 한다. 쉽게 말해 M&A가 없다면 우리 기업과 산업, 나아가 국민경제는 도태될 수밖에 없는 셈이다. 아직도 당신은 M&A를 기업사냥이라고 생각하는가.

[서울경제(sedaily.com), 2020. 8. 24.]

연습
문제

1 (2006 CPA) 인수합병기업의 가치는 800억원이고 인수합병대상기업의 가치는 100억원이다. 두 기업 모두 자기자본만을 사용하고 있다. 인수합병기업의 발행주식수는 100만주이고 인수합병대상기업의 발행주식수는 10만주이다. 합병이 성사되면 합병기업의 가치가 1,200억원으로 추산된다. 만약 인수합병기업이 150억원의 현금으로 인수합병대상기업을 인수하면 합병을 공시하는 시점에서 인수합병기업의 주가가 몇 퍼센트 상승할 것으로 예상되는가? ( )

① 25%   ② 28%
③ 31%   ④ 35%
⑤ 37%

2 (2013 CPA) 동해기업이 남해기업을 흡수합병하려고 한다. 두 기업은 모두 100% 자기자본으로만 구성되어있는 기업이며 합병 전 재무자료는 다음과 같다.

	동해기업	남해기업
1주당 주가	10,000원	8,000원
발행주식수	50만주	35만주

합병 후의 기업가치는 100억원으로 예상된다. 만약 동해기업이 남해기업 주주에게 45억원의 현금을 지불하고 합병한다면, 동해기업 입장에서 합병의 순현가(NPV)는 얼마인가? ( )

① 5.0억원   ② 7.0억원
③ 9.2억원   ④ 12.1억원
⑤ 13.2억원

3 (2007 CPA) (주)온조와 (주)비류의 재무자료는 다음과 같다.

항목	(주)온조	(주)비류
주당순이익(EPS)	500원	300원
발행주식수	70주	50주
주가수익비율(PER)	14	10

두 회사의 합병에 의한 시너지 효과로 당기순이익이 10,000원 증가한다면 (주)온조가

(주)비류를 흡수합병하기 위해 (주)비류에게 제시할 수 있는 최대 주식교환비율은 근사치로 얼마인가? 합병 후 주가수익비율(PER)은 12가 될 것으로 예상된다. ( )

① 0.314
② 0.510
③ 0.657
④ 0.755
⑤ 1.00

4 (2008 CPA) 시장가치가 27억원인 A기업은 시장가치가 8억원인 B기업을 인수하려 한다. A기업의 현재 주가는 9,000원이며 B기업의 현재 주가는 4,000원이다. A기업이 추정하는 합병의 시너지(synergy)효과는 5억원이며, 인수프리미엄은 2억원이다. A기업이 신주를 발행해서 B기업의 주식과 교환하는 방식으로 B기업을 인수하고자 할 경우, 몇 주를 발행해야 하는가? ( )

① 100,000주
② 200,000주
③ 300,000주
④ 400,000주
⑤ 500,000주

5 (2008 CPA 수정) 적대적 M&A에 대응하기 위하여 기존 보통주 1주에 대해 저렴한 가격으로 한 개 또는 다수의 신주를 매입하거나 전환할 수 있는 권리를 부여하는 방어적 수단은? ( )

① 독약조항
② 역매수전략
③ 황금주
④ 그린메일
⑤ 백지주

6 다음 중 인수합병의 방어전략에 해당되는 것은? ( )

① 주식매집
② 위임장경쟁
③ 공개매수
④ 시차임기제전략

⦂ 연습문제
해답

1 ③

〈답〉

$NPV =$ 이득 $-$ 비용 $= \Delta V -$ [B기업 인수합병 시 지급한 현금$- V(B)$]

$\quad = [1{,}200$억원$- (800$억원$+ 100$억원$)] - (150$억원$- 100$억원$) = 250$억원

인수합병기업의 주가 $= \dfrac{800억원 + 250억원}{100만주} = 105{,}000$원

주가상승률 $= \dfrac{105{,}000 - 80{,}000}{80{,}000} = 31.25\%$

2 ①

〈답〉

$\Delta V = 100$억원$- (10{,}000$원$\times 50$만주$+ 8{,}000$원$\times 35$만주$) = 22$억원

$NPV = 22$억원$- (45$억원$- 28$억원$) = 5$억원

3 ③

〈답〉

㈜온조의 순이익 $= 500$원$\times 70$주$= 35{,}000$원

㈜비류의 순이익 $= 300$원$\times 50$주$= 15{,}000$원

㈜온조의 1주당 주가 $= 500$원$\times 14 = 7{,}000$원

㈜비류의 1주당 주가 $= 300$원$\times 10 = 3{,}000$원

인수합병기업인 ㈜온조의 순이익 $=$ ㈜온조의 순이익 $+$ ㈜비류의 순이익 $+$ 시너지

$\qquad\qquad\qquad\qquad = 35{,}000$원$+ 15{,}000$원$+ 10{,}000$원$= 60{,}000$원

㈜온조의 1주당 주가는 현재 주가인 7,000원 이상이어야 하고 합병 후 PER은 12이므로 주당순이익(EPS)은 최소한 7,000원/12＝583.33원 이상이어야 한다. 따라서 합병 후 발행주식수는 최대 60,000원/583.33＝102.8577주가 된다. 현재 ㈜온조의 발행주식수가 70이므로 102.8577주－70주＝32.8577주를 ㈜비류에 교부할 수 있으므로 주식교환비율은 32.8577주/50주＝0.657이 된다.

4 ①

〈답〉

$NPV =$ 시너지 $-$ 인수프리미엄 $= 5$억원$- 2$억원$= 3$억원

$$\text{A기업 발행주식수} = \frac{27억원}{9,000원} = 300,000주$$

$$\rightarrow \text{ 합병 후 A기업의 주가} = 9,000원 + \frac{3억원}{300,000주} = 10,000원$$

$$\text{B기업 발행주식수} = \frac{8억원}{4,000원} = 200,000주$$

$$\rightarrow \text{ 주당 인수프리미엄} = \frac{2억원}{200,000주} = 1,000원$$

$$\rightarrow \text{ B기업의 주가} = 4,000원 + 1,000원 = 5,000원$$

$$\text{주식교환비율} = \frac{5,000원}{10,000원} = 0.5 \rightarrow \text{ 발행주식수} = 200,000주 \times 0.5 = 100,000주$$

5 ①

〈답〉

③ 황금주: 오직 1주만 가지고 있어도 특정한 주주총회의 안건에 대해서 거부권을 행사할 수 있는 권리를 가진 주식을 말한다.

⑤ 백지주: 우호적인 지분보유자 가운데 경영권 인수에 관심이 없는 지분규모가 작은 경우를 백지주(white squire)라고 하고, 지분규모가 큰 경우를 백기사(white knight)라고 한다.

6 ④

파생상품: 선물

본 장에서는 위험관리 수단으로 활용되는 대표적인 파생상품인 선물에 대해서 살펴본다. 선물의 기본개념과 KOSPI200선물의 이론가격을 도출하는 모형인 보유비용모형, 그리고 차익거래 전략 및 헷지전략에 대해서 학습한다.

- 선물의 개념   - 보유비용모형
- 선물의 차익거래전략   - 선물의 헷지전략

SECTION 01 선물의 개요

1. 선물의 개념

파생상품은 기초자산(underlying asset)인 주식이나 채권에서 파생된 상품인 주식선물 혹은 채권선물과 같이 기초자산에서 파생된 상품을 말한다. 파생상품은 거래소 내에서 거래되는 장내파생상품과 거래소 밖에서 거래당사자들끼리 거래하는 장외파생상품이 있다. 파생상품은 크게 선물, 옵션, 스왑으로 나뉘고, 선물과 옵션은 장내파생상품, 스왑은 장외파생상품에 해당된다.

일반적으로 사람들이 필요한 물건이 있을 경우 지금 당장 돈을 주고 물건을 사게 되는데 이러한 거래는 현물거래이다. 반면, 지금은 물건가격을 미리 확정하여 미래의 어느 시점에 사거나 팔기로 계약만 하고 사전에 정한 미래시점에 가서 미리 정해 놓은 물건가격과 물건을 교환하는 거래를 선물거래라고 한다.

따라서 선물(futures)은 오늘 합의된 가격으로 미래에 물건을 사거나 팔기로 약속하는 계약으로 정의한다. 여기서 오늘 합의된 가격은 선물가격을 의미하고, 미래시점은 만기일을 말한다. 거래대상이 되는 물건은 기초자산에 해당되며, 사기로 약속하는 계약은 선물매수, 팔기로 약속하는 계약은 선물매도를 뜻한다. 이처럼 선물은 미래의 거래를 지금 약속하는 것이다.

이러한 개념을 〈그림 13-1〉을 통하여 자세히 살펴보자.[1] 오늘 주식가격이 5

---

1 이재하, 한덕희, 「핵심파생상품론」, 박영사(2021), pp. 5-7 참조

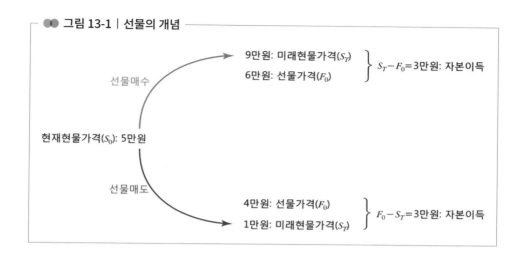

●● 그림 13-1 | 선물의 개념

만원이라고 하자. A라는 사람이 앞으로 주식가격이 오를 것 같으면, 지금 당장 5만원을 주고 주식을 살 수 있다. 이 거래를 현물거래라고 하고, 현재시점에서의 현물가격(S_0)은 5만원이 된다. 예상대로 주식가격이 오르면 A는 이익을 남긴다.

이때 A는 5만원을 주고 주식을 사는 대신 그 주식을 기초자산으로 하는 선물을 B라는 사람으로부터 살 수 있다. 이 거래를 선물거래라고 한다. A는 B로부터 선물을 살 때 따로 오늘 돈을 지급하지 않으므로 '공짜'로 선물을 매수하는 것이 된다. 선물매수 시 비록 돈을 지급하지는 않지만 선물을 살 때 미래에 주식을 실제로 사는 시점에 얼마에 살 것이라고 B와 약속을 한다. 〈그림 13-1〉에서 A가 B로부터 선물을 살 때 미래에 주식을 실제로 사는 시점(만기일)에 6만원을 주고 주식을 사기로 하였다면 이 6만원을 미래시점의 거래가격이라는 의미에서 선물가격(F_0)이라고 한다.

A가 예상했던 대로 주식가격이 올라서 9만원이 되었다면, 이 가격은 미래시점의 현물가격(S_T)에 해당된다. A는 선물을 사 놓았기 때문에 만기일에 9만원짜리 주식을 선물가격인 6만원만 지급하고 B로부터 주식을 매수하게 된다. 따라서 A는 3만원의 이익($=S_T-F_0=$9만원$-$6만원)을 얻고 '제로섬 게임'을 벌이는 B는 3만원의 손실을 본다. 공짜로 선물을 샀는데 결과적으로 3만원의 이익을 얻었으니 수익률은 무한대가 되고 이러한 결과를 소위 '대박'이라고 한다.

A가 예상했던 것과 반대로 주식가격이 내려가면 어떻게 될까? 예를 들어, 2만

원으로 가격이 내려가면, A는 6만원에 살 것이라고 약속을 했었기 때문에 2만원짜리 주식을 선물가격인 6만원을 지급하고 B로부터 주식을 매수해야만 한다. 이와 같이 일단 선물을 사면 주가가 오르든 내리든 반드시 약속한 가격에 사야만 하는 '의무'를 지게 된다. A는 2만원짜리를 6만원에 사므로 손실이 4만원($=S_T-F_0=$2만원$-$6만원$=-$4만원)발생하고, 반면에 B는 4만원의 이익을 내게 된다. 만일 주식가격이 계속 내려서 0원이 되어도 A는 여전히 6만원에 사야 되고, 손실은 6만원이 된다. 이러한 결과를 소위 '쪽박'이라고 한다.

선물을 잘 이해하지 못하는 사람들이 이렇게 대박 혹은 쪽박의 결과를 쳐다보면서 선물거래는 무조건 위험하다는 편견을 가질 수 있다. 하지만, 선물은 잘만 활용하면 이익 획득 및 위험관리 등 여러 경우에 걸쳐 크게 도움이 되는 파생상품이다.

위의 예에서 A는 현재 5만원인 주식가격이 미래에 더 오를 것으로 예상하기 때문에 선물을 매수한다. 반면에 주식가격이 내릴 것으로 전망된다면 주식을 공매도할 수 있다. 즉, 지금 당장 주식을 빌려와서 팔고 미래에 주식가격이 내려가면 도로 사서 갚는다는 것이다. 이처럼 주식가격의 하락이 예상될 경우에 주식을 공매도하는 대신 A는 선물을 매도할 수도 있다. 선물을 매도할 때도 거래는 '공짜'로 이루어진다. 하지만, 미래시점에 얼마에 주식을 팔겠다고 약속을 하게 된다. 이 약속하는 가격이 선물가격(F_0)이다.

〈그림 13-1〉에서 A가 B에게 오늘 선물을 매도하고 선물가격이 4만원이라고 하자. 만기일에 A가 예상했던 대로 주가가 내려서 1만원이 되었다면, 이 1만원이 미래현물가격(S_T)이 된다. 만기일에 A는 1만원짜리 주식을 B에게 4만원에 팔게 된다. 따라서, A는 3만원($=F_0-S_T=$4만원$-$1만원)의 이익을 얻고 B는 3만원의 손실을 본다. A의 예상과 달리 주가가 계속 올라가면 어떻게 될까? 예를 들어, 주식가격이 10만원까지 치솟았다고 할 때 A는 약속한 가격인 4만원에 주식을 B에게 팔아야만 한다. 왜냐하면 선물은 처음 계약당시 선물가격에 거래하기로 한 '의무'이기 때문이다. 거래가 이행되는 미래에 A는 10만원짜리 주식을 4만원에 팔아 6만원의 손실을 입고, '제로섬 게임'을 벌이는 B는 6만원의 이익을 얻게 된다.

정리를 해보면, 가격이 오를 것으로 예상될 경우 선물을 매수하고, 가격이 내릴 것으로 예상될 경우 선물을 매도한다. 또한, 선물은 현재시점에서 '공짜'로 사고팔고, 만기 시에 손실을 보든 이익을 내든 매수했으면 반드시 사야 하고 매도했으면 반드시 팔아야만 하는 '의무'가 있으며, 매수자와 매도자는 항상 서로 '제로섬 게임(zero-sum game)'을 벌이게 된다.

2. 선물의 기능

(1) 가격예시

〈그림 13-1〉에서 오늘 주식가격, 즉 현재 현물가격이 5만원인데 왜 A와 B는 선물이 만기가 되는 미래시점에 6만원이라는 가격에 주식을 서로 사고팔기로 약속을 하게 될까? A와 B는 선물시장 참여자로서 선물만기일에 주식가격이 얼마가 될지에 대해 관련되는 수많은 정보를 분석해본 결과 6만원이 가장 적정한 가격일 것이라고 예측한 것이다. 따라서 선물가격을 쳐다보면 미래에 현물가격이 얼마가 될지 힌트를 얻을 수 있다.

예를 들어, 오늘 주식가격이 5만원이고 3개월 후 만기인 주식의 선물가격이 6만원이라고 하자. 이 경우 주식의 선물가격을 통해 주식의 현물가격이 3개월 후에는 1만원 더 오른 6만원 정도가 될 것이라고 예측할 수 있다. 따라서 선물시장은 현물시장에 현물가격의 움직임에 대한 정보를 지속적으로 제공하는 사회적 기능이 있으며 이를 선물의 가격예시(price discovery) 혹은 가격발견이라고 한다.

(2) 헷징

선물의 가장 중요한 기능은 위험관리기능이다. 위험관리(risk management)를 다른 말로 헷징(hedging)이라고도 한다. 〈그림 13-1〉에서 지금 주식을 이미 가지고 있는 C라는 사람이 향후 가격이 많이 떨어질 것이 우려된다고 하자. 가격하락이 우려될 경우 선물을 매도하면 헷징이 된다. 주식이 5만원에서 1만원으로 내려가면 4만원만큼 손실을 본다. 하지만 선물을 매도하여 1만원짜리 주식을 4만원에 팔기 때문에 선물에서 3만원($=F_0-S_T=4$만원-1만원)의 이익을 얻는다. 따라서 4만원의 손실이 3만원의 이익으로 인해 순손실은 1만원이 된다. 이

때 C처럼 현물을 보유하고 있는 투자자가 현물가격의 움직임으로 인한 손실을 줄이기 위해 선물을 거래하는 사람을 헷저(hedger)라고 한다.

가격상승이 우려되어 선물을 매수하면 헷징이 된다. 예를 들어, 제빵회사의 경우 밀가루가격이 급격히 상승할 것이 우려되면 밀가루선물을 매수하여 헷징할 수 있다. 다른 예로 채권에 많은 돈을 투자한 사람이 있는데 한 달 후에 채권이 만기가 되면 목돈이 생길 것이고 이 돈을 주식에 투자할 계획이다. 하지만 앞으로 한 달 동안 주가가 급격히 상승할 것이 우려될 경우 주식선물을 매수하면 헷징할 수 있다.

(3) 투기

투기(speculation)는 현물포지션을 따로 취하지 않은 상태에서 선물시장에서 선물가격이 오를 것 같으면 선물을 사고, 내릴 것 같으면 선물을 파는 것이다. 그럼 투기는 무조건 나쁜 것인가? 그렇지 않다. 예를 들어, 100명의 헷저들이 선물을 매도하고 70명의 헷저들이 선물을 매수한다고 하자. 이 경우 30명의 헷저들은 선물을 매도할 수 없게 되고, 30명이 모두 선물을 매도하고자 하므로 선물가격이 상당히 많이 급격히 내려가게 된다.

이때 투기자(speculator)들은 매우 낮아진 선물가격이 곧 다시 오를 것으로 보면서 30명의 헷저들로부터 아주 싼 가격으로 선물을 매수하게 된다. 즉, 투기적 거래가 없다면 헷저는 원하는 시점에 헷징을 위한 거래를 원활히 할 수 없게 된다. 결국 위험회피자인 헷저로부터 위험선호적인 투기자로 위험이 이전된다고 볼 수 있다.

3. 선물의 종류

초기의 선물거래는 곡물거래 중심이었으나 양적·질적으로 비약적인 발전을 거듭하여 현재는 선물거래의 대상상품이 크게 확대되었다. 선물은 그 대상에 따라 상품선물(commodity futures)과 금융선물(financial futures)로 분류할 수 있다.

최초의 상품거래는 19세기 중반에 농산물을 대상으로 시카고상품거래소(CBOT: Chicago Board of Trade)에서 시작되었으며, 오늘날에는 농산물 외에도 축산물,

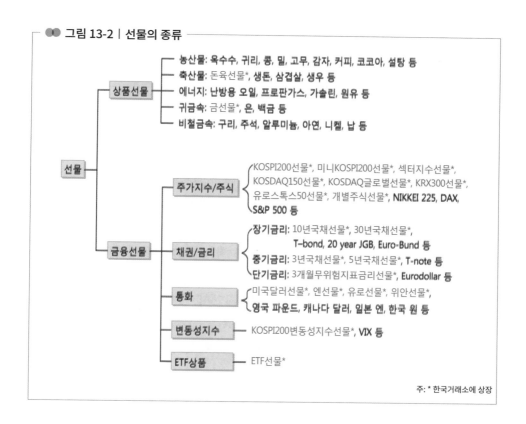

●● 그림 13-2 | 선물의 종류

주: * 한국거래소에 상장

에너지, 귀금속, 비금속 등을 대상으로 거래하고 있다. 금융선물은 시카고상업거래소(CME: Chicago Mercantile Exchange)가 1972년에 통화선물, 1982년에 S&P500을 기초자산으로 하는 주가지수선물을 도입하였고, 1975년에는 시카고상품거래소가 금리선물을 시작하였다.

우리나라의 한국거래소에서는 상품선물과 금융선물이 상장되어 있다. 상품선물로는 돈육선물과 금선물이 상장되어 있고, 금융선물로는 금융시장의 세 축인 주식시장, 채권시장, 외환시장에서 거래되는 현물을 거래대상으로 하는 다양한 파생상품이 상장되어 있다.

SECTION 02   KOSPI200선물

1. KOSPI200선물의 개요

우리나라 파생상품시장에서는 다양한 선물이 상품별로 표준화된 거래조건으로 거래되고 있다. KOSPI200선물은 한국거래소에 상장된 200개 주식의 평균값인 KOSPI200이라는 주가지수를 거래대상(기초자산)으로 한다. 선물은 1계약을 기준으로 거래되기 때문에 1계약을 거래했을 때 얼마만큼 거래대상을 인수도할 것인가를 정해야 하는데, 이러한 계약의 크기를 거래단위라고 한다.

KOSPI200선물의 가격은 KOSPI200선물 수치(포인트)로 나타내며, KOSPI200 1포인트당 25만원(거래승수)을 곱한 금액을 거래단위로 정하고 있다. 예를 들어, 오늘 KOSPI200선물의 가격 300포인트일 때 1계약 매수하였다면, KOSPI200선물 1계약의 거래단위는 75,000,000원(=300포인트×1계약×25만원)이 된다.

투자자들이 선물가격을 조정하여 거래를 체결하고자 할 때 선물가격을 최소한으로 움직일 수 있는 수준을 설정해 놓아야 한다. 즉, 투자자가 주문을 제출할 때 표준화된 호가단위(tick)를 따라야 하는데, 호가단위란 제시가격의 최소가격단위[2]를 말한다.

KOSPI200선물의 호가는 예를 들어, 300.00, 300.05, 300.10처럼 0.05포인트 간격으로 호가한다. 이 호가단위를 금액으로 환산하면 12,500원(=0.05포인트×25만원)이다. 따라서 KOSPI200선물가격의 상승과 하락이 0.05포인트 간격으로 움직인다는 것은 12,500원만큼 가격이 오르거나 내린다는 의미이다.

한편, 선물은 미래의 특정시점에 거래대상인 기초자산을 주고받는 계약이기 때문에 그 특정시점, 즉 몇 월에 인수도할 것인가를 미리 정해야 한다. KOSPI200선물의 상장결제월은 매 분기 마지막 월인 3월, 6월, 9월 12월을 결제월로 정하여 3년 이내 7개 결제월(3, 9월: 각 1개, 6월: 2개, 12월: 3개)이 상장되어 거래된다.[3]

---

2   최소가격변동폭을 틱사이즈(tick size)라고도 한다. 틱은 시계에서 초침이 째깍하고 움직이는 한 칸을 나타내는 데서 유래한 말로 가장 작은 변동폭을 의미한다.

3   예를 들어, 오늘이 10월 25일이라면 12월물, 내년 3월물, 6월물, 9월물, 12월물, 내후년 6월물, 12월물이 상장되어 거래된다. 따라서 항상 3월물과 9월물 각 1개, 6월물 2개, 12월물 3개가 상장된다.

●● 표 13-1 | 한국거래소 주요 주가지수선물 거래명세

	KOSPI200선물	미니KOSPI200선물	KOSDAQ150선물	KRX300선물
기초자산	KOSPI200	KOSPI200	KOSDAQ150지수	KRX300지수
거래단위	KOSPI200선물가격×25만원(거래승수)	미니KOSPI200선물가격×5만원(거래승수)	KOSDAQ150선물가격×1만원(거래승수)	KRX300선물가격×5만원(거래승수)
결제월	3, 6, 9, 12월	매월	3, 6, 9, 12월	3, 6, 9, 12월
상장 결제월	3년 이내의 7개 결제월(3, 9월: 각 1개, 6월: 2개, 12월: 3개)	연속 6개(분기월 2개, 비분기월 4개)	총 7개 결제월(3, 9월: 2개, 6월: 2개, 12월: 3개)	1년 이내의 4개 결제월(3, 6, 9, 12월)
가격 표시방법	KOSPI200선물 수치(포인트)	미니KOSPI200선물 수치(포인트)	KOSDAQ150선물 수치(포인트)	KRX300선물 수치(포인트)
호가가격 단위	0.05포인트	0.02포인트	0.1포인트	0.2포인트
최소가격 변동금액	12,500원(25만원×0.05)	1,000원(5만원×0.02)	1,000원(1만원×0.1)	10,000원(5만원×0.2)
거래시간	08:45-15:45(최종거래일: 08:45-15:20)	08:45-15:45(최종거래일: 08:45-15:20)	08:45-15:45(최종거래일: 08:45-15:20)	08:45-15:45(최종거래일: 08:45-15:20)
최종 거래일	각 결제월의 두 번째 목요일(공휴일인 경우 순차적으로 앞당김)	각 결제월의 두 번째 목요일(공휴일인 경우 순차적으로 앞당김)	각 결제월의 두 번째 목요일(공휴일인 경우 순차적으로 앞당김)	각 결제월의 두 번째 목요일(공휴일인 경우 순차적으로 앞당김)
최종 결제일	최종거래일의 다음 거래일	최종거래일의 다음 거래일	최종거래일의 다음 거래일	최종거래일의 다음 거래일
최종결제 방법	현금결제	현금결제	현금결제	현금결제

자료: 한국거래소(www.krx.co.kr)

인수도를 위한 선물결제월을 정한 후에는 어느 날에 인수도할 것인가를 정해야 한다. 인수도일 전에 선물을 최종적으로 거래할 수 있는 날을 최종거래일이라고 하고 실제로 인수도하기까지 시간이 걸리며 인수도가 일어나는 날을 최종결제일이라고 한다. 인수도일 전에 선물을 최종적으로 거래할 수 있는 날인 최종거래일(T)은 각 결제월의 두 번째 목요일(공휴일인 경우 순차적으로 앞당김)이다. 실제로 인수도가 일어나는 최종결제일은 최종거래일(T)의 다음 거래일(T+1)로 정해 놓고 있다.[4]

---

4 예를 들어, 9월물은 9월의 두 번째 목요일까지 거래가 되며, 금요일에 인수도가 이루어진다.

인수도가 이루어질 때 KOSPI200선물은 200개 주식을 한꺼번에 인도해야 하는 불편함을 피하기 위해 200개 주식의 가격을 지수화하여 1포인트당 25만원을 곱한 금액으로 현금결제를 한다. 예를 들어, A가 3개월 후 두 번째 목요일에 KOSPI200을 300포인트에 사기로 했다고 하자. 3개월 후 두 번째 목요일이 되었을 때 KOSPI200이 320포인트가 되면 $20(=S_T-F_0=320-300)$포인트 만큼 이익이 발생하게 된다. 이때 A는 KOSPI200 20포인트의 이익을 돈으로 환산하여 받게 된다. 즉, 1포인트당 25만원을 곱하여 500만원($=20$포인트$\times 1$계약$\times 25$만원)의 현금을 받는다.

예제 KOSPI200선물

2월 1일 KOSPI200선물시세가 아래와 같다.

(단위: 포인트, 계약)

종목	종가	전일대비	시가	고가	저가	거래량
KOSPI200	373.12	−5.33	374.80	375.95	373.12	116,192
3월물	374.15	−4.65	375.05	376.50	373.25	403,486
6월물	375.10	−5.20	377.50	378.05	375.00	1,710
9월물	380.60	−1.90	0.00	0.00	0.00	0
12월물	376.50	−8.10	375.25	376.50	375.25	25

(1) 위의 KOSPI200선물시세표에서 현재 현물가격은 얼마인가?

(2) KOSPI200선물 3월물 1계약을 374.15에 매수하여 선물만기일인 3월 10일(목)까지 보유할 경우 만기일의 현물가격이 378.72라면 얼마만큼의 이익 혹은 손실이 발생하는가?

(3) 위의 경우 예상이 빗나가 만기일의 현물가격이 363.65로 내려가면 얼마만큼의 이익 혹은 손실이 발생하는가?

(4) 현재 100억원어치의 주식을 보유하고 있는 펀드매니저가 향후 주가가 하락할 것이 우려되어 KOSPI200선물 3월물 80계약을 375.45에 매도하였다. 실제로 주가가 하락하여 주식가치가 95억원이 되었고 만기일의 현물가격이 350.45까지 하락할 경우 선물포지션으로부터의 손익은 얼마인가?

답 (1) 373.12

(2) $(378.72-374.15)\times 25$만원$\times 1$계약$=1,142,500$원

(3) $(363.65 - 374.15) \times 25$만원$\times 1$계약 $= -2,625,000$원

(4) $(375.45 - 350.45) \times 25$만원$\times 80$계약 $= 500,000,000$원 이익

뉴스로 보는 재무이야기

네 마녀의 날이 뭐야?

네 마녀의 날은 네 가지 파생상품 만기일이 겹치는 날입니다. 매년 3월과 6월, 9월, 12월 둘째 주 목요일에 발생하죠. 네 마녀의 날에는 주가가 막판에 급등락 하는 등 요동칠 때가 많습니다. 그래서 증시 하락을 가져오면 마녀가 심술을 부린다는 표현을 사용합니다. 반대로 증시 상승을 가져온다면 마술을 부린다고 하죠. 네 마녀의 날, 영어로는 쿼드러플위칭데이 (quadruple witching day)라고 합니다.

네 마녀의 날에는 파생상품과 관련해 숨어있던 현물 주식 매매가 정리 매물로 쏟아져 나옵니다. 주가의 움직임을 예상하기 어렵게 하죠. 여기엔 주가지수선물과 주가지수옵션, 개별주식 선물과 개별주식옵션이 해당됩니다.

선물은 만기가 되는 날인 미래 날짜에 얼마에 거래할지 미리 정하는 거래 방법입니다. 현재 가격과 미래 가격 간 차이를 이용해 차익을 남기는 방법입니다. 이렇게 가격차를 이용한 매수 차익잔고 혹은 매도차익잔고 물량이 네 마녀의 날에 쏟아져 나옵니다. 주가에 영향을 주고 급등 혹은 급락을 발생시키죠. 평소보다 변동성이 많아지는 겁니다.

네 마녀의 날은 항상 오지 않습니다. 변동성 없이 조용히 지나가는 경우도 있죠. 투자자들이 만기일에 물량을 시장에 내놓지 않고 만기를 연장해 계속 보유한다면 증시에 주는 영향이 적기 때문입니다.

한꺼번에 매도에 나설 경우 주가가 내려가기도 합니다. 내려간 가격에 매수하려는 세력이 많아지면 반대로 오르기도 합니다. 누군가는 낮은 가격에 내놓지만 그나마 높은 가격을 받으려고 조정해 내놓고 반대로 조금이라도 더 낮은 가격에 매수하려는 행동이 이어지면서 변동성은 커지게 되는 겁니다.

[뉴스래빗(newslabit.hankyung.com), 2020. 9. 10.]

2. 증거금과 일일정산

선물거래는 거래대상을 미래에 인수도하기 때문에 계약시점에 일종의 계약금

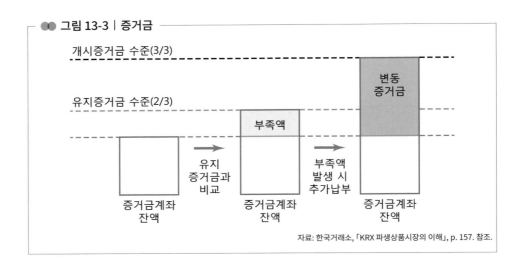

●● 그림 13-3 | 증거금

개시증거금 수준(3/3)

변동
증거금

유지증거금 수준(2/3)

부족액

증거금계좌
잔액

유지
증거금과
비교

부족액
발생 시
추가납부

증거금계좌
잔액

증거금계좌
잔액

자료: 한국거래소, 「KRX 파생상품시장의 이해」, p. 157. 참조.

과 같이 전체 거래금액의 일부만을 납부하는 증거금제도를 갖고 있다. 즉, 계약
금 성격의 증거금만 낸다면 지금 현재 상품대금이 없더라도 선물거래가 가능하
다. 이렇게 계약금만 걸어 놓고 상품대금은 따로 지급함이 없이 거래한다는 의
미에서 선물은 현재시점에서 '공짜'로 사고판다고 볼 수 있다.

선물거래의 경우 현재의 계약시점에서는 손익을 알 수 없고 미래에 거래대상
을 인수도하는 시점에서 손익을 알 수 있게 된다. 증거금제도는 선물매수자와
선물매도자로부터 혹시 미래의 인수도 시점에 손실이 발생하더라도 반드시 결
제이행을 하겠다고 약속하는 일종의 계약금 성격으로 생겨났다. 선도거래에서
는 미래의 시점에 손실이 발생한 어느 일방이 거래를 이행하지 않을 위험이 있
으나, 선물거래에서는 계약당시에 납부하는 증거금이 향후 미래시점에 손실을
보더라도 계약을 반드시 이행한다는 계약이행보증의 역할을 하는 것이다.

증거금(margin)은 통상적으로 기초자산의 가격이 하루 동안 최대로 움직이는
수준으로 설정하고 있으며, 일반투자자가 거래소회원(증권회사 및 선물회사)에게
납부하는 위탁증거금과 거래소회원이 거래소에 납부하는 거래증거금[5]으로 구분된
다. 이 중 위탁증거금은 크게 개시증거금(initial margin)[6], 유지증거금(maintenance

5　거래증거금은 거래종료후에 회원의 자기매매계좌 및 당해 회원에 개설된 각 위탁자의 계좌별 미결제
　　약정에 대하여 산출하고, 주문 시에 증거금을 납부하는 위탁증거금과 달리 사후증거금으로서 산출일
　　의 다음 날 12시까지 납부한다. 거래증거금률과 위탁증거금률은 상품마다 다르고 시장 상황에 따라
　　변경되며 한국거래소에서 공시하고 있다.

margin)7, 추가증거금 또는 변동증거금(variation margin)으로 구분된다. 또한 연쇄적인 결제불이행을 방지하기 위하여 증거금을 매일매일 산출하여 손실액이 누적되지 않도록 일일정산(daily settlement)을 하고 있다.

예를 들어, 투자자 A가 오늘 오전에 선물 2,000만원 어치를 투자자 B로부터 '공짜'로 샀다고 하자. A와 B 사이에서 청산소8 C가 두 사람의 거래에 개입하게 된다. C는 A와 B에게 선물의 만기시점에 반드시 계약을 이행하겠다는 약속을 한다는 뜻에서 신규주문 시에 개시증거금으로 2,000만원의 9.3%에 해당하는 186만원을 오늘 증거금계좌에 납부하게 한다. 그 결과 A의 계좌 잔액은 186만원이고 B의 계좌 잔액도 186만원이 된다.

오늘 선물시장이 마감하는 시점에 2,000만원 하던 선물이 1,967만원이 되었다고 하자. 선물가격이 내려갔으니 A는 33만원 손실이 나고 B는 33만원 이익이 난다. C는 A계좌에서 33만원을 빼서 B계좌에 넣어 준다. 이제 A계좌 잔액은 153만원이 되고, B계좌 잔액은 219만원이 된다. 하루가 더 지나서 1,967만원 하던 선물이 1,947만원이 되었다고 하자. A는 또 20만원 손실이 나고 B는 20만원 이익이 난다. C는 A계좌에서 20만원을 빼서 B계좌에 넣어 준다. 이제 A계좌 잔액은 133만원이 되고, B계좌 잔액은 239만원이 된다. 이렇게 매일매일 손익을 결정하는 것을 일일정산이라고 한다.

청산소 C는 B의 계좌 잔액은 많이 늘어난 상태여서 달리 걱정할 필요가 없지만, A의 계좌 잔액이 계속 줄어드는 것이 걱정되기 시작한다. 이 문제를 해결하기 위해 청산소 C는 A와 B에게 선물이 만기가 되는 시점까지 증거금계좌 잔액이 개시증거금 수준의 2/3 이상을 유지하게 한다. 이렇게 A와 B가 유지해야 하

---

6 한국거래소는 최초 주문을 제출하기 위해서 일반개인투자자의 경우 최소 1천만원의 기본예탁금을 납부하도록 하고 있다. 또한 투자자가 파생상품을 거래하기 위해서 증권사 및 선물사에 계약을 성실히 이행하겠다는 신용의 표시로 사전에 위탁증거금(개시증거금)을 부과한다. 2024년 12월 현재 KOSPI200 선물의 위탁증거금률(개시증거금률)은 9.3%이다.

7 한국거래소에서는 유지증거금을 유지위탁증거금이라 부른다. 2024년 12월 현재 KOSPI200선물의 유지위탁증거금률(유지증거금률)은 6.2%이다.

8 청산소(clearing house)는 매수자와 매도자 사이에서 거래에 개입하여 선물계약 거래당사자들의 계약불이행이 최소화가 되도록 선물의 매수자 및 매도자 간에 계약이 이행될 것을 보장하는 기관이다. 청산소는 거래의 계약당사자로서의 역할뿐만 아니라 증거금과 일일정산 등의 청산업무를 수행하고 거래에 참여한 투자자의 거래내역자료를 보유하고 있다. 외국의 경우 거래소가 별도로 청산소를 설치하여 운영하고 있지만 우리나라는 청산소를 별도로 두지 않고 한국거래소에서 청산소의 역할을 하고 있다.

는 최저수준의 증거금을 유지증거금이라 한다. 개시증거금률이 9.3%이므로, 유지증거금률은 9.3%의 2/3에 해당하는 6.2%가 된다.

이제 하루가 더 지나 1,947만원 하던 선물이 1,917만원이 되었다고 하자. A계좌 잔액은 103만원까지 내려가고, B계좌 잔액은 269만원이 된다. C는 A에게 잔액이 개시증거금 수준의 2/3 혹은 거래개시일의 선물가격의 6.2%인 124만원(=186만원×2/3=2,000만원×6.2%)보다 더 내려갔다는 것을 알려주고,[9] 다음날 정오까지 추가로 증거금을 더 납부하여 증거금계좌 잔액이 개시증거금 수준까지 되도록 하여야 한다는 것을 통보한다. A는 83만원(=186만원−103만원)을 추가로 더 납부하여야 하며, 이를 추가증거금 혹은 변동증거금이라 하고, 이러한 추가 증거금 납부 통보를 마진콜(margin call)이라고 한다.

뉴스로 보는 재무이야기

증권사가 4,800억원 마진콜을 당했다고?

2020년 3월 13일 금요일, 서울 여의도. 모니터를 바라보던 A증권사 B팀장의 얼굴은 하얗게 질려 있었다. 전날 밤 유럽장이 급락하면서 거래하던 외국계 증권사에서 EuroStoxx50이 전날 −12.4% 떨어졌으니 추가증거금 4억달러(약 4,800억원)을 납부하라는 요청이 들어왔기 때문이다.

굴지의 증권사인 A사는 그 정도 자금을 마련하지 못할 회사는 아니었다. 하지만 문제는 B팀장이 받은 마진콜 통보가 이것 하나만이 아니었다는 점이다. EuroStoxx50 다음으로 포지션이 큰 Nikkei225 지수는 전일 −4.4% 하락하였고, 오늘도 −5% 넘게 하락 중이었다. 모든 해외지수 거래로부터 비슷한 마진콜을 받고 있었다.

게다가 추가 증거금은 달러로 내야 했다. 당연히 보유하고 있는 달러가 있었지만, 그 정도로는 태부족이었다. 증권사들은 보유 자산을 팔기 시작했다. 팔 수 있는 자산들은 팔고, 모자라는 금액은 단기자금시장에서 조달했다. 그렇게 조달한 자금으로 달러 매수에 나섰다.

이날 모든 증권사들이 한꺼번에 외환시장에 달려가면서 시중은행의 외환 트레이더들은 어리둥절한 얼굴로 서로를 쳐다봐야 했다. 대체 무슨 일이 터진 거지? 은행들은 상대적으로 작은 규모의 달러 환전에는 응해주었지만, 여러 증권사로부터 동시에 수천억원 규모의 대규모

9　실제로는 유지증거금을 산출할 때 개시증거금의 2/3가 아니라 선물거래에 해당되는 현물의 당일 종가의 7%로 구해준다.

환전 요구가 쏟아지자 더 이상 대응을 하지 못했다. 증권사들은 애가 탔다. 달러 환전을 할 수 없으면 마진콜에 대응할 수가 없고, 반대매매를 당할 참이었다.

가지고 있는 자산이 없는 게 아니었다. 그러나 국고채와 은행채 등의 우량채 말고는 현금화할 수 없었다. 현금화해도 달러를 구할 수 없었다. 그런데 달러표시 채권에도 '급'이 있다. 종전에 받아들여지던 낮은 등급 채권은 더 이상 증거금으로 효력이 없었다.

전 세계가 "달러 현금만이 왕(king)!"이라고 외치던 날이었다. 상대방(미국 증권사)은 미 국채 등 우량 자산만 증거금으로 낼 수 있다고 일방적으로 통보했다. A증권사만이 아니라 국내 모든 증권사가 같은 처지였다. 나아가 전 세계 투자자들 중 상당수가 이날은 모두 달러를 구하지 못해 패닉에 빠졌다. 'ㅇㅇ증권사가 마진콜을 얼마 받았다', 'ㅿㅿ증권사가 휘청거리고 있다'는 루머가 카카오톡을 타고 빠르게 시장에 돌았다. 증권주는 급락했다.

증권사들은 금융당국에 사안의 시급성을 호소한 뒤에 급한 불을 껐다. 그래도 소문은 잡히지 않았다. 증권사 발 위기설이 끊이지 않았다. 3월19일, 한국은행은 증권사의 환매조건부채권(RP)을 사주는 방식으로 자금을 공급했다. 두 차례에 걸쳐서 총 3.5조원이 증권사 RP 매입에 사용됐다. 이어 3월26일에는 석 달 동안 '무제한' RP 매입 프로그램을 도입해서 추가 위기 가능성을 차단했는데, 대상 기관에 증권사를 대거 포함시켰다. SOS에 대한 화답이었다.

국내 증권사들이 이런 처지에 몰린 원인은 바로 '마진콜'이다. 마진콜은 추가증거금을 내라는 요청을 뜻한다. 선물·옵션과 같은 파생상품은 상품을 거래할 때 거래대금을 100% 내지 않는다. 전체 거래금액의 10~20% 증거금(마진)만으로 투자할 수 있다. 그래서 5~10배의 레버리지 효과가 발생한다. 예를 들어 KOSPI200 선물의 명목금액은 지수가치 400pt×승수 25만원＝1억원이지만, 20%인 2,000만원 수준의 증거금만 있으면 투자할 수 있다.

그런데 시장가격이 급락할 때는 기존에 넣어 놓은 증거금이 부족해질 수 있다. 예컨대 KOSPI200이 10% 하락하면 1,000만원(＝400pt×10%×25만원)의 손실이 발생한다. 그만큼을 그날 즉시 정산(정산차금)해야 하고, 2000만원 수준의 증거금을 유지해야 한다. 이를 일일정산(daily settlement)이라 한다. 거래소(청산소)가 해당 투자자와 거래를 유지하기 위한 핵심적인 조건이다. 다음날까지 정산되지 않으면 투자자는 보통 정오까지 추가 증거금을 납입하라는 전화를 받는다. 마진콜이다. 납입하지 못하면 청산매매가 발생한다.

그런데 여기서 잠깐. 마진콜이라는 말을 들으면 증권사가 투자자에게 "귀하의 증거금이 부족하므로 추가로 돈을 넣으시라"고 요청하는 모습을 연상하게 된다. 그런데 이날은 왜 증권사들이 전화를 받는 쪽이 됐을까? 이유는 간단하다. 국내 증권사가 해외 거래소의 선물·옵션에 투자하는 투자자였기 때문이다. 이날 국내 증권사에 마진콜을 한 상대방은 해외거래소의 회원사인 글로벌 증권사(또는 투자은행)들이었다.

[한국경제(www.kankyung.com), 2021. 6. 14.]

SECTION 03   KOSPI200선물의 가격결정

1. KOSPI200선물 이론가격

선물거래는 현재시점에서 미래에 물건을 인수도하는 계약을 하는 것이다. 따라서 미래에 물건가격이 어떻게 형성될지에 대한 예측이 선물가격에 반영된다. 미래물건가격이 오르리라고 예상되면 선물을 많이 사게 되어 선물가격이 오르게 되고, 반대로 미래물건가격이 내릴 것으로 예상되면 선물을 많이 팔게 되어 선물가격이 내리게 된다.

〈그림 13-1〉에서 선물을 살 때 공짜로 사고 만기시점에 수익은 미래현물가격에서 선물가격을 차감한 $S_T - F_0$가 된다. 또한 선물을 팔 때 공짜로 팔고 만기시점에 수익은 $F_0 - S_T$가 되는 것을 배웠다. 이러한 선물의 개념과 차익거래[10] 개념을 바탕으로 다음 두 전략을 통하여 보유비용모형(cost-of-carry model)을 유도하여 선물이론가격을 도출해 보자.

전략 A: KOSPI200선물 매수
전략 B: 차입과 KOSPI200 매수

전략 A는 현재시점(0)에서 선물시장에서 KOSPI200선물 1계약을 매수하는 것으로 이 경우 만기시점(T)에 계약을 이행하여 KOSPI200을 받게 된다. 즉, KOSPI200선물을 살 때 공짜로 사니까 현재시점(0)의 현금흐름은 0이 된다. 만기시점(T)에서는 KOSPI200선물계약을 이행하여 $S_T - F_0$만큼의 현금흐름이 발생한다.

전략 B는 현재시점(0)에서 돈을 빌려와서 현물시장에서 KOSPI200을 매수하

---

10 예를 들어, A와 B가 지금 각각 400원이고 600원이며, 1년이 지나면 둘 다 1,000원이 된다고 하자. 다시 말하면, A와 B는 1년 뒤에 모두 1,000원이 되는데 현재 A는 싸고(400원) B는 비싸다(600원). 따라서 싼 A를 사고 비싼 B를 파는 차익거래를 통해 지금 당장 200원을 벌고, 이 경우 차익거래이익이 200원이 된다. 1년 후에는 A는 사고 B는 팔았기 때문에 +1,000 - 1,000 = 0이 되어 현금흐름이 서로 상쇄된다. 이처럼 차익거래이익을 얻기 위하여 A를 사고 B를 팔면 A가격은 올라가고 B가격은 내려가게 될 것이고 A와 B 모두 500원으로 서로 같아지면 더 이상 차익거래이익이 발생하지 않게 된다. 즉, A와 B 모두 1년 후에 1,000원이 될 경우 차익거래이익이 발생하지 않으려면 오늘 둘의 가격이 같아져야 된다.

는 것으로 전략 A와 마찬가지로 만기시점(T)에서 KOSPI200(현물)을 보유할 수 있다. 전략 A에서 현재 선물을 살 때 내 돈이 들어가지 않고 공짜로 산다는 것과 같은 의미로 전략 B에서는 돈을 빌려서 현물을 사게 되면 내 돈이 들어가지 않고 공짜로 살 수 있다.

구체적으로 전략 B에서는 현재 KOSPI200가격인 S_0를 주고 KOSPI200을 매수하고, $(F_0 + \sum d_t)/(1 + r \times T/365)$만큼 돈을 빌리므로[11] 현재시점(0)에서의 현금흐름은 $-S_0 + (F_0 + \sum d_t)/(1 + r \times T/365)$가 된다.

만기시점(T)에서는 KOSPI200을 보유하여 얻게 되는 S_T와 이 기간 동안 받은 배당금을 재투자하여 쌓인 $\sum d_t$의 합인 $S_T + \sum d_t$가 발생한다. 그리고 현재시점(0)에서 빌려온 $(F_0 + \sum d_t)/(1 + r \times T/365)$의 원리금을 갚아야 하므로 $-F_0 - \sum d_t$ $[\leftarrow (F_0 + \sum d_t)/(1 + r \times T/365) \times (1 + r \times T/365)]$가 발생하게 된다.[12] 따라서 전략 B의 만기시점(T)에서의 총현금흐름은 $S_T - F_0$이 되어, 전략 A의 현금흐름과 일치한다.

이와 같이 전략 A와 전략 B는 만기시점(T)에서 동일한 가치를 가져 현금흐름이 같으므로 현재시점(0)에서 두 전략의 가치도 같아야만 차익거래이익이 발생

●● 표 13-2 | KOSPI200선물의 보유비용모형

전략	현재시점(0)의 현금흐름	만기시점(T)의 현금흐름
A: KOSPI200선물 매수	0	$S_T - F_0$
B: KOSPI200 매수	$-S_0$	$S_T + \sum d_t$
차입	$\dfrac{F_0 + \sum d_t}{1 + r \times \dfrac{T}{365}}$	$-F_0 - \sum d_t$
	$-S_0 + \dfrac{F_0 + \sum d_t}{1 + r \times \dfrac{T}{365}}$	$S_T - F_0$

여기서, r: 한국금융투자협회가 산출하는 만기가 91일인 양도성예금증서의 최근일의 연수익률
　　　$\sum d_t$: 현재시점부터 만기시점까지 받은 배당금을 재투자하여 쌓인 총합을 지수로 나타낸 값

---

11 예를 들어, 이자율이 연 10%일 때 110원/$(1 + 0.1 \times 365/365)$, 즉 100원을 차입한다는 것이다.

12 예를 들어, 이자율이 연 10%일 때 110원/$(1 + 0.1 \times 365/365)$ = 100원을 차입하였으므로 차입금 100원에 대한 원리금 100원$\times (1 + 0.1 \times 365/365)$ = [110원/$(1 + 0.1 \times 365/365)$]$(1 + 0.1 \times 365/365)$ = 110원을 갚아야 한다는 의미이다.

하지 않게 된다. 전략 A의 현재시점(0)의 현금흐름 0과 전략 B의 현재시점(0)의 현금흐름 $-S_0 + (F_0 + \sum d_t)/(1 + r \times T/365)$이 동일해야 하므로 식(13-1)의 선물이론가격이 도출된다.

$$0 = -S_0 + \frac{F_0 + \sum d_t}{1 + r \times \dfrac{T}{365}} \quad \rightarrow \quad F_0 = S_0 \left(1 + r \times \frac{T}{365}\right) - \sum d_t \qquad (13\text{-}1)$$

식(13-1)을 보유비용모형이라고 부르며, 이 세상에 존재하는 거의 대부분의 선물의 이론가격은 바로 이 보유비용모형을 통해 구할 수 있다. 보유비용이란 현재부터 인수도하는 날까지 현물을 보유하는 데 관련된 비용으로서 보관비용(storage costs), 보험료(insurance costs), 운송비용(transportation costs), 이자와 같은 금융비용(financing costs) 등을 말한다. 식(13-1)에서 선물이론가격은 현재 현물가격에 보유비용이 고려된 가격이 되는데, KOSPI200선물은 금융상품이기 때문에 보유비용 중 오직 금융비용인 이자만 존재하므로 이자비용만 고려하여 선물이론가격[13]이 도출된 것이다.

2. KOSPI200선물 차익거래전략

차익거래란 위험을 추가로 부담하지 않고 두 개 이상의 투자대상에 동시에 투자하여 가격의 불일치를 이용하여 비싼 물건은 팔고 싼 물건을 사서 그 차이만큼을 이익으로 얻는 거래이다. 식(13-1)의 보유비용모형을 보면 선물이론가격이 현물가격에 보유비용이 반영되어 계산되는 것을 알 수 있다.

따라서 현재 시장에서 거래되고 있는 선물실제가격이 선물이론가격보다 더 높다는 것은 선물실제가격이 현물가격에 대비하여 비싸다는 것을 의미한다. 이 경우 비싼 선물을 팔고 싼 현물을 사는 매수차익거래가 가능해진다. 마찬가지로 선물실제가격이 선물이론가격보다 더 낮다면 선물실제가격이 현물가격에 대비

---

[13] $F_0 = S_0 \left(1 + r \times \dfrac{T}{365}\right) - \sum d_t \rightarrow F_0 = S_0 + S_0 \times r \times \dfrac{T}{365} - \sum d_t$

$\rightarrow$ 선물이론가격(F_0) = 현물가격(S_0) + 보유(이자)비용$\left(S_0 \times r \times \dfrac{T}{365} - \sum d_t\right)$

하여 싸다는 것이다. 이 경우 싼 선물을 사고 비싼 현물을 파는 매도차익거래가 가능해진다.[14]

(1) 매수차익거래전략

KOSPI200선물 실제가격이 과대평가되어 있을 경우에는 〈표 13-3〉에서처럼 과대평가된 KOSPI200선물을 매도하고(전략 C) 현물매수에 필요한 자금을 차입하여 과소평가된 KOSPI200현물을 매수(전략 B)함으로써 선물만기일에 식(13-2)의 차익거래이익을 얻는다.

$$
\text{매수차익거래이익} = \text{KOSPI200선물 실제가격} - \text{KOSPI200선물 이론가격}
$$
$$
= F_0 - \left[S_0\left(1 + r \times \frac{T}{365}\right) - \Sigma d_t \right] \tag{13-2}
$$

●● 표 13-3 | 매수차익거래전략(전략 C + 전략 B)

전략	현재시점(0)의 현금흐름	만기시점(T)의 현금흐름
C: KOSPI200선물 매도	0	$F_0 - S_T$
B: KOSPI200 매수	$-S_0$	$S_T + \Sigma d_t$
차입	S_0	$-S_0\left(1 + r \times \frac{T}{365}\right)$
차익거래이익	0	$F_0 - \left[S_0\left(1 + r \times \frac{T}{365}\right) - \Sigma d_t \right]$

이렇게 비싼 선물을 매도하는 전략 C와 차입한 자금으로 싼 현물을 매수하는 전략 B를 묶은 것을 매수차익거래전략(cash-and-carry arbitrage)이라고 한다. 이 때 〈표 13-3〉을 보면 차익거래자는 현재시점에서 아무런 비용을 부담하지 않고 (zero investment) 선물만기일에 주가(S_T)가 오르든 내리든 $-S_T$와 $+S_T$가 서로 상쇄되어 주가의 움직임에 상관없이(no uncertainty, risk-free) $F_0 - \left[S_0(1 + r \times T/365) \right] - \Sigma d_t$만큼의 차익거래이익을 얻는다.

14 이재하, 한덕희, 「핵심파생상품론」, 박영사(2020), pp. 50-55 참조

(2) 매도차익거래전략

KOSPI200선물 실제가격이 과소평가되어 있으면 〈표 13-4〉에서처럼 과소평가된 KOSPI200선물을 직접 매수(전략 A)하고 과대평가된 KOSPI200현물을 공매하고 그 자금을 대출(전략 D)함으로써 선물만기일에 식(13-3)의 차익거래이익을 얻는다.

●● 표 13-4 | 매도차익거래전략(전략 A + 전략 D)

전략	현재시점(0)의 현금흐름	만기시점(T)의 현금흐름
A: KOSPI200선물 매수	0	$S_T - F_0$
D: KOSPI200 공매	S_0	$-S_T - \sum d_t$
대출	$-S_0$	$S_0(1 + r \times \dfrac{T}{365})$
차익거래이익	0	$\left[S_0(1 + r \times \dfrac{T}{365}) - \sum d_t \right] - F_0$

$$\text{매도차익거래이익} = \text{KOSPI200선물 이론가격} - \text{KOSPI200선물 실제가격}$$

$$= \left[S_0 \left(1 + r \times \frac{T}{365} \right) - \sum d_t \right] - F_0 \qquad (13\text{-}3)$$

이렇게 싼 선물을 매수하는 전략 A와 비싼 현물을 공매하고 공매한 자금을 대출하는 전략 D를 묶은 것을 매도차익거래전략(reverse cash-and-carry arbitrage)이라고 한다. KOSPI200선물 매수차익거래와 마찬가지로 차익거래자는 현재시점에서 아무런 비용(zero investment)을 부담하지 않고 선물만기일에 주가움직임에 상관없이(no uncertainty, risk-free) $[S_0(1 + r \times T/365) - \sum d_t] - F_0$만큼의 차익거래이익을 얻는다.

예제 KOSPI200선물 차익거래전략

오늘 KOSPI200현물은 311.88이고, KOSPI200선물의 실제가격은 312.45이다. 선물배당액지수($\sum d_t$)는 0.5, 만기일까지의 잔존기간 일수는 53일이고 이자율은 1.37%이다.

(1) KOSPI200선물의 이론가격을 구하고, 어떠한 차익거래전략을 세울 것이며 차익거래이익은 얼마인지 계산하시오.

(2) 만일 KOSPI200선물의 실제가격이 311.45라면 어떠한 차익거래전략을 세울 것이며 차익거래이익은 얼마인지 계산하시오.

답 (1) $F_0 = S_0\left(1 + r \times \dfrac{T}{365}\right) - \sum d_t = 311.88\left(1 + 0.0137 \times \dfrac{53}{365}\right) - 0.5 = 312$

실제가격(312.45) > 이론가격(312) → 선물매도, 현물매수: 매수차익거래전략

매수차익거래전략	현재시점의 현금흐름	만기시점의 현금흐름
C: KOSPI200선물 매도	0	$312.45 - S_T$
B: KOSPI200 매수	-311.88	$S_T + 0.5$
차입	311.88	$-311.88\left(1 + 0.0137 \times \dfrac{53}{365}\right)$
	0	$0.45(=312.45-312)$

따라서 차익거래이익은 0.45이고, 이를 금액으로 환산하면 1계약당 25만원에 해당하므로 112,500원(=1계약×0.45×250,000원)이다.

(2) 실제가격(311.45) < 이론가격(312) → 선물매수, 현물매도: 매도차익거래전략

매도차익거래전략	현재시점의 현금흐름	만기시점의 현금흐름
A: KOSPI200선물 매수	0	$S_T - 311.45$
D: KOSPI200 공매	311.88	$-S_T - 0.5$
대출	-311.88	$311.88\left(1 + 0.0137 \times \dfrac{53}{365}\right)$
	0	$0.55(=312-311.45)$

따라서 차익거래이익은 0.55이고, 이를 금액으로 환산하면 1계약당 25만원에 해당하므로 137,500원(=1계약×0.55×250,000원)이다.

뉴스로 보는 재무이야기

지수차익거래와 프로그램매매

주가지수선물 거래의 손익은 만기일의 주가지수에 의해 확정된다. 예를 들어, 한 투자자가 코스피200 주가지수선물 1계약을 250에 매수하였다고 가정하자. 이후 만기일에 코스피200 주가지수가 251에 마감된다면 그 투자자는 50만원(=(251−250)×50만원)의 이익을 얻게 되

지만, 249에 마감된다면 반대로 50만원의 손실을 보게 된다. 따라서 만기일이 가까워지면서 선물가격과 지수의 차이는 0으로 수렴한다.

그런데 때에 따라서는 만기일 이전에 선물가격과 지수의 차이가 크게 발생하기도 하는데, 이런 경우 투자자는 아무런 위험 없이 이익을 얻을 수 있는 차익거래를 하기도 한다. 만일 현재 지수가 250, 선물가격이 251이라고 가정하고, 한 투자자가 지수를 매수하고 동시에 선물을 매도했다고 가정하자. 이 경우 투자자가 선물 만기일에 지수를 종가에 매도한다면 지수 종가가 얼마인지에 상관없이 50만원(=(251−250)×50만원)의 이익을 얻게 된다.

지수를 매수한다는 것은 지수를 구성하는 가중치에 따라 해당하는 주식을 모두 매수하는 것을 의미한다. 즉, 지수차익거래를 위해서는 많은 종목의 주식을 동시에 거래하는 것이 필요하다. 이런 형태의 거래는 주로 컴퓨터 프로그램 때문에 수행되며, 따라서 프로그램매매라고 불리기도 한다. 현재 유가증권 업무규정에서는 주식집단과 선물을 이용하여 수행된 차익거래를 '지수차익 프로그램매매'로 정의하고 있으며, 한국거래소는 해당 거래실적을 취합해 투자자에게 제공한다.

그렇다면 지수차익거래가 시장에 미치는 영향은 무엇일까? 지수차익거래는 현물과 선물을 연계함으로써 비정상적으로 벌어진 두 자산의 가격을 적정 수준 이내로 빠르게 수렴하도록 한다. 즉, 시장의 효율성을 증가시키는데, 이는 파생상품의 대표적인 순기능 중 하나다.

그러나 때에 따라서는 시장에 부정적인 영향을 미치기도 한다. 선물의 변동성이 커지면 지수와 선물가격 사이의 괴리가 증가하고 차익거래를 유발해 주식시장의 변동성을 증가시키기도 한다. 이러한 현상을 꼬리가 몸통을 흔든다는 의미에서 'Wag the dog(웨그더도그)'라고 부르기도 한다. 또한, 매수차익거래의 잔액이 증가하면 선물 만기일에 차익거래 청산을 위해 주식 대량매도가 발생하기도 하는데, 이는 주가지수의 하락 및 지수의 변동성을 증가시키는 이른바 만기일 효과를 발생시킨다.

이처럼 파생상품과 주식시장은 차익거래 때문에 매우 긴밀한 관계를 맺으며, 따라서 투자자들은 지수차익 프로그램매매 현황과 만기일에 사전공시 되는 프로그램매매 정보를 주의 깊게 관찰해야 한다.

[국제신문(www.kookje.co.kr), 2016. 6. 15.]

SECTION 04   KOSPI200선물 헷지전략

1. 헷지전략의 개요

선물가격과 현물가격은 〈그림 13-4〉에서 보듯이 같은 방향으로 움직이며, 만기일에는 두 가격이 동일해진다. 왜냐하면, 선물은 미래의 특정시점에 현물을 사거나 파는 계약이며 선물만기일에서는 현물시장이나 선물시장 모두 같은 현물자산을 사거나 팔 수 있는 시장이 되어 양 시장에서 거래되는 대상의 가격이 일치해야 되기 때문이다.[15]

헷지전략은 현물과 선물의 가격이 같은 방향으로 움직인다는 점을 이용하여 선물시장에서 현물시장과 반대되는 포지션을 취하여 현물보유에 따른 가격변동

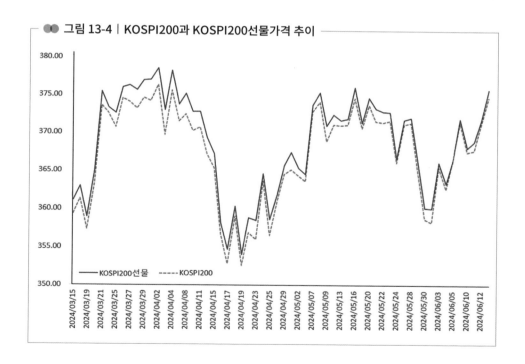

●● 그림 13-4 | KOSPI200과 KOSPI200선물가격 추이

---

15 만기일 하루 전의 선물가격은 하루 지난 후에 거래할 수 있는 현물의 예측가격이 되고, 만기시점 10분 전의 선물가격은 10분 후에 거래할 수 있는 현물의 예측가격이 되고, 만기시점 1초 전의 선물가격은 바로 1초 후에 거래할 수 있는 현물의 예측가격이 되며, 만기시점의 선물가격은 바로 지금 당장 거래할 수 있는 현물의 예측가격, 즉 현물가격이 된다는 개념이다.

위험을 상쇄시키는 전략이다. 헷지전략의 성과는 선물가격과 현물가격이 얼마나 밀접하게 변동하느냐에 따라 크게 좌우된다.[16]

2. 헷지계약수

KOSPI200선물을 이용하여 헷지를 할 경우에 KOSPI200선물을 매수하거나 매도해야 하는데 이때 얼마나 매수 혹은 매도해야 할까? 이를 구하기 위해 먼저 주식포트폴리오(S)와 주가지수선물(F) N계약으로 구성되는 헷지포트폴리오(P)의 수익률 R_P를 살펴보자.

$$R_P = \frac{\Delta S + D + N\Delta F}{S} = \frac{\Delta S + D}{S} + N\left(\frac{F}{S}\right)\left(\frac{\Delta F}{F}\right) = R_S + N\left(\frac{F}{S}\right)R_F \qquad (13\text{-}4)$$

여기서, ΔS: 주식포트폴리오의 가치변동분
ΔF: 선물가격변동분
D: 배당금

식(13-4)로부터 헷지포트폴리오 위험 β_P는 현물위험 β_S와 선물위험 β_F로 표현할 수 있다.

$$\beta_P = \beta_S + N\left(\frac{F}{S}\right)\beta_F \qquad (13\text{-}5)$$

식(13-5)에서 $\beta_F = 1$[17]이므로 식(13-5)는 식(13-6)으로 정리된다.

$$N = (\beta_P - \beta_S) \times \frac{S}{F} \qquad (13\text{-}6)$$

헷지의 목적이 β_P를 0으로 만들어 주식포트폴리오 가치변동분과 주가지수선물 가치변동분을 완벽하게 상쇄시키는 완전헷지(full hedge)라면 최적선물계약수

---

16 이재하, 한덕희, 「핵심파생상품론」, 박영사(2020), pp. 61-67 참조

17 회귀방정식 $R_S = \alpha + \beta_S R_F + \epsilon$에서 현물의 베타값 $\beta_S = \sigma_{SF}/\sigma_F^2$는 선물에 대한 현물의 민감도를 나타낸다. 예를 들어, $\beta = 1.2$인 경우 선물이 10% 변동한다면 현물은 12% 변동한다는 의미이다. 마찬가지로, $R_F = \alpha + \beta_F R_F + \epsilon$에서 선물의 베타값 $\beta_F = \sigma_{FF}/\sigma_F^2 = \sigma_F^2/\sigma_F^2 = 1$은 선물에 대한 선물의 민감도를 나타낸다.

는 다음과 같이 구해진다.

$$N = -\beta_S \times \frac{S}{F} \qquad\qquad (13\text{-}7)$$

3. 매도헷지

매도헷지(short hedge)는 KOSPI200현물시장에서 매수포지션을 취하고 있는 투자자가 KOSPI200의 가격이 하락할 것이 우려되어 KOSPI200선물을 매도하는 전략이다. 실제로 KOSPI200현물가격이 하락할 경우 KOSPI200현물로부터의 손실이 KOSPI200선물로부터의 이익에 의해 줄어든다.

예제   **KOSPI200선물 매도헷지전략**

오늘 베타값이 1.2인 100억원의 주식포트폴리오를 보유하고 있으나, 약세시장이 예상되는 상황이므로 KOSPI200선물로 완전헷지를 하고자 한다. KOSPI200선물이 320일 경우 거래해야 하는 선물계약수를 구하고, 한 달 후에 주식포트폴리오의 가치가 6% 하락하고 선물이 5% 하락한 상황에서 헷지를 해제할 경우 헷지전략의 손익을 분석하시오.

📝 $N = -\beta_S \times \dfrac{S}{F} = -1.2 \times \dfrac{10{,}000{,}000{,}000}{320 \times 250{,}000} = -150$: 150계약 매도한다.

　헷지손익: $(-10{,}000{,}000{,}000)(0.06) + [320 - (320)(1-0.05)](250{,}000)(150) = 0$원

---

4. 매수헷지

매수헷지(long hedge)는 KOSPI200현물시장에서 미래에 매수포지션을 취하려는 투자자가 KOSPI200의 가격이 상승할 것이 우려되어 KOSPI200선물을 매수하는 전략이다. 실제로 KOSPI200현물가격이 상승할 경우 KOSPI200현물로부터의 손실이 KOSPI200선물로부터의 이익에 의해 줄어든다.

예제   KOSPI200선물 매수헷지전략

오늘 KOSPI200선물은 320이다. 한 달 후에 주식시장에 투자할 자금이 100억원 생길 예정인데, 그 사이에 주가가 상승할 것이 염려된다. 베타값이 1인 주식포트폴리오를 구성할 계획이며 KOSPI200선물로 완전헷지를 하고자 할 경우 거래해야 하는 선물계약수를 구하시오. 한 달 후 현물과 선물이 각각 5% 상승한 상황에서 헷지를 해제할 경우 헷지전략의 손익을 분석하시오.

답 가격상승이 우려되므로 선물을 매수해야 한다. 선물을 매수하므로 음($-$)의 부호를 양($+$)의 부호로 바꾼 공식을 사용한다.

$$N = \beta_S \times \frac{S}{F} = 1 \times \frac{10,000,000,000}{320 \times 250,000} = 125: \ 125계약 \ 매수한다.$$

헷지손익: $(-10,000,000,000)(0.05) + [(320)(1+0.05) - 320](250,000)(125) = 0$원
주가상승으로 인한 손실 5억원은 주가가 상승하기 전에 투자하지 못해서 발생하는 기회비용에 해당한다.

연습
문제

1 다음 선물의 특징이 아닌 것은? ( )

① 의무   ② 권리

③ 제로섬 게임   ④ 현재시점에서의 공짜 거래

2 오늘은 6월 1일이다. KOSPI200선물 6월물 10계약을 250.15에 매수하여 6월 둘째주 목요일인 6월 11일까지 보유할 경우 만기일의 현물가격이 254.60이라면 얼마의 손익이 발생하는가? ( )

① 10,240,000원 이익   ② 11,200,000원 손실

③ 11,125,000원 이익   ④ 13,400,000원 손실

3 (2002 CPA 수정) 펀드매니저 A는 10억원 규모로 KOSPI200선물과 상관계수가 1인 주식 인덱스펀드(index fund)를 2개월간 구성하여 운영하려고 한다. 그러나 인덱스펀드의 관리에 어려움을 경험한 펀드매니저 B는 인덱스펀드 대신 만기까지 2개월 남은 KOSPI200선물 20계약과 연수익률 6%이고 2개월 만기인 채권을 10억원 매수하였다. 두 펀드매니저의 펀드운용결과가 향후 시장의 등락에 관계없이 동일하려면 펀드매니저 B는 얼마의 가격에 선물을 매수하여야 하는가? (수수료 및 증거금을 포함한 거래비용은 없으며 채권은 무위험으로 가정함) ( )

KOSPI200 = 100pt	금리 = 연6%
배당액지수 = 4	선물승수 = 25만원/pt

① 97pt   ② 99pt

③ 101pt   ④ 103pt

⑤ 105pt

4 (2003 CPA 수정) 현재 KOSPI200은 75포인트이고, 만기 3개월물 KOSPI200선물은 76 포인트에 거래되고 있다. KOSPI200을 구성하는 주식들의 배당액지수의 합계는 0.04이 고, 이자율은 8%이다. 이러한 시장상황에서 지수차익거래가 가능한가? 가능하다면 차익 거래의 결과 어떠한 변화가 예상되는가? (차익거래와 관련된 모든 거래비용은 무시한다.) ( )

① 차익거래가 불가능하다.

② 차익거래에 의해 KOSPI200과 KOSPI200선물가격이 상승한다.

③ 차익거래에 의해 KOSPI200이 상승하고, KOSPI200선물가격이 하락한다.

④ 차익거래에 의해 KOSPI200과 KOSPI200선물가격이 하락한다.

⑤ 차익거래에 의해 KOSPI200이 하락하고, KOSPI200선물가격이 상승한다.

5 오늘 베타값이 1.5인 200억원의 주식포트폴리오를 보유하고 있으나, 약세시장이 예상되 는 상황이므로 KOSPI200선물로 완전헷지를 하고자 한다. KOSPI200선물이 300일 경우 거래해야 하는 선물계약수는 다음 중 어느 것인가? ( )

① 250계약 매수   ② 300계약 매도

③ 350계약 매수   ④ 400계약 매도

⦂ 연습문제
해답

1 ②

2 ③

〈답〉

$(254.60-250.15)\times25$만원$\times10$계약$=11,125,000$원 이익

3 ①

〈답〉

전략 A: KOSPI200선물 매수＝전략 B: KOSPI200 매수＋차입(채권매도) → KOSPI200선물 매수＋대출(채권매수)＝KOSPI200 매수 → 따라서 두 전략이 동일하기 위해서는 선물가격이 선물이론가격과 동일해야만 한다.

선물이론가격 $F_0 = S_0\left(1+r\times\dfrac{T}{365}\right) - \sum d_t = 100\left(1+0.06\times\dfrac{2}{12}\right) - 4 = 97$

4 ⑤

〈답〉

선물이론가격: $F_0 = S_0\left(1+r\times\dfrac{T}{365}\right) - \sum d_t = 75\left(1+0.08\times\dfrac{3}{12}\right) - 0.04 = 76.46$ 따라서 이론가격(76.46) > 실제가격(76)→ 선물과소평가 → 선물매수, 현물매도: 매도차익거래 → 선물가격 상승, 현물가격 하락

5 ④

〈답〉

$N = -\beta_S \times \dfrac{S}{F} = -1.5 \times \dfrac{20,000,000,000}{300 \times 250,000} = -400$: 400계약 매도

파생상품: 옵션

본 장에서는 선물에 이어 파생상품의 또 다른 큰 축을 이루는 옵션에 대해 배운다. 먼저, 옵션의 기본개념과 함께 KOSPI200옵션에 대해 알아본 후, 옵션의 단순거래전략과 옵션을 이용한 헷지거래전략 및 콜옵션과 풋옵션가격 간의 균형관계인 풋─콜등가정리를 유도하고 어떻게 활용하는지에 대해서 배운다. 또한, 단순함과 유연성을 특징으로하는 이항옵션가격결정모형과 최초로 옵션시장에서 옵션의 균형가격을 규명한 블랙─숄즈옵션가격결정모형에 대해서 배운다.

- 옵션의 개념
- 단순거래전략
- 풋─콜등가정리
- 블랙─숄즈가격결정모형

- KOSPI200옵션
- 헷지거래전략
- 이항옵션가격결정모형

⋮ SECTION 01 옵션

1. 옵션의 개념

현대적 의미의 옵션거래는 1630년대 네덜란드에서의 튤립을 대상으로 한 옵션거래로 본다. 작황에 따라 튤립가격의 변동으로 튤립생산자와 튤립을 사는 중개업자가 안정적인 가격으로 거래할 방법으로 옵션을 이용하였다. 당시 중개업자들은 콜(call)을 매수하여 일정기간 후에 사전에 정해진 가격으로 튤립을 살 수 있게 되었고, 튤립재배자는 풋(put)을 매수하여 일정기간 후에 사전에 정해진 가격으로 팔 수 있게 되었다. 이후 1690년대 런던에서 최초로 주식을 대상으로 옵션거래를 시작하였고 19세기 말부터 뉴욕의 월가에서 장외거래 형태로 거래되면서 현대적인 옵션거래로 발전하였다.

이와 같이 기초자산의 가격변동위험을 제거하여 안정적인 거래를 가능하게 하는 옵션(option)은 무엇인가? 옵션은 계약당사자 간에 미리 정해진 특정일 또는 그 이전에, 미리 정한 가격으로 기초자산을 사거나 팔 수 있는 권리를 말한다. 여기서 특정일은 보통 최종거래일 또는 만기일(maturity date)이라 하고 미리 정한 가격은 행사가격(exercise price, strike price)이라고 한다. 살 수 있는 권리가 부여된 옵션을 콜옵션(call option)이라 하고 팔 수 있는 권리가 부여된 옵션을

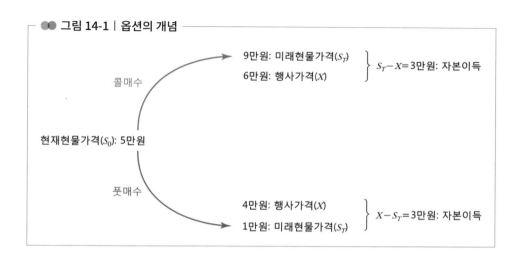

●● 그림 14-1 | 옵션의 개념

콜매수

9만원: 미래현물가격(S_T)
6만원: 행사가격(X)   } S_T-X=3만원: 자본이득

현재현물가격(S_0): 5만원

풋매수

4만원: 행사가격(X)
1만원: 미래현물가격(S_T)   } $X-S_T$=3만원: 자본이득

풋옵션(put option)이라 한다.

이러한 옵션의 개념을 이해하기 위해 〈그림 14-1〉을 살펴보자. 예를 들어, 현재 5만원(현재현물가격: S_0)인 주식의 가격이 오를 것으로 예상하는 A가 만기일에 6만원(행사가격: X)에 살 수 있는 권리(콜옵션)를 B로부터 5천원(옵션가격＝프리미엄)에 매수하였다고 하자.

콜옵션 거래 후 시간이 흘러 만기일에 주식이 실제로 9만원(미래현물가격: S_T)이 되었다면 A는 권리를 행사하여 시가 9만원짜리 주식을 6만원에 살 수 있으며, 자본이득은 3만원(=S_T-X)이 되고 비용 5천원을 고려하면 순이익은 2만 5천원이 된다. 만약 주식이 5만 3천원이 된다면 시가보다 비싼 6만원에 매수하여야 하므로 권리를 포기하고 옵션가격 5천원만큼의 손실을 입게 된다. A와 B는 제로섬 게임(zero-sum game)을 벌이며, A가 권리를 행사해서 이익을 내면 B는 그만큼 손실을 입는다.

한편, A가 B로부터 현재 5만원인 주식 1주를 만기일에 4만원(행사가격: X)에 팔 수 있는 권리(풋옵션)를 5천원에 매수하였다고 하자. 만기일에 주식이 실제로 1만원이 되었다면 A는 권리를 행사하여 시가 1만원짜리 주식을 4만원에 매도할 수 있으며, 자본이득은 3만원(=$X-S_T$)이 되고, 비용 5천원을 고려하면 2만 5천원의 순이익을 얻는다. 만약 주식이 5만원이 된다면 시가보다 싼 4만원에 매도하여야 하므로 권리를 포기하고 옵션가격 5천원만큼의 손실을 입게 된다. 제로섬 게임에서 A가 이익을 내는 만큼 B는 손실을 입게 된다.

정리를 해보면, 가격이 오를 것으로 예상될 경우 콜옵션을 매수하고, 가격이 내릴 것으로 예상될 경우 풋옵션을 매수한다. 또한, 옵션은 현재시점에서 옵션가격(옵션프리미엄)을 주고 사고팔고, 이익을 볼 수 있을 때에는 옵션을 행사하지만 손실을 보는 경우에는 옵션을 포기하는 '권리'이며, 매수자와 매도자는 항상 서로 '제로섬 게임'을 벌이게 된다.

2. 옵션의 분류

옵션을 권리유형에 따라 콜옵션과 풋옵션으로 분류하는 것 외에도 권리행사 시기에 따라 유럽형 옵션(European option)과 미국형 옵션(American option)으로 구분할 수 있다. 유럽형 옵션은 만기일에만 권리를 행사할 수 있는 옵션이고, 미국형 옵션은 만기일 이전 어느 시점에서도 권리행사가 가능한 옵션이다. 현재 한국거래소에 상장되어 있는 KOSPI200옵션, 미니KOSPI200옵션, KOSDAQ150 옵션, 개별주식옵션, 미국달러옵션은 모두 유럽형 옵션에 해당된다.

또한 옵션은 행사가치 유무에 따라서 내가격(ITM: in-the-money) 옵션, 외가격 (OTM: out-of-the-money) 옵션, 등가격(ATM: at-the-money) 옵션으로 구분할 수 있다. 내가격 옵션은 현재 현물가격이 행사가격에 비해 콜옵션의 경우 높고 풋옵션의 경우 낮은 옵션 즉, 당장 행사한다면 이익을 낼 수 있는 상태에 있는 옵션을 말한다. 외가격 옵션은 현재 현물가격이 행사가격에 비해 콜옵션의 경우 낮고 풋옵션의 경우 높은 옵션 즉, 당장 행사한다면 이익을 낼 수 없는 상태에 있는 옵션을 말한다. 등가격 옵션은 현물가격이 행사가격과 같은 옵션을 말한다.

이외에도 옵션은 기초자산의 종류에 따라서 크게 상품옵션(commodity option) 과 금융옵션(financial option)으로 나눌 수 있다. 상품옵션은 기초자산이 농산물, 광산물, 에너지 등의 실물이고, 금융옵션은 기초자산이 금융상품이다. 한국거래소에는 상품옵션이 상장되어 있지 않으며, 금융옵션으로 KOSPI200옵션, 미니 KOSPI200옵션, KOSDAQ150옵션, 개별주식옵션, 미국달러옵션이 상장되어 있다.

●● 표 14-1 | 옵션의 분류

분류기준	구분	내용
권리유형	콜옵션	기초자산을 살 수 있는 권리
	풋옵션	기초자산을 팔 수 있는 권리
권리행사 시기	미국형 옵션	만기일 이전 어느 시점에서도 권리행사가 가능한 옵션
	유럽형 옵션	만기일에만 권리를 행사할 수 있는 옵션
행사가치 유무	내가격 옵션	행사가격＜기초자산가격 (콜옵션의 경우) 행사가격＞기초자산가격 (풋옵션의 경우)
	등가격 옵션	행사가격＝기초자산가격 (콜옵션의 경우) 행사가격＝기초자산가격 (풋옵션의 경우)
	외가격 옵션	행사가격＞기초자산가격 (콜옵션의 경우) 행사가격＜기초자산가격 (풋옵션의 경우)
기초자산	상품옵션 — 농산물	치즈, 밀, 옥수수, 귀리, 대두, 대두박, 돈육, 생우, 목재 등
	상품옵션 — 광산물	금, 은, 동, 알루미늄 등
	상품옵션 — 에너지	에탄올, 난방유, 천연가스, 저유황 경질유, 휘발유, 브렌트유 등
	금융옵션 — 주식	KOSPI200옵션*, 미니KOSPI200옵션*, KOSDAQ150옵션*, 개별주식옵션*, S&P100지수옵션, S&P500지수옵션 등
	금융옵션 — 채권	T-bond옵션, T-note옵션, 유로달러옵션 등
	금융옵션 — 통화	미국달러옵션*, 영국파운드옵션, 일본엔옵션 등
	금융옵션 — 선물	10년T-note선물옵션 등

주: * 한국거래소에 상장.

2. KOSPI200옵션의 개요

1997년 7월에 상장된 KOSPI200옵션은 짧은 기간에 세계적인 파생상품으로 성장하였다. KOSPI200옵션은 실체가 없는 KOSPI200이 기초자산이므로 권리를 행사하면 현금으로 정산한다. KOSPI200옵션 도입 당시에는 KOSPI200옵션 가격(포인트)에 옵션 1계약당 10만원(거래승수)을 곱하여 현금으로 환산하였다. 하지만 금융위원회에서 옵션시장 투기성 감소 및 개인투자자 비중 축소 등을 위한 '장내옵션시장 건전화방안'에 따라 2012년 3월 9일부터 거래승수를 10만원에서 50만원으로 인상하였다.

거래단위승수의 상향조정으로 KOSPI200옵션시장이 침체됨에 따라 국내옵션시장 활성화를 위해 2015년 7월 20일에 KOSPI200을 기초자산으로 하고 1계약 금액을 KOSPI200옵션의 1/5(거래승수 50만→10만)로 축소한 미니KOSPI200옵션을 상장하였다. 하지만, 침체된 시장이 활성화되지 못함에 따라 2017년 3월 27일에 KOSPI200옵션과 미니KOSPI200옵션의 거래승수를 각각 25만원, 5만원으로 인하하였다. 그리고, 2018년 3월 26일에는 코스닥시장의 활성화 정책의 일환으로 코스닥시장에서의 위험관리를 위하여 KOSDAQ150옵션(거래승수 10,000원)도 상장하였다. 〈표 14-2〉에는 한국거래소에 상장되어 있는 주요 주가지수옵션의 거래명세를 나타내었다.

KOSPI200옵션이 상장되는 결제월은 비분기월 4개 및 분기월 7개(3, 9월 각 1개, 6월 2개, 12월 3개)로 정하고 있다. 예를 들어, 오늘이 10월 25일이라면 금년 11월물, 12월물, 내년 1월물, 2월물, 3월물, 4월물, 6월물, 9월물, 12월물, 후년 6월물, 12월물이 상장되어 거래된다.

KOSPI200옵션을 최종적으로 거래할 수 있는 날인 최종거래일은 각 결제월의 두 번째 목요일(휴일일 경우는 순차적으로 앞당김)이다. 최종결제일은 최종거래일 (T)의 다음 거래일(T+1)로 정하여 놓고 있으며, 결제방법은 현금결제로 정하고 있다.

투자자들이 KOSPI200옵션가격을 조정하여 거래를 체결하고자 할 때 KOSPI200 옵션가격이 최소한으로 움직일 수 있는 수준을 정해 놓아야 한다. 다시 말하면 투자자가 주문을 제출할 때 표준화된 호가단위(tick), 즉 최소가격변동단위를 따라야 한다. KOSPI200옵션의 호가단위는 KOSPI200옵션가격이 10포인트 이상 인 경우에는 0.05포인트 단위이고, KOSPI200옵션가격이 10포인트 미만인 경우에는 0.01포인트 단위로 제시된다.

따라서 KOSPI200옵션가격이 10포인트 이상일 경우 KOSPI200옵션가격이 0.05포인트 움직일 때마다 1계약당 12,500원(=0.05×25만원)의 손익이 발생하게 되고, KOSPI200옵션가격이 10포인트 미만일 경우에는 KOSPI200옵션가격이 0.01포인트 움직일 때마다 1계약당 2,500원(=0.01×25만원)의 손익이 발생하게 된다.

●● 표 14-2 | 한국거래소 주요 주가지수옵션 거래명세

	KOSPI200옵션	미니KOSPI200옵션	KOSDAQ150옵션
기초자산	KOSPI200	KOSPI200	KOSDAQ150지수
거래단위	KOSPI200옵션가격 ×25만원(거래승수)	미니KOSPI200옵션가격 ×5만원(거래승수)	KOSDAQ150옵션가격 ×1만원(거래승수)
결제월	매월	매월	매월
상장결제월	비분기월 4개 및 분기월 7개 (3, 9월 각1개, 6월 2개, 12월 3개)	연속 6개월 (분기월 2개, 비분기월 4개)	비분기월물 2개 및 분기월 4개 (3, 6, 9, 12월)
가격 표시	프리미엄(포인트)	프리미엄(포인트)	프리미엄(포인트)
호가가격 단위	• 프리미엄 10포인트 미만: 0.01포인트 • 프리미엄 10포인트 이상: 0.05포인트	• 프리미엄 3포인트 미만: 0.01 포인트 • 프리미엄 3포인트 이상~ 10포인트 미만: 0.02 포인트 • 프리미엄 10포인트 이상: 0.05 포인트	• 프리미엄 50포인트 미만: 0.1포인트 • 프리미엄 50포인트 이상: 0.5포인트
최소가격 변동금액	• 프리미엄 10포인트 미만: 2,500원(25만원×0.01포인트) • 프리미엄 10포인트 이상: 12,500원(25만원×0.05 포인트)	• 프리미엄 3포인트 미만: 500원(5만원×0.01포인트) • 프리미엄 3포인트 이상~ 10포인트 미만: 1,000원 (5만원×0.02포인트) • 프리미엄 10포인트 이상: 2,500원(5만원×0.05포인트)	• 프리미엄 50포인트 미만: 1,000원(1만원×0.1포인트) • 프리미엄 50포인트 이상: 5,000원(1만원×0.5포인트)
거래시간	08:45-15:45 (최종거래일 08:45-15:20)	08:45-15:45 (최종거래일 08:45-15:20)	08:45-15:45 (최종거래일 08:45-15:20)
최종거래일	각 결제월의 두 번째 목요일 (공휴일인 경우 순차적으로 앞당김)	각 결제월의 두 번째 목요일 (공휴일인 경우 순차적으로 앞당김)	각 결제월의 두 번째 목요일 (공휴일인 경우 순차적으로 앞당김)
최종결제일	최종거래일의 다음 거래일	최종거래일의 다음 거래일	최종거래일의 다음 거래일
권리행사	최종거래일에만 가능 (유럽형)	최종거래일에만 가능 (유럽형)	최종거래일에만 가능 (유럽형)
결제방법	현금결제	현금결제	현금결제

자료: 한국거래소(www.krx.co.kr)

예제　KOSPI200옵션

향후 주가상승이 예상되어 행사가격 360인 콜옵션 9월물을 계약당 5.05포인트에 10계약 매수하여 만기인 9월 두 번째 목요일(만기일)까지 보유하는 경우 예상이 적중하여 (1) 만기 시점의 KOSPI200이 373.11일 경우의 손익을 계산하시오. (2) 만일 예상이 빗나가 만기시 점의 KOSPI200이 351.52가 되었을 경우의 손익을 계산하시오.

(답) (1) $[(373.11 - 360) - 5.05] \times 25만원 \times 10계약 = 20,150,000원$ 이익

   (2) $[0 - 5.05] \times 25만원 \times 10계약 = -12,625,000원$: 12,625,000원 손실

예제   KOSPI200옵션

현재 시가총액 100억원어치의 KOSPI200 주식포트폴리오를 보유하고 있는 펀드매니저가 주가하락을 우려하여 행사가격 340인 풋옵션 5월물을 5.12포인트에 171계약 매수하였다. 만일 만기시점의 KOSPI200이 예상대로 크게 하락하여 323.19가 되었을 경우 순손익을 계산하시오. 오늘 KOSPI200은 340.20이다.

(답) 주식포트폴리오: $100억원 \times \dfrac{323.19}{340.20} - 100억원 = -500,000,000원$: 손실

   풋옵션: $(340 - 323.19 - 5.12) \times 25만원 \times 171계약 = 499,747,500원$: 이익

   $\rightarrow$ $-500,000,000원 + 499,747,500원 = -252,500원$: 순손실

SECTION 02   옵션거래전략

본서의 모든 옵션거래전략은 다음과 같은 수익표로 분석된다. 〈그림 14-2〉의 콜옵션 수익표의 구성을 명확히 이해한 후 단계적으로 분석해 나간다면 다소 복잡한 거래전략이라도 쉽게 이해할 수 있다.

●● 그림 14-2 | 콜옵션거래전략 수익표

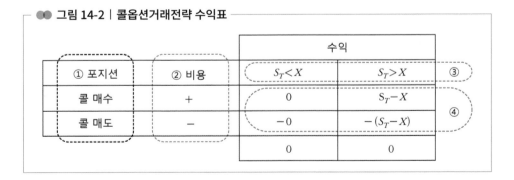

① 포지션	② 비용	수익		③
		$S_T < X$	$S_T > X$	
콜 매수	+	0	$S_T - X$	④
콜 매도	-	-0	$-(S_T - X)$	
		0	0	

① 포지션: 옵션거래전략에 사용될 포지션을 나타낸다.

② 비용: 비용개념이기 때문에 옵션 매수 시 현금유출을 (+)로, 옵션 매도 시 현금유입을 (−)로 나타낸다.

③ $S_T > X$ 혹은 $S_T < X$에 따라 권리행사를 할지 말지에 대한 의사결정이 달라지기 때문에 행사가격을 기준으로 구분하여 만기수익을 구한다.

④ 옵션매수자의 손익은 옵션매도자의 손익과 정확히 반대이므로 만기수익을 분석할 때 매도포지션이든 매수포지션이든 모두 일단 매수포지션으로 가정하고 의사결정하여 만기수익을 구한 후에 매도포지션일 경우에는 마이너스 (−)부호를 붙여서 매수포지션의 반대임을 나타내면 분석이 쉽다.

〈그림 14-3〉의 풋옵션 수익표는 만기수익이 콜옵션 수익표와 차이가 있다. 즉, 풋매수의 경우 $S_T > X$일 때의 만기수익은 $X - S_T$가 발생하고 $S_T < X$일 때의 만기수익은 0이 된다. 풋매도의 경우는 풋매수라고 생각하고 분석한 다음 마지막에 마이너스(−)부호를 붙여 매수의 반대임을 나타내면 된다.

● 그림 14-3 | 풋옵션거래전략 수익표

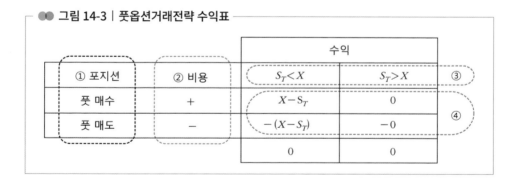

① 포지션	② 비용	수익		③
		$S_T < X$	$S_T > X$	
풋 매수	+	$X - S_T$	0	④
풋 매도	−	$-(X - S_T)$	-0	
		0	0	

1. 단순거래전략

다른 포지션과 결합되지 않은 채 콜옵션 혹은 풋옵션만을 매수 또는 매도하는 전략을 말한다. 현물가격의 추세를 예상하여 그에 따라 포지션을 취하는 일종의 투기적 거래전략이다.

(1) 콜옵션 매수

콜옵션 매수는 현물가격의 상승이 예상되는 강세시장에 유리한 전략이다. 시
장상승이 예상될 경우 현물이나 선물을 사면 시장상승 시 이익을 볼 수 있지만
하락 시 큰 손실을 볼 수도 있다. 이 경우 콜옵션을 대신 매수하게 되면 시장상
승 시 이익이 무제한적이고 하락 시에는 손실이 프리미엄에 한정된다.

예를 들어, 행사가격(X)이 100인 콜옵션을 20을 주고 매수하였는데 만기 시
에 현물가격(S_T)이 90이 되었다고 가정하자. 이처럼 현물가격(S_T)이 행사가격
(X)보다 작을 경우에는 콜옵션매수자는 권리행사를 하지 않는다. 왜냐하면 권
리행사를 하면 가격이 90인 현물을 100의 가격을 주고 사게 되어 손실이 나기
때문이다.

하지만 만약 만기 시에 현물가격(S_T)이 110으로 행사가격 100보다 클 경우에
는 콜옵션매수자는 권리를 행사하여 수익을 얻는다. 왜냐하면 권리를 행사할 경
우 가격이 110인 현물을 100을 주고 살 수 있기 때문이다. 따라서 $S_T < X$인 경
우에는 권리행사를 하지 않으므로 수익이 0이 되고, $S_T > X$인 경우에는 권리행
사를 하여 10($=110-100=S_T-X$)만큼의 수익을 얻게 된다. 이를 정리한 것이
〈표 14-3〉의 콜옵션 매수의 수익표이다.

●● 표 14-3 | 콜옵션 매수의 수익

포지션	비용	수익	
		$S_T < X$	$S_T > X$
콜 매수($X=100$)	$C(=20)$	0	$S_T - X$

이익=수익$-C$

〈그림 14-4〉는 콜옵션 매수의 손익구조를 나타낸 것이다. 수익선은 만기 시의
현물가격(S_T)이 행사가격(X) 100보다 작을 경우, 즉 $S_T < X$인 경우에는 권리행사
를 하지 않기 때문에 수익이 0이 되므로 X축과 동일한 수평선으로 그려진다.

만기 시의 현물가격(S_T)이 행사가격(X) 100보다 클 경우, 즉 $S_T > X$인 경우에
는 권리행사를 하여 $S_T - X$만큼의 수익을 얻게 되는데, 이 경우 S_T가 클수록 수
익도 점점 커진다. 예를 들어, S_T가 110일 때 수익은 10, S_T가 120일 때 수익은
20, S_T가 130일 때 수익은 30이 된다.

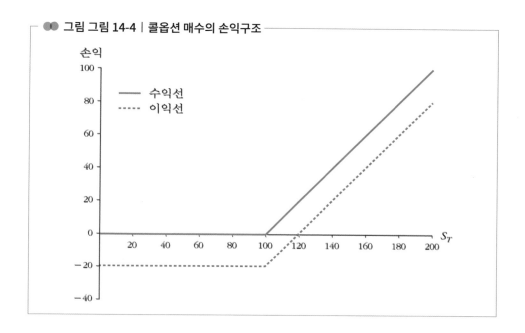
●● 그림 그림 14-4 | 콜옵션 매수의 손익구조

이렇게 구해진 손익을 Y축으로, 현물가격을 X축으로 하여 콜옵션 매수의 손익구조를 그림으로 나타내면 〈그림 14-4〉와 같이 우상향하는 수익선으로 나타난다. 이익(profit)은 수익(payoff)에서 비용(cost)을 차감한 것이므로 이익선은 수익선에서 비용인 20을 차감하여 그려준다.

결국 콜옵션 매수의 손익구조를 보면, 현물의 가격이 아무리 떨어져도 손실은 옵션가격 20으로 한정되는 반면, 이익은 현물가격이 올라가면 갈수록 무한대로 상승한다. 이때 행사가격에 옵션가격을 더한 120이 손익분기점이 된다.

(2) 콜옵션 매도

투자자가 현물을 보유하지 않은 상태에서 콜옵션을 매도하는 것을 무방비콜(naked call, uncovered call)이라고 하며 현물가격의 하락이 예상되는 약세시장에서 프리미엄만큼의 한정된 이익을 목표로 하는 전략이다. 옵션매수자와 옵션매도자는 제로섬 게임(zero-sum game)을 벌인다고 볼 수 있으므로, 옵션매도자의 손익은 옵션매수자의 입장에서 권리행사 유무를 판단하여 수익을 계산한 후 마이너스(−)부호만 붙여주면 옵션매도자의 손익이 된다.

●● **표 14-4 | 콜옵션 매도의 수익**

포지션	비용	수익	
		$S_T < X$	$S_T > X$
콜 매도 $(X=100)$	$-C(=-20)$	-0	$-(S_T-X)$

이익＝수익－(－C)

예를 들어, 행사가격(X)이 100인 콜옵션을 20을 받고 매수하였다면, 콜옵션 매수자는 $S_T < X$인 경우에는 권리행사를 하지 않으므로 수익이 0이 된다. 본서에서는 콜옵션매수자의 수익과 구분하기 위하여 이 경우에도 마이너스(－)부호를 붙여주어 콜옵션매도자의 수익은 －0이라고 표시하기로 한다. 한편, $S_T > X$인 경우에는 콜옵션매수자는 권리행사를 하여 $S_T - X$만큼 수익을 얻게 되므로, 콜옵션매도자의 수익은 $-(S_T - X)$가 된다. 이러한 분석을 〈표 14-4〉의 콜옵션 매도의 수익표에 나타내었다.

〈그림 14-5〉에는 콜옵션 매도의 손익구조를 나타낸 것이다. $S_T < X$인 경우 수익이 －0이므로 수익선은 X축과 동일한 수평선이고, $S_T > X$인 경우에는 $-(S_T - X)$만큼의 수익을 얻는다. 예를 들어, S_T가 110일 때 수익은 $-10[=-(110-100)]$, S_T가 120일 때 수익은 $-20[=-(120-100)]$, S_T가 130일 때 수익은 $-30[=(130-100)]$이 되어 우하향하는 수익선으로 나타난다. 이익선은 수익선에서 비용인 －20을 차감하여 그려주면 된다.[1]

결국, 콜옵션 매도의 손익구조를 보면 현물의 가격이 행사가격 이하로 하락하게 되면 옵션가격 20의 고정된 이익을 얻게 되는 반면 행사가격 이상으로 현물가격이 올라가게 되면 무한대의 손실까지 볼 수 있게 된다. 이때 120이 손익분기점이 되며, 〈그림 14-5〉를 〈그림 14-4〉에 비교하면 제로섬 게임 결과 X축을 기준으로 정확히 서로 대칭이 됨을 알 수 있다.

---

1   옵션을 매도했으므로 비용은 옵션가격만큼의 현금유입이 비용이 된다. 따라서 이익＝수익－비용＝수익－(－20)＝수익＋20이 된다.

●● 그림 14-5 | 콜옵션 매도의 손익구조

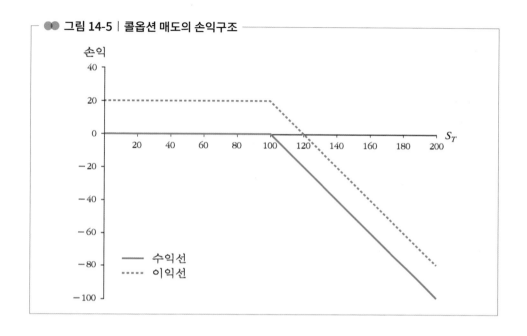

(3) 풋옵션 매수

풋옵션 매수는 현물가격의 하락이 예상되는 약세시장에 유리한 전략이다. 시장하락이 예상될 경우 현물을 공매하거나 선물을 매도하면 시장하락 시 이익을 볼 수 있지만 예상과 달리 시장이 상승하면 큰 손실을 볼 수도 있다. 이 경우 풋옵션을 매수하면 시장하락 시 이익이 발생하며 상승 시 손실은 프리미엄에 한정된다.

예를 들어, 행사가격(X)이 100인 풋옵션을 20을 주고 매수하였는데 만기 시에 현물가격(S_T)이 80, 즉 $S_T < X$인 경우 권리행사를 하면 수익이 $X - S_T = 100 - 80 = 20$이 된다. 하지만 만기 시에 현물가격(S_T)이 120, 즉 $S_T > X$이면 120짜리를 100에 팔 이유가 없으므로 권리를 행사하지 않아 수익은 0이 된다.

●● 표 14-5 | 풋옵션 매수의 수익

포지션	비용	수익	
		$S_T < X$	$S_T > X$
풋 매수($X=100$)	$P(=20)$	$X - S_T$	0

이익＝수익－P

〈그림 14-6〉은 풋옵션 매수의 손익구조를 나타낸 것이다. $S_T < X$인 경우 예를 들어, S_T가 90일 때 수익은 10(=100−90), S_T가 80일 때 수익은 20(=100−80), S_T가 0일 때 수익은 최대로 100(=100−0)이 된다. 반대로 $S_T > X$이면 수익은 0이 되어 X축과 동일하게 수평인 수익선이 그려진다. 이익선은 수익선에서 풋옵션을 매수한 금액 20을 차감하여 그려주면 된다. 결국, 풋옵션 매수의 손익구조를 보면, 현물의 가격이 하락할수록 이익은 커지게 되는 반면, 현물가격이 올라가면 손실은 옵션가격인 20으로 한정된다. 이때 손익분기점은 행사가격에서 옵션가격을 차감한 80이다.

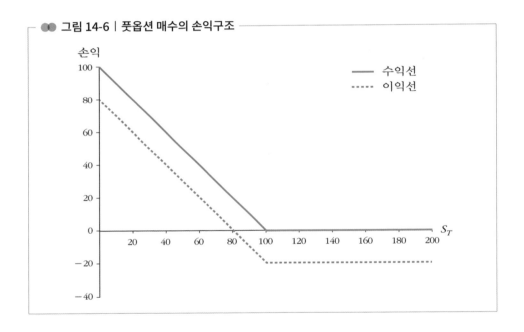

●● 그림 14-6 | 풋옵션 매수의 손익구조

(4) 풋옵션 매도

풋옵션 매도는 현물가격의 상승이 예상되는 강세시장에서 프리미엄만큼의 한정된 이익을 목표로 하는 전략이다. 풋옵션매도자는 매수자의 요청에 의해 행사가격에 현물을 매수할 의무가 있으므로 시장이 하락할 경우에 큰 손실을 보게 될 위험이 따른다. 풋옵션매도자는 풋옵션매수자와 제로섬 게임을 벌이게 되므로, 풋옵션매도자의 손익은 풋옵션매수자와 정반대가 되므로 풋옵션매수자의

●● 표 14-6 | 풋옵션 매도의 수익

포지션	비용	수익	
		$S_T < X$	$S_T > X$
풋 매도($X=100$)	$-P(=-20)$	$-(X-S_T)$	-0

이익=수익 $-(-P)$

●● 그림 14-7 | 풋옵션 매도의 손익구조

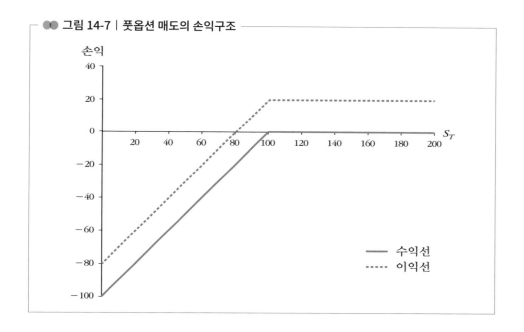

만기수익에 마이너스(−)부호만 붙여주면 된다. 〈표 14-6〉은 풋옵션 매도의 수익표이다.

〈그림 14-7〉은 풋옵션 매도의 손익구조를 보여준다. $S_T < X$인 경우 수익은 $-(X-S_T)$가 되고, 예를 들어, S_T가 90일 때 $-10[=-(100-90)]$, S_T가 80일 때 $-20[=-(100-80)]$, S_T가 0일 때 수익은 $-100[=-(100-0)]$이 된다. $S_T > X$인 경우 수익은 0이 되어 X축과 동일한 수평선으로 수익선이 그려진다. 이익선은 수익선에서 비용인 -20을 차감하여 그려주면 된다. 현물가격이 행사가격 이하로 하락할수록 손실폭이 커지며 행사가격 이상으로 상승하면 옵션가격 20의 고정된 이익을 얻게 된다. 손익분기점은 행사가격에서 옵션가격을 차감한 80이 된다.

4. 헷지거래전략

(1) 커버드콜

커버드콜(covered call)은 주식(혹은 주식포트폴리오)을 보유하고 있는 투자자가 향후에 시장이 횡보국면을 유지하거나 하락할 가능성이 있는 경우에 콜옵션을 매도하여 프리미엄을 획득함으로써 자산운용수익률의 향상을 도모하는 전략이다. 이 전략은 강세시장에서 현물매수포지션의 가격상승에 따른 이익의 기회를 일정수준으로 한정하고 대신에 가격하락에 따른 손실의 일정부분을 헷지하게 된다.

실제로 많은 기관투자자들은 주식을 상당량 보유하고 있는 경우가 많은데, 이때 보유주식을 근거로 하여 콜옵션을 매도함으로써 커버드콜을 실행하고 있다. 예를 들어, 〈표 14-7〉 커버드콜의 수익표에서 주식포트폴리오를 100을 주고 매수하고 행사가격(X)이 100인 콜옵션을 20을 받고 매도하였다고 하자.

권리행사 시의 주식포트폴리오의 가격은 행사가격(X)과 관계없이 권리행사 시점인 옵션만기시점의 주식포트폴리오 가격 S_T가 된다. 그리고 콜옵션의 매도의 경우 $S_T < X$인 경우에는 콜매수자가 권리행사를 안 하므로 콜매도자의 수익이 -0이고, $S_T > X$인 경우에는 콜매수자가 권리행사를 하므로 콜매도자의 수익은 $-(S_T > X)$이다.

커버드콜의 손익구조는 〈그림 14-8〉에 나타내었다. 커버드콜의 수익선을 보면, $S_T < X$인 경우는 총수익이 S_T이므로 우상향의 45°선이 되고 $S_T > X$인 경우에는 X이므로 현물가격이 아무리 올라도 수익은 항상 행사가격인 100으로 고

●● 표 14-7 | 커버드콜의 수익

포 지 션	비용	수익	
		$S_T < X$	$S_T > X$
주식포트폴리오 매수	$S(=100)$	S_T	S_T
콜 매도($X=100$)	$-C(=-20)$	-0	$-(S_T-X)$
	80	S_T	X

이익=수익−($S-C$)

정되어 있다. 이익선은 주식포트폴리오를 매수할 때 지불된 100에서 콜옵션을 매수할 때 받은 20을 차감한 순비용 80을 수익에서 차감하여 도출한다.

커버드콜의 이익선과 현물인 주식포트폴리오의 이익선을 〈그림 14-8〉을 통해 비교해 보자. 주식포트폴리오의 이익선은 주식포트폴리오의 매수가격인 100보다 주가가 하락하면 손실을 보며 주식포트폴리오의 매수가격인 100이 최대손실이 된다. 만약 주가가 100보다 상승한다면 상승한 만큼의 이익이 발생하게 된다. 따라서 주식포트폴리오의 이익선은 우상향하는 선이 된다. 〈그림 14-8〉에서 보듯이 커버드콜은 주식포트폴리오만 보유할 경우 발생할 수 있는 주가상승에 따른 무한한 이익을 포기하는 대신 주가하락 시에 손실을 프리미엄만큼 보전하게 된다.

●● 그림 14-8 | 커버드콜의 손익구조

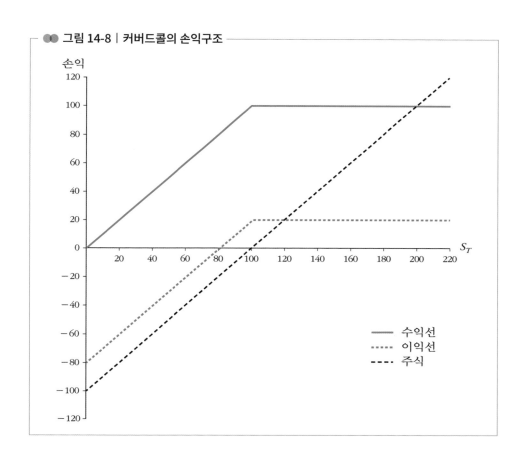

(2) 방어적 풋

방어적 풋(protective put)은 주식(혹은 주식포트폴리오)를 보유하고 있는 투자자가 향후에 시장이 대폭 하락할 위험이 있는 경우에 풋옵션을 매수함으로써 시장하락 시 발생하는 손실을 줄이려는 방어적 전략이다. 만약 주가지수가 상승한다면 주식포트폴리오로부터 자본이득을 보고 풋옵션으로부터는 프리미엄만큼의 손실을 보게 된다. 하지만 주가지수가 하락한다면 주식포트폴리오로부터 자본손실을 보고 풋옵션으로부터는 자본이득을 보게 된다. 따라서 방어적 풋은 상승장보다는 약세장에 초점을 두고 주식투자의 손실을 풋옵션에서 만회하여 손실을 줄이려는 전략이다.

예를 들어, 〈표 14-8〉 방어적 풋의 수익표에서 주식포트폴리오와 행사가격(X)이 100인 풋옵션을 각각 100과 20을 주고 매수하였다고 하자. 만기시점에서 주식포트폴리오 가격은 S_T가 된다. 그리고 $S_T < X$인 경우에는 풋옵션매수자가 권리행사하여 $X - S_T$의 수익을 얻게 되고 $S_T > X$인 경우에는 풋옵션매수자가 권리행사 하지 않는다.

따라서 방어적 풋의 수익선을 보면, $S_T < X$인 경우는 총수익이 X로 고정된 수익을 얻고 $S_T > X$인 경우에는 총수익이 S_T이므로 우상향의 45°선이 된다. 이익선은 수익선에서 주식포트폴리오와 풋옵션을 매수한 순비용인 120을 차감하면 된다.

〈그림 14-9〉에 방어적 풋의 손익구조를 나타내었다. 방어적 풋은 주식포트폴리오만 보유할 경우의 주가하락에 따른 커다란 손실을 풋옵션을 매수함으로써 프리미엄의 손실로 방어할 수 있는 대신 주가상승 시에는 주식포트폴리오만 보유한 경우보다 프리미엄만큼 낮은 이익을 추구하게 된다.

●● 표 14-8 | 방어적 풋의 수익

포지션	비용	수익	
		$S_T < X$	$S_T > X$
주식포트폴리오 매수	$S(=100)$	S_T	S_T
풋 매수($X=100$)	$P(=20)$	$X - S_T$	0
	120	X	S_T

이익＝수익－$(S+P)$

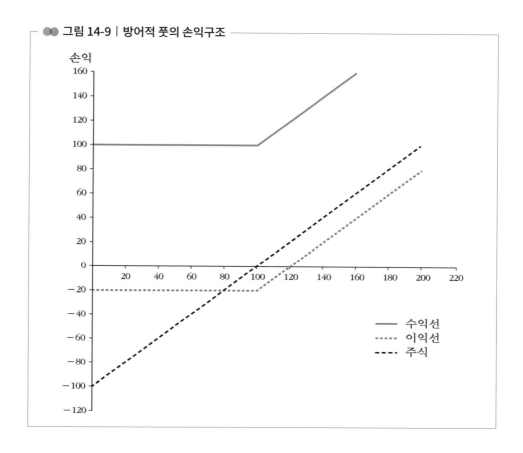

●● 그림 14-9 | 방어적 풋의 손익구조

5. 풋-콜등가정리

　　기초자산, 행사가격, 만기일이 동일한 풋옵션과 콜옵션 가격사이에는 균형상 태에서 일정한 관계식이 성립한다. 이러한 관계식을 풋-콜등가정리(put-call parity theorem)라고 한다. 풋-콜등가정리를 도출하기 위하여 〈표 14-9〉와 같이 전략1과 전략2를 생각해 보자.

　　전략1은 풋옵션 하나를 매수함과 동시에 현물을 매수하는 것이고, 전략2는 콜옵션 하나를 매수함과 동시에 행사가격의 현재가치만큼 대출하는 전략이다. 전략1의 경우, 만기시점에서 현물가격(S_T)이 행사가격(X)보다 작을 때는 수익이 X이고 현물가격(S_T)이 행사가격(X)보다 클 때는 수익이 S_T가 된다. 전략2의 경 우, 만기시점에서의 수익을 살펴보면 전략1과 동일하다.

●● 표 14-9 | 풋-콜등가정리

전략	비용	수익	
		$S_T < X$	$S_T > X$
전략1: 풋 매수	P	$X - S_T$	0
현물 매수	S	S_T	S_T
	$P + S$	X	S_T
전략2: 콜 매수	C	0	$S_T - X$
대출	$\dfrac{X}{(1+r)^T}$	X	X
	$C + \dfrac{X}{(1+r)^T}$	X	S_T

두 전략 모두 동일한 수익을 발생시키므로 차익거래가 일어나지 않으려면 투입되는 비용도 동일해야 한다. 전략1의 비용($P+S$)과 전략2의 비용($C+X/(1+r)^T$)을 같게 놓으면, 다음과 같이 풋-콜등가정리가 도출된다.

$$P + S = C + \frac{X}{(1+r)^T} \qquad (14\text{-}1)$$

풋-콜등가의 관계가 만족되지 않으면 차익거래가 가능하다. 예를 들어, $P+S < C+X/(1+r)^T$라면 $P+S$가 저평가이고 $C+X/(1+r)^T$가 고평가이므로 풋매수, 주식매수, 콜매도, 차입을 통해 차익거래이익을 낼 수 있다. 반대의 경우는 $P+S$가 고평가이고 $C+X/(1+r)^T$가 저평가이므로 풋매도, 주식매도, 콜매수, 대출을 통해 차익거래이익을 낼 수 있다.

예제 풋-콜등가정리

현물가격이 80이고 무위험이자율이 5%이며 1년 후에 만기가 되는 콜옵션과 풋옵션의 행사가격은 75이다. 만일 풋옵션 가격이 2이라면 콜옵션 이론가격은 얼마인가?

답 $P + S = C + \dfrac{X}{(1+r)^T} \ \rightarrow \ C = P + S - \dfrac{X}{(1+r)^T} = 2 + 80 - \dfrac{75}{1+0.05} = 10.57$

한편, 식(14-1)의 좌변은 풋옵션 1계약 매수하고 주식포트폴리오 1단위 매수를 의미하고, 우변은 콜옵션 1계약 매수하고 $X/(1+r)^T$만큼 대출하는 것을 의미한다. 따라서 무위험채권을 합성하기 위해서는 풋옵션 1계약 매수하고 주식포트폴리오 1단위 매수하고 콜옵션 1계약 매도하면 된다. 이 경우 만기시점(T)에서의 주가변동과 관계없이 투자자의 부는 항상 X로 일정하다는 것을 보여주므로 투자자는 무위험헷지포트폴리오를 구성한 것이 된다.

$$\text{합성무위험채권} \quad \frac{X}{(1+r)^T} = P + S - C \qquad (14\text{-}2)$$

⋮ SECTION 03 옵션가격결정모형

1. 이항옵션가격결정모형(BOPM)

(1) 콜옵션의 경우

1973년에 Black과 Scholes[2]는 복잡한 수학 및 통계학적 방법론을 이용하여 옵션가격결정원리를 규명하는 옵션가격결정모형(option pricing model)을 최초로 제시하는 중요한 업적을 남겼다. 이후 Cox, Ross, Rubinstein[3]은 기초자산과 옵션을 이용하여 무위험포트폴리오를 만드는 단순한 과정을 통하여 옵션가치를 계산하는 방법을 연구하여 1979년에 복잡한 수학적 기법을 필요로 하지 않는 이항옵션가격결정모형(BOPM: binomial option pricing model)을 개발하여 발표하였다.

본 절에서는 이항옵션가격결정모형에 대한 이해를 위해 이항옵션가격결정모형을 먼저 설명하고 블랙-숄즈옵션가격결정모형에 대해서는 수학적인 도출과정은 생략하고 개념적인 내용위주로 설명하기로 한다. 먼저, 이항옵션가격결정

2 Fischer Black and Myron Scholes, "The Pricing of Options and Corporate Liabilities," *Journal of Political Economy* 81, May-June 1973.

3 John C. Cox, Stephen A Ross, and Mark Rubinstein,"Option Pricing: A Simplified Approach," *Journal of Financial Economics* 7, 1979.

모형에 대한 이해를 위해 가장 간단한 1기간 이항옵션가격결정모형을 생각해 보자.

1기간 이항옵션가격결정모형에서는 1기간 동안 이항분포에 따라 기초자산인 주가가 일정한 비율로 한 번 오르거나 내릴 수 있다고 가정한다. 1기간 동안 시간이 흐름에 따라 주가가 변동하게 되는데 이러한 주식가치의 변동을 상쇄시키기 위해 콜옵션을 매도하면 시간이 지나도 가치가 변함이 없도록 만들 수 있다. 즉, 주식매수에 대해서 콜옵션을 매도하는 커버드콜 전략을 이용하여 무위험포트폴리오를 구성할 수 있다. 콜옵션 매도는 기초자산인 주가가 하락할 경우 이익을 보게 되는 전략이므로 콜옵션 매도와 기초자산 매수포지션이 결합(커버드콜)될 경우 중립적인 포지션이 될 수 있다는 것이다.

예를 들어, 현재의 주가 S가 10,000원인데 연말에 30% 상승하거나 10% 하락한다면 연말의 주가는 13,000원이 되거나 9,000원이 될 것이다. 이때 투자자가 커버드콜을 실행할 경우 투자자는 가격이 C이고 행사가격이 11,000원인 콜옵션을 1단위 매도하는 동시에 주식을 N개 매수할 것이다.

만약 만기에 주가가 13,000원이 되면 옵션을 매도한 투자자는 2,000원($=-(13,000-11,000)$)의 손실을 보는 반면 C만큼의 프리미엄(옵션가격)을 획득하게 된다. 만기에 주가가 9,000원이 될 경우에는 옵션을 매도한 투자자는 C만큼의 프리미엄만을 획득하게 된다. 만기 시에 투자자의 포지션은 주식의 가격과 옵션행사에 따른 손익의 합이 되므로 만기 시 주가가 13,000원일 경우에는 $N\times13,000-2,000$이 되고 만기 시 주가가 9,000원일 경우에는 $N\times9,000$이 된다.

그렇다면 커버드콜로 구축한 포지션의 가치를 1기간 동안의 주가 변동과 관계없이 불변으로 만들 수 있는가? 다시 말하면 콜옵션 1단위 매도에 대해서 주식을 몇 주를 매수해야 가치가 불변인 무위험포트폴리오를 구성할 수 있는가? 이것은 주가가 올랐을 때의 가치 $N\times13,000-2,000$과 주가가 내렸을 때의

●● 그림 14-10 | 1기간 후 무위험포트폴리오 가치

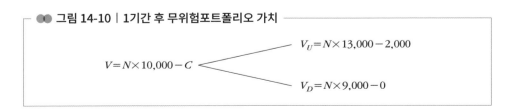

●● 그림 14-11 | 1기간 이항가격결정모형의 무위험포트폴리오 가치

$$V = NS - C \quad\begin{cases} V_U = NUS - C_U \\ V_D = NDS - C_D \end{cases}$$

가치 $N \times 9{,}000$이 동일하도록 주식을 매수한다면 가능해진다. 즉, $N = 0.5$개[4]의
주식을 사고 콜옵션 1단위를 매도하게 되면 1기간 동안 주가가 어떻게 변동하
든지 관계없이 커버드콜의 포지션 가치는 불변이 된다.

이제, 이러한 개념을 일반화해 보자. 먼저 〈그림 14-11〉과 같이 가격이 C인
콜옵션 1단위 매도와 주가가 S인 주식 N주를 매수하여 무위험포트폴리오를 구
성한다면 이 포트폴리오의 가치는 $NS - C$가 된다. 시간이 흘러 1기간 후에 주가
가 상승하였을 경우에는 무위험포트폴리오의 가치는 $NUS - C_U$가 되고 반대로
주가가 하락하였을 경우에는 무위험포트폴리오의 가치는 $NDS - C_D$가 된다.

여기서 $U = 1 +$ 가격상승률이고 $D = 1 +$ 가격하락률이다. 따라서 주가가 오르
면 새로운 주식의 가격은 NUS가 되고 주가가 하락하면 새로운 주가는 NDS가
된다. 마찬가지로 콜옵션의 가격도 시간이 흐름에 따라 변하게 되는데 주가가
상승했을 때의 콜옵션의 가치는 C_U, 주가가 하락했을 때의 콜옵션의 가치는 C_D
로 표시한다.

이 포트폴리오가 시간이 지나도 가치가 변함이 없도록 만드는, 즉 주가의 상
승 및 하락과 관계없이 1기간 후의 가치가 동일하도록 만드는 주식수 N은 다음
식을 풀면 된다.

$$V_U = V_D \quad\rightarrow\quad NUS - C_U = NDS - C_D \quad\rightarrow\quad N = \frac{C_U - C_D}{(U - D)S} \tag{14-3}$$

식(14-3)에서 도출된 N을 헷지비율(hedge ratio)이라고 한다.[5] 즉, 무위험포트

4　$13{,}000 \times N - 2{,}000 = 9{,}000 \times N \rightarrow N = 0.5$

5　$N = \dfrac{C_U - C_D}{(U - D)S} = \dfrac{C_U - C_D}{US - DS} = \dfrac{\partial C}{\partial S} =$ 델타(delta). 즉, 콜가격의 차이(콜옵션가격변동분)를 기초자산가격의
　차이(기초자산가격변동분)로 나눈 것으로 기초자산의 가격변화에 따른 콜옵션가격의 변화인 콜옵션의
　델타를 의미한다.

폴리오를 만들기 위해 콜옵션 1단위를 매도할 때 매수해야 하는 주식수를 말한
다. 그렇다면 무위험포트폴리오의 구성요소인 콜옵션의 가치는 어떻게 구하는
가?

주식과 콜옵션을 결합하여 무위험포트폴리오를 구성한 투자자는 아무런 위험
도 부담하지 않으므로 시장균형상태에서 무위험포트폴리오의 수익률은 무위험
이자율이어야 한다. 따라서 1기간 동안의 무위험이자율을 $R(=1+무위험이자율$
$(r))$이라고 한다면 1기간 후의 가치인 V_U나 V_D는 현재 무위험포트폴리오의 가
치 V를 무위험이자율 R로 복리계산한 가치와 동일해야 하므로 다음의 관계가
성립해야 한다.

$$VR = V_U(=V_D) \quad \rightarrow \quad (NS-C)R = NUS - C_U(=NDS-C_D) \tag{14-4}$$

식(14-4)에 식(14-3)을 대입한 후, C에 대해서 정리하면 콜옵션의 균형가격
은 다음과 같이 구할 수 있다.[6]

$$C = \frac{\left(\frac{R-D}{U-D}\right)C_U + \left(\frac{U-R}{U-D}\right)C_D}{R}$$

$$\rightarrow C = \frac{\pi_U C_U + \pi_D C_D}{R} \tag{14-5}$$

식(14-5)에서 $\pi_U = (R-D)/(U-D)$는 가격이 상승할 확률을 의미하고 $\pi_D = (U-R)/(U-D) = 1-\pi_U$로 가격이 하락할 확률을 의미한다.[7] 식(14-5)에 의하
면 콜옵션의 가치는 투자자의 위험선호도와 관계없이 무위험포트폴리오에서 도
출되므로 위험중립적인 세계에서 기대수익(expected payoff)을 무위험이자율로
할인한 현재가치가 된다.

---

[6] 추적포트폴리오를 이용하여 옵션가격을 도출하는 방법은 APPENDIX 참조.

[7] π_U는 위험중립확률(risk neutral probability) 혹은 헷지확률(hedge probability)이라고도 한다.

$$\pi_D = 1-\pi_U = 1-\frac{R-D}{U-D} = \frac{U-D-R+D}{U-D} = \frac{U-R}{U-D}$$

(2) 풋옵션의 경우

콜옵션을 이용하여 무위험포트폴리오를 구성하는 것과 마찬가지로 풋옵션을 이용해서도 무위험포트폴리오를 구성할 수 있다. 〈그림 14-12〉처럼 가격이 P 인 풋옵션 1단위 매수하고 주가가 S인 주식 N주를 매수하여 무위험포트폴리오 $NS + P$를 구성할 수 있다.

1기간 후에 주가가 상승하였을 경우 무위험포트폴리오의 가치는 $NUS + P_U$가 되고 반대로 주가가 하락하였을 경우 무위험포트폴리오의 가치는 $NDS + P_D$가 된다. P_U는 주가가 상승했을 때의 풋옵션의 가치이고 P_D는 주가가 하락했을 때의 풋옵션의 가치이다.

┌─ ●● **그림 14-12 | 1기간 이항가격결정모형의 무위험포트폴리오 가치** ─────────

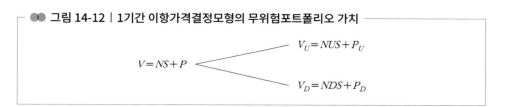

이 포트폴리오가 시간이 지나도 가치가 변함이 없도록 만드는 즉, 주가의 상승 및 하락과 관계없이 1기간 후의 가치가 동일하도록 만드는 주식 수 N은 다음 식을 풀면 된다.

$$V_U = V_D \rightarrow NS + P_U = NDS + P_D \rightarrow N = -\frac{P_U - P_D}{(U - D)S} \tag{14-6}$$

식(14-6)에서 도출된 N은 무위험포트폴리오를 만들기 위해 풋옵션 1단위를 매수할 때 매수해야 하는 주식수, 즉 헷지비율이다.[8] 풋옵션의 가치도 콜옵션의 경우와 마찬가지로 구할 수 있다. 주식과 풋옵션을 결합한 무위험포트폴리오의 수익률은 시장균형상태에서 무위험이자율이어야 한다. 즉, 1기간 동안의 무위험이자율을 $R(=1+$무위험이자율$)$이라고 한다면 1기간 후의 가치인 V_U나 V_D는 현재 무위험포트폴리오의 가치 V를 무위험이자율 R로 복리계산한 가치와 동일

───

8 콜옵션의 헷지비율 N은 콜옵션 1단위를 매도할 때 매수해야 하는 주식 수로 양(+)의 값이 나오며, 풋옵션의 헷지비율 N은 풋옵션 1단위를 매수할 때 매수해야 하는 주식 수로 음(−)의 값이 나온다.

해야 하므로 다음의 관계가 성립해야 한다.

$$VR = V_U(=V_D) \rightarrow (NS+P)R = NUS + P_U(=NDS+P_D) \tag{14-7}$$

식(14-7)에 식(14-6)을 대입한 후, P에 대해서 정리하면 풋옵션의 균형가격은 다음과 같이 구할 수 있다.

$$P = \frac{\left(\dfrac{R-D}{U-D}\right)P_U + \left(\dfrac{U-R}{U-D}\right)P_D}{R}$$

$$\rightarrow P = \frac{\pi_U P_U + \pi_D P_D}{R} \tag{14-8}$$

식(14-8)에서 $\pi_U = (R-D)/(U-D)$는 가격이 상승할 확률을 의미하고 $\pi_D = (U-R)/(U-D) = 1 - \pi_U$는 가격이 하락할 확률을 의미한다. 식(14-8)에 의하면 풋옵션의 가치는 투자자의 위험선호도와 관계없이 무위험포트폴리오에서 도출되므로 위험중립적인 세계에서 기대수익을 무위험이자율로 할인한 현재가치가 된다.

예제   이항옵션가격결정모형

주식가격이 40원, 무위험이자율이 5%, 행사가격이 35원이다. 주가는 8% 상승하거나 7.4% 하락할 수 있다. 2기간 이항옵션가격결정모형에 의한 콜옵션의 가격을 구하시오.

답 $U = 1.08 \qquad D = 0.926$

$\pi_U = \dfrac{R-D}{U-D} = \dfrac{1.05 - 0.926}{1.08 - 0.926} = 0.8052 \qquad \pi_D = 0.1948$

$C_{UU} = Max[0, \ UUS - X] = 11.656 \qquad\qquad C_{UD} = Max[0, \ UDS - X] = 5$

$C_{DU} = Max[0, \ DUS - X] = 5 \qquad\qquad C_{DD} = Max[0, \ DDS - X] = 0$

$C = \dfrac{(0.8052)^2(11.656) + (0.8052)(0.1948)(5) + (0.1948)(0.8052)(5) + (0.1948)^2(0)}{(1.05)^2}$

$\qquad = 8.2772$

2. 블랙-숄즈옵션가격결정모형(BSOPM)

Black과 Scholes는 배당금을 지급하지 않는 주식에 대한 유럽형 콜옵션에 대한 이론가격을 계산하는 모형을 현물가격이 연속적으로 변화하고,[9] 현물수익률은 로그정규분포[10]를 따르며, 이자율과 주가의 변동성은 옵션잔존기간 동안 고정되어 있다는 가정하에서 물리학의 열확산식을 응용하여 개발하였다.[11] 주식가격(S), 행사가격(X), 변동성(σ), 만기까지의 기간(T), 무위험이자율(r)의 변수를 사용하여 콜옵션 이론가격을 계산하는 블랙-숄즈옵션가격결정모형은 다음과 같다.

$$C = SN(d_1) - Xe^{-rT}N(d_2) \tag{14-9}$$

$$\text{여기서, } d_1 = \frac{\ln\left(\dfrac{S}{X}\right) + (r + 0.5\sigma^2)T}{\sigma\sqrt{T}}$$

$$d_2 = d_1 - \sigma\sqrt{T}$$

식(14-9)에서 $N(d)$는 평균이 0이고 표준편차가 1인 표준정규분포를 따르는 확률변수의 누적분포함수로서 〈그림 14-13〉에서 보듯이 그림자부분의 면적, 즉 d이하의 누적확률을 의미한다.

●● 그림 14-13 | 표준정규분포

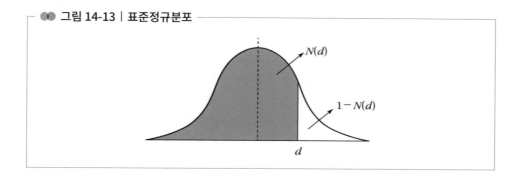

---

9 이항옵션가격결정모형에서는 주가의 변동이 이산적으로 일정한 비율의 상승과 하락으로 움직인다고 가정한 데 비하여, 블랙-숄즈옵션가격결정모형은 주가가 연속적인 랜덤워크(random walk)에 따라 변화한다고 가정하는 점에서 차이가 있다.

10 어떤 변수에 자연로그를 취한 값이 정규분포를 따르면 그 변수는 로그정규분포(lognormal distribution)를 가진다.

11 수학적인 도출과정은 생략하고 개념적인 내용위주로 설명하기로 한다.

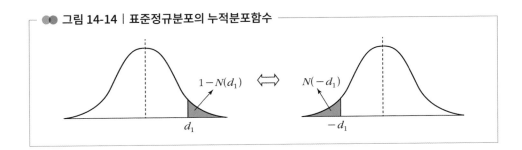

●● **그림 14-14 | 표준정규분포의 누적분포함수**

블랙-숄즈옵션가격결정모형을 직관적으로 보면, $N(d)$는 콜옵션이 내가격으로 만기가 되는 위험조정확률(risk-adjusted probability)로 볼 수 있다. 왜냐하면, d_1과 d_2의 분자에 나타나는 $\ln(S/X)$는 기초자산가격과 행사가격 간의 비율이므로 옵션이 현재 내가격(in-the-money) 혹은 외가격(out-of-the money) 상태에 있는지를 나타내는 비율이라고 볼 수 있기 때문이다.

분모의 $\sigma\sqrt{T}$는 옵션의 잔존기간에 걸친 주가의 변동성으로 옵션의 내가격 혹은 외가격 정도를 조정하는 것이다. 만약 두 개의 $N(d)$가 모두 1에 가깝다고 가정하면 콜옵션의 가치는 $S - Xe^{-rT}$, 즉 $C = Max[0, S - PV(X)]$가 됨을 알 수 있다. 시장의 불안정이 없는 확실한 세계에서 콜옵션의 가치는 $S - PV(X)$가 되지만 현실적으로 시장의 불안정에 대한 위험을 고려하여 위험조정확률로 콜옵션의 가치를 조정한 것으로 설명할 수 있다.

한편, 풋옵션의 이론가격은 콜옵션의 이론가격을 산출한 후 풋-콜등가정리에 의해 계산할 수 있다. 풋-콜등가정리[12]를 풋옵션에 대해서 정리하면 다음과 같이 된다.

$$P = -S + C + Xe^{-rT} \tag{14-10}$$

식(14-10)에 블랙-숄즈옵션가격결정모형으로 계산된 식(14-9)의 콜옵션가격을 대입하여 정리하면 식(14-11)과 같이 풋옵션가격을 구할 수 있다.

$$P = -S + SN(d_1) - Xe^{-rT}N(d_2) + Xe^{-rT}$$
$$= -S[1 - N(d_1)] + Xe^{-rT}[1 - N(d_2)]$$

---

12 식(14-1)의 풋-콜등가정리는 이산형태로 나타낸 것이고 식(14-10)은 연속형태로 나타낸 것이다.

$$=- SN(- d_1) + X e^{- rT} N(- d_2) \qquad (14\text{-}11)$$

식(14-11)에서 $N(d)$가 평균 0을 중심으로 좌우가 대칭인 점을 이용하면 $[1 - N(d_1)] = N(- d_1)$이고 $[1 - N(d_2)] = N(- d_2)$가 된다.

예제 블랙-숄즈옵션가격결정모형

현재 KOSPI200이 253.19, KOSPI200의 연수익률의 표준편차(σ)는 27.63%, 무위험이자율이 2.85%이다. 행사가격(X)이 245.50이고 만기까지 3개월 남은 콜옵션과 풋옵션가격을 블랙-숄즈옵션가격결정모형을 이용하여 구하시오.

(답)
$$d_1 = \frac{\ln\left(\dfrac{S}{X}\right) + (r + 0.5\sigma^2)T}{\sigma\sqrt{T}}$$

$$= \frac{\ln\left(\dfrac{253.19}{245.50}\right) + (0.0285 + 0.5(0.2763)^2)(0.25)}{0.2763\sqrt{0.25}} = 0.4986$$

〈부표〉의 누적표준정규분포표를 이용하여 보간법으로 누적확률을 구하면,

$$\frac{0.4986 - 0.49}{0.50 - 0.49} = \frac{N(0.4986) - 0.6879}{0.6915 - 0.6879} \rightarrow N(0.4986) = 0.6910$$

한편, 표준정규누적분포함수의 확률을 구하는 엑셀의 NORMSDIST(Z)함수를 이용하여 NORMSDIST(0.4986)을 입력하면 $N(d_1) = 0.6910$이 구해진다.

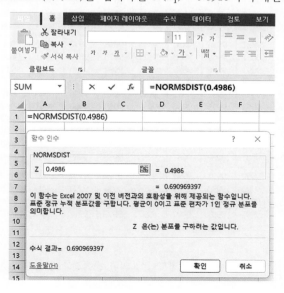

$d_2 = d_1 - \sigma\sqrt{T} = 0.4986 - (0.2763)\sqrt{0.25} = 0.3605$

보간법으로 누적확률을 구하면, $\dfrac{0.3605 - 0.36}{0.37 - 0.36} = \dfrac{N(0.3605) - 0.6406}{0.6443 - 0.6406}$

$\rightarrow N(0.3605) = 0.6408$

또는 엑셀의 NORMSDIST(0.3605)을 입력하여 $N(d_2) = 0.6408$을 구할 수 있다.

〈부표〉 **누적표준정규분포표**

	.00	.01	.02	.03	.04	.05	.06	.07	.08	.09
0.0	.5000	.5040	.5080	.5120	.5160	.5199	.5239	.5279	.5319	.5359
0.1	.5398	.5438	.5478	.5517	.5557	.5596	.5636	.5675	.5714	.5753
0.2	.5793	.5832	.5871	.5910	.5948	.5987	.6026	.6064	.6103	.6141
0.3	.6179	.6217	.6255	.6293	.6331	.6368	.6406	.6443	.6480	.6517
0.4	.6554	.6591	.6628	.6664	.6700	.6736	.6772	.6808	.6844	.6879
0.5	.6915	.6950	.6985	.7019	.7054	.7088	.7123	.7157	.7190	.7224
0.6	.7257	.7291	.7324	.7357	.7389	.7422	.7454	.7486	.7517	.7549
0.7	.7580	.7611	.7642	.7673	.7704	.7734	.7764	.7794	.7823	.7852
0.8	.7881	.7910	.7939	.7967	.7995	.8023	.8051	.8078	.8106	.8133
0.9	.8159	.8186	.8212	.8238	.8264	.8289	.8315	.8340	.8365	.8389
1.0	.8413	.8438	.8461	.8485	.8508	.8531	.8554	.8577	.8599	.8621
1.1	.8643	.8665	.8686	.8708	.8729	.8749	.8770	.8790	.8810	.8830
1.2	.8849	.8869	.8888	.8907	.8925	.8944	.8962	.8980	.8997	.9015
1.3	.9032	.9049	.9066	.9082	.9099	.9115	.9131	.9147	.9162	.9177
1.4	.9192	.9207	.9222	.9236	.9251	.9265	.9279	.9292	.9306	.9319
1.5	.9332	.9345	.9357	.9370	.9382	.9394	.9406	.9418	.9429	.9441
1.6	.9452	.9463	.9474	.9484	.9495	.9505	.9515	.9525	.9535	.9545
1.7	.9554	.9564	.9573	.9582	.9591	.9599	.9608	.9616	.9625	.9633
1.8	.9641	.9649	.9656	.9664	.9671	.9678	.9686	.9693	.9699	.9706
1.9	.9713	.9719	.9726	.9732	.9738	.9744	.9750	.9756	.9761	.9767
2.0	.9772	.9778	.9783	.9788	.9793	.9798	.9803	.9808	.9812	.9817
2.1	.9821	.9826	.9830	.9834	.9838	.9842	.9846	.9850	.9854	.9857
2.2	.9861	.9864	.9868	.9871	.9875	.9878	.9881	.9884	.9887	.9890
2.3	.9893	.9896	.9898	.9901	.9904	.9906	.9909	.9911	.9913	.9916
2.4	.9918	.9920	.9922	.9925	.9927	.9929	.9931	.9932	.9934	.9936
2.5	.9938	.9940	.9941	.9943	.9945	.9946	.9948	.9949	.9951	.9952
2.6	.9953	.9955	.9956	.9957	.9959	.9960	.9961	.9962	.9963	.9964
2.7	.9965	.9966	.9967	.9968	.9969	.9970	.9971	.9972	.9973	.9974
2.8	.9974	.9975	.9976	.9977	.9977	.9978	.9979	.9979	.9980	.9981
2.9	.9981	.9982	.9982	.9983	.9984	.9984	.9985	.9985	.9986	.9986
3.0	.9987	.9987	.9987	.9988	.9988	.9989	.9989	.9989	.9990	.9990
3.1	.9990	.9991	.9991	.9991	.9992	.9992	.9992	.9992	.9993	.9993
3.2	.9993	.9993	.9994	.9994	.9994	.9994	.9994	.9995	.9995	.9995
3.3	.9995	.9995	.9995	.9996	.9996	.9996	.9996	.9996	.9996	.9997
3.4	.9997	.9997	.9997	.9997	.9997	.9997	.9997	.9997	.9997	.9998

따라서 블랙-숄즈옵션가격결정모형에 의한 콜옵션과 풋옵션의 가격은 다음과 같다.

$$C = SN(d_1) - Xe^{-rT}N(d_2)$$

$$= (253.19)(0.6910) - (245.50)e^{-(0.0285)(0.25)}(0.6408) = 18.75$$

$$P = -SN(-d_1) + Xe^{-r(T-t)}N(-d_2)$$

$$= (-253.19)(1-0.6910) + (245.50)e^{-(0.0285)(0.25)}(1-0.6408) = 9.32$$

뉴스로 보는 재무이야기

꽃가루의 움직임이 주식시장도 바꾼다

북경에서 나비 한 마리가 날개를 펄럭인 것이 뉴욕에 허리케인을 몰고 올 수도 있다는 '나비효과'가 있다. 시간의 변화에 따른 어떤 대상의 움직임을 연구하는 동적시스템에서 비선형 미분방정식의 초기조건에 작은 변화가 생기면 일정 시간이 흐른 후 엄청나게 큰 변화를 만들어 낼 수도 있다는 카오스(Chaos) 이론의 핵심적인 내용이다. 꼭 동적시스템이 아니더라도 인류의 역사에는 우연한 작은 발견이 세상을 엄청나게 바꾼 경우가 많다. 물위에 떠다니는 꽃가루의 움직임에서 발견된 특이한 현상이 현대 금융시장의 폭발적 성장에 커다란 영향을 미친 사실도 이러한 예의 하나이다.

1827년 영국의 식물학자 브라운은 물 위에 떠 있는 꽃가루를 현미경으로 관찰하다가 신기한 현상을 발견한다. 바람과 같은 외부의 힘이 전혀 작용하지 않았는데도 꽃가루가 물 위에서 이리저리 움직이고 있는 것이었다. 브라운은 이 현상이 꽃가루의 생명력에 의한 것이라고 생각했으나 생명력이 없는 담배재도 비슷한 움직임을 보이는 것이 관찰되면서 그 원인에 대한 의구심이 증폭되었다. 이 미스터리한 움직임은 물 분자의 랜덤한 움직임에서 비롯된다는 가설이 나오게 되었고 1905년 아인슈타인이 수리적인 모형을 제시하면서 그 신비의 베일이 벗겨지게 된다.

당시에는 잘 알려지지 않았지만 아인슈타인이 꽃가루의 움직임을 모델링하기 5년 전인 1900년에 유사한 움직임을 수학적으로 정의한 논문이 푸앵카레의 제자였던 루이 바슐리에(Louis Bachelier, 1870~1946)에 의해서 발표되었다. 놀랍게도 바슐리에는 주가의 움직임을 기술하기 위해 유사한 움직임을 도입하였다. 주식시장에서 거래되는 주식의 가격변화는 주식을 사는 사람과 파는 사람에 의하여 결정된다. 주식을 사려는 주문이 많아지면 가격은 올라가고 팔려는 주문이 많아지면 가격은 내려가게 된다. 사려는 사람과 팔려는 사람들이 많이 모여 있는 시장에서는 이들의 주문이 랜덤하게 이루어지고 이에 따라 가격도 랜덤하게 움직이게 된다. 이는 꽃가루가 물분자에 랜덤하게 부딪혀서 움직이는 모습과 유사하다. 주가의 움직임을 1년 정도의 스케일에서 보면 순간순간의 움직임은 아주 미세해서 이를 확률적인 규칙에 따라 연속적으로 움직이는 수학적 모델로 표현할 수 있게 된다.

바슐리에는 처음으로 이러한 시도를 했고 비록 수학적으로 엄밀하지는 않았지만 상당한 결과를 얻었다. 이후 워너, 콜모고로프 등에 의해 '브라운 운동(Brownian Motion)'이라는 수학적으로 엄밀하게 정의된 확률적 모델을 만들어내게 되었다. 이들은 바슐리에의 이론을 참고 했지만 주가의 움직임은 무시되었고 꽃가루의 움직임은 열(heat)을 품은 입자들의 움직임을 나타내는 모델로서 각광받게 되었다. 결과적으로 바슐리에는 크게 주목받지 못한 수학자로 생애를 마감하게 된다.

브라운 운동은 정지된 물 위에 떠 있는 꽃가루를 모델링한 것인데 이에 대한 연구는 흐르는 물위에 떠 있는 꽃가루를 모델링한 확산운동(diffusion)으로 확장된다. 주가의 움직임도 랜덤하게 움직이기는 하지만 주가의 기대수익률이 0보다 크기 때문에 주가의 움직임은 평균적으로 상승하게 된다. 이러한 주가의 움직임은 확산운동을 이용하여 근사적으로 기술 될 수 있다.

이는 노벨 경제학상을 수상한 사무엘슨 등에 의해 주가를 나타내는 확산운동인 '기하브라운 운동(Geometric Brownian Motion)'이 도입된다. 블랙과 숄즈는 1973년 주가가 기하브라운운동을 한다는 가정하에 옵션의 가격이 이론적으로 얼마가 되어야 할지 엄밀하게 증명하기에 이른다. 물론 이론적인 가격이 시장에서 거래되고 있는 가격과 동일한 것은 아니다. 시장에서는 기본적으로 수요와 공급에 의해 가격이 결정되기 때문이다.

그럼에도 불구하고 금융시장에서 금융상품의 이론적인 가격이 중요한 이유는 먼저 이론가가 사람들에게 가격에 대한 어느 정도의 신뢰를 심어주기 때문이다. 내가 사거나 팔려는 가격이 터무니없는 가격 아니라는 사실을 알게 되면 안심하고 거래를 하게 되기 때문이다. 또한, 이론가는 가격에 영향을 미치는 요인들을 알게 해준다. 이러한 요인들을 알게 되면 각 요인들의 변화가 가격에 얼마나 많은 영향을 미치는지 가격변화에 대한 위험을 대비할 수 있게 해준다.

이러한 연유로 블랙—숄즈 공식이 발표되자마자 옵션거래는 폭발적으로 성장하게 되었고 이후 몇십 년에 걸쳐 다양한 형태의 주식, 이자율, 환율, 부도위험 관련 금융상품(파생상품)들이 상상하기 어려운 규모로 거래되었고 이는 금융시장의 패러다임을 변화시키게 되었다. 이들의 업적은 노벨 경제학상으로 보상되었고 바슐리에는 100여년이 흐른 후에서야 그의 업적이 새롭게 평가받게 되었다.

식물학자 브라운에 의해 우연히 발견되었던 물 위에 떠 있는 꽃가루의 움직임은 200년이 지난 오늘날 현대 금융사회의 근간을 이루는 주가, 이자율, 환율 등의 움직임을 설명하는 데 없어서는 안 되는 가장 중요한 개념 중의 하나로 자리 잡았다. 세상을 바꾸는 일은 이와 같이 때론 우연한 발견에서 시작된다. 지금 우리는 백년 후 세상의 패러다임을 바꿀만한 일들을 무심코 지나치고 있는지도 모른다. 예나 지금이나 주변 현상에 대한 치밀한 관찰과 엄밀한 수학적 모델링은 현대사회를 발전시키는 원동력이 됨을 잊지 않았으면 좋겠다.

[사이언스타임즈(sciencetimes.co.kr), 2014. 6. 20.]

⠿ APPENDIX 추적포트폴리오를 이용한 BOPM 도출

1. 콜옵션

콜옵션의 가치를 이항옵션가격결정모형으로 추적포트폴리오(tracking portfolio)[13]를 구성하여 구할 수도 있다. 콜옵션을 그대로 복제하는 추적포트폴리오는 주식(S)을 N주만큼 매수하고 B만큼 차입하여 구성한다. 이는 선물의 보유비용모형에서 선물 매수(전략 A)와 차입 및 현물매수(전략 B)가 동일하다는 논리에서 나온 것으로 전략 A의 선물(파생상품)을 매수하는 전략 대신 〈그림 14A-1〉과 같이 콜옵션(파생상품)을 매수하는 것으로 대체하여 이 전략이 전략 B와 같게 만들어 파생상품의 가격을 구하는 것이다. 그렇다면, 전략 A의 콜옵션과 동일하기 위해서는 전략 B에서 차입과 주식매수를 얼마나 해야 하는가? 다시 말하면, 콜옵션(C) 매수와 동일하게 만드는 주식수(N)와 차입(B)은 얼마인가?

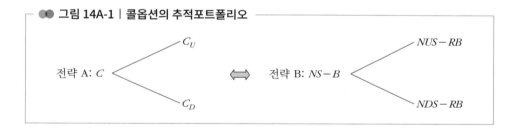

⠿ 그림 14A-1 | 콜옵션의 추적포트폴리오

콜옵션을 그대로 복제하는 두 전략의 만기수익이 동일하므로 식(14A-1)과 식(14A-2)가 성립한다.

$$C_U = NUS - RB \tag{14A-1}$$

$$C_D = NDS - RB \tag{14A-2}$$

두 전략의 수익을 같게 만드는 N은 식(14A-1)에서 식(14A-2)를 차감하여 구한다.

---

13 헷지포트폴리오(hedge portfolio) 또는 복제포트폴리오(replicating portfolio)라고도 한다.

$$C_U - C_D = N(U-D)S \quad \rightarrow \quad N = \frac{C_U - C_D}{(U-D)S} \tag{14A-3}$$

그리고 식(14A-1)을 B에 대해서 정리한 후, 식(14A-3)의 N값을 대입하면 식 (14A-4)의 B가 구해진다.

$$B = \frac{1}{R}[NUS - C_U] = \frac{1}{R}\left[\frac{DC_U - UC_D}{U-D}\right] \tag{14A-4}$$

두 전략의 수익이 같으므로 전략 A와 전략 B가 동일하려면 식(14A-5)와 같이 두 전략의 비용이 같아야 하며, 여기에 식(14A-3)과 (14A-4)를 대입하면 현재시점에서의 콜옵션 가격이 도출된다.

$$C = NS - B = \frac{\left[\left(\frac{R-D}{U-D}\right)C_U + \left(\frac{U-R}{U-D}\right)C_D\right]}{R}$$

$$\rightarrow \quad C = \frac{\pi_U C_U + \pi_D C_D}{R} \tag{14A-5}$$

2. 풋옵션

콜옵션과 마찬가지로 풋옵션도 추적포트폴리오(tracking portfolio)를 구성하여 구할 수 있다. 풋옵션을 그대로 복제하는 추적포트폴리오는 주식(S)을 N주만큼 매도하고 B만큼 대출하여 구성한다. 이는 선물의 보유비용모형에서 선물 매도 (전략 C)와 현물매도 및 대출(전략 D)이 동일하다는 논리에서 나온 것으로 전략 C의 선물(파생상품)을 매도하는 전략 대신 〈그림 14A-2〉와 같이 풋옵션(파생상품)을 매수하는 것으로 대체하여 이 전략이 전략 D와 같게 만들어 파생상품의

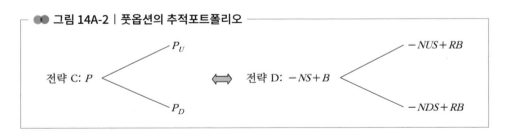

●● 그림 14A-2 | 풋옵션의 추적포트폴리오

전략 C: P ⟨ P_U / P_D ⟺   전략 D: $-NS+B$ ⟨ $-NUS+RB$ / $-NDS+RB$

가격을 구하는 것이다. 그렇다면, 전략 C의 풋옵션과 동일하기 위해서는 전략 D에서 주식매도와 대출을 얼마나 해야 하는가? 다시 말하면, 풋옵션(P) 매수와 동일하게 만드는 주식수(N)와 대출(B)은 얼마인가?

풋옵션을 그대로 복제하는 두 전략의 만기수익이 동일하므로 식(14A-6)과 식(14A-7)이 성립한다.

$$P_U = -NUS + RB \tag{14A-6}$$

$$P_D = -NDS + RB \tag{14A-7}$$

두 전략의 수익을 같게 만드는 N은 식(14A-6)에서 식(14A-7)을 차감하여 구한다.

$$P_U - P_D = N(D-U)S \quad \rightarrow \quad N = -\frac{P_U - P_D}{(U-D)S} \tag{14A-8}$$

그리고 식(14A-6)을 B에 대해서 정리한 후, 식(14A-8)의 N값을 대입하면, 식(14A-9)의 B가 구해진다.

$$B = \frac{1}{R}[P_U + NUS] = \frac{1}{R}\left[\frac{UP_D - DP_U}{U-D}\right] \tag{14A-9}$$

두 전략의 수익이 같으므로 전략 C와 전략 D가 동일하려면 식(14A-10)과 같이 두 전략의 비용이 같아야 하며, 여기에 식(14A-8)과 (14A-9)를 대입하면 현재시점에서의 풋옵션 가격이 도출된다.

$$P = -NS + B = \frac{\left[\left(\frac{R-D}{U-D}\right)P_U + \left(\frac{U-R}{U-D}\right)P_D\right]}{R}$$

$$\rightarrow \quad P = \frac{\pi_U P_U + \pi_D P_D}{R} \tag{14A-10}$$

예제 (2011 CPA 2차 수정) 추적포트폴리오를 이용한 BOPM

ABC(주)의 주식은 현재 16,000원에 거래되고 있고 1년 후(t = 1) 주가가 50,000원으로 상승하거나 2,000원으로 하락할 것으로 예상된다. 투자자 A는 이 회사의 주식을 기초자산으로 하고 동일한 만기 및 행사가격을 갖는 한 개의 콜옵션과 한 개의 풋옵션을 동시에 매수하여 구성한 포트폴리오를 보유하고 있다. 두 옵션의 행사가격은 15,000원이며 만기는 1년이고, 무위험이자율은 8%이다.

(1) 이 포트폴리오에 포함된 콜옵션의 가치를 이항모형으로 복제포트폴리오를 구성하여 구하시오.

(2) 이 포트폴리오에 포함된 풋옵션의 가치를 (1)과 동일한 방식으로 구하시오.

답 (1)

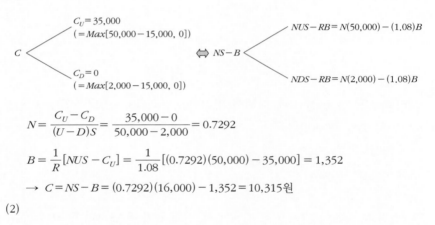

$$N = \frac{C_U - C_D}{(U-D)S} = \frac{35,000 - 0}{50,000 - 2,000} = 0.7292$$

$$B = \frac{1}{R}[NUS - C_U] = \frac{1}{1.08}[(0.7292)(50,000) - 35,000] = 1,352$$

$$\rightarrow \ C = NS - B = (0.7292)(16,000) - 1,352 = 10,315원$$

(2)

$$N = -\frac{P_U - P_D}{(U-D)S} = -\frac{0 - 13,000}{50,000 - 2,000} = 0.2708$$

$$B = \frac{1}{R}[P_U + NUS] = \frac{1}{1.08}[0 + (0.2708)(50,000)] = 12,537$$

$$\rightarrow \ P = -NS + B = -(0.2708)(16,000) + 12,537 = 8,204원$$

연습
문제

1 다음 옵션에 대한 설명 중 옳지 못한 것은? ( )

① 옵션은 제로섬 게임이다.

② 옵션은 권리이다.

③ 기초자산가격이 하락할 경우 위험을 헷지하기 위해 콜옵션을 매수한다.

④ 미국형옵션은 만기 전에 권리행사를 할 수 있다.

2 8월 1일에 행사가격 100인 KOSPI200 콜옵션 2계약을 1.2포인트에 매수하여 8월 둘째 목요일(만기일)까지 보유하는 경우 만기시점의 KOSPI200이 110이라면 이때 손익은 얼마인가? ( )

① 440만원   ② 450만원

③ 460만원   ④ 470만원

3 (CFA 수정) 행사가격 40원인 풋옵션이 2원에 거래되고 있는 반면, 행사가격이 40원인 콜옵션은 3.5원에 거래되고 있다. 풋옵션 발행자가 부담하게 되는 주당 최대손실과 콜옵션발행자가 가지게 되는 주당 최대이익은 각각 얼마인가? ( )

① 38원, 3.5원   ② 38원, 36.5원

③ 40원, 3.5원   ④ 40원, 40원

4 (2005 CPA 수정) 어느 투자자가 행사가격이 25,000원인 콜옵션을 개당 4,000원에 2개 매수하였고, 행사가격이 40,000원인 콜옵션을 2,500원에 1개 발행하였다. 옵션만기일에 기초주식가격이 50,000원이라고 할 때, 이러한 투자전략의 만기가치와 투자자의 만기손익을 각각 구하시오. (단, 옵션의 기초주식과 만기는 동일하며 거래비용은 무시한다.) ( )

	투자전략의 만기가치	투자자의 만기손익
①	15,000원	13,500원
②	25,000원	23,500원
③	30,000원	27,000원
④	35,000원	30,000원
⑤	40,000원	34,500원

5 A기업의 현재 주가는 1,000원이다. 무위험이자율이 5%, 행사가격이 950원이다. 주가는 1,080원으로 상승하거나 926원으로 하락할 수 있다. 콜옵션 1계약 매도에 대해서 주식을 몇 주 매수해야 무위험포트폴리오가 구성되는가? ( )

① 0.6794   ② 0.7855

③ 0.7921   ④ 0.8442

6 문5에서 $\pi_U = 0.8052$, $\pi_D = 0.1948$일 경우 이항모형에 의한 콜옵션의 균형가격은 얼마인가? ( )

① 97.75   ② 98.55

③ 99.69   ④ 101.52

7 블랙-숄즈옵션가격결정모형의 가정이 아닌 것은? ( )

① 현물수익률은 정규분포를 따른다.

② 현물가격이 연속으로 변화한다.

③ 이자율은 옵션잔존기간 동안 고정되어 있다.

④ 주가의 변동성은 옵션잔존기간 동안 변하지 않는다.

8 현재 KOSPI200이 200, 무위험이자율이 4%, 행사가격이 180, 만기까지의 기간은 3개월, $N(d_1)$은 0.6909, $N(d_2)$는 0.6407이다. 블랙-숄즈옵션가격결정모형에 의한 콜옵션가격은 얼마인가? ( )

① 19.8517   ② 20.7469

③ 21.6950   ④ 22.5241

:: 연습문제
해답

1 ③

2 ①

〈답〉

(110−100−1.2)×250,000원×2계약＝440만원

3 ①

4 ⑤

〈답〉

옵션만기일의 기초자산의 가격이 50,000원이므로 옵션은 모두 행사한다. 즉, 매수한 옵션의 만기가치는 (50,000−25,000)×2＝50,000원이고, 매도한 옵션의 만기가치는 (40,000−50,000)×1＝−10,000원이므로 투자전략의 만기가치는 40,000원이다. 투자자는 옵션매수에 −4,000×2＝−8,000원을 사용하였고, 옵션매도로 2,500원을 벌어 총 만기손익은 34,500원이 된다.

5 ④

〈답〉

주가상승 시 콜옵션 행사 가능하므로, $C_U = 1,080 - 950 = 130$

주가하락 시 콜옵션 행사 안 하므로, $C_D = 0$

$$N = \frac{C_U - C_D}{(U-D)S} = \frac{130 - 0}{1,080 - 926} = 0.8442$$

6 ③

〈답〉

$$C = \frac{\pi_U C_U + \pi_D C_D}{R} = \frac{(0.8052)(130) + (0.1948)(0)}{1.05} = 99.69$$

7 ①

8 ③

〈답〉

$$C = SN(d_1) - Xe^{-r(T-t)}N(d_2) = (200)(0.6909) - 180e^{-(0.04)(3/12)}(0.6407) = 21.6950$$

국제재무관리

CHAPTER 15

국내 기업이 해외 국가를 대상으로 새로이 사업을 추진하거나 사업영역을 확장하는 경우 재무 관리자가 직면하는 가장 중요한 이슈는 외환위험이다. 본 장에서는 환율이 물가 및 이자율과 어떠한 평형관계를 이루는지 살펴본 후, 환위험 관리의 일환으로 선물환 및 단기금융시장을 이용한 헷지전략에 대해서 살펴보고, 국제자본예산에 대해서 설명한다.

- 환율과 외환시장
- 피셔효과 및 국제피셔효과
- 환위험 헷지전략

- 구매력평가이론
- 이자율평가이론
- 환위험과 국제투자결정

⋮ SECTION 01　환율과 외환시장

1. 환율

우리나라 수입업자가 외국에서 석유 등의 재화를 수입할 때 외국 수출업자가 받을 수 있는 돈으로 줘야 한다. 마찬가지로 외국여행을 할 때도 그 나라 사람들이 사용할 수 있는 돈을 사용해야 한다. 이를 위해서 원화를 주고 다른 나라 돈을 사야한다. 다른 나라의 돈(외국통화)을 살 때 지불하는 우리나라의 돈(국내통화)은 결국 외국돈의 가격이 된다. 서로 다른 나라 돈 간의 교환비율을 환율 (exchange rate)이라고 하며, 환율은 두 나라 통화의 상대적 가치를 나타낸다.

예를 들어, 미국달러에 대한 원화 환율이 1달러당 1,100원이라고 하자. 이는 미국 1달러의 가치가 원화로 1,100원이라는 의미이며, $\$1 = ₩1,100(= ₩1,100/\$1$: 국내통화/외국통화)으로 표시한다. 이와 같은 표시방법은 국제적으로 기축통화로서 통용되는 미국달러를 기준으로 외국통화 1단위가 자국통화 몇 단위와 교환될 수 있는지를 나타낸 것으로 자국통화표시법 혹은 직접표시법이라고 한다.

따라서 직접표시법은 외국 돈 하나를 구입할 때 우리 돈을 얼마나 줘야 하는지 알려주는 표시법이 된다. 이는 마치 과자 1봉지 = ₩1,100원이라는 표시와 동일하다. 우리나라를 포함해서 대부분의 나라에서는 외국돈을 물건처럼 취급하여 $\$1 = ₩1,100$, $€1 = ₩1,200$, $¥100 = ₩1,000$ 등의 자국통화표시법으로 표시하고 있다.

자국통화표시법과 반대로 1원의 가치가 1/1,100달러라는 뜻으로 ₩1=$0.00091 (=$1/₩1,100: 외국통화/국내통화)와 같이 나타낼 수 있다. 이는 원화 1원이 미국달러 0.00091달러와 교환됨을 의미한다. 쉽게 말해서, 원화 하나 사기 위해서 달러가 얼마나 필요한가를 나타내는 표시방법이다. 이처럼 국내통화 1단위가 외국통화 몇 단위와 교환되는가로 표시하는 방법을 외국통화표시법 혹은 간접표시법이라고 한다. 유로화, 영국파운드화, 호주달러화, 뉴질랜드달러화 등은 외국통화표시법으로 나타내고 있다. 자국통화표시법과 외국통화표시법 중 어느 것이 좋다고 말할 수는 없지만, 현행 국제 금융시장에서 거의 대부분은 미국달러를 기준으로 자국통화표시법으로 표시한다.

자국통화표시법으로 나타낼 경우 달러당 원화금액이 커지면 환율이 상승하고 원화가치가 하락하였다고 말한다. 예를 들어, $1=₩1,100이던 것이 $1=₩1,200이 되면 1달러를 바꾸는데 1,100원 주던 것을 이제는 1,200원을 줘야 하기 때문에 미국달러의 가치는 올라간 것(환율상승)이고 원화의 가치는 내려간 것(평가절하)이다.

반대로 달러당 원화금액이 작아지면 환율이 하락하고 원화가치가 상승하였다고 말한다. 예를 들어, $1=₩1,100이던 것이 $1=₩1,000이 되면 1달러를 바꾸는데 1,100원 주던 것을 이제는 1,000원만 줘도 되기 때문에 미국달러의 가치는 내려간 것(환율하락)이고 원화의 가치는 올라간 것(평가절상)이다.

2. 현물환시장

외환(foreign exchange)은 외국화폐인 외화(foreign currency)보다 넓은 개념으로 외화뿐만 아니라 외국의 화폐나 외국화폐를 청구할 수 있는 외화표시 예금, 수표 등 외환시장에서 거래대상이 되는 것을 말한다. 외환시장은 거래기간에 따라 현물환(spot)시장과 선물환(forward)시장으로 나뉜다.

현물환거래(spot exchange transaction)는 외환거래 계약일(거래당사자간 거래금액, 만기, 계약통화 등 거래조건이 결정되는 날)부터 2영업일 이내에 외환의 인수도와 결제(결제일)가 이루어지는 거래를 말한다. 당일물은 매매계약 당일에 인도되는 것을 말하고, 익일물은 매매계약체결 이후 첫 영업일에 인도되는 것을 말하며, 익익일물은 매매계약체결 이후 둘째 영업일에 인도되는 것을 말한다. 이처럼 2영업일 이내에 외환의 인수도와 결제가 이루어지는 것까지 현물환거래로 보는 것은 세계적으로 지역 간에 시차가 존재하여 계약이행을 위한 시간이 필요하기 때문이다.

예를 들어, 10월 2일(월)에 A은행이 B은행으로부터 1억 달러를 현물환율 \$1 = ₩1,100에 거래발생일로부터 2영업일 결제기준으로 매입하기로 하였다고 하자. 그러면 B은행은 2영업일 후인 10월 4일(수)에 A은행에 1억달러 이체하고 A은행으로부터 1,100억원(=\$1억×1,100원)을 받으면 현물환거래가 종결된다.

3. 선물환시장

선물환거래는 계약일로부터 통상 2영업일 경과 후 미래의 특정일에 외환의 인수도와 결제가 이루어지는 거래이다. 선물환거래는 현재시점에서 미래의 특정일에 이행할 환율을 미리 약정하고 미래시점에 결제가 이루어지므로 약정된 미래 결제일까지 결제가 이연되는 점이 현물환거래와 차이다. 선물환거래는 만기시점에 실물의 인수도가 일어나는 일반선물환거래와 만기시점에 실물의 인수도 없이 차액만 정산하는 차액결제선물환(NDF: non-deliverable forward)거래로 나눌 수 있다.

(1) 일반선물환거래

선물환거래는 주로 수출입기업체가 환위험을 헷지하기 위하여 사용한다. 예를 들어, 3개월 후에 수출대금 100만 달러를 받을 예정인 수출회사 A는 3개월 후에 수출대금을 받아서 원화로 전환할 때 현재 환율 1,100원/\$보다 환율이 하락하여 환손실을 입는 것이 우려된다고 하자. A는 환손실에 대비하여 현재시점에서 B은행과 3개월 후에 100만 달러를 1,100원/\$의 환율로 매도하는 선물환계약을 체결해 놓는다.

3개월 후에 환율이 1,000원/\$으로 하락하게 된다면 A는 B은행과 맺어둔 선물환계약을 이행하여 11억원(=\$100만×1,100원)을 받게 된다. 만약 이러한 선물환

매도계약을 해 놓지 않을 경우 3개월 후에 10억원(=$100만×1,000원)만 받게 되므로 선물환 매도계약를 통해 1억원의 환손실을 피할 수 있게 되는 것이다. 하지만 선물환 매도계약을 한 후 3개월 후에 환율이 1,200원/$으로 상승할 경우에도 A는 계약한 환율인 1,100원/$으로 환전하여 11억원을 받게 되므로 이 경우에는 오히려 1억원의 환차손을 보게 된다.

따라서 선물환거래는 현재시점에서 미래 결제일에 적용할 환율을 확정함으로써 유리한 환율변동으로 얻을 수 있는 기회이익을 포기하는 대신 불리한 환율변동으로 얻게 되는 환위험을 회피하게 된다.

(2) 차액결제선물환(NDF)거래

차액결제선물환(Non-Deliverable Forward)시장은 국제화되지 않은 통화가 해외에서 유통되지 않는 가운데 각종 외환규제가 존재할 경우 외환규제를 피하면서 환위험헷지나 투기적 목적을 이루기 위해 생겨났다. 우리나라에서는 1997년 금융위기를 계기로 원/달러 차액결제선물환시장에 대해서 관심을 갖게 되었다.

차액결제선물환거래란 만기일에 예를 들어, $1=₩1,100과 같이 당초 계약한 약정환율(선물환율)로 달러를 주고받기로 계약을 했지만 실제로는 Non-Deliverable이라는 말대로 만기일에 원화와 달러를 서로 배달하지 않고(주고받지 않고) 약정환율과 만기일의 현물환율인 지정환율(fixing rate)의 차액만을 지정통화로 정산하는 거래로서 역외선물환시장이라고도 한다. 역외라는 말대로 이 시장은 우리나라가 아닌 외국에 개설된 외환시장으로 각종 세금 및 규제를 피할 수 있다. 또한 차액만 결제하기 때문에 일반선물환거래에 비해 결제위험이 작다.

차액결제선물환거래의 만기는 3영업일 이상 가능하지만 주로 1개월물에서 3년물 사이의 정형화된 기간물로 거래가 이루어지며, 건별 거래금액은 제한이 없지만 일반적으로 1백만달러 단위로 거래한다. 예를 들어, A가 B에게 3개월 후에 1달러에 1,100원/$의 약정환율로 3백만달러를 매도하는 차액결제선물환거래를 체결하였다고 하자. 만약 3개월 후에 지정환율이 1,200원/$이 되었다면 A는 약정환율과 지정환율의 차이인 −$250,000(=(1,100원×$3,000,000−1,200원×$3,000,000)÷1,200원), 즉 250,000달러를 B에게 지급해야 한다. 반대로 3개월 후에 지정환율이 1,000원/$이 되었다면 A는 $300,000(=(1,100원×$3,000,000−1,000원×$3,000,000)

÷1,000원), 즉 300,000달러를 B로부터 수취한다.

SECTION 02 구매력평가이론

1. 절대적 구매력평가이론

부산에서 쌀 한 가마니가 서울에서 동일한 쌀 한 가마니보다 싸다면 부산에서 쌀 한 가마니를 사서 서울에서 팔면 이익이 된다. 이러한 차익기회를 이용하게 되면 부산에서는 쌀 수요 증가로 쌀가격이 상승하게 되고 서울에서는 쌀 공급 증가로 쌀가격이 하락하게 되어 결국 부산과 서울의 쌀가격이 동일하게 된다는 것이 일물일가의 법칙이다. 즉, 일물일가의 법칙이란 동일한 물건이 동일한 시기에 다른 장소에서 서로 다른 가격에 팔릴 수 없다는 의미로 동일한 상품은 어떤 시장에서도 그 가격이 같아야 한다는 것을 말한다.

절대적 구매력평가이론(absolute purchasing power parity theorem)은 일물일가의 법칙을 하나의 상품가격뿐만 아니라 전체적인 물가수준에 적용시킨 것으로 환율로 조정한 물가수준은 세계 어디서나 동일한 구매력을 갖는다는 것을 의미한다. 예를 들어, 현재시점에서 국내물가는 100,000원, 해외물가는 100달러라고 하면 환율은 국내물가와 해외물가의 비율인 100,000원/100달러, 즉 \$1=₩1,000으로 결정된다.

일반적으로 표현하면, 현재 국내물가 P_0, 해외물가 P_0^*, 환율 S_0(예를 들어, ₩1,000/\$)이라고 할 때 환율은 국내물가와 해외물가의 비율로 계산된다.

$$P_0 = P_0^* \times S_0 \quad \rightarrow \quad S_t = \frac{P_t}{P_t^*} \tag{15-1}$$

따라서 두 나라 사이의 환율은 두 나라 사이의 물가상승률의 차이만큼 변동하기 때문에 만약 절대적 구매력평가이론이 유지된다면 환율인상이나 환율인하로 인한 환위험손익은 실질적으로 없을 것이다. 예를 들어, 미국에서 빅맥 1개가 1달러이고 한국에서 1,000원이라면 환율은 \$1=₩1,000이 된다. 그런데 한국의 경쟁력 약화로 10%의 환율상승(평가절하)이 발생할 경우에는 환율이 $1 = ₩1,100이 되므로 이때 빅맥 가격이 10% 올라가서 1,100원이 된다면 구매력에는 아무런 변화가 없어 환위험이 없게 된다.

2. 상대적 구매력평가이론

환율이 두 나라의 물가수준의 변화로 결정된다고 보는 것이 상대적 구매력평가이론(relative purchasing power parity theorem)이다. 국내물가상승률을 π, 해외물가상승률을 π^*라고 할 때, 미래시점(T)에서의 국내물가는 $P_T = P_0(1+\pi)$이고 해외물가는 $P_T^* = P_0^*(1+\pi^*)$이 된다.

이러한 물가수준의 변화를 식(15-1)의 절대적 구매력평가이론에 적용하면 식(15-2)와 같이 환율의 변화율이 두 나라 물가상승률의 차이와 같게 된다. 국내물가상승률이 해외 물가상승률보다 높으면, 환율이 올라가서 그만큼 국내통화의 가치가 떨어지게 된다는 것이다.

$$S_T = \frac{P_T}{P_T^*} = \frac{P_0(1+\pi)}{P_0^*(1+\pi^*)} = \frac{P_0}{P_0^*} \times \frac{(1+\pi)}{(1+\pi^*)} = S_0 \times \frac{1+\pi}{1+\pi^*}$$

$$\rightarrow \quad \frac{S_T}{S_0} = \frac{1+\pi}{1+\pi^*}$$

$$\rightarrow \quad \frac{S_T - S_0}{S_0} = \frac{\pi - \pi^*}{1+\pi^*} \approx \pi - \pi^*$$

$$\rightarrow \quad \frac{E(S_T) - S_0}{S_0} \approx \pi - \pi^* \tag{15-2}$$

예제   상대적 구매력평가이론

앞으로 1년 동안 한국의 물가상승률이 4%, 미국의 물가상승률이 1.5%가 될 것으로 예상한다. 현재 한국의 원화와 미 달러화 사이의 환율이 ₩1,100/$이라고 할 때 1년 후의 환율은 어떻게 될 것으로 예상할 수 있는가?

📝 $\frac{S_T}{S_0} = \frac{1+\pi}{1+\pi^*}$ → $\frac{S_T}{1,100} = \frac{1+0.04}{1+0.015}$ → $S_T = ₩1,127/$$

혹은 $\dfrac{E(S_T)-S_0}{S_0}\approx\pi-\pi^* \to 4\%-1.5\%=2.5\%$ 즉 예상 환율변화율이 2.5%이므

로 $E(S_T)=(1,100)(1+0.025)=\text{₩}1,128/\$$

⁝ SECTION 03 이자율과 환율

1. 피셔효과

명목이자율은 화폐단위로 표시한 이자율을 말하며, 실질이자율은 재화단위로
표시한 이자율을 말한다. 예를 들어, 명목이자율을 10%라고 할 경우 100만원을
차입했다면 1년 후에 110만원(=100(1+0.1))을 상환해야 한다. 한편, 현재 100만
원인 컴퓨터가 1년 후에는 107만원이 되었다고 하자. 일반적으로 투자자는 실
질적인 구매력에 관심이 있으므로 1년 후의 금액 110만원을 1년 후에 구매할
수 있는 컴퓨터(재화)의 개수로 바꿔보면 1.028개[=110/107=(100(1+0.1))/107=
(1+0.028)]가 된다. 즉, 1년 후에 110만원을 가지고 107만원짜리 컴퓨터(재화) 1개
와 추가로 0.028개의 컴퓨터(재화)를 살 수 있다. 이처럼 재화단위로 표시한 이
자율인 0.028을 실질이자율이라고 한다.

이제, 명목이자율과 실질이자율 사이에 어떤 관계가 있는지 생각해 보자. (1+
0.028)=(100(1+0.1))/107에서 분모인 1년 후 컴퓨터 가격 107만원은 연초
100만원짜리 컴퓨터 가격이 7% 상승(물가상승률 7%)한 것이므로 100(1+0.07)으
로 나타낼 수 있다. 따라서 (1+0.028)=(100(1+0.1))/107 → (1+0.028)=
[100(1+0.1)]/[100(1+0.07)] → (1+0.028)=(1+0.1)/(1+0.07) → (1+0.1)
=(1+0.028)(0+0.07)이 된다. 명목이자율을 i, 실질이자율을 r, 물가상승률을
π라고 하면 명목이자율과 실질이자율은 다음의 관계가 성립한다.

$$1+i=(1+r)(1+\pi) \tag{15-3}$$

그런데, 실질이자율에 물가상승률을 곱한 값은 현실적으로 매우 작은 값을 가
지므로 0이라고 가정하여 식(5-3)을 다음과 같이 간략하게 나타낼 수 있다.

$$i \approx r + \pi \qquad\qquad (15\text{-}4)$$

Irving Fisher(1930)[1]는 명목이자율은 실질이자율과 향후 예상되는 물가상승률의 합과 같다고 주장하였으며, 이를 피셔효과(Fisher effect)라고 한다. 확실한 원금을 확보할 수 있는 저축의 경우에는 물가상승률을 고려한다면 실질적으로는 원금확보도 어려울 수 있다. 예를 들어, 명목이자율이 3%인데 물가상승률이 4%라면 실질이자율은 −1%가 되어, 실질적으로는 원금보다 적은 돈을 받게 됨으로써 저축의 혜택이 없게 된다.

한편, 식(15-3)에서 국내 명목이자율 $i = r + \pi$가 되고 해외 명목이자율 $i^* = r^* + \pi^*$가 되므로 두 나라 사이의 명목이자율의 차이 $i - i*$는 식(15-5)와 같이 유도할 수 있다.

$$i - i^* = (r - r^*) + (\pi - \pi^*) \quad \rightarrow \quad i - i^* = \pi - \pi^* \qquad\qquad (15\text{-}5)$$

식(15-5)에서 장기적으로는 국내와 해외의 실질이자율이 서로 같아지는 경향이 있다. 따라서, $r = r^*$로 놓으면 국내 명목이자율과 해외 명목이자율의 차이 $(i - i^*)$는 국내 물가상승률과 해외 물가상승률의 차이$(\pi - \pi^*)$와 같게 된다고 할 수 있다.

2. 국제피셔효과

나라 사이의 자본이동에 대한 통제가 없고 위험중립형의 투자자라는 가정하에 표시통화만 다르고 위험과 만기가 동일한 두 나라의 금융상품 간의 이자율 차이는 두 나라 통화 간의 예상 환율변화율과 같다는 주장이 국제피셔효과(international Fisher effect)이다. 이러한 국제피셔효과는 상대적 구매력평가이론과 피셔효과로부터 도출할 수 있다.

상대적 구매력평가이론으로부터 $[E(S_T) - S_0]/S_0 \approx \pi - \pi^*$가 성립하고 피셔효

---

1   Irving Fisher, The Theory of Interest: As Determined by Impatience to Spend Income and Opportunity to Invest It, Augustus M. Kelley, Publishers, New York, 1965; originally published in 1930.

과로부터 $i - i^* = \pi - \pi^*$가 성립하므로 두 식에서 식(15-6)이 유도된다.

$$\frac{E(S_T) - S_0}{S_0} = i - i^* \tag{15-6}$$

식(15-6)으로 나타나는 국제피셔효과의 의미를 살펴보자. 자본의 국제이동에 대한 통제가 없다면 위험중립형 투자자는 기대수익이 높은 곳에 자금을 운용하게 된다. 예를 들어, 환율이 ₩1,000/\$이고 한국의 이자율이 3%, 미국의 이자율이 1%이라고 하자. 현재 1,000원을 한국에 투자할 경우 1년 후에 1,030원(=1,000원×(1+0.03))된다. 하지만 미국에 투자할 경우 1년 후에는 1.01달러(=1달러×(1+0.01))가 된다. 만약 1년 후에도 환율이 여전히 ₩1,000/\$으로 고정되어 있다면 미국투자자는 현재 1달러를 1,000원으로 바꾸어서 원화로 투자하여 1년 후에 받는 1,030원을 달러로 바꾸게 되면 1.03달러(=1,030원×(1/1,000))가 된다.

따라서 '원화를 팔고, 달러를 사는' 거래가 증가하게 되어 달러가격은 올라가고 원화가격은 내려가게 되어 환율상승(평가절하)이 된다. 그러면 언제까지 환율이 올라갈까? ₩1,030/\$까지 올라가야 한다. 즉, 환율이 3%만큼 상승(₩1,030/\$)하여야 미국에 투자해도 투자이익이 \$1(1+0.01)×₩1,030=1,030원이 되어서 한국에 투자하는 것과 같아진다.

이처럼 이자율 측면에서 볼 때 원화가 달러화에 비해 3% 높아서 유리한 경우 환율 측면에서는 원화가 달러화에 비해 같은 크기로 불리할 것이 예상되어야 시장이 균형을 이룰 수 있다는 것이 국제피셔효과이다. 국제피셔효과는 이자율효과와 환율효과가 서로 상쇄되지 않으면 시장불균형이 일어나 자본이 이동할 것이라는 것을 의미하고 있다.

예제   국제피셔효과

1년 만기 채권수익률이 한국과 미국에서 각각 3% 및 2%라고 할 때 미 달러화와 한국의 원화 간의 현재 환율이 ₩1,100/\$이라면 1년 후의 환율은 어떻게 될 것으로 예상하는가?

답 $\dfrac{E(S_T) - S_0}{S_0} = i - i^* \rightarrow \dfrac{E(S_T) - 1,100}{1,100} = 0.03 - 0.02 \rightarrow E(S_T) = ₩1,111/\$$

3. 이자율평가이론

이자율평가이론(interest rate parity theorem)은 상품거래에서의 일물일가의 법칙을 금융거래에 적용한 것이다. 시장이 효율적인 경우 일물일가의 법칙이 성립해야 하므로 동일한 위험을 가진 금융상품에 대해서 같은 크기의 투자자금을 가지고 국내에 투자한 결과와 해외에 투자한 결과는 같아야 한다. 따라서 자국통화로 자국의 무위험자산에 투자하여 얻는 무위험수익률은 자국통화를 외국통화로 바꾼 뒤 외국의 무위험자산에 투자하여 얻는 수익을 자국통화로 전환하여 얻는 무위험수익률과 같아야 한다.

예를 들어, 다음 두 가지 투자대안을 생각해보자. 현재 환율(₩/$)이 S_0이고 한국의 투자자가 1원을 투자하고자 할 때, ① 국내금융시장에 투자할 경우 1년 후의 원화수입은 한국 이자율이 i라면 ₩$1(1+i)$가 된다.

한편, ② 미국시장에 투자할 경우에는 먼저 현물환 시장에서 1원을 ₩$1(1/S_0)$만큼의 달러화로 전환한 다음, 달러화로 미국시장에 투자하고 1년 후의 수입도 달러화로 받게 된다. 1년 후의 달러화수입은 달러이자율이 i^*라면 ₩$1(1/S_0)(1+i^*)$가 된다. 이때, 투자자는 1년 후의 달러화수입을 확실한 현금흐름으로 고정하기 위하여 현재 시점에서 선물환계약을 체결하여 1년 후의 환율을 현재의 선물환율로 고정시킨다. 즉, 1년 후의 달러화수입을 원화로 환전할 때 적용하는 환율은 1년 후의 현물환율이 아니라 현재시점의 선물환율 F_0(₩/$)이다. 그러므로 1년 후의 원화수입은 $F_0 \times$ ₩$1(1/S_0)(1+i^*)$가 된다.

위험이 없는 두 자산에 동일한 투자금액을 투자하여 얻은 만기 시의 수익이 같아야 하므로 이자율평가이론으로 알려진 식(15-7)이 성립한다. 식(15-7)을 다시 정리하면 식(15-8)과 같이 두 나라의 명목이자율 차이는 양국 통화 간의 선물환할증(할인)과 같다는 선물환할증율(할인율)에 대한 균형조건을 얻을 수 있다. 예를 들어, 한국의 이자율이 4%이고, 미국의 이자율이 2%여서 한국의 이자율이 미국의 이자율보다 높게 형성되어 있다면 미국달러선물환율은 현물보다 높게 나타나서 선물환할증 상태가 된다는 의미이다. 지금까지 다룬 구매력평가이론, 피셔효과, 국제피셔효과, 이자율평가이론 등을 종합하여, 환율, 이자율, 물가 간의 평형관계를 정리해보면 〈그림 15-1〉과 같다.

$$\mathbb{W}1(1+i) = F_0(\mathbb{W}1)(\frac{1}{S_0})(1+i^*)$$

$$\rightarrow \quad \frac{F_0}{S_0} = \frac{1+i}{1+i^*} \tag{15-7}$$

$$\rightarrow \quad \frac{F_0 - S_0}{S_0} = \frac{i-i^*}{1+i^*}$$

$$\rightarrow \quad \frac{F_0 - S_0}{S_0} \approx i - i^* \tag{15-8}$$

예제   이자율평가이론

현물환율 ₩1,200/U$이다. 한국에서의 1년간 무위험이자율이 3%이고 미국에서의 무위험
이자율이 2%라면, 선물환율은 얼마인가?

답 $\quad \dfrac{F_0}{S_0} = \dfrac{1+i}{1+i^*} \quad \rightarrow \quad \dfrac{F_0}{1,200} = \dfrac{1+0.03}{1+0.02} \quad \rightarrow \quad F_0 = \mathbb{W}1,212/\$$

●● **그림 15-1 │ 환율, 이자율, 물가 간의 평형관계**

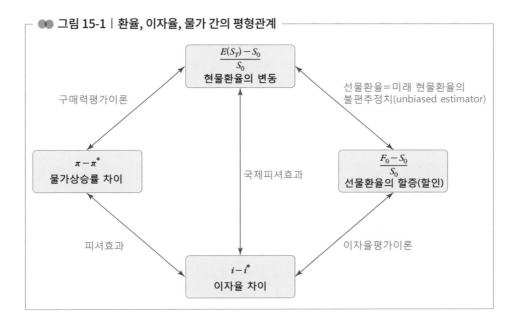

뉴스로 보는 재무이야기

환율결정은 세계 각국 화폐의 구매력+α

민수는 올여름 큰마음을 먹고 그동안 가고 싶었던 뉴욕으로 휴가를 떠났다. 월스트리트와 맨해튼에서 찍은 사진을 소셜네트워크서비스(SNS)에 올렸더니 많은 사람이 '좋아요'를 눌러줬다. 프로필 사진도 이번 여행에서 찍은 사진으로 바꾸었다. 며칠 전 친구들을 만났을 때도 뉴욕 여행 이야기를 자랑해 부러움을 샀다. 그런데 베트남으로 휴가를 다녀온 다른 친구의 이야기를 듣다가 '의문의 일패'를 당한 것 같은 생각이 들었다.

민수는 음식 값이 비싸 햄버거로 끼니를 해결했는데, 그 친구는 비슷한 비용으로 고급 요리를 즐겼다고 한다. 본인은 선진국으로 여행을 갔으니 물가가 비쌌던 것이고, 친구는 개발도상국으로 여행을 갔으니 저렴했던 것이라고 위로하려고 했지만 뭔가 석연치 않은 생각이 들었다. 경제학자들은 민수의 이런 석연치 않은 경험들을 어떻게 설명할 수 있을까? 미국의 숙박요금이나 음식값이 개도국에 비해 상대적으로 비싼 것은 높은 인건비와 임대료 같은 원가가 주요한 원인이다. 하지만 외국인들이 구매하는 미국 상품의 가격에는 상품의 생산원가뿐만 아니라 환율도 함께 영향을 미친다.

'구매력평가설'은 이처럼 환율로 인해 동일한 상품이 국가별로 다른 가격에 판매되는 현상을 분석하는 데 적합한 이론이다. 국내시장에서 동일한 상품이 동일한 가격으로 거래가 되는 '일물일가의 법칙'이 성립하는 것과 같이 시장의 범주를 해외로 확장해도 관세나 운송비 등의 제약이 없다면 일물일가의 법칙은 여전히 성립해야 하는 것이 마땅하다. 구매력평가설에 따르면 같은 상품이 국가별로 다른 가격에 판매되고 있다면 일물일가의 법칙이 성립할 수 있도록 환율이 변동해야 한다.

화폐의 주요 기능은 상품의 대가를 지불하는 결제수단이다. 따라서 외환시장에서 각국의 화폐들이 서로 교환되는 비율인 환율은 구매력평가설에 따른 화폐의 본래 기능인 지불능력에 따라 결정되어야 한다. 예를 들어, 한국에서 거래되는 사과 시장가격은 1,000원이고, 미국에서 거래되고 있는 사과의 가격이 2달러라면 구매력에 따라 외환시장에서 거래되는 원·달러 환율은 500원이어야 한다. 그런데 만일 원·달러 환율이 지금의 외환 시세와 비슷하게 1,000원이라고 가정하면 우리나라 사람들은 한국에서 1,000원에 구입하는 사과를 미국에서는 2,000원에 사 먹어야 한다.

그러나 실제 외환시장에서 환율을 결정할 때는 각 화폐의 구매력뿐만 아니라 다른 요인들도 환율 결정에 영향을 미친다. 외환시장에서 각국 화폐는 주식시장에서 거래되는 주식과 같은 일종의 금융자산으로 발행 주체의 신용도와 유동성에 따라 가격이 결정된다. 극단적으로 화폐를 발행한 국가가 전쟁이나 천재지변으로 패망한다면 주식을 발행한 기업이 파산한 것과 같이 해당 국가의 화폐는 휴지 조각이 될 수도 있다. 따라서 외환시장에서는 같은 구매력을 가진 화폐라도 미국 달러화와 같이 신뢰도가 높고 유동성이 풍부한 화폐의 가치는 높이 평가받는 반면 베트남의 동화는 상대적으로 낮은 평가를 받는다.

이처럼 환율은 각 화폐의 구매력뿐만 아니라 발행국의 신용도와 경제 상황에 대한 영향을 받는다. 화폐의 구매력과 외환시장에서 실제로 형성된 명목환율의 격차가 얼마인지를 쉽게 보여주는 대표적인 지표가 바로 영국 이코노미스트지의 '빅맥지수'이다. 빅맥지수는 각국에서 판매되고 있는 빅맥의 현지 가격을 명목환율에 따라 달러화로 환산한 값이다. 동일한 상품인 빅맥의 가격을 명목환율에 따라 달러화로 환산했을 때 그 값이 크다는 것은 상대적으로 해당 국가 화폐가치는 구매력에 비해 고평가됐음을 의미한다.

예를 들어, 미국에서 판매되고 있는 빅맥이 5달러이고 한국에서 판매되고 있는 빅맥이 4,000원이라면 구매력에 따른 적정 원·달러 환율은 800원이다. 원·달러 환율이 800원이면 한국의 빅맥지수로 5달러가 된다. 그러나 실제 외환시장에서 명목환율은 1,100원으로 저평가되었으므로 한국의 빅맥지수는 3.6달러로 미국보다 낮다. 2015년 이코노미스트지에 따르면 미국의 빅맥지수는 5.04달러이고, 한국의 빅맥지수는 3.86달러, 베트남은 2.69달러이다. 따라서 2015년 빅맥지수에 따르면 외환시장에서 평가받고 있는 원화 가치는 달러화에 비해 저평가됐으며, 베트남의 동화에 비해서는 고평가됐음을 알 수 있다.

최근 미국과 일본을 비롯한 주요국들이 수출을 증가시키고, 경기를 회복시킬 목적으로 자국의 화폐가치를 떨어뜨리는 확장적 통화정책을 실시하고 있다. 그래서 자국의 화폐가치가 하락하는 것이 경제에 긍정적이라는 견해가 주류를 이루고 있다. 그러나 반대로 자국의 화폐가치가 외환시장에서 높게 평가받는 것이 반드시 나쁜 일만은 아니다. 자국의 화폐가치가 상승하면 뉴욕 여행을 다녀온 민수처럼 해외 여행을 하는 사람들에게는 여행 경비를 줄여줄 수 있고, 외국에서 자금을 빌려온 기업에는 외채 상환 부담을 감소시켜주기도 하기 때문이다. 또 해당 국가의 화폐가치가 상승했다는 것은 그만큼 그 나라의 최근 경제가 견실해졌고, 대외적인 위상이 상승했다는 신호이기도 하다.

[매일경제(www.mk.co.kr), 2016. 10. 6.]

⠿ SECTION 04   환위험 헷지

1. 선물환시장을 이용한 헷지

선물환(forward exchange)거래는 미래의 특정일에 미리 정해 놓은 환율인 선물환율로 결제할 것을 약정하는 외환거래를 말한다. 수입업자의 경우 수입대금결제 시의 환율이 수입계약 시점의 환율보다 높아지면 원화지급액이 증가하게 되어 환차손이 발생하므로 미국달러 선물환계약을 매수해 두면 된다.

예를 들어, 현재시점에서 만기가 3개월인 선물환계약을 ₩1,200/$에 매수하였다고 하자. 3개월 후에 현물환율이 ₩1,300/$이라면 수입업자는 $100(₩1,300 − ₩1,200) = 10,000원의 이익이 발생한다. 하지만 3개월 후에 현물환율이 ₩1,100/$이라면 $100(₩1,100 − ₩1,200) = −10,000원이 되어 10,000원의 손실이 발생한다.

반면, 수출업자의 경우 수출대금 결제 시의 환율이 수출계약 시점의 환율보다 낮아지면 원화수취액이 감소하게 되어 환차손이 발생하므로 미국달러 선물환계약을 매도해 두면 된다.

예를 들어, 현재시점에서 만기가 3개월인 선물환계약을 ₩900/$에 매도하였다고 하자. 3개월 후에 현물환율이 ₩800/$이라면 수출업자는 $100(₩900 − ₩800) = 10,000원의 이익을 얻는다. 하지만 3개월 후에 현물환율이 ₩1,000/$이라면 $100(₩900 − ₩1,000) = −10,000원이 되어 10,000원의 손실이 발생하게 된다.

2. 단기금융시장을 이용한 헷지

단기금융시장(money market)을 이용한 헷지는 현실적으로 모든 시장이 효율적일 수 없기 때문에 이자율평가이론이 반드시 적용된다고 볼 수 없다는 점에 근거를 두고 있다. 수출업자의 경우 수출대금 결제 시의 환율이 수출계약 시점의 환율보다 낮아지는 위험에 대비하여 미국달러 선물환계약을 매도할 수 있다고 하였다. 이때 선물환거래를 이용하는 대신에 단기금융시장을 이용하여 헷지할 수도 있다.

단기금융시장을 이용한 헷지는 수출대금액 만큼의 외화를 미리 차입하여 현물환시장에서 매각하고 자국통화로 전환한 후 이를 국내예치나 채권투자 등으로 운용하다가 만기 시에 수취하는 수출대금으로 차입자금을 상환함으로써 환차손위험을 회피하는 전략이다.

예를 들어, 현물환율 ₩1,000/$, 달러화 이자율 연 10%, 원화 이자율 연 6%일 경우 6개월 선물환율은 이자율평가이론을 적용하여 $F/S = (1+i)/(1+i^*) \rightarrow F/1,000 = [1+(0.06)(6/12)]/[1+(0.1)(6/12)] \rightarrow F = ₩980.95/$$이 된다. 6개월 후에 수출대금 $100을 받을 경우 환율이 하락하면 환차손이 발생한다.

이러한 위험에 대한 헷지방법으로 선물환거래를 이용할 수 있고 단기금융시장을 이용할 수도 있다. 수출업자가 선물환거래를 이용하여 헷지할 경우에는 현재 $100에 대해 선물환계약을 매도해 놓으면, 6개월 후에 받는 수출대금 $100을 $100×₩980.95/$=98,095원으로 고정시킬 수 있다.

한편, 단기금융시장을 이용하여 헷지하는 방법은 다음과 같다. 달러화의 6개월 이자율이 5%(=10%/2)이므로 현재시점에서 6개월 후에 받는 $100의 수출대금으로 갚을 수 있도록 $100/1.05을 차입해온다. 차입해온 금액은 원화로 환전($100/1.05×₩1,000/$)하여 6개월 동안 국내 단기금융시장에서 3%(=6%/2)로 대여한다. 6개월 후에는 수출대금 $100을 받아서 차입금의 원리금 $100을 갚고, 원화로 환전하여 대여한 금액에 대해서는 원리금 98,095원이 들어오게 된다.

●● 그림 15-2 | 단기금융시장을 이용한 헷지전략

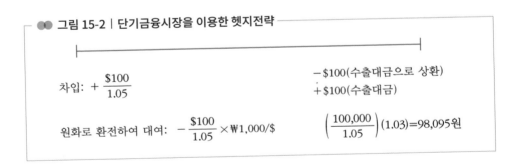

:: SECTION 05   환위험과 국제투자결정

　해외 투자안의 경제성 평가, 즉 국제자본예산은 국내 투자안과 마찬가지로 NPV법으로 평가한다. 예를 들어, 국내의 A기업이 미국에 반도체공장을 설립하는 투자안을 평가하고 있다고 하자. A기업의 달러 순현금흐름은 다음과 같고 달러 기준 자본비용(할인율)은 10%이고, 현물환율은 ₩1,100/$이다.

　이 투자안의 달러 NPV는 달러 기준 자본비용으로 할인하여 $251로 계산되고, 달러 NPV에 현물환율을 곱해주면 원화 NPV는 276,033원이 된다.

$$달러\ NPV = -\$1,000 + \frac{\$500}{(1+0.1)^1} + \frac{\$600}{(1+0.1)^2} + \frac{\$400}{(1+0.1)^3} = \$251$$

$$원화\ NPV = 달러\ NPV \times 현물환율(₩/\$) = \$251 \times ₩1,100/\$ = 276,033원$$

　이 계산과정에서 A기업은 환위험을 헷지할 수 있기 때문에 달러가 원화에 대해서 약세가 될지 강세가 될지를 예측할 필요가 없다. 즉, 투자안의 채택 여부와 환율 전망에 대한 판단은 완전히 분리된 것이다. 투자안이 수익성이 없음에도 불구하고 달러에 대한 전망이 긍정적이라는 이유로 투자결정을 하거나, 반대로 투자안이 수익성이 좋음에도 불구하고 달러에 대한 전망이 비관적이라고 해서 투자안을 기각하는 것은 잘못된 결정이다.

　A기업은 암묵적으로 통화위험이 헷지되었다는 가정하에 달러현금흐름을 달러 기준 자본비용으로 할인하였다. 이를 확인하기 위해 미래 달러현금흐름을 예상환율을 이용하여 통화위험을 헷지할 경우 A기업이 받게 되는 달러금액을 계산해 보자.

　예를 들어, 달러이자율은 2%이고, 원화이자율은 3%라고 할 때 이자율평가이론에 의하여 매 연도의 선물환율을 계산하면 다음과 같다.

1년: $F_0 = S_0 \left(\dfrac{1+i}{1+i^*} \right)$ → $(\text{₩}1,100/\$) \left(\dfrac{1+0.03}{1+0.02} \right) = \text{₩}1,110.78/\$$

2년: $F_1 = S_1 \left(\dfrac{1+i}{1+i^*} \right)$ → $(\text{₩}1,100.78/\$) \left(\dfrac{1+0.03}{1+0.02} \right) = (\text{₩}1,100/\$) \left(\dfrac{1+0.03}{1+0.02} \right)^2$

$$= \text{₩}1,121.67/\$$$

3년: $F_2 = S_2 \left(\dfrac{1+i}{1+i^*} \right)$ → $(\text{₩}1,121.67/\$) \left(\dfrac{1+0.03}{1+0.02} \right) = (\text{₩}1,100/\$) \left(\dfrac{1+0.03}{1+0.02} \right)^3$

$$= \text{₩}1,132.67/\$$$

따라서, 달러현금흐름을 환위험에 대해 헷지하여 각 연도에 받게 되는 원화금액은 달러현금흐름에 선물환율을 곱한 금액이 된다.

각 연도에 받는 금액은 원화로 전환되었으므로 NPV를 계산할 때 원화 기준 자본비용으로 할인해야 하는데, 식(15-9)를 이용하여 달러 기준 자본비용(할인율)을 원화 기준 자본비용(할인율)으로 바꿀 수 있다.

$$(1 + \text{원화수익률}) = (1 + \text{달러수익률}) \dfrac{(1 + \text{원화이자율})}{(1 + \text{달러이자율})} \qquad (15\text{-}9)$$

그러면 식(15-9)는 어떻게 나오는가? 예를 들어, 현물환율이 ₩1,100/\$이다. 현재 \$1를 투자하여 자본비용 10%만큼 투자수익을 내어 1년도 말에 \$1.1가 되었다고 하자. 이 금액을 원화로 전환하면 현재 \$1는 1,100원(=\$1×₩1,100/\$)이고, 1년도 말의 \$1.1는 1,221.86원(=\$1.1×₩1,110.78/\$=\$1.1×(1,100)(1.03/1.02))이 된다. 따라서 원화수익률은 다음과 같이 구할 수 있다.

원화수익률

$$= \frac{\text{\textwon}1,221.86 - \text{\textwon}1,100}{\text{\textwon}1,100} = \frac{(\$1.1)(\text{\textwon}1,100)\left(\frac{1+0.03}{1+0.02}\right) - (\$1)(\text{\textwon}1,100)}{(\$1)(\text{\textwon}1,100)}$$

$$\rightarrow \text{원화수익률} = \left(\frac{\$1.1}{\$1}\right)\left(\frac{1+0.03}{1+0.02}\right) - 1$$

$$\rightarrow (1 + \text{원화수익률}) = (1+0.1)\left(\frac{1+0.03}{1+0.02}\right)$$

$$\rightarrow (1 + \text{원화수익률}) = (1 + \text{미국수익률})\left(\frac{1 + \text{원화이자율}}{1 + \text{달러이자율}}\right)$$

이제, A기업에 적용하면 원화수익률은 $0.111(= (1.1)(1.03/1.02) - 1)$이 된다. 즉, 달러 기준 자본비용(할인율)은 10%지만, 원화 기준 자본비용(할인율)은 11.1%이 므로 원화 현금흐름을 11.1%로 할인하여 NPV를 계산하면 다음과 같다.

$$\text{원화 } NPV = -1,100,000 + \frac{555,392}{(1+0.111)^1} + \frac{673,005}{(1+0.111)^2} + \frac{453,068}{(1+0.111)^3}$$

$$= 276,033 \text{원}$$

즉, 통화위험을 무시하고 A기업의 달러 현금흐름을 달러 자본비용(할인율)으 로 할인하였을 경우와 A기업이 통화위험을 헷지한다는 가정으로 달러 현금흐름 을 계산하고 달러 자본비용(할인율)으로 할인하였을 경우 정확히 동일한 NPV가 계산되는 것을 알 수 있다.

요약 정리하면, 해외투자 의사결정을 할 때 투자결정과 환위험에 대한 의사결 정을 분리하여 투자의사결정에 미래 환율에 대한 예측을 개입시켜서는 안 된다. 그리고 해외 투자안에 대한 NPV를 계산할 때 외국통화 현금흐름을 예측하고 이를 외국통화 기준 자본비용으로 할인하면 된다. 외국통화 현금흐름을 헷지할 경우에는 이자율평가이론을 적용하여 선물환율을 계산하여 외국통화 현금흐름 을 자국 통화로 환산한 후에 이 현금흐름을 자국 통화 기준 자본비용으로 할인 해야 한다. 두 방법에서 도출되는 NPV는 동일하다.

● 연습
문제

1 (1999 CPA) 현재 미국 달러화에 대한 원화의 환율이 1달러에 1,240원이고, 미국과 한국의 명목이자율은 각각 연 6%와 연 8%이다. 차익거래기회가 존재하지 않기 위해서는 1년간 균형선물환율이 얼마로 정해져야 하는가? (소수점 이하는 반올림할 것) ( )

① 1,217원   ② 1,240원

③ 1,263원   ④ 1,314원

⑤ 1,339원

2 (2000 CPA) 환율결정이론에 관한 다음 설명 중 가장 타당하지 않은 것은? ( )

① 피셔효과가 성립하면, 양국 간 명목이자율의 차이는 기대인플레이션율의 차이와 같게 된다.

② 구매력평가이론(PPP)에 따르면, 양국 통화 간 현물환율의 기대변동률은 양국 간 기대인플레이션율의 차이와 같게 된다.

③ 양국 통화 간 현물환율의 기대변동률이 양국 간 명목이자율의 차이와 같게 되는 현상을 국제피셔효과라고 한다.

④ 이자율평가이론(IRP)에 따르면, 양국 간 실질이자율의 차이는 선도환율의 할증률(혹은 할인율)과 같게 된다.

⑤ 이자율평가이론과 국제피셔효과가 성립하면, 선도환율은 미래 현물환율의 불편 추정치가 된다.

3 (2001 CPA) 미국 달러와 원화 환율에 대한 90일 만기 선도환율이 현재 국내외환시장과 뉴욕외환시장에서 각각 1,250원/$과 0.00077$/원에 형성되었다고 하자. 두 시장에서 동시에 거래할 수 있는 국내은행의 외환딜러라면 어떤 차익거래(arbitrage transaction)를 해야 하는가? ( )

① 한국시장에서 달러매도, 뉴욕시장에서 원화매도 선물환 체결

② 한국시장에서 달러매수, 뉴욕시장에서 원화매도 선물환 체결

③ 한국시장에서 달러매도, 뉴욕시장에서 원화매수 선물환 체결

④ 한국시장에서 달러매수, 뉴욕시장에서 원화매수 선물환 체결

⑤ 차익거래의 기회가 없다.

4 (2011 CPA) (주)대한은 3,300만원의 투자자금을 보유하고 있다. 현재 현물환율은 KRW1,100/US$1이다. 미국의 금리는 연 10%이고 국내의 금리는 연 5%이다. 외환시장에서 선물환율(forward exchange rate)이 이자율평가이론에 의하여 결정된다고 하자. 현시점에서 1년 만기 선물환계약과 함께 미국의 단기금융시장에 총 3,300만원을 투자할 경우 1년 만기 선물환율과 투자회수총액의 조합으로 가장 적절한 것은? ( )

	1년 만기 선물환율 (KRW/US$1)	투자회수총액 (만원)
①	1,025	3,275
②	1,050	3,465
③	1,075	3,585
④	1,100	3,660
⑤	1,125	3,685

5 현재 ₩1,000/$, 한국통화의 이자율이 8%, 미국통화의 이자율이 5%일 경우 국제피셔효과가 성립한다면 시장균형을 이루기 위해 어떤 조치가 필요하겠는가? ( )

① 환율이 ₩1,030/$으로 변동   ② 환율이 ₩970/$으로 변동

③ 한국통화의 이자율 3% 하락   ④ 미국통화의 이자율 3% 하락

⫶ 연습문제
해답

1 ③

〈답〉

$$\frac{F_0}{S_0} = \frac{1+i}{1+i^*} \;\rightarrow\; F_0 = S_0 \frac{1+i}{1+i^*} \;\rightarrow\; (1,240)\left(\frac{1+0.08}{1+0.06}\right) = 1,263$$

2 ④

3 ④

〈답〉

국내시장 ₩1,250 < 뉴욕시장 ₩1,298.7/\$(=1/0.00077)이므로 국내에서 선물환 1달러를 1,250원으로 매수하고 뉴욕에서 선물환 1,298.7원으로 1달러를 매도하는 차익거래를 하면 48.7원의 차익거래이익을 얻는다.

4 ②

〈답〉

$$\frac{F_0}{S_0} = \frac{1+i}{1+i^*} \;\rightarrow\; F_0 = S_0 \frac{1+i}{1+i^*} \;\rightarrow\; (1,100)\left(\frac{1+0.05}{1+0.1}\right) = 1,050$$

$$투자회수총액 = \frac{3,300만원}{1,100원}(1+0.1)(1,050원) = 3,465만원$$

5 ①

〈답〉

$$\frac{E(S_T) - S_0}{S_0} = i - i^* \;\rightarrow\; \frac{E(S_T) - 1,000}{1,000} = 0.08 - 0.05 \;\rightarrow\; E(S_T) = ₩1,030/\$$$

찾아보기

부표 1. 현재가치이자요소 $\left(PVIF_{r,n}\right) = \dfrac{1}{(1+r)^n}$

기간	이자율									
	1%	2%	3%	4%	5%	6%	7%	8%	9%	10%
1	.9901	.9804	.9709	.9615	.9524	.9434	.9346	.9259	.9174	.9091
2	.9803	.9612	.9426	.9246	.9070	.8900	.8734	.8573	.8417	.8264
3	.9706	.9423	.9151	.8890	.8638	.8396	.8163	.7938	.7722	.7513
4	.9610	.9238	.8885	.8548	.8227	.7921	.7629	.7350	.7084	.6830
5	.9515	.9057	.8626	.8219	.7835	.7473	.7130	.6806	.6499	.6209
6	.9420	.8880	.8375	.7903	.7462	.7050	.6663	.6302	.5963	.5645
7	.9327	.8706	.8131	.7599	.7107	.6651	.6227	.5835	.5470	.5132
8	.9235	.8535	.7894	.7307	.6768	.6274	.5820	.5403	.5019	.4665
9	.9143	.8368	.7664	.7026	.6446	.5919	.5439	.5002	.4604	.4241
10	.9053	.8203	.7441	.6756	.6139	.5584	.5083	.4632	.4224	.3855
11	.8963	.8043	.7224	.6496	.5847	.5268	.4751	.4289	.3875	.3505
12	.8874	.7885	.7014	.6246	.5568	.4970	.4440	.3971	.3555	.3186
13	.8787	.7730	.6810	.6006	.5303	.4688	.4150	.3677	.3262	.2897
14	.8700	.7579	.6611	.5775	.5051	.4423	.3878	.3405	.2992	.2633
15	.8613	.7430	.6419	.5553	.4810	.4173	.3624	.3152	.2745	.2394
16	.8528	.7284	.6232	.5339	.4581	.3936	.3387	.2919	.2519	.2176
17	.8444	.7142	.6050	.5134	.4363	.3714	.3166	.2703	.2311	.1978
18	.8360	.7002	.5874	.4936	.4155	.3503	.2959	.2502	.2120	.1799
19	.8277	.6864	.5703	.4746	.3957	.3305	.2765	.2317	.1945	.1635
20	.8195	.6730	.5537	.4564	.3769	.3118	.2584	.2145	.1784	.1486
21	.8114	.6598	.5375	.4388	.3589	.2942	.2415	.1987	.1637	.1351
22	.8034	.6468	.5219	.4220	.3418	.2775	.2257	.1839	.1502	.1228
23	.7954	.6342	.5067	.4057	.3256	.2618	.2109	.1703	.1378	.1117
24	.7876	.6217	.4919	.3901	.3101	.2470	.1971	.1577	.1264	.1015
25	.7798	.6095	.4776	.3751	.2953	.2330	.1842	.1460	.1160	.0923
26	.7720	.5976	.4637	.3607	.2812	.2198	.1722	.1352	.1064	.0839
27	.7644	.5859	.4502	.3468	.2678	.2074	.1609	.1252	.0976	.0763
28	.7568	.5744	.4371	.3335	.2551	.1956	.1504	.1159	.0895	.0693
29	.7493	.5631	.4243	.3207	.2429	.1846	.1406	.1073	.0822	.0630
30	.7419	.5521	.4120	.3083	.2314	.1741	.1314	.0994	.0754	.0573
40	.6717	.4529	.3066	.2083	.1420	.0972	.0668	.0460	.0318	.0221
50	.6080	.3715	.2281	.1407	.0872	.0543	.0339	.0213	.0134	.0085
60	.5504	.3048	.1697	.0951	.0535	.0303	.0173	.0099	.0057	.0033

기간	이자율									
	12%	14%	15%	16%	18%	20%	24%	28%	32%	36%
1	.8929	.8772	.8696	.8621	.8475	.8333	.8065	.7813	.7576	.7353
2	.7972	.7695	.7561	.7432	.7182	.6944	.6504	.6104	.5739	.5407
3	.7118	.6750	.6575	.6407	.6086	.5787	.5245	.4768	.4348	.3975
4	.6355	.5921	.5718	.5523	.5158	.4823	.4230	.3725	.3294	.2923
5	.5674	.5194	.4972	.4761	.4371	.4019	.3411	.2910	.2495	.2149
6	.5066	.4556	.4323	.4104	.3704	.3349	.2751	.2274	.1890	.1580
7	.4523	.3996	.3759	.3538	.3139	.2791	.2218	.1776	.1432	.1162
8	.4039	.3506	.3269	.3050	.2660	.2326	.1789	.1388	.1085	.0854
9	.3606	.3075	.2843	.2630	.2255	.1938	.1443	.1084	.0822	.0628
10	.3220	.2697	.2472	.2267	.1911	.1615	.1164	.0847	.0623	.0462
11	.2875	.2366	.2149	.1954	.1619	.1346	.0938	.0662	.0472	.0340
12	.2567	.2076	.1869	.1685	.1372	.1122	.0757	.0517	.0357	.0250
13	.2292	.1812	.1625	.1452	.1163	.0935	.0610	.0404	.0271	.0184
14	.2046	.1597	.1413	.1252	.0985	.0779	.0492	.0316	.0205	.0135
15	.1827	.1401	.1229	.1079	.0835	.0649	.0397	.0247	.0155	.0099
16	.1631	.1229	.1069	.0930	.0708	.0541	.0320	.0193	.0118	.0073
17	.1456	.1078	.0929	.0802	.0600	.0451	.0258	.0150	.0089	.0054
18	.1300	.0946	.0808	.0691	.0508	.0376	.0208	.0118	.0068	.0039
19	.1161	.0829	.0703	.0596	.0431	.0313	.0168	.0092	.0051	.0029
20	.1037	.0728	.0611	.0514	.0365	.0261	.0135	.0072	.0039	.0021
21	.0926	.0638	.0531	.0443	.0309	.0217	.0109	.0056	.0029	.0016
22	.0826	.0560	.0462	.0382	.0262	.0181	.0088	.0044	.0022	.0012
23	.0738	.0491	.0402	.0329	.0222	.0151	.0071	.0034	.0017	.0008
24	.0659	.0431	.0349	.0284	.0188	.0126	.0057	.0027	.0013	.0006
25	.0588	.0378	.0304	.0245	.0160	.0105	.0046	.0021	.0010	.0005
26	.0525	.0331	.0264	.0211	.0135	.0087	.0037	.0016	.0007	.0003
27	.0469	.0291	.0230	.0182	.0115	.0073	.0030	.0013	.0006	.0002
28	.0419	.0255	.0200	.0157	.0097	.0061	.0024	.0010	.0004	.0002
29	.0374	.0224	.0174	.0135	.0082	.0051	.0020	.0008	.0003	.0001
30	.0334	.0196	.0151	.0116	.0070	.0042	.0016	.0006	.0002	.0001
40	.0107	.0053	.0037	.0026	.0013	.0007	.0002	.0001	.0000	.0000
50	.0035	.0014	.0009	.0006	.0003	.0001	.0000	.0000	.0000	.0000
60	.0011	.0004	.0002	.0001	.0000	.0000	.0000	.0000	.0000	.0000

부표 2. 연금의 현재가치이자요소 $\left(PVIFA_{r,n} = \dfrac{(1+r)^n - 1}{r(1+r)^n}\right)$

기간	이자율								
	1%	2%	3%	4%	5%	6%	7%	8%	9%
1	0.9901	0.9804	0.9709	0.9615	0.9524	0.9434	0.9346	0.9259	0.9174
2	1.9704	1.9416	1.9135	1.8861	1.8594	1.8334	1.8080	1.7833	1.7591
3	2.9410	2.8839	2.8286	2.7751	2.7232	2.6730	2.6243	2.5771	2.5313
4	3.9020	3.8077	3.7171	3.6299	3.5460	3.4651	3.3872	3.3121	3.2397
5	4.8534	4.7135	4.5797	4.4518	4.3295	4.2124	4.1002	3.9927	3.8897
6	5.7955	5.6014	5.4172	5.2421	5.0757	4.9173	4.7665	4.6229	4.4859
7	6.7282	6.4720	6.2303	6.0021	5.7864	5.5824	5.3893	5.2064	5.0330
8	7.6517	7.3255	7.0197	6.7327	6.4632	6.2098	5.9713	5.7466	5.5348
9	8.5660	8.1622	7.7861	7.4353	7.1078	6.8017	6.5152	6.2469	5.9952
10	9.4713	8.9826	8.5302	8.1109	7.7217	7.3601	7.0236	6.7101	6.4177
11	10.3676	9.7868	9.2526	8.7605	8.3064	7.8869	7.4987	7.1390	6.8052
12	11.2551	10.5753	9.9540	9.3851	8.8633	8.3838	7.9427	7.5361	7.1607
13	12.1337	11.3484	10.6350	9.9856	9.3936	8.8527	8.3577	7.9038	7.4869
14	13.0037	12.1062	11.2961	10.5631	9.8986	9.2950	8.7455	8.2442	7.7862
15	13.8651	12.8493	11.9379	11.1184	10.3797	9.7122	9.1079	8.5595	8.0607
16	14.7179	13.5777	12.5611	11.6523	10.8378	10.1059	9.4466	8.8514	8.3126
17	15.5623	14.2919	13.1661	12.1657	11.2741	10.4773	9.7632	9.1216	8.5436
18	16.3983	14.9920	13.7535	12.6593	11.6896	10.8276	10.0591	9.3719	8.7556
19	17.2260	15.6785	14.3238	13.1339	12.0853	11.1581	10.3356	9.6036	8.9501
20	18.0456	16.3514	14.8775	13.5903	12.4622	11.4699	10.5940	9.8181	9.1285
21	18.8570	17.0112	15.4150	14.0292	12.8212	11.7641	10.8355	10.0168	9.2922
22	19.6604	17.6580	15.9369	14.4511	13.1630	12.0416	11.0612	10.2007	9.4424
23	20.4558	18.2922	16.4436	14.8568	13.4886	12.3034	11.2722	10.3711	9.5802
24	21.2434	18.9139	16.9355	15.2470	13.7986	12.5504	11.4693	10.5288	9.7066
25	22.0232	19.5235	17.4131	15.6221	14.0939	12.7834	11.6536	10.6748	9.8226
26	22.7952	20.1210	17.8768	15.9828	14.3752	13.0032	11.8258	10.8100	9.9290
27	23.5596	20.7069	18.3270	16.3296	14.6430	13.2105	11.9867	10.9352	10.0266
28	24.3164	21.2813	18.7641	16.6631	14.8981	13.4062	12.1371	11.0511	10.1161
29	25.0658	21.8444	19.1885	16.9837	15.1411	13.5907	12.2777	11.1584	10.1983
30	25.8077	22.3965	19.6004	17.2920	15.3725	13.7648	12.4090	11.2578	10.2737
40	32.8347	27.3555	23.1148	19.7928	17.1591	15.0463	13.3317	11.9246	10.7574
50	39.1961	31.4236	25.7298	21.4822	18.2559	15.7619	13.8007	12.2335	10.9617
60	44.9550	34.7609	27.6756	22.6235	18.9293	16.1614	14.0392	12.3766	11.0480

기간	이자율									
	10%	12%	14%	15%	16%	18%	20%	24%	28%	32%
1	0.9091	0.8929	0.8772	0.8696	0.8621	0.8475	0.8333	0.8065	0.7813	0.7576
2	1.7355	1.6901	1.6467	1.6257	1.6052	1.5656	1.5278	1.4568	1.3916	1.3315
3	2.4869	2.4018	2.3216	2.2832	2.2459	2.1743	2.1065	1.9813	1.8684	1.7663
4	3.1699	3.0373	2.9137	2.8550	2.7982	2.6901	2.5887	2.4043	2.2410	2.0957
5	3.7908	3.6048	3.4331	3.3522	3.2743	3.1272	2.9906	2.7454	2.5320	2.3452
6	4.3553	4.1114	3.8887	3.7845	3.6847	3.4976	3.3255	3.0205	2.7594	2.5342
7	4.8684	4.5638	4.2883	4.1604	4.0386	3.8115	3.6046	3.2423	2.9370	2.6775
8	5.3349	4.9676	4.6389	4.4873	4.3436	4.0776	3.8372	3.4212	3.0758	2.7860
9	5.7590	5.3282	4.9464	4.7716	4.6065	4.3030	4.0310	3.5655	3.1842	2.8681
10	6.1446	5.6502	5.2161	5.0188	4.8332	4.4941	4.1925	3.6819	3.2689	2.9304
11	6.4951	5.9377	5.4527	5.2337	5.0286	4.6560	4.3271	3.7757	3.3351	2.9776
12	6.8137	6.1944	5.6603	5.4206	5.1971	4.7932	4.4392	3.8514	3.3868	3.0133
13	7.1034	6.4235	5.8424	5.5831	5.3423	4.9095	4.5327	3.9124	3.4272	3.0404
14	7.3667	6.6282	6.0021	5.7245	5.4675	5.0081	4.6106	3.9616	3.4587	3.0609
15	7.6061	6.8109	6.1422	5.8474	5.5755	5.0916	4.6755	4.0013	3.4834	3.0764
16	7.8237	6.9740	6.2651	5.9542	5.6685	5.1624	4.7296	4.0333	3.5026	3.0882
17	8.0216	7.1196	6.3729	6.0472	5.7487	5.2223	4.7746	4.0591	3.5177	3.0971
18	8.2014	7.2497	6.4674	6.1280	5.8178	5.2732	4.8122	4.0799	3.5294	3.1039
19	8.3649	7.3658	6.5504	6.1982	5.8775	5.3162	4.8435	4.0967	3.5386	3.1090
20	8.5136	7.4694	6.6231	6.2593	5.9288	5.3527	4.8696	4.1103	3.5458	3.1129
21	8.6487	7.5620	6.6870	6.3125	5.9731	5.3837	4.8913	4.1212	3.5514	3.1158
22	8.7715	7.6446	6.7429	6.3587	6.0113	5.4099	4.9094	4.1300	3.5558	3.1180
23	8.8832	7.7184	6.7921	6.3988	6.0442	5.4321	4.9245	4.1371	3.5592	3.1197
24	8.9847	7.7843	6.8351	6.4338	6.0726	5.4509	4.9371	4.1428	3.5619	3.1210
25	9.0770	7.8431	6.8729	6.4641	6.0971	5.4669	4.9476	4.1474	3.5640	3.1220
26	9.1609	7.8957	6.9061	6.4906	6.1182	5.4804	4.9563	4.1511	3.5656	3.1227
27	9.2372	7.9426	6.9352	6.5135	6.1364	5.4919	4.9636	4.1542	3.5669	3.1233
28	9.3066	7.9844	6.9607	6.5335	6.1520	5.5016	4.9697	4.1566	3.5679	3.1237
29	9.3696	8.0218	6.9830	6.5509	6.1656	5.5098	4.9747	4.1585	3.5687	3.1240
30	9.4269	8.0552	7.0027	6.5660	6.1772	5.5168	4.9789	4.1601	3.5693	3.1242
40	9.7791	8.2438	7.1050	6.6418	6.2335	5.5482	4.9966	4.1659	3.5712	3.1250
50	9.9148	8.3045	7.1327	6.6605	6.2463	5.5541	4.9995	4.1666	3.5714	3.1250
60	9.9672	8.3240	7.1401	6.6651	6.2492	5.5553	4.9999	4.1667	3.5714	3.1250

부표 3. 미래가치이자요소$(FVIF_{r,n}) = (1 + r)^n$

기간	이자율									
	1%	2%	3%	4%	5%	6%	7%	8%	9%	10%
1	1.0100	1.0200	1.0300	1.0400	1.0500	1.0600	1.0700	1.0800	1.0900	1.1000
2	1.0201	1.0404	1.0609	1.0816	1.1025	1.1236	1.1449	1.1664	1.1881	1.2100
3	1.0303	1.0612	1.0927	1.1249	1.1576	1.1910	1.2250	1.2597	1.2950	1.3310
4	1.0406	1.0824	1.1255	1.1699	1.2155	1.2625	1.3108	1.3605	1.4116	1.4641
5	1.0510	1.1041	1.1593	1.2167	1.2763	1.3382	1.4026	1.4693	1.5386	1.6105
6	1.0615	1.1262	1.1941	1.2653	1.3401	1.4185	1.5007	1.5869	1.6771	1.7716
7	1.0721	1.1487	1.2299	1.3159	1.4071	1.5036	1.6058	1.7138	1.8280	1.9487
8	1.0829	1.1717	1.2668	1.3686	1.4775	1.5938	1.7182	1.8509	1.9926	2.1436
9	1.0937	1.1951	1.3048	1.4233	1.5513	1.6895	1.8385	1.9990	2.1719	2.3579
10	1.1046	1.2190	1.3439	1.4802	1.6289	1.7908	1.9672	2.1589	2.3674	2.5937
11	1.1157	1.2434	1.3842	1.5395	1.7103	1.8983	2.1049	2.3316	2.5804	2.8531
12	1.1268	1.2682	1.4258	1.6010	1.7959	2.0122	2.2522	2.5182	2.8127	3.1384
13	1.1381	1.2936	1.4685	1.6651	1.8856	2.1329	2.4098	2.7196	3.0658	3.4523
14	1.1495	1.3195	1.5126	1.7317	1.9799	2.2609	2.5785	2.9372	3.3417	3.7975
15	1.1610	1.3459	1.5580	1.8009	2.0789	2.3966	2.7590	3.1722	3.6425	4.1772
16	1.1726	1.3728	1.6047	1.8730	2.1829	2.5404	2.9522	3.4259	3.9703	4.5950
17	1.1843	1.4002	1.6528	1.9479	2.2920	2.6928	3.1588	3.7000	4.3276	5.0545
18	1.1961	1.4282	1.7024	2.0258	2.4066	2.8543	3.3799	3.9960	4.7171	5.5599
19	1.2081	1.4568	1.7535	2.1068	2.5270	3.0256	3.6165	4.3157	5.1417	6.1159
20	1.2202	1.4859	1.8061	2.1911	2.6533	3.2071	3.8697	4.6610	5.6044	6.7275
21	1.2324	1.5157	1.8603	2.2788	2.7860	3.3996	4.1406	5.0338	6.1088	7.4002
22	1.2447	1.5460	1.9161	2.3699	2.9253	3.6035	4.4304	5.4365	6.6586	8.1403
23	1.2572	1.5769	1.9736	2.4647	3.0715	3.8197	4.7405	5.8715	7.2579	8.9543
24	1.2697	1.6084	2.0328	2.5633	3.2251	4.0489	5.0724	6.3412	7.9111	9.8497
25	1.2824	1.6406	2.0938	2.6658	3.3864	4.2919	5.4274	6.8485	8.6231	10.835
26	1.2953	1.6734	2.1566	2.7725	3.5557	4.5494	5.8074	7.3964	9.3992	11.918
27	1.3082	1.7069	2.2213	2.8834	3.7335	4.8223	6.2139	7.9881	10.245	13.110
28	1.3213	1.7410	2.2879	2.9987	3.9201	5.1117	6.6488	8.6271	11.167	14.421
29	1.3345	1.7758	2.3566	3.1187	4.1161	5.4184	7.1143	9.3173	12.172	15.863
30	1.3478	1.8114	2.4273	3.2434	4.3219	5.7435	7.6123	10.063	13.268	17.449
40	1.4889	2.2080	3.2620	4.8010	7.0400	10.286	14.974	21.725	31.409	45.259
50	1.6446	2.6916	4.3839	7.1067	11.467	18.420	29.457	46.902	74.358	117.39
60	1.8167	3.2810	5.8916	10.520	18.679	32.988	57.946	101.26	176.03	304.48

기간	이자율									
	12%	14%	15%	16%	18%	20%	24%	28%	32%	36%
1	1.1200	1.1400	1.1500	1.1600	1.1800	1.2000	1.2400	1.2800	1.3200	1.3600
2	1.2544	1.2996	1.3225	1.3456	1.3924	1.4400	1.5376	1.6384	1.7424	1.8496
3	1.4049	1.4815	1.5209	1.5609	1.6430	1.7280	1.9066	2.0972	2.3000	2.5155
4	1.5735	1.6890	1.7490	1.8106	1.9388	2.0736	2.3642	2.6844	3.0360	3.4210
5	1.7623	1.9254	2.0114	2.1003	2.2878	2.4883	2.9316	3.4360	4.0075	4.6526
6	1.9738	2.1950	2.3131	2.4364	2.6996	2.9860	3.6352	4.3980	5.2899	6.3275
7	2.2107	2.5023	2.6600	2.8262	3.1855	3.5832	4.5077	5.6295	6.9826	8.6054
8	2.4760	2.8526	3.0590	3.2784	3.7589	4.2998	5.5895	7.2058	9.2170	11.703
9	2.7731	3.2519	3.5179	3.8030	4.4355	5.1598	6.9310	9.2234	12.166	15.917
10	3.1058	3.7072	4.0456	4.4114	5.2338	6.1917	8.5944	11.806	16.060	21.647
11	3.4785	4.2262	4.6524	5.1173	6.1759	7.4301	10.657	15.112	21.199	29.439
12	3.8960	4.8179	5.3503	5.9360	7.2876	8.9161	13.215	19.343	27.983	40.037
13	4.3635	5.4924	6.1528	6.8858	8.5994	10.699	16.386	24.759	36.937	54.451
14	4.8871	6.2613	7.0757	7.9875	10.147	12.839	20.319	31.691	48.757	74.053
15	5.4736	7.1379	8.1371	9.2655	11.974	15.407	25.196	40.565	64.359	100.71
16	6.1304	8.1372	9.3576	10.748	14.129	18.488	31.243	51.923	84.954	136.97
17	6.8660	9.2765	10.761	12.468	16.672	22.186	38.741	66.461	112.14	186.28
18	7.6900	10.575	12.375	14.463	19.673	26.623	48.039	85.071	148.02	253.34
19	8.6128	12.056	14.232	16.777	23.214	31.948	59.568	108.89	195.39	344.54
20	9.6463	13.743	16.367	19.461	27.393	38.338	73.864	139.38	257.92	468.57
21	10.804	15.668	18.822	22.574	32.324	46.005	91.592	178.41	340.45	637.26
22	12.100	17.861	21.645	26.186	38.142	55.206	113.57	228.36	449.39	866.67
23	13.552	20.362	24.891	30.376	45.008	66.247	140.83	292.30	593.20	1178.7
24	15.179	23.212	28.625	35.236	53.109	79.497	174.63	374.14	783.02	1603.0
25	17.000	26.462	32.919	40.874	62.669	95.396	216.54	478.90	1033.6	2180.1
26	19.040	30.167	37.857	47.414	73.949	114.48	268.51	613.00	1364.3	2964.9
27	21.325	34.390	43.535	55.000	87.260	137.37	332.95	784.64	1800.9	4032.3
28	23.884	39.204	50.066	63.800	102.97	164.84	412.86	1004.3	2377.2	5483.9
29	26.750	44.693	57.575	74.009	121.50	197.81	511.95	1285.6	3137.9	7458.1
30	29.960	50.950	66.212	85.850	143.37	237.38	634.82	1645.5	4142.1	10143.
40	93.051	188.88	267.86	378.72	750.38	1469.8	5455.9.	19427.	66521.	*
50	289.00	700.23	1083.7	1670.7	3927.4	9100.4	46890.	*	*	*
60	897.60	2595.9	4384.0	7370.2	20555.	56348.	*	*	*	*

* *FVIF* > 99,999

부표 4. 연금의 미래가치이자요소 $\left(FVIFA_{r,n}\right) = \dfrac{(1+r)^n - 1}{r}$

기간	이자율									
	1%	2%	3%	4%	5%	6%	7%	8%	9%	10%
1	1.0000	1.0000	1.0000	1.0000	1.0000	1.0000	1.0000	1.0000	1.0000	1.0000
2	2.0100	2.0200	2.0300	2.0400	2.0500	2.0600	2.0700	2.0800	2.0900	2.1000
3	3.0301	3.0604	3.0909	3.1216	3.1525	3.1836	3.2149	3.2464	3.2781	3.3100
4	4.0604	4.1216	4.1836	4.2465	4.3101	4.3746	4.4399	4.5061	4.5731	4.6410
5	5.1010	5.2040	5.3091	5.4163	5.5256	5.6371	5.7507	5.8666	5.9847	6.1051
6	6.1520	6.3081	6.4684	6.6330	6.8019	6.9753	7.1533	7.3359	7.5233	7.7156
7	7.2135	7.4343	7.6625	7.8983	8.1420	8.3938	8.6540	8.9228	9.2004	9.4872
8	8.2857	8.5830	8.8923	9.2142	9.5491	9.8975	10.260	10.637	11.028	11.436
9	9.3685	9.7546	10.159	10.583	11.027	11.491	11.978	12.488	13.021	13.579
10	10.462	10.950	11.464	12.006	12.578	13.181	13.816	14.487	15.193	15.937
11	11.567	12.169	12.808	13.486	14.207	14.972	15.784	16.645	17.560	18.531
12	12.683	13.412	14.192	15.026	15.917	16.870	17.888	18.977	20.141	21.384
13	13.809	14.680	15.618	16.627	17.713	18.882	20.141	21.495	22.953	24.523
14	14.947	15.974	17.086	18.292	19.599	21.015	22.550	24.215	26.019	27.975
15	16.097	17.293	18.599	20.024	21.579	23.276	25.129	27.152	29.361	31.772
16	17.258	18.639	20.157	21.825	23.657	25.673	27.888	30.324	33.003	35.950
17	18.430	20.012	21.762	23.698	25.840	28.213	30.840	33.750	36.974	40.545
18	19.615	21.412	23.414	25.645	28.132	30.906	33.999	37.450	41.301	45.599
19	20.811	22.841	25.117	27.671	30.539	33.760	37.379	41.446	46.018	51.159
20	22.019	24.297	26.870	29.778	33.066	36.786	40.995	45.762	51.160	57.275
21	23.239	25.783	28.676	31.969	35.719	39.993	44.865	50.423	56.765	64.002
22	24.472	27.299	30.537	34.248	38.505	43.392	49.006	55.457	62.873	71.403
23	25.716	28.845	32.453	36.618	41.430	46.996	53.436	60.893	69.532	79.543
24	26.973	30.422	34.426	39.083	44.502	50.816	58.177	66.765	76.790	88.497
25	28.243	32.030	36.459	41.646	47.727	54.865	63.249	73.106	84.701	98.347
26	29.526	33.671	38.553	44.312	51.113	59.156	68.676	79.954	93.324	109.18
27	30.821	35.344	40.710	47.084	54.669	63.706	74.484	87.351	102.72	121.10
28	32.129	37.051	42.931	49.968	58.403	68.528	80.698	95.339	112.97	134.21
29	33.450	38.792	45.219	52.966	62.323	73.640	87.347	103.97	124.14	148.63
30	34.785	40.568	47.575	56.085	66.439	79.058	94.461	113.28	136.31	164.49
40	48.886	60.402	75.401	95.026	120.80	154.76	199.64	259.06	337.88	442.59
50	64.463	84.579	112.80	152.67	209.35	290.34	406.53	573.77	815.08	1163.9
60	81.670	114.05	163.05	237.99	353.58	533.13	813.52	1253.2	1944.8	3034.8

기간	이자율									
	12%	14%	15%	16%	18%	20%	24%	28%	32%	36%
1	1.0000	1.0000	1.0000	1.0000	1.0000	1.0000	1.0000	1.0000	1.0000	1.0000
2	2.1200	2.1400	2.1500	2.1600	2.1800	2.2000	2.2400	2.2800	2.3200	2.3600
3	3.3744	3.4396	3.4725	3.5056	3.5724	3.6400	3.7776	3.9184	4.0624	4.2096
4	4.7793	4.9211	4.9934	5.0665	5.2154	5.3680	5.6842	6.0156	6.3624	6.7251
5	6.3528	6.6101	6.7424	6.8771	7.1542	7.4416	8.0484	8.6999	9.3983	10.146
6	8.1152	8.5355	8.7537	8.9775	9.4420	9.9299	10.980	12.136	13.406	14.799
7	10.089	10.730	11.067	11.414	12.142	12.916	14.615	16.534	18.696	21.126
8	12.300	13.233	13.727	14.240	15.327	16.499	19.123	22.163	25.678	29.732
9	14.776	16.085	16.786	17.519	19.086	20.799	24.712	29.369	34.895	41.435
10	17.549	19.337	20.304	21.321	23.521	25.959	31.643	38.593	47.062	57.352
11	20.655	23.045	24.349	25.733	28.755	32.150	40.238	50.398	63.122	78.998
12	24.133	27.271	29.002	30.850	34.931	39.581	50.895	65.510	84.320	108.44
13	28.029	32.089	34.352	36.786	42.219	48.497	64.110	84.853	112.30	148.47
14	32.393	37.581	40.505	43.672	50.818	59.196	80.496	109.61	149.24	202.93
15	37.280	43.842	47.580	51.660	60.965	72.035	100.82	141.30	198.00	276.98
16	42.753	50.980	55.717	60.925	72.939	87.442	126.01	181.87	262.36	377.69
17	48.884	59.118	65.075	71.673	87.068	105.93	157.25	233.79	347.31	514.66
18	55.750	68.394	75.836	84.141	103.74	128.12	195.99	300.25	459.45	700.94
19	63.440	78.969	88.212	98.603	123.41	154.74	244.03	385.32	607.47	954.28
20	72.052	91.025	102.44	115.38	146.63	186.69	303.60	494.21	802.86	1298.8
21	81.699	104.77	118.81	134.84	174.02	225.03	377.46	633.59	1060.8	1767.4
22	92.503	120.44	137.63	157.41	206.34	271.03	469.06	812.00	1401.2	2404.7
23	104.60	138.30	159.28	183.60	244.49	326.24	582.63	1040.4	1850.6	3271.3
24	118.16	158.66	184.17	213.98	289.49	392.48	723.46	1332.7	2443.8	4450.0
25	133.33	181.87	212.79	249.21	342.60	471.98	898.09	1706.8	3226.8	6053.0
26	150.33	208.33	245.71	290.09	405.27	567.38	1114.6	2185.7	4260.4	8233.1
27	169.37	238.50	283.57	337.50	479.22	681.85	1383.1	2798.7	5624.8	11198.
28	190.70	272.89	327.10	392.50	566.48	819.22	1716.1	3583.3	7425.7	15230.
29	214.58	312.09	377.17	456.30	669.45	984.07	2129.0	4587.7	9802.9	20714.
30	241.33	356.79	434.75	530.31	790.95	1181.9	2640.9	5873.2	12941.	28172.
40	767.09	1342.0	1779.1	2360.8	4163.2	7343.9	22729.	69377.	*	*
50	2400.0	4994.5	7217.7	10436.	21813.	45497.	*	*	*	*
60	7471.6	18535.	29220.	48058.	*	*	*	*	*	*

* *FVIFA* > 99,999

저자 약력

이재하

서울대학교 공과대학 전자공학과 공학사
서울대학교 대학원 전자공학과 공학석사
인디애나대학교 경영대학 경영학석사
인디애나대학교 대학원 경영학박사
인디애나대학교 조교수
오클라호마대학교 석좌교수
한국파생상품학회 회장 / 한국재무관리학회 부회장
한국재무학회 상임이사 / 한국증권학회 이사
한국금융학회 이사 / 한국경영학회 이사
교보생명 사외이사 겸 리스크관리위원회 위원장
한국거래소 지수운영위원회 위원장
금융위원회 · 예금보험공사 · 자산관리공사 자산매각심의위원회 위원
공인회계사 출제위원
국민연금 연구심의위원회 위원
사학연금 자금운영위원회 위원
대교문화재단 이사
교보증권 사외이사 겸 위험관리위원회 위원장
KB증권 사외이사 겸 리스크관리위원회 위원장
Brown University EMSTL Advisory Committee Member
EDHEC Business School International Advisory Board Member
Journal of Financial Research Associate Editor
FMA Best Paper Award in Futures and Options on Futures
AIMR Graham and Dodd Scroll Award
ANBAR Citation of Highest Quality Rating Award
한국재무관리학회 최우수 논문상
성균관대학교 SKK GSB 원장
현 성균관대학교 SKK GSB 명예교수

저서 및 주요논문

핵심재무관리 − The Core of Corporate Finance (2020)
핵심투자론 − The Core of Investments (1판: 2014, 2판: 2018, 3판: 2021)
핵심파생상품론 − The Core of Derivatives (2021)
새내기를 위한 금융 - Understanding Finance (1판: 2018, 2판: 2021, 3판: 2025)
재무관리 - Essentials of Corporate Finance (1판: 2016, 2판: 2022, 3판: 2025)
투자론 - Essentials of Investments (1판: 2015, 2판: 2023)
How Markets Process Information: News Releases and Volatility
Volatility in Wheat Spot and Futures Markets, 1950-1993: Government Farm Programs, Seasonality, and Causality
Who Trades Futures and How: Evidence from the Heating Oil Futures Market
The Short-Run Dynamics of the Price Adjustment to New Information
The Creation and Resolution of Market Uncertainty: The Impact of Information Releases on Implied Volatility
The Intraday Ex Post and Ex Ante Profitability of Index Arbitrage
A Transactions Data Analysis of Arbitrage between Index Options and Index Futures
Intraday Volatility in Interest Rate and Foreign Exchange Spot and Futures Markets
Time Varying Term Premium in T-Bill Futures Rate and the Expectations Hypothesis
Embedded Options and Interest Rate Risk for Insurance Companies, Banks, and Other Financial Institutions
Intraday Volatility in Interest Rate and Foreign Exchange Markets: ARCH, Announcement, and Seasonality Effects
KOSPI200 선물과 옵션간의 일중 사전적 차익거래 수익성 및 선종결전략
KOSPI200 선물을 이용한 포트폴리오 보험전략
원/달러 역내현물환 시장과 역외NDF시장간의 인과관계
상장지수펀드(ETF) 차익거래전략
KOSPI200 옵션시장에서의 변동성지수 산출 및 분석 등 Journal of Finance, Journal of Financial and Quantitative
Analysis, Journal of Business, Journal of Futures Markets, 증권학회지, 선물연구, 재무관리연구 외 다수.

한덕희

성균관대학교 경상대학 회계학과 경영학사
성균관대학교 대학원 경영학과 경영학석사
성균관대학교 대학원 경영학과 경영학박사
인디애나대학교 Visiting Scholar
한국금융공학회 상임이사 / 한국재무관리학회 상임이사 / 한국기업경영학회 이사
한국전문경영인학회 이사 / 한국파생상품학회 이사 / 한국재무관리학회 학술위원
국민연금공단 국민연금연구원 부연구위원
한국예탁결제원 자산운용인프라 자문위원회 위원
한국주택금융공사 자금운용성과평가위원회 평가위원
한국자산관리공사 공매 자문위원
LH한국토지주택공사 제15/16기 기술심사평가위원
LG연암학원 투자자문 심의위원
한국철도공사 사업개발분야 전문심의평가위원
부산도시공사 경영자문위원회 위원
부산항만공사 기술자문위원회 제7기 위원
부산문화재단 기본재산운용관리위원회 위원
부산광역시 성과평가위원회 위원
부산광역시 출자ㆍ출연기관 경영평가단 평가위원
부산광역시 공사ㆍ공단(이)사장 평가단 평가위원
부산광역시 정책연구용역심의위원회 제8/9기 위원
거제시 출자ㆍ출연기관 운영심의위원회 위원
5급/7급/9급 국가공무원 면접문제 선정위원
제33회 공인노무사 1차시험 출제위원
2016년/2018년/2019년 Marquis Who's Who 등재
동아대학교 교육혁신원 교육성과관리센터장
동아대학교 사회과학대학 부학장
동아대학교 경영대학원 부원장
동아대학교 금융학과 학과장
현 동아대학교 금융학과 교수 / 대학원 부동산금융학과 책임교수

저서 및 주요논문

핵심재무관리 – The Core of Corporate Finance (2020)
핵심투자론 – The Core of Investments (1판: 2014, 2판: 2018, 3판: 2021)
핵심파생상품론 – The Core of Derivatives (2021)
새내기를 위한 금융 – Understanding Finance (1판: 2018, 2판: 2021, 3판: 2025)
재무관리 – Essentials of Corporate Finance (1판: 2016, 2판: 2022, 3판: 2025)
투자론 – Essentials of Investments (1판: 2015, 2판:2023)
국채선물을 이용한 헤지전략
국채선물을 이용한 차익거래전략
KOSPI200 옵션시장에서의 박스스프레드 차익거래 수익성
KOSPI200 옵션과 상장지수펀드 간의 일중 차익거래 수익성
차익거래 수익성 분석을 통한 스타지수선물 및 현물시장 효율성
KOSPI200 현물 및 옵션시장에서의 수익률과 거래량 간의 선도 – 지연관계
국채현ㆍ선물시장에서의 장ㆍ단기 가격발견 효율성 분석
금현ㆍ선물시장과 달러현ㆍ선물시장 간의 장ㆍ단기영향 분석
통화현ㆍ선물시장 간의 정보전달 분석
금융시장과 실물경제 간의 파급효과: 주식, 채권, 유가, BDI를 대상으로
사회책임투자의 가격예시에 관한 연구
1980-2004년 동안의 증시부양정책 및 증시규제정책의 실효성
부동산정책, 부동산시장, 주식시장 간의 인과성 연구
부동산정책 발표에 대한 주식시장의 반응에 관한 연구
디지털자산 시장에서의 가격발견효과
경제심리가 부동산직ㆍ간접시장에 미치는 단기적 영향에 관한 연구 등 금융공학연구, 기업경영연구,
산업경제연구, 선물연구, 증권학회지, 재무관리연구, 주택도시금융연구 외 다수.

제3판
재무관리

초판발행	2016년 2월 25일
제3판발행	2025년 3월 20일
지은이	이재하·한덕희
펴낸이	안종만·안상준
편 집	조영은
기획/마케팅	박부하
표지디자인	BEN STORY
제 작	고철민·김원표
펴낸곳	(주)박영사
	서울특별시 금천구 가산디지털2로 53, 210호(가산동, 한라시그마밸리)
	등록 1959. 3. 11. 제300-1959-1호(倫)
전 화	02)733-6771
f a x	02)736-4818
e-mail	pys@pybook.co.kr
homepage	www.pybook.co.kr
I S B N	979-11-303-2176-9 93320

정 가   27,000원